한국민화전집

韓國民畫全集

THE FOLK PAINTINGS OF KOREA

이영수 저

李寧秀 著

Written by Lee Young Soo

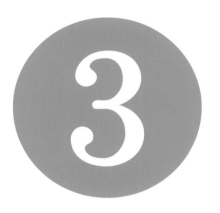

圖書出版 韓國學資料院

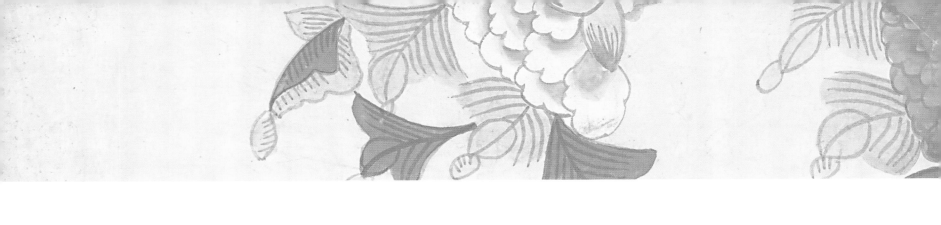

목차 目次

CONTENTS

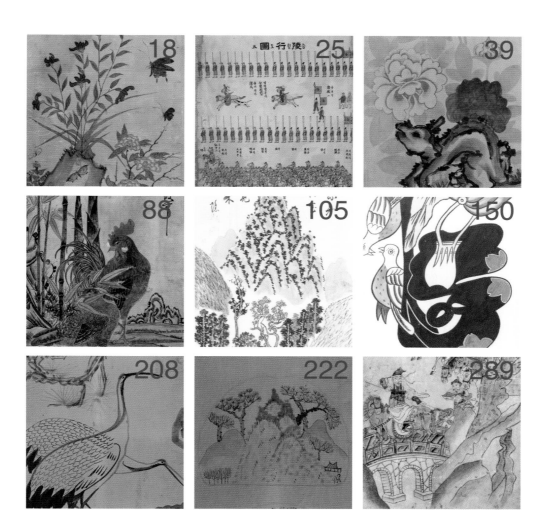

문화센터 민화강좌안내 & 전국대학 민화강좌안내

축 사

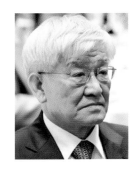

우리의 정신과 신화,
종교가 깃들어 있는 소중한 문화유산...

민화는 서민의 삶 속에서 태어났고, 우리의 정신과 신화, 종교가 깃들어 있는 소중한 문화유산이다. 우리 민족의 독창적 예술성을 가장 특성 있게 표현한 전통 예술작품 중 하나입니다.

조선 후기 불꽃처럼 등장해 성행했던 민화는 조선 후기 생활문화를 반영하고 소박한 미의식을 솔직하게 나타내고 있다.

조선 시대의 민화는 인간의 세속적 욕망과 열망이 아름답게 승화된 그림으로 단순히 서민적 그림으로 치부해서는 안 될 조선 후기를 대표하는 회화의 한 장르이다.

모든 역사가 그러하듯이 그 세대를 이어오면서 민족이 생성과 소멸하는 동안 독특한 예술품들을 후대에 남겨 유지하여 왔습니다.

민화는 그런 의미에서 성명 불가의 작가가 온갖 노력을 경주하여 그 주제에 맞게 특유의 미감으로 재창조하여 재해석해낸 가장 한국적인 문화유산으로 생각합니다.

따라서 후대에서 더욱 아끼며 연구 보존하고 세상에 널릴 알릴 중요한 문화재입니다.

사실 이러한 민화의 아름다움에 매료되어 심미안 적으로 해석하고 발전 방향을 모색해온 (전) 단국대학교 예술대학장이신 이영수 학장의 노고에 깊은 감사를 표합니다.

향후 한국민화전집이 민화를 연구하시는 분 및 애호가들의 지침이 되었으면 합니다.

이 영 수 교수신문사 사장(전 경기대학교 총장)

축   사

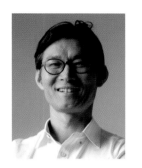

세계속에 민화의 우수성과 독창적인 미를
널리 알릴 수 있도록...

과거는 현재를 위해 존재한다. 고로 역사는 오늘을 위해 존재한다는 말로 그 역사는 인간이 삶을 베풀고 문화를 창조해 온 생활 기록이다.

겨레는 겨레의 미 의식과 감정에 의해서 문화를 창조했고 민화 그림은 겨레의 그러한 미 의식과 정감이 표현되어 있습니다.

옛 그림을 분류하여 특성을 지닌 그림과 그렇지 아니한 그림으로 나누어 고찰했다. 그중에서 두 가지 특성을 지닌 그림을 묶으면 민화 즉 겨레 그림이고 겨레 그림이 지닌 특성은 겨레의 미의식과 정감을 우리의 선조들은 신과 인간을 나누어 생각하지 않고 합일하여 생각했던 것입니다.

민화에는 우리의 마음이고 한 사람 한 사람의 함축된 인간미를 안고 역사를 달려온 우리의 희망입니다. 한 민족의 것이면서도 인류 모두의 것입니다.

또한 민화 관련 전공자는 물론 민화 애호가들에게도 민화연구를 심화하고 책을 통하여 민화를 감상 할 수 있는 좋은 기회를 제공할 것이며 우리 민화의 아름다움을 재인식하는 자리가 되기를 진심으로 기대합니다.

끝으로 한국미술협회에서도 우리민화의 계승발전과 폭 넓은 보급을 위해 힘써나가며, 세계속에 민화의 우수성과 독창적인 미를 알려나가는데 앞장서겠습니다.

다시금 단국대학교 예술대학 종신명예교수로 계시는 이영수 전 학장님의 한국민화전집 발간을 진심으로 축하드립니다.

이 범 헌 (사)한국미술협회 이사장

축 사

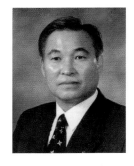

우리민화의
아름다움이 널리 알려지길 바라며...

민화는 옛사람의 자취가 고스란히 느껴지는 해학과 풍자로 한시대의 사회상을 그대로 그려내고 있고, 누구나 쉽게 이해할 수 있던 자연스러운 우리의 그림이다.

조선 시대의 회화는 유교 사상이라 유교 미학의 영향을 강하게 받아 수묵담채가 기본을 이루고 있었던 것에 비해 서민 대중 사이에서 유행한 그림, 궁중의 인습적 그림에서는 강한 채색을 지니고 있어서 큰 대조를 보여주고 한국회화에서는 채색을 중시하지 않았다고 하는 생각은 잘못된 것이고 강한 채색 중에서도 산수화는 청록산수의 전통이 강하게 전해 온 것을 볼 수 있고 모란꽃 그림에서는 밝고 선명한 붉은 색이 주조를 이루고 있어 전통회화의 수묵 화조화에 비해 장식성이 강하고 강렬한 특성이 꾸밈없이 나타낸 그림이다. 민화는 감각적 욕구를 부추기고 중요시하는 표현을 많이 보여준다. 민중들이 원색이 발산하는 감각적 쾌감을 좋아했기 때문이다.

민화의 종류에서도 정통회화의 분류법으로 나누어 보는 것도 필요하다고 본다.
1.종교 - 무속교, 불교도
2.지역 - 지역도, 평양성, 진주성, 한성, 구산구곡도, 무이구곡도, 화양구곡도
3.세사 - 세사도, 천도, 황계도
4.일화 - 일화도, 구운몽, 춘향전도
5.사화 - 사화도, 삼국지, 수호지, 귀갑선도
6.문방 - 문방도
7.문자 - 문자도
8.생활 - 백동자도, 평생도, 신선, 궁중행사, 행렬, 행실도
9.산수 - 산수도, 풍경, 팔경, 금강산도, 수렵도
10.어류 - 어락도
11.동물 - 사신도, 호도, 용, 봉황, 거북, 학, 사슴, 토끼, 나비 등
12.화조 - 초충도, 모란도, 병화도, 화훼도, 포도도, 화조도 등

민화가 기존의 전통 회화와 단절되어 갑자기 생겨난 것이 아니며 궁중회화에서 대중성이 농도 짙게 나타난 것이고 민중문화가 상층부에서 파생되듯 궁중회화는 민화의 모체이며 민화는 18세기 사회 변속에서 나타난 새로운 신분의 등장과 개조된 새로운 수요층과 19세기 민간 계층의 사상과 생활양식 기호와 미적 정서에 맞는 독창적이고 자유로운 형식미를 보여주는 데 의미가 있다.

이번 한국민화전집 출판을 기점으로 우리민화의 아름다움이 널리 알려지길 바라며, 불철주야 우리민화의 보존과 발전을 위해 애쓰시는 단국대학교 산업디자인대학원 원장을 역임하신 이영수 전 원장님께 깊은 감사의 마음을 전하며 한국민화전집 출판을 진심으로 축하드립니다.

박 정 준 (사)한국고미술협회 회장

서 문

한국 민화(民畵)가 우리의 관심을 끌기 시작하면서 연구되기 시작한 것은 1960년대 후반부터였다고 보여진다. 그 이전에는 우리의 전통회화사(正統繪畵史)에서 제외되어 연구의 대상조차 되지 못하여 어느집의 벽장 깊숙한 곳에서 잠자고 있었으며, 고물상 또는 골동품 가게의 구색을 맞추기 위한 존재로서 근근히 그 명맥을 유지해 오고 있었던 것이다.

이와같이 우리에게는 관심조차 끌지 못하던 민화였지만 1960년대 이전에도 일부 외국의 수집가 혹은 비평가들에 의해 연구되어 왔다. 그 대표적 인물로 일본의 야나기 무네요시라는 사람을 꼽을 수 있는데 그는 [불가사의한 조선의 민화]라는 글을 민예지(民藝紙)를 통해 발표해 민화라는 단어를 처음으로 사용하기 시작하였다.

이후 1960년대 후반부터 민화가 국내는 물론 외국에까지 관심의 대상이 되기 시작하면서 민화(民畵)·민속화(民俗畵)·민중화(民衆畵)·겨레그림으로 통칭하였으나 지금까지 일반적으로 불리워지고 있는 명칭은 민화이다. 이처럼 우리가 지금까지 사용해오고 있는 민화라는 말 자체가 아직까지 학문적으로 정착하지 못한 야생어인 것만 보더라도 우리의 민화에 대한 연구가 얼마나 부족하였는지를 단적으로 보여주는 일이라고 할 수 있다.

그러나 1970년대 초 조자용(趙子庸)·김호연(金鎬然) 등이 도록(圖錄)·단행본·신문·잡지 등 대중매체를 통해 소개하면서 민화에 대한 연구의 중요성이 부각되기 시작하였으며, 이전(以前)의 단편적인 작품해설 수준에서 벗어나 보다 폭 넓은 연구와 접근이 시도되었다. 따라서 주체적(主體的) 민화연구의 토양(土壤)이 이즈음에 다져지게 되었던 것이다. 1980년대에 들어서면서 민화는 그 예술적 가치의 중요성이 일반에게 알려지게 되었으며, 한국회화사(韓國繪畵史)의 한 영역을 차지하면서 본격적으로 연구되기 시작하였다. 이 무렵 대학과 연구기관에서는 도상학(圖像學)과 기법(技法)에 관한 연구, 문헌자료(文獻資料) 발간등이 계속 되었다. 이러한 전문적인 연구는 민화의 이해, 전승, 재창조, 현대화라는 측면에서 매우 긍정적인 효과를 보았다고 할 수 있다.

1990년대는 한국 민화 전반에 걸쳐 보다 체계적인 연구가 이루어지기 시작하여 많은 연구논문과 관련서적 등이 발표되어 오고 있다. 연구의 접근 방법 또한 세분화되어 민화의 화제별(畵題別) 분석, 그 속에 담겨진 정신의 해석, 상징적(象徵的) 의미의 연구 등 이론적 측면에서 다양해지고 있다. 이러한 우리의 자구적(自救的) 노력으로 민화는 마침내 그 위상(位相)이 정립되었으며 소중한 문화유산으로 자리를 지키게 되었다. 그러나 지금까지 발표되고 있는 민화의 도판(圖版)이 여러 책자에서 중복되어 소개되고 있는 것을 느낄 수 있었다. 따라서 이 책에 소개되고 있는 그림은 그 동안 공개되지 않은 작품을 위주로 수록함으로써 민화 연구에 미력하나마 도움이 되는 자료가 되었으면 한다.

지금 우리는 세계적인 개방화 물결속에서 정치·경제·사회·문화 등 모든 분야에서 무한경쟁의 시대에 살고 있다. 특히, 각 나라마다 문화의 중요성이 어느 때보다도 강조되고 있는 시점에서 한국민화의 예술성을 외국에 적극적으로 홍보하고 부단한 연구를 통해 계승, 발전시켜 나아가야 할 것이다.

이 영 수 단국대학교 예술대학 종신명예교수
李 寧 秀 檀國大學校 藝術大學 終身名譽敎授

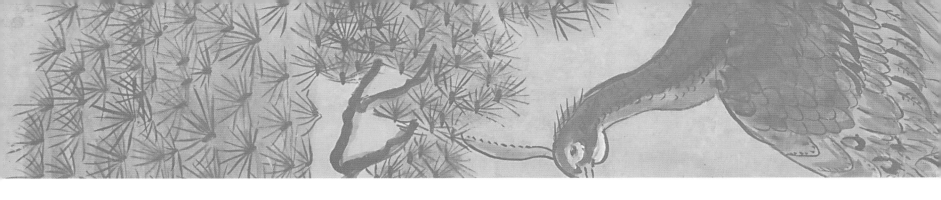

민화의 전개

민화의 세계는 오랜 세월을 통해 우리 조상들이 체험한 삶과 죽음, 사랑과 미움, 기쁨과 슬픔을 노래한 민요, 야담, 시조처럼 대중문화의 전통에 뿌리를 내렸다. 그 표현은 즉시적(卽時的) 인식을 줄 수 있는 것이었고 왕(王)에서 평민(平民)에 이르기까지 한국인이 공통적으로 지닌 이상 세계의 표현이었기에 동일한 감정의 전달수단이 되었다. 그것은 현세복락(現世福樂)적인 그림으로, 민화속에는 지옥으로 떨어지는 것을 막을 수 있는 우상(偶像)과 천당으로 안내하는 우상도 있다. 사회적 환경에서 비롯된 인습(因習)때문에 이루어지지 않았던 절실한 소망은 형태와 구도의 자연주의적 경향으로 상징화되었던 것이다.

기술자로서의 화가는 천대받았고, 학식이 없었기에 고차원적인 지적능력(知的能力)을 갖지 못했으므로 인습적(因習的)인 주제에 만족했다. 그들의 그림은 관념적인 기하학적 양식과 단순화된 추상적 표현을 낳았고 치기(稚氣)어린 자연스러움과 휴머니티 그리고 밝고, 건강하고, 솔직함을 보여준다. 억압된 사회적 배경을 풍자와 유머로 승화시킨 채, 스스로를 어떤 것이라도 수용하려는 무색(無色)의 매체로 변하게 하여 저항을 줄이고 투명하게 살고자 하는 달관된 인생관을 갖게 되었다.

이는 존재나 대의명분(大義名分)에 구애받지 않고 자연의 순리대로 오늘을 즐겁게 살아간다는 주의이다. 불로장생(不老長生), 수복강녕(壽福康寧) 등의 문자나 도형이 도처에서 눈에 띄듯이 출세하여 제도에 얽메인 채 이념적으로 살아가는 것보다 몸을 소중히 여기며 장수(長壽)하는 것이 지복(至福)이라는 사상의 반영이다. 그렇기 때문에 정신적인 안정감과 신체적 일신(一身)의 평안함을 위한 방(房)이라는 공간의 애착은 다른 민족에게서는 보기드물 정도로 독특하다.

즉 그들은 방(房)을 소우주(小宇宙)로 보았으며 그 방의 주인은 소우주의 통치자로서 실제적인 역할을 맡는다. 외적(外的)인 불합리성(不合理性)을 내적(內的)으로 합리화시키고 일관성을 창출하는 소우주로서 신성 불가침한 구조적 역할을 한다. 따라서 그림은 주거공간 주변의 외부자연과 또 그렇게 있기를 바라는 우주의 갖가

지 도상(圖像)으로서 하나의 닫혀진 세계로 풀어 헤쳐주는 매체로써 도입된 것이다.

민화로 불리는 많은 그림에 공통되게 나타나는 특징 중의 하나는 그것이 실내장식용과 종교적인 내용을 담은 그림으로 나눌 수 있다. 실내장식용 그림은 궁궐, 사찰, 관아, 민가의 실내를 장식하기 위해 병풍으로 또는 단 폭으로 만들어진 산수(山水), 화조(花鳥)등 외에도 여러가지 정물을 그린것이 많다. 종교적인 그림은 민간의 신앙과 그 대상을 그린 것 불교(佛敎), 도교(道敎), 유교사상(儒敎思想)에서 유래한 십장생도(十長生圖), 유교적인 효제도(孝悌圖), 그리고 무속적(巫俗的)인 각종 신상(神像)들은 사회적인 요구에 따라 민화 제작자들에 의해 작품으로 발전 되었고, 이러한 작품들이 그들 민중의 믿음을 방향 잡아주는 상관관계를 맺고 있었다. 즉, 믿음이 그림속에, 그림이 믿음으로 발전하고 작용한 것이다.

지금까지 말한 바와 같이 민화에는 우리 조상들의 정감(情感)과 희노애락(喜怒哀樂)이 담겨져있는 우리고유의 전통회화인 것이다. 즉, 생활화(生活化)로서의 성격을 가지고 있다고 할 수 있다. 그런 까닭에 그 속에는 정통화(正統畵)에서 요구되는 개인적 기량에 의한 화의(畵意)의 표출이나 혹은 상대적으로 논리화된 지배적 이념의 표상(表象)으로서의 회화방식이 아니고, 고대로부터 내려오면서 형성된 민속적 관행과 무의식적 집단성이 강조되고 있는 것이다. 따라서 민화에는 어떤 시간이나 장소에 따른 작가적(作家的) 시각이 중시되는 것이 아니라 그 대상이 갖는 개념의 일반성 때문에 작가의 개인성이 무시되고 있는 것이다. 그 대신 대상을 바라보는 집단적 시각이 관여되는 것이며, 이 관계가 개념적(槪念的)표현으로 압축되는 것이다.

그렇다면 대상 소재의 개념화는 무엇 때문인가? 그것은 대상의 개념화를 통한 상징적(象徵的) 의미부여인 것이다. 민화 소재(素材)의 개념화 과정은 곧바로 상징작용으로서 가치를 부여하기 위하여 있는 것이며, 그것의 상징성은 집단적인 생활 감정, 가치 감정의 욕구를 표현하고 있는 것이다. 이러한 감정은 우리의 전통사회에서 흔히 불려지고 있는 부귀(富貴) · 수복(壽福) · 다남(多男)등 농

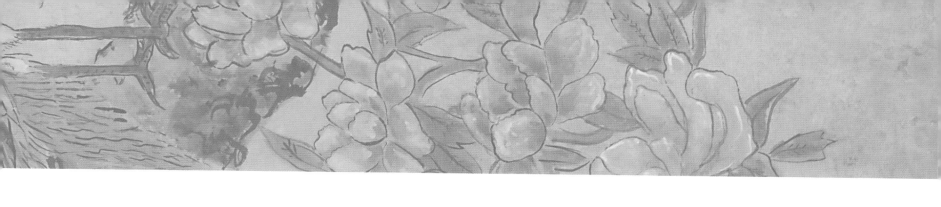

업사회 특유의 통속적, 하지만 당시에는 매우 인간적인 가치들이다. 또한 풍요(豊饒)와 무병(無病)·가정화목(家庭和睦)·삼강오륜(三綱五倫)·성애(性愛) 등 극히 일상적이고 현세적(現世的)인 요구이면서도 때로는 유(儒)·불교적(佛敎的) 이상향(理想鄕)이나 윤리덕목(倫理德目)을 지향한다. 작가가 공급자라는 입장에서 자신의 작품가치를 수용자의 심미(審美) 기준에서 선택하도록 제시하는 것이 정통화의 방식이라면, 민화의 작가는 누가 되든지 수용자의 일반적 욕구의 맞추어서 수용층의 생활기능이 되도록 작품의 익명성(匿名性), 집단성에 귀착함을 특징으로 한다.

민화의 제작의도는 무의식적으로 형성된 집단의 통속가치(通俗價値)·장식가치(裝飾價値)·주술가치(呪術價値)가 민화의 소유자에게 돌아가도록 하는 것인데, 그것을 소유함으로서 수용자에게 어떤 효용가치(效用價値)가 발생할 수 있도록 믿음을 주려는 데 있다고 볼 수 있다.

따라서 민화는 원초적으로 부적(符籍)과 같은 기능을 한다고 볼 수 있다. 요약한다면 민화는 정통사상에 의한 합자연적 존재(合自然的 存在)·관계내적 존재(關係內的 存在)로서 인간의 현실적 욕구들을 민화라는 매체(媒體)를 통하여 접신(接神)하고, 또 제어(制御)방식이라고 할 수 있는 것이다. 즉 현세의 행복과 장수의 기원, 그리고 무당, 부적, 십장생, 불교가 무속화된 그림, 민간신앙, 우화와 신화, 유·불·도(儒·佛·道)의 간접적인 표현에 이르기까지 민중의 생활과 밀접하게 관련되어져 나타난다.

민화에 내제된 정신의 바탕은 민중의 생활과 시대적 상황에 의해 변화하면서 적용된 무속신앙(巫俗信仰)과 유·불·도(儒·佛·道) 즉 삼교사상(三敎思想)이었다. 한국 사상의 바탕에는 예로부터 내려오는 토속신앙(土俗信仰) 곧, 무속신앙이 있다고 볼 수 있는데, 민속예술에서 묘사되는 심상(心象) 그 민속 신앙인 무속의 세계관과 뿌리를 같이 하고 있는 것이다. 즉 민속미술로 여겨지는 민화에는 무속의 세계관이 존재한다는 의미이다. 한국민화의 경우 그 주체가 민중이었다는 사실을 보더라도 한국의 고유신앙은 무속의 성격이 잘 나타나 있다고 볼 수 있다. 그러므로 무속은 그림을

통하여 상징화되었으며, 민화의 발생을 가져왔다고 볼 수 있다. 우리가 주술적(呪術的) 의미를 지닌 벽사기능(辟邪幾能)의 민화를 많이 볼 수 있는 것은 민화에 일관되게 나타나는 사상이 바로 무속이기 때문이다.

민화의 정신적 근간(根幹)으로서 토속신앙과 음양오행(陰陽五行)·유·불교 등이 주류를 이루고 있음을 볼 수 있는데 그 가운데 가장 기본을 이루고 있는 것이 무속이다. 중국에서 유입된 음양오행·유·불교 등의 외래신앙이 우리민족의 생활에서 지배층의 신앙으로 자리잡음과 동시에 그들의 이념과 이상을 형성케 하였으며 이러한 외래신앙은 이상을 지향하므로 현실을 지향하려는 민중들의 욕구에 부합될 수 없었던 것이다. 상류층은 외래 종교를 지식과 결부시켜 융성시켰고, 무속은 저변화되었기 때문에 자연히 지식수준이 낮은 민간층에 머물러 차원이 낮은 것으로 인식되었다. 한편으로는 불교와 결탁되어 미신화(迷信化)된 형태적 변화도 생기게 되었다.

한국 민화는 대중에게 아름다움을 통한 기쁨과 무교(巫敎)가 찾아낸 인간본위(人間本位), 인간중심(人間中心)의 우주, 인생관, 그리고 정치·사회를 지탱하는 윤리 의식의 고조와 예문에 대한 민중의 애경(愛敬)을 심어주고, 북돋아 주는 원동력이기도 했다. 민간층의 신앙적 바탕이 되어온 무속은 원본사고(原本思考)를 바탕으로 하고 있다.

무속의 세계는 민화가 추구하는 세계이므로 그 사상 또한 동일하다고 볼 수 있는데, 민화의 세계를 살펴보면 현실을 지향하며 인간의 존엄성과 평등사상을 근본으로 하기 때문에 내세(來世) 보다는 현세(現世)를 행복하게 영위하고자 하는 염원에서 비롯된 무병장수(無病長壽), 부귀영화(富貴榮華), 자손번성(子孫繁盛), 복록(福祿), 벽사사상(辟邪思想) 등 세속적 욕구를 내용으로 하고 있음을 알 수 있다. 이러한 인간의 공감대가 표출된 것이 민화였으므로 모든 사람이 필요로 한 회화였음을 짐작할 수 있다. 그런 까닭에 민화는 민족종교인 즉 무교(巫敎)의 산물이었으나 인습의 현실속에 생활 그 자체로서 존재하는 그림이 될 수 있었다.

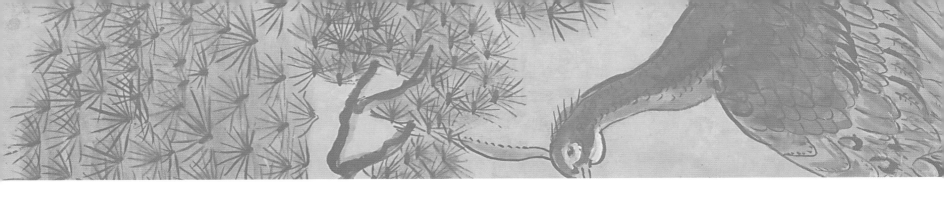

유교(儒敎)는 국가의 통치이념과 사회윤리 범절의 종교로 자리잡으므로서 사회를 정화하고 교육적 감계(鑑戒)를 위한 효제도(孝悌圖)와 문자도(文字圖)의 형태로 민화가 등장하게 되었다. 민화에 나타난 유교적 윤리의 바탕은 삼강오륜(三綱五倫)의 정신인데, 궁극적인 목표는 바른 행동과 언어, 잡다한 생각과 감정으로부터 초탈한 이른바 정심(正心)에서 달성된 인(仁)이 경지인 것이다. 감정의 표출이 억제되는 유교의 윤리관에서는 자연히 미술에 있어서도 정감(情感)의 표출이 소홀이 되는 양상을 띄게 되었다. 유교의 경우 일반 민중의 내면적 신앙과 결부되었다고 볼 수는 없고, 불교와 도교가 민중의 신앙생활에 깊숙히 침투하여 내면화하였다고 볼 수 있다.

유교가 배척되고 불교가 융성하는 사회 분위기에서 불교의 경우 점차 무속(巫俗)과 결부되어 기본적인 종교로 민중의 심층을 지배하였으며, 대중의 결핍된 현실들이 민화를 통하여 민중의 기본적·원천적인 요구들이 반영되어졌던 것이다. 불교가 비록 유교에 의해 주류의 자리를 물려준 상황으로 전락했으나 조선시대에 전시기를 통하여 볼 때, 불화(佛畵)의 명맥이 단절되지 않았다는 점은 특이 할 만하다고 볼 수 있다.

이러한 점은 전통적 사고와 의식의 단절이란 어렵다고 하는 보편적인 성격을 언급하지 않더라도 민족의 정감과 의식의 실체적 표현인 조선조(朝鮮朝) 민화의 세계에 불교적인 성격이 발견됨을 통해 알 수 있다. 금강산도(金剛山圖), 세속화(世俗化)된 불화(佛畵), 고승도사상(高僧道士像), 절의 벽에 걸려지는 신상도(神像圖)가 불교의 토착화에 있어 한 형식으로 평가되는 점, 무화(巫畵)에서의 불교적 성격, 십장생(十長生)의 영혼불멸(靈魂不滅)로 이어진 신(神)의 세계, 산수(山水)의 신앙(信仰)이 불교적 인간사상을 바탕으로 하고 있는 것을 볼 때 민화에 있어서 불교적 사상의 중요성을 발견 할 수 있는 것이다.

민화의 한 유형인 불화는 박력과 힘, 웅장한 구도, 색의 반복, 그리고 대비, 조화, 통일이 주는 색채의 체계, 생동하는 선(線)과 형(形), 부드러움, 인간의 정(情)도 초월하고 생명도 내용을 지니고 있는 것이다.

도교사상(道敎思想)의 전래 시기는 유교의 전래와 때를 같이 하는 것으로 보여진다. 도교는 재산과 지위, 자손의 번창과 개인의 행복, 불로장생(不老長生)을 추구하려 했던 종교로서 중국에서는 근대에 이르기까지 민간신앙(民間信仰)을 형성해온 것으로 무위자연(無爲自然)의 사상에다 기성 종교의 요소와 음양오행설(陰陽五行說), 신선사상(神仙思想)을 융합한 다신적(多神的) 종교이다. 이러한 도교적인 사상은 유교의 폐쇄적이고 인간의 창조적인 예술성을 억압했던 것과는 달리 조선조 예술의 부흥과 예술정신의 고양(高揚)이라는 측면에서는 많은 공헌을 했다고 볼 수 있다. 민화에 있어서 도교적인 영향은 십장생(十長生), 청룡현무(靑龍玄武), 사신수(四神獸), 신선(神仙) 등의 그림에 상징적으로 나타나고 있다.

민화를 일상생활 속에서 가장 필요로 했던 시기는 조선시대 중기부터라고 할 수 있는데, 이 시기에서 실학(實學)이라는 학문이 본격적으로 대두되어 문화 전반에 영향을 끼치기 시작했다. 따라서 실학사상은 회화관(繪畵觀)에도 작용하여 민족 주체적이고 자의식적(自意識的)인 화풍을 이루게 되었으며 이러한 경향은 풍속화(風俗畵), 진경산수화(眞景山水畵)를 형성하게 되고 나아가서 민화의 형성에도 영향을 미치게 된다. 이러한 실학적인 사고의 영향이 민화에 끼친 대표적인 것이 바로 민화의 실용성(實用性)인 것이다. 즉 실용주의를 바탕으로한 정신이 표출되었다고 할 수 있다.

민화는 역사적으로 고찰해 볼 때 지속적으로 형성된 민중의 생활철학과 감정, 전통적인 미의식 등 기존의 지배계급인 사대부(士大夫) 계층에 의해 표출되지 못하고 있다가 임진왜란과 병자호란이라는 양대전란(兩大戰亂)을 통한 양반 계급사회의 붕괴, 현실적인 실학사상의 융성, 경제의 발전을 통한 그림에 대한 수요의 증대, 현실 위주의 의식전환 등 시대적 사회적 배경에 의해 잠재되어 있던 전통적인 미의식의 표출을 통해 회화로 표현되어진 것이다.

또한 사상적인 측면에서 볼 때 현세의 행복과 장수의 소원 그리고 불교의 무속화된 그림, 삼교사상의 간접적 표현에 이르기까지 다

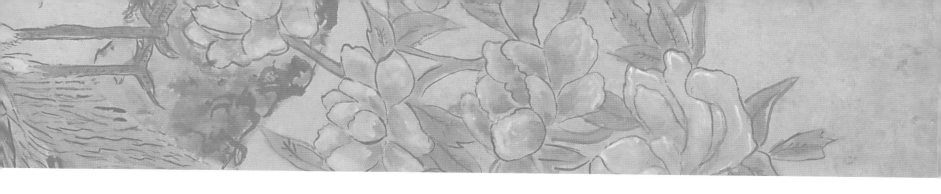

양한 형태로 민중의 생활과 밀접하게 관계되어 나타난다고 볼 수 있다.

이에 따라 무속종교 즉, 현세복락주의(現世福樂主義)의 바탕에서 불교·유교·도교가 자연스럽게 융화되어 민화라는 매체를 통하여 그 당시 서민들의 정신을 형성하고 있음을 알 수 있다. 그러므로 민화의 내재된 정신은 민족 고유의 신앙인 무속 신앙과 결합된 불교·도교 그리고 주로 교화(敎化)를 목적으로 하는 유교에서 찾아 볼 수 있는 것이다. 따라서 민화는 이러한 요소를 바탕으로 하여 표현된 당시의 미의식과 정감이 깊이 내포되어 표현된 회화라고 할 수 있다.

회화사적 측면에서 볼 때, 회화사 서술은 시대나 유파, 혹은 당대 회화의 경영과 그 변화를 확인 할 수 있는 화가의 창의성이 반영되어있고, 작가나 제작년대가 어느 정도 확실한 작품을 기본 대상으로 하는 즉, 주로 선비화가나 화원화(畵阮畵)간의 작품들이 주된 서술의 대상이 되어 왔다고 볼 수 있다. 그런 까닭에 그린 사람이 분명하지도 않고 화격(畵格)으로 보아도 정통회화와 비교가 안될 정도로 낮은 소위, 민화가 한국회화사 서술에서 제외된 것은 어쩌면 당연한 것인지도 모른다. 그렇다고 하더라도 민화는 조선시대를 통하여 평민들에 의해 끊임없이 그려지고 향유(享有)되었으며, 그것은 어느덧 한국 회화의 한 영역을 차지했다는 역사적 사실에 주목할 필요가 있는 것이다.

요약해 볼 때 정통회화(正統繪畵)가 개인의 사상과 인생관을 창조적 기법으로 표현한 개인의 예술이라고 한다면 민화는 한 시대를 살아가는 일반대중의 집단사고가 몇몇 기본적인 행과 색의 짜임새로 표현된 민예적(民藝的)회화라고 할 수 있다.

이 영 수 단국대학교 예술대학 종신명예교수
李 寧 秀 檀國大學校 藝術大學 終身名譽敎授

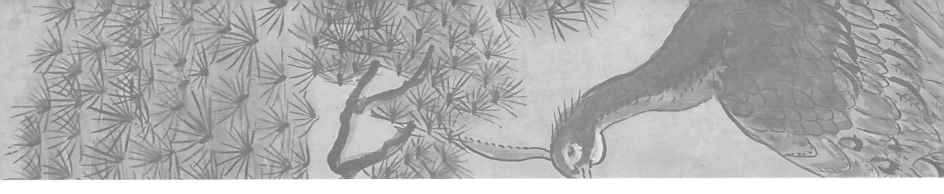

The Development of Folk Paintings

The world of folk painting took root in the tradition of popular culture, as folk song, historical romance, Korean verse which sang the life and death, love and hate, pleasure and sadness that was experienced by our ancestor through the long period. The expression of that folk paintings gave immediate recognition, and that was a means of communication of the same emotion. For it was the expression of ideal world which the Korean from the king to the common people commonly had.

Korean folk paintings is for the sake of "this world for happiness"(現世福樂), for example in folk paintings there are idols which can prevent fall into hell and guide to heaven.

Because of convention that was originated from social condition, the earnest hopes was symbolized as the trend of naturalistic form and composition. Artists as a technician were treated contemptuously, and they didn't have any intellectual power. So they were satisfied with conventional themes. Their paintings gave rise to the geometrical styles, and that show childish natural quality, humanity, brightness health and honesty.

They sublimated the social condition which was suppressed to satyr and humor, and they changed themselves to the media of colorless. So they have possessed a far-sighted view for to diminish resistance and to live clearness.

This is a idea which live joyfully today not by the reason of being or the true relations of sovereign and subject but by naturalistic reasonableness. The letters or icons like as "eternal youth"(不老長生), "long life, happiness and peace"(壽福康寧) reflect of the idea which true happiness is to take care of the body and long life rather than to live ideologically being restricted by institution for great success.

Consequently, attachment to the space of "room" for the mental rest and physical peace is more unique than any other countries in the world. They thought that "room" as a small universe, so the owner of that "room" play a role as the ruler of that universe. For that small universe rationalize the external irrationality internally and make consistency, It plays a role of sacred and inviolable territory. So painting is introduced as a media of the closed world which is the various icons of external nature around the house and desirable universe.

One of the common characteristics of many paintings which is called Korean folk paintings is the fact that They are divided only into two sorts as interior decoration and religious content. Paintings for interior decoration art mainly picture of mountains and water, flowers and birds, various still lifes which made by a folding screen or single screen for ornament of the interior of the royal palace, temple, government office, private houses. Religious paintings are mainly related to the folk faiths, and many of them are the direct or indirect expression of the Buddhism, Taoism and Confucianism.

The painting of ten symbols(十長生圖) which are originated from the thought of Sin Sun(神仙), confucianistic "Hyojedo"(孝悌圖) and various sorts of shamanist image of gods are developed to artworks by Korean folk painters according to social demand. And that artworks are interrelated with the faith of common people. That is to say, the paintings developed the faith of common people.

As mentioned above, in Korean folk paintings there are emotion and "joy and anger together with sorrow and pleasure"(喜怒哀樂) of our ancestor. So It might be said that the Korean folk painting is our unique traditional painting. For they have the character of painting of the real common life. Such being the case, there are not the expression of meaning of painting by the personal talent or a symbol of ruling ideology which are relatively logicalization, but the emphasis of the folk convention and unconscious collectiveness from the ancient period.

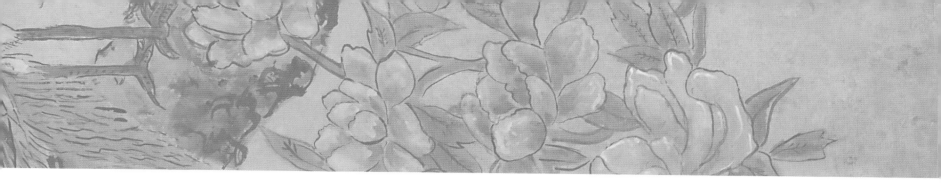

Accordingly, in folk paintings the vision of maker which is made by a time and space is not important thing. So to speak, the individuality of maker is neglected because of the generality of that idea which the objects have. So, There are related collective perspective which see that objects, and that relation is reduced conceptual expression.

Then, what is the reason why the subject matter of objects are conceptualized? The reason is that it is possible of the giving of symbolic meaning through the conceptualization of objects. The conceptualizing process of the subject matter of folk painting is to be for giving of the value of symbolization. And its symbolism express the collective emotion of the everyday living and desire.

That emotion is the feeling of wealthy, long life, many children etc., which is very ordinary and humanistic value proper to the agricultural society in that time. And folk paintings are pointed to richness, good health, the harmony of family, "the three bonds and the five moral rules in human relations"(三綱五倫) and sexual love which are extremely ordinary and secularistic desire, and occasionally point to confucian and buddhist utopia and ethical values.

In the orthodox paintings, Maker as a supplier presented his artwork for select by recipient and its value wad determined by maker himself. But the most of maker of folk paintings presented his artwork for fit to the general desire of recipients and for to function everyday living, so they have characters of anonymity and collectiveness. The purpose of the making of folk paintings is reduce conventional value, ornamental value and ritual value which was formed collectively and unconsciously, to the owner of folk painting. That is to say, the owner of that painting seem to have the faith of any utility. Therefore, at that time it seem the folk paintings primitively have the function of a charm(符籍).

To sum up, Korean folk paintings is the style of painting that symbolize extremely naive hope and realistic desires.

That is to say, folk paintings is related closely with the everyday living of common people from a prayer of realistic happiness and long-life, a shaman, a charm, ten symbols of long lifes, shamanism, a fable, a myth, buddhist paintings which became showmanism to the indirect expression of the Confucianism. Buddhism. Taoism.

The mental foundation of Korean folk paintings was composed by three components. To begin with, everyday living of common people, the second is shamanism which have fitted to the need of the time through the change, and the last is the thought of three religions (Confucianism. Buddhism. Taoism).

In the bottom of Korean thought, There is a shamanism which came down from ancestors. And that has the same roots with the image of national art. That is to say, it means that Korean folk paintings which regards as national art have the view of shamanism. This point is showed well that the subject of Korean folk painting was the common people. Therefore, Shamanism was symbolized by the folk paintings and at the same time generated folk paintings themselves.

There are many folk paintings which have the function of exorcism. The reason of that fact is that the coherent thought of folk paintings is shamanism. The mental foundation of folk paintings is composed by "the cosmic dual forces and the five elements"(陰陽五行), Confucianism. Buddhism, and shamanism. Then, The most foundational element of them is the last one. The foreign faith like as "The cosmic dual forces and the five elements" and Confucianism. Buddhism which came from China have occupied the position of the ruling-class faith and at the same time formed their ideology and the ideal. So this foreign faith could not satisfy the common peple which pointed to this world.

The upper class connected the foreign faith with knowledge, and that way developed the former. But shamanism was possessed by the common people which

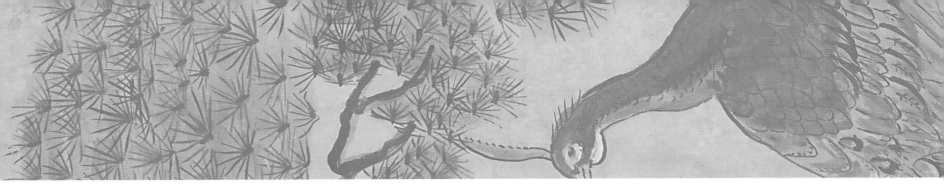

have only poor knowledge, then shamanism was recognized as low-dimension faith. And the other hand, shamanism was changed to the superstition. The reason of that change is partly of the connection with Buddhism.

The Korean folk paintings have become a motive power for the common people to take pleasure in beauty, to have a view of humanism which was found by shamanism, to heighten of the consciousness of ethics which sustained that society and to have the love and esteem of the liberal arts. The background of shamanism which have become the foundation of the common people class was the thought of the original(原本思考).

So the world of shamanism is the same as the world which the folk paintings have pursued. And for the folk paintings pointed to this world and was founded by the dignity and equality of human, their contents was composed of the secular desires like as healthy and long life(無病長壽), wealth and prosperity(富貴榮華), many posterity(子孫繁盛), fortune and fief(福祿), the thought of exorcism(僻邪思想). So we guess that folk paintings was indispensible to the common people at that time. For the folk paintings was the expression of common thinking at that time. Therefore, folk painting was resulted by national religion, that is to say shamanism originally, but it became a painting which existed in the real life in itself.

Confucianism have become as a ruling ideology of nation and a religion of social ethics. So It originated one sort of folk paintings which purposed for the purification of the society and educational admonition like as the form of "Hyojedo" and "Munjedo"(文字圖). The foundation of Confucian ethics which was showed in folk paintings was "the three bonds and the five moral rules in human relations". The final purpose of that doctrine is the right behavior and speaking, that is to say so called the state of "In"(仁) that is attained by "JungSim"(正心), which rise above the miscellaneous thinking and feeling.

In Confucian ethics the expression of feeling was restrained, so naturally art also neglected the expression of emotion. But Confucianism was not connected with the inside faith of the common people closely, rather Buddhism and Taoism was closely connected with the inside faith of the common people. In the social situation which Confucianism was ostracized and Buddhism was prosperous, the latter gradually connected with shamanism, and became the fundamental religion.

So it dominated over the deep mind of the common people, and then folk paintings would reflect the fundamental and basic desires which the common people was wanted to. Though Buddhism was replaced by Confucianism as the main thought, but it is unusual fact that the stream of Buddhist paintings(佛畵) was not broken in the whole period of Chosun dynasty. That point is showed in that we can find the Buddhist character in the Chosun folk paintings which was substantial expression of the national emotion and consciousness, as well as the general fact that the break of traditional thought and consciousness is very difficult.

For example, painting of Mt, Kumkang(金剛山圖), secularized Buddhist paintings, image of a high priest(高僧道士像), painting of the God's image(神像圖) are evaluated a form of settling of Buddhism, Buddhist character in the shamanisitic paintings, the God's world is continued by the immortality of the soul(靈魂不滅) of ten symbols(十長生), the faith of mountain and water was grounded by Buddhist humanism, etc., through the all of them we can know that Buddhist thought was very important in the folk paintings. Buddhist paintings which is a sort of folk paintings have a power, grand plot, repetition of color, contrast, harmony, the system of color by the unity, dynamic line and shape, mildness.

It seems that the time of transmission of Taoism is the same as the time of Buddhism. Taoism as a religion have pursuited wealth and status, the prosperity of a posterity, the happiness of an individual and "eternal youth(不孝長生). And it was originated from China, and

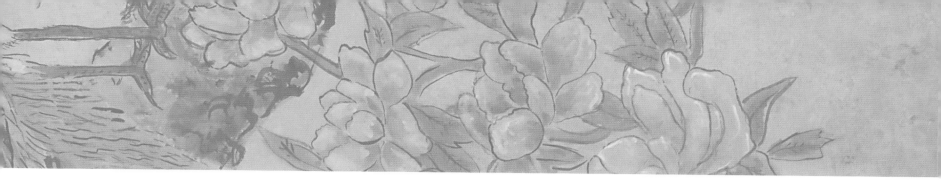

in that country it formed the faith of the common people until the modern period.

Taoism was a sort of polytheism, so it was composed many elements, that is to say sheer naturalism(無爲自然), "the cosmic dual forces and the five elements"(陰陽五行), the thought of SinSun(神仙思想). Confucianism had closing character and restrained the creative art of human. But Taoism have contributed to the heighten of art of Chosun and the raise of the spirit of art. Taoist influence on the folk paintings was showed symbolically in the pictures, like as ten symbols(十長生), a Blue-Dragon and a turtle(靑龍玄武), four divine animals(四神獸), SinSun(神仙).

The most requested time in the every living was the middle period of Chosun dynasty. And then, at that time the SilHak(實學) had appeared strongly and began to influenced over the general culture of that time. So the thought of SilHak had influenced over the view of painting, and then at that time national, subjective and self-conscious style of painting had established.

In the result, that style had created the paintings of folk custom(風俗畵), Actual landscape painting(眞景山水畵), and had influenced the formation of the Korean folk paintings. The most influence thing of the thought of Sil Hak was the pragmatism of the folk paintings. That is to say, we can find the mentality of the pragmatism in the folk paintings.

In the historical point of view, folk paintings which had formed the philosophy of everyday living and emotion of the common people and traditional consciousness of beauty, could not manifested. For until that time the Chosun dynasty had ruled by the existing the nobility class(士大夫). But after two great wars (Japanese Invasion of Korea in 1592 and Chinese Invasion of Korea in 1637), due to the collapse of the nobility class, the prosperity of pragmatic SilHak, the increase of demand of the paintings thank to economic development and the realistic change of the consciousness, that is to say due to the change of the social condition, folk paintings could express the traditional consciousness of beauty which was latent.

And in the respect of the thought, desire for the happiness and the long life in this world, shamanist painting of Buddhism and the indirect expression of the thoughts of three religions (Confucianism, Buddhism, Taoism) are closely connected with the everyday living of the common peopel. So shamanism, that is to say secularism have integrated Buddhism, Confucianism and Taoism, and That was expressed in the folk paintings.

Therefore, the internal spirit of the folk paintings was found in the Buddhism and Taoism which connected with traditional shamanism and in the Confucianism which mainly purposed for indoctrination. So Korean folk paintings is the painting which was expressed deeply contemporary consciousness of beauty and emotion which grounded on the upper elements. But in the respect of the history of painting, the description of the history of painting had been made by the caes which the time, school, artist or the year of making could identified. That is to say, that was described mainly for the paintings of scholar and the bureau of painting.

Consequently, it is natural that folk paintings which maker is not clear and the level of painting is very low were excluded in the history of Korean paintings. But then folk paintings were painted and appreciated continually by the common people through the whole Chosun dynasty. So folk paintings occupy an important place in the history of Korean Paintings.

To sum up, the orthodox painting is the painting of the individual which expressed the thought and one's view of life of the individual in the creative skill, Korean folk paintings is the common people's painting which was expressed.

이 영 수 단국대학교 예술대학 종신명예교수
Lee Young Soo Professor emeritus at college of Korean painting Dankook Univ.

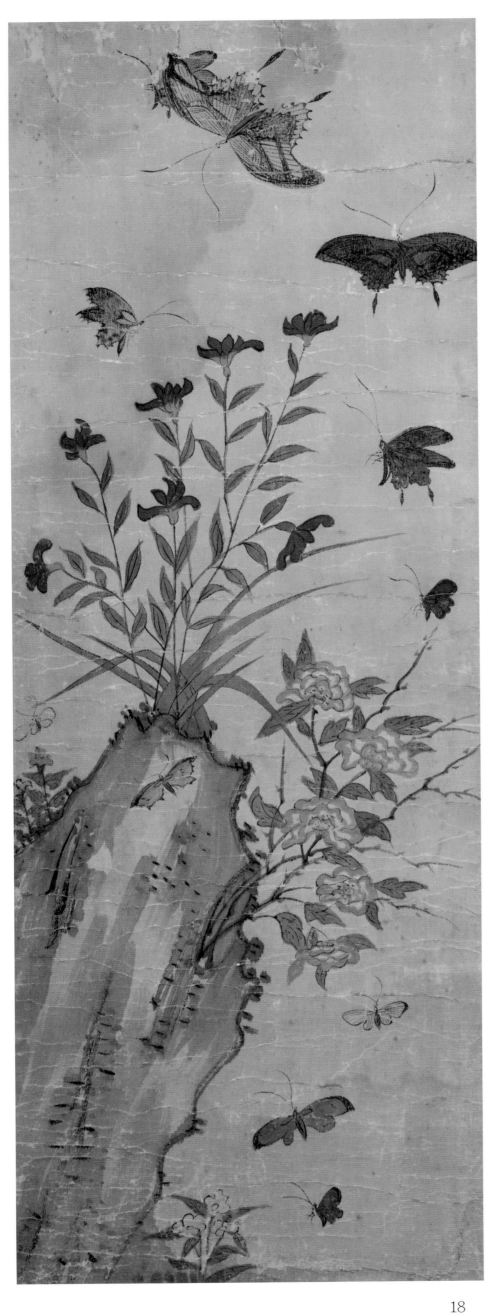

圖1 · 호접도 · 蝴蝶圖

27×74 · 지본

큰 바위 틈에 형태를 알 수 없는 꽃들이 피었고 공중에
서 뭇 나비들이 꽃을 향해 날아 들고 있다. 나비는 분
명히 날아들고 있겠지만 바위의 비중이 너무 커서 꽃
은 거의 가려진 상태이다. 상징적인 의미로는 나비가
80세를 바위가 무한 장수를 의미하여 더욱 오래 살라
는 익수의 뜻이 된다.

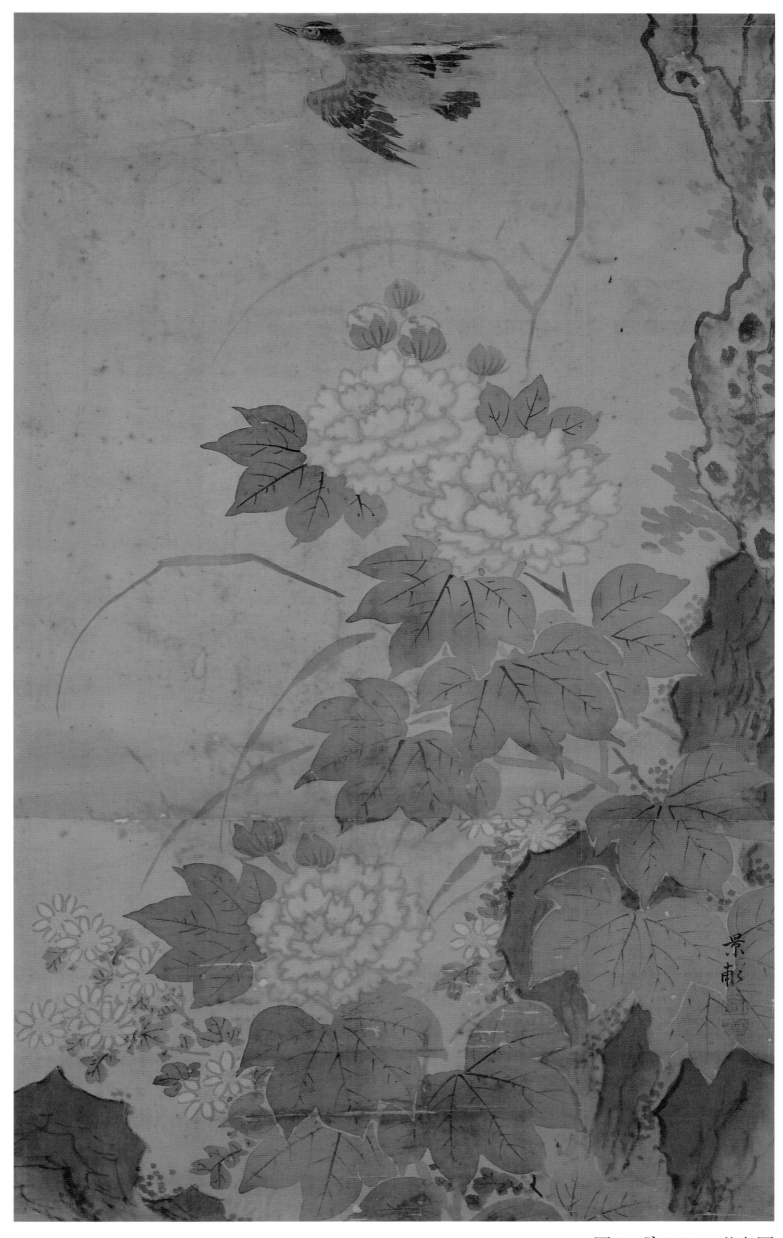

圖2・화조도・ 花鳥圖

47×77・지본

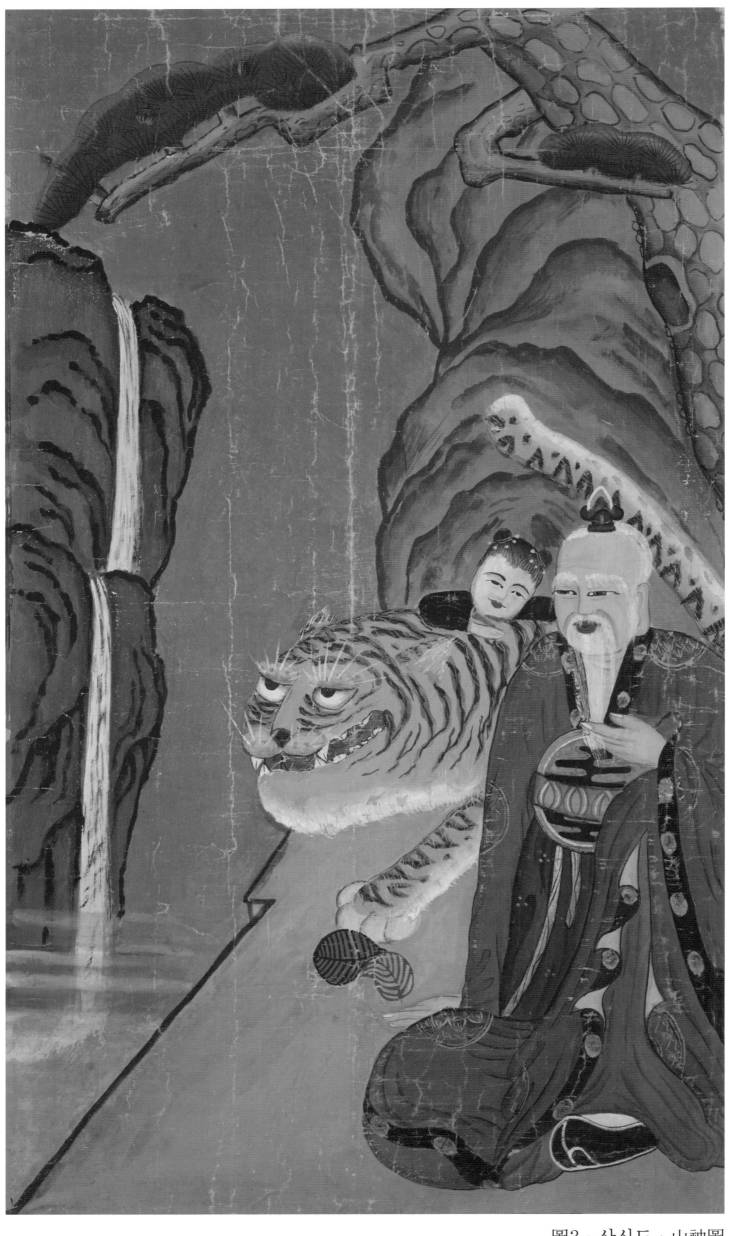

圖3 · 산신도 · 山神圖
53×95 · 천바닥

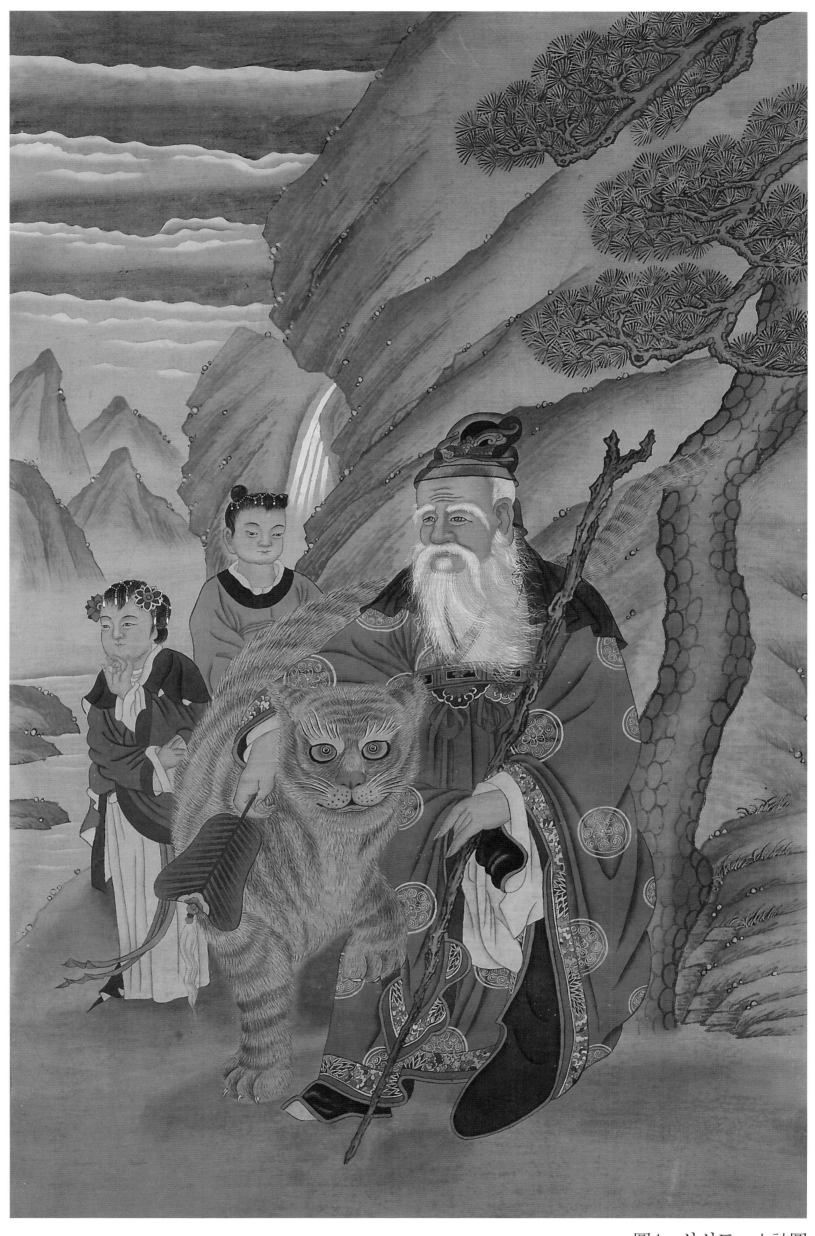

圖4・산신도・山神圖
73×114・지본

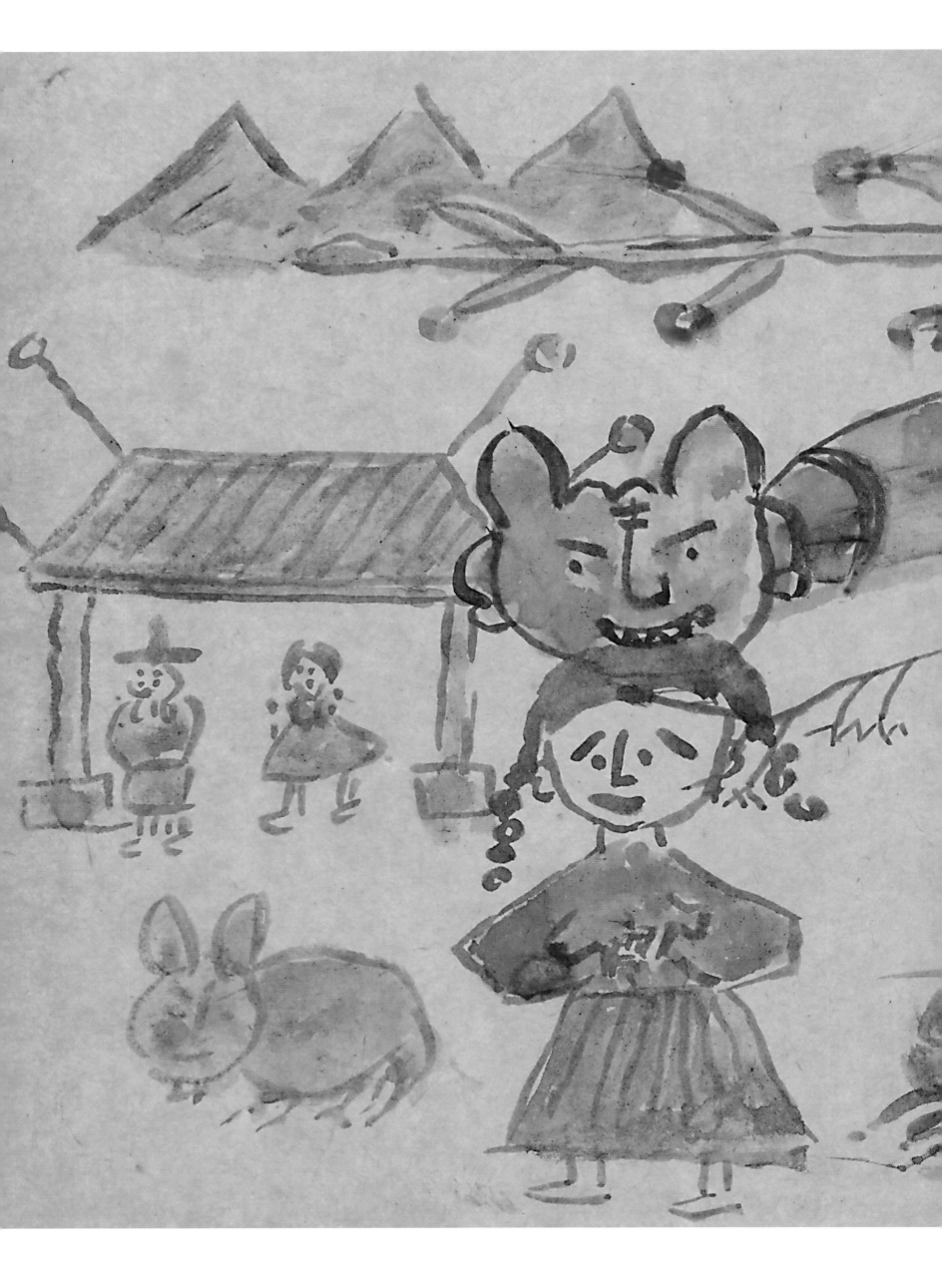

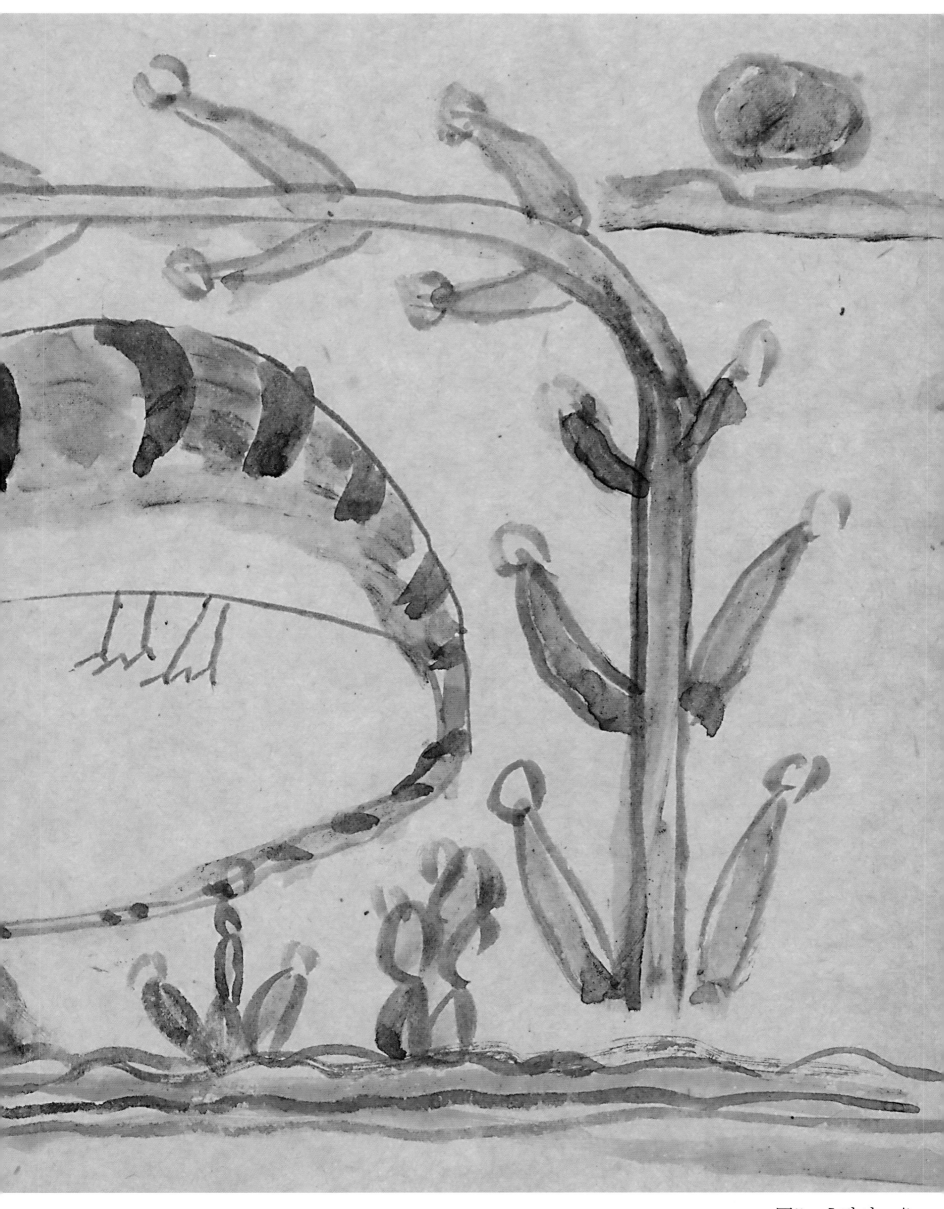

圖5 · 호랑이 · 虎
35×38 · 지본

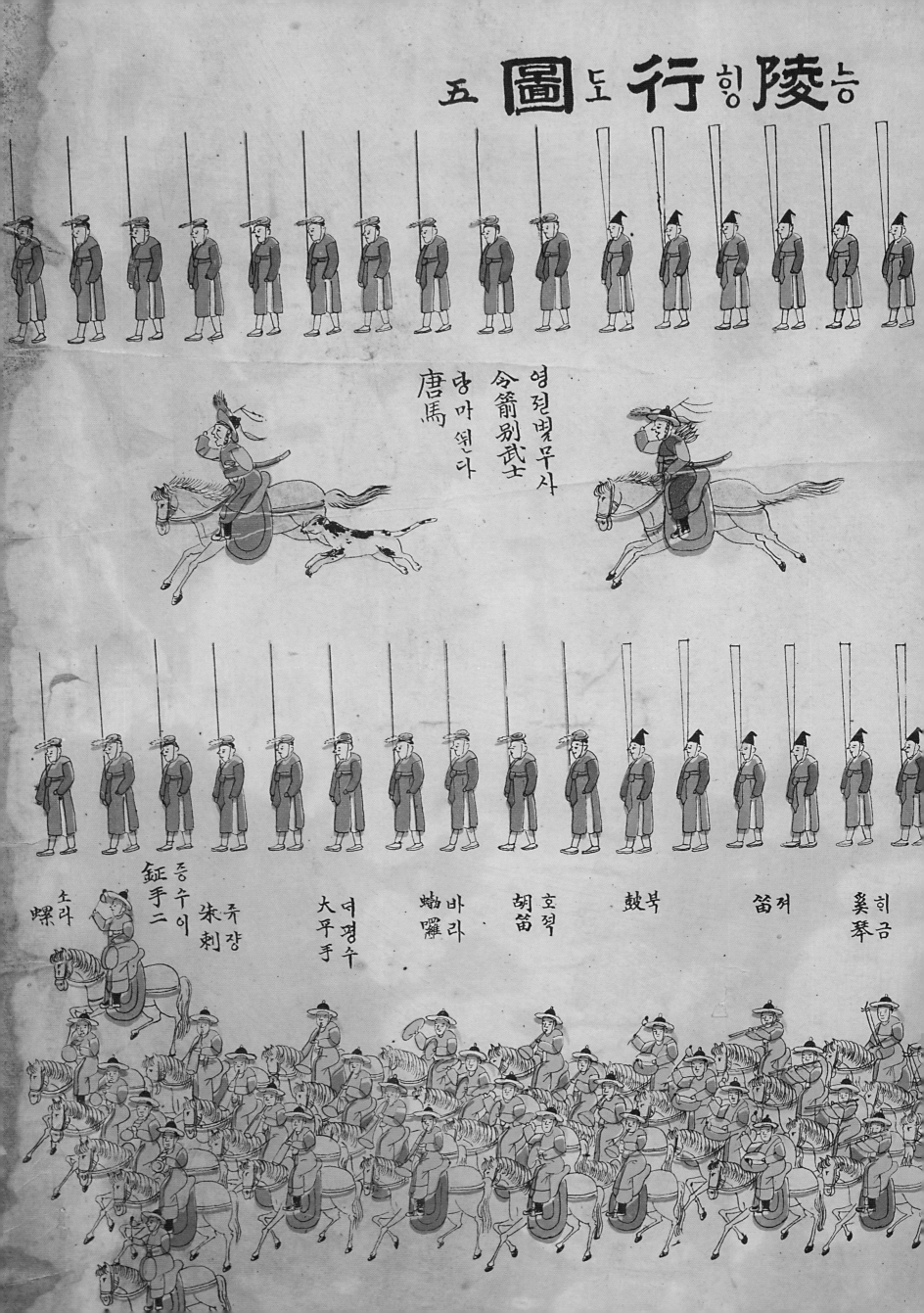

영존벗무사
令箭別武士

당마 된다
唐馬

소라
螺

증수이
鉦手二

증주이
朱剌

쥬쟝

더평수
大平手

바리
蠟囉

호젹
胡笛

북
鼓

져
笛

히금
奚琴

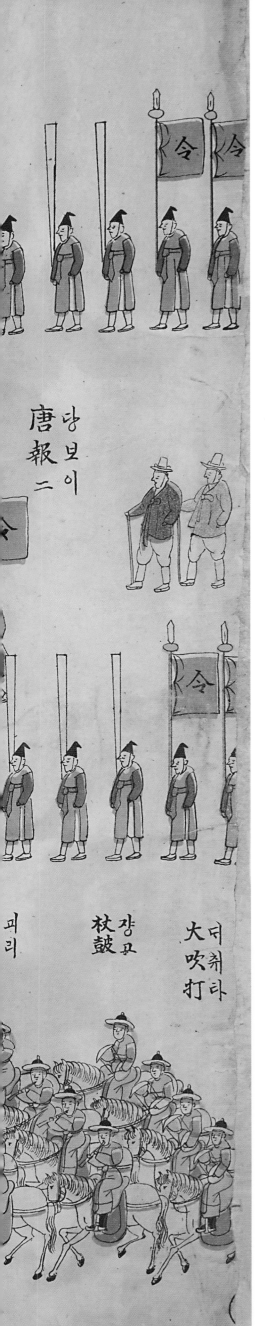

임금님의 행차모습이다. 왕이 한 번 거둥하면
수 많은 문무 백관들이 전후좌우에서 호위했다.
본 그림은 바로 이러한 왕의 거둥을 그림으로 표현한 것이다.

圖6 · 능행도 · 陵行圖

35×38 · 지본

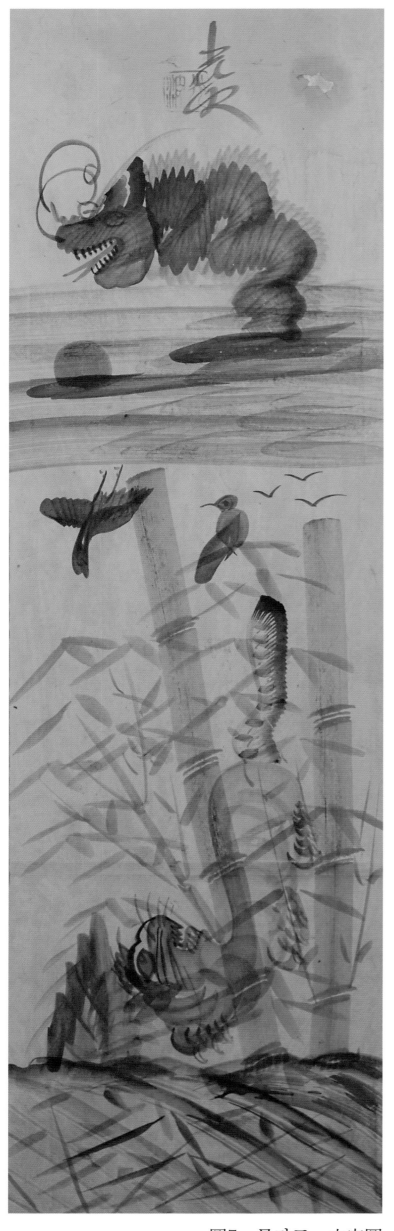

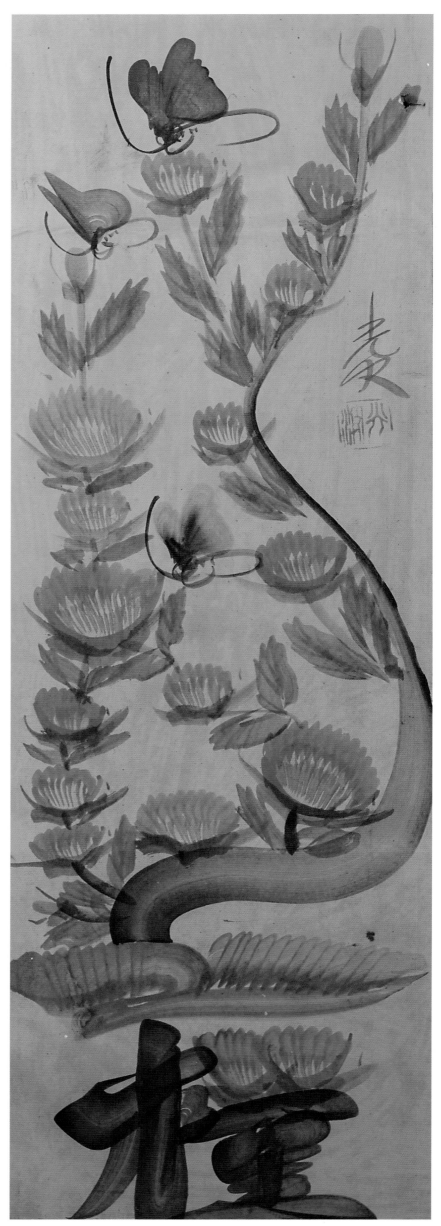

圖7·문자도·文字圖

24×87·지본

圖8·문자도·文字圖

24×87·지본

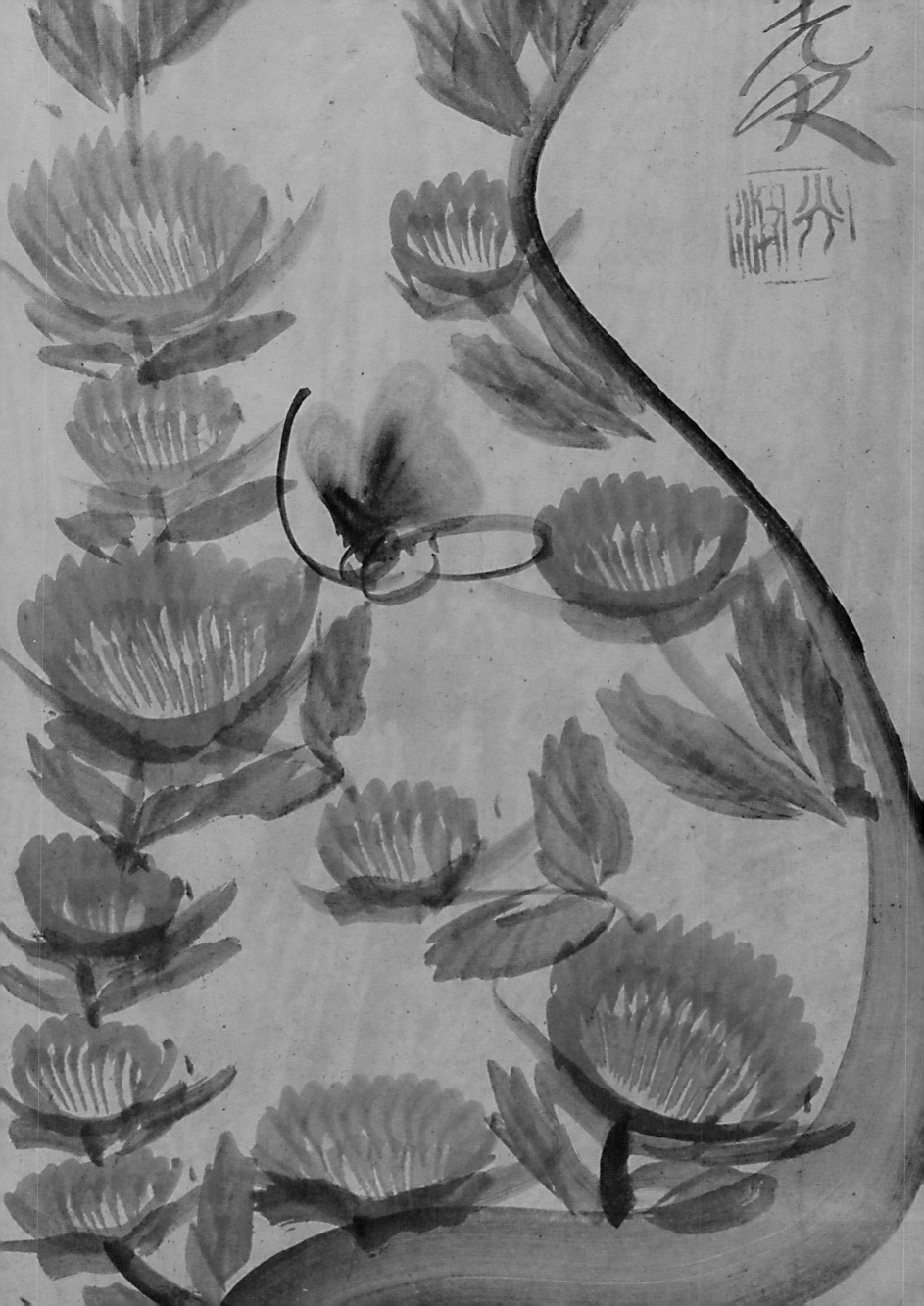

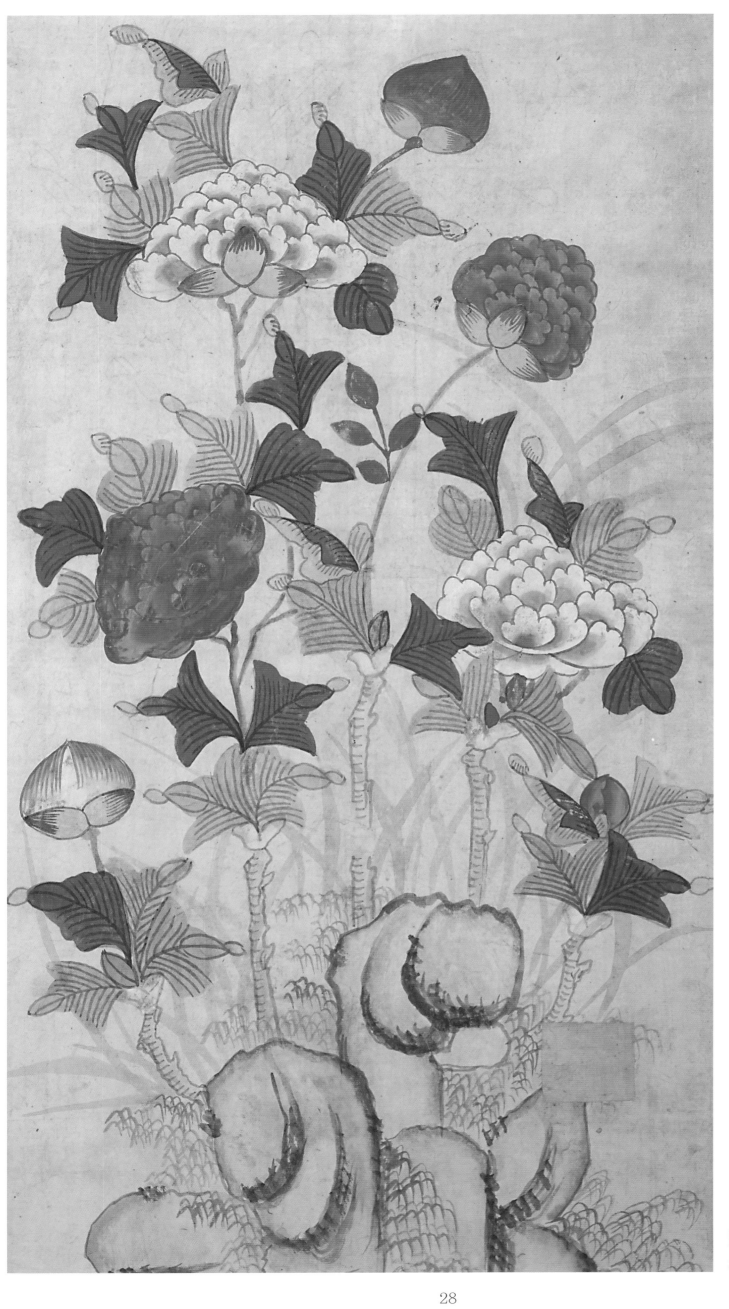

圖9 · 모란도 · 牡丹圖
35×75 · 지본

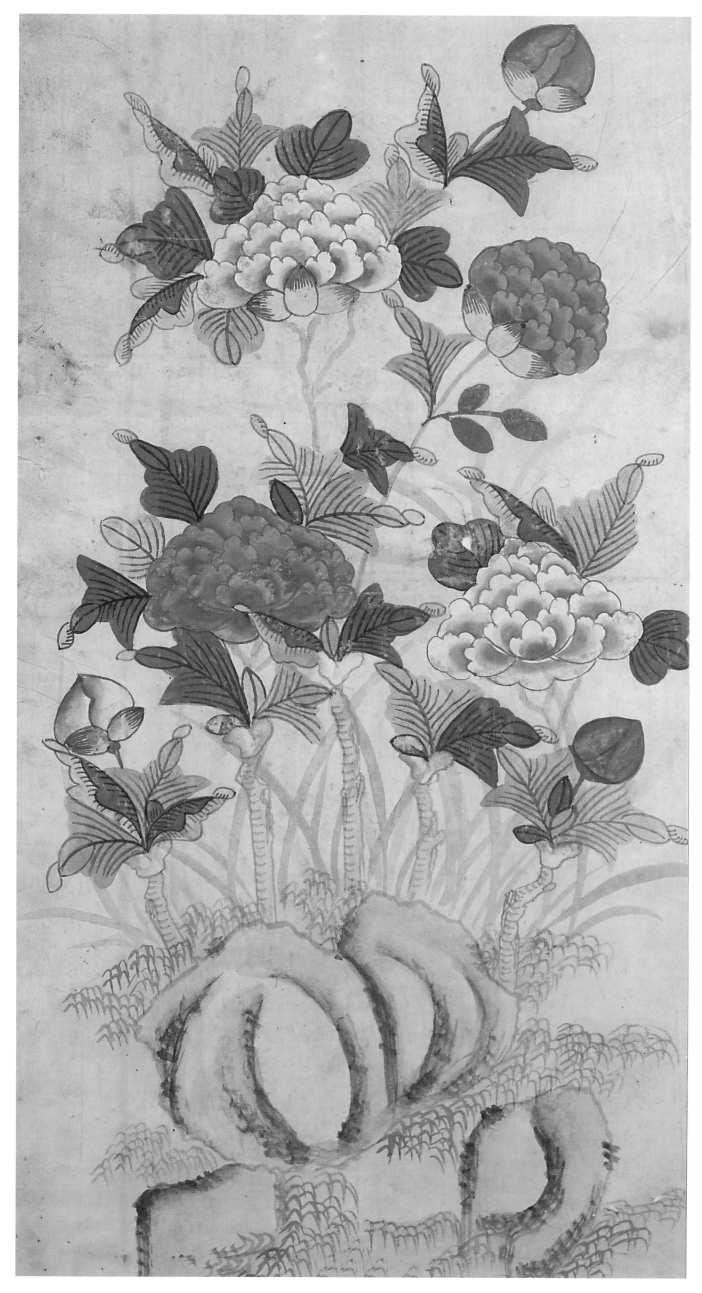

圖10 · 모란도 · 牡丹圖
35×75 · 지본

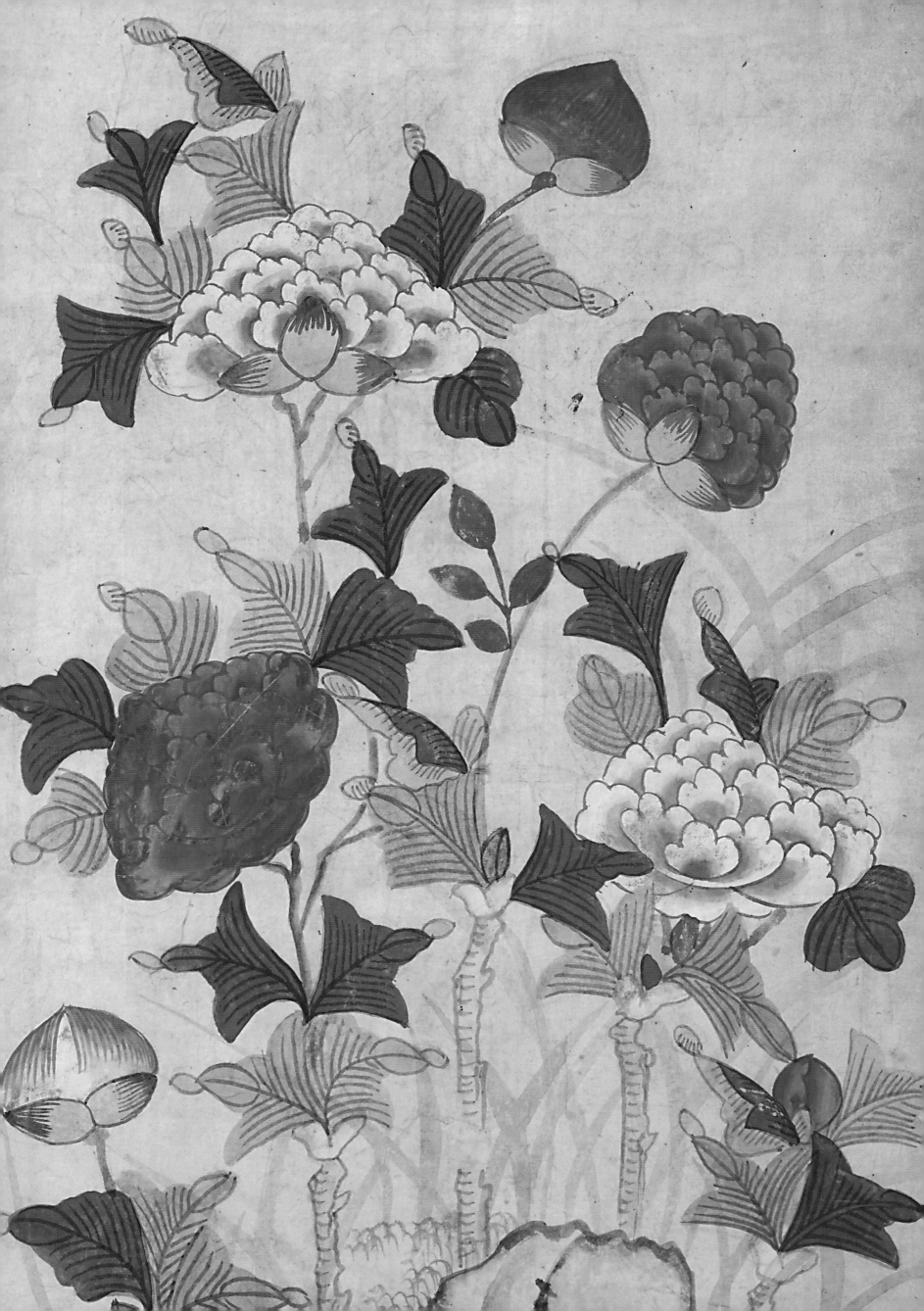

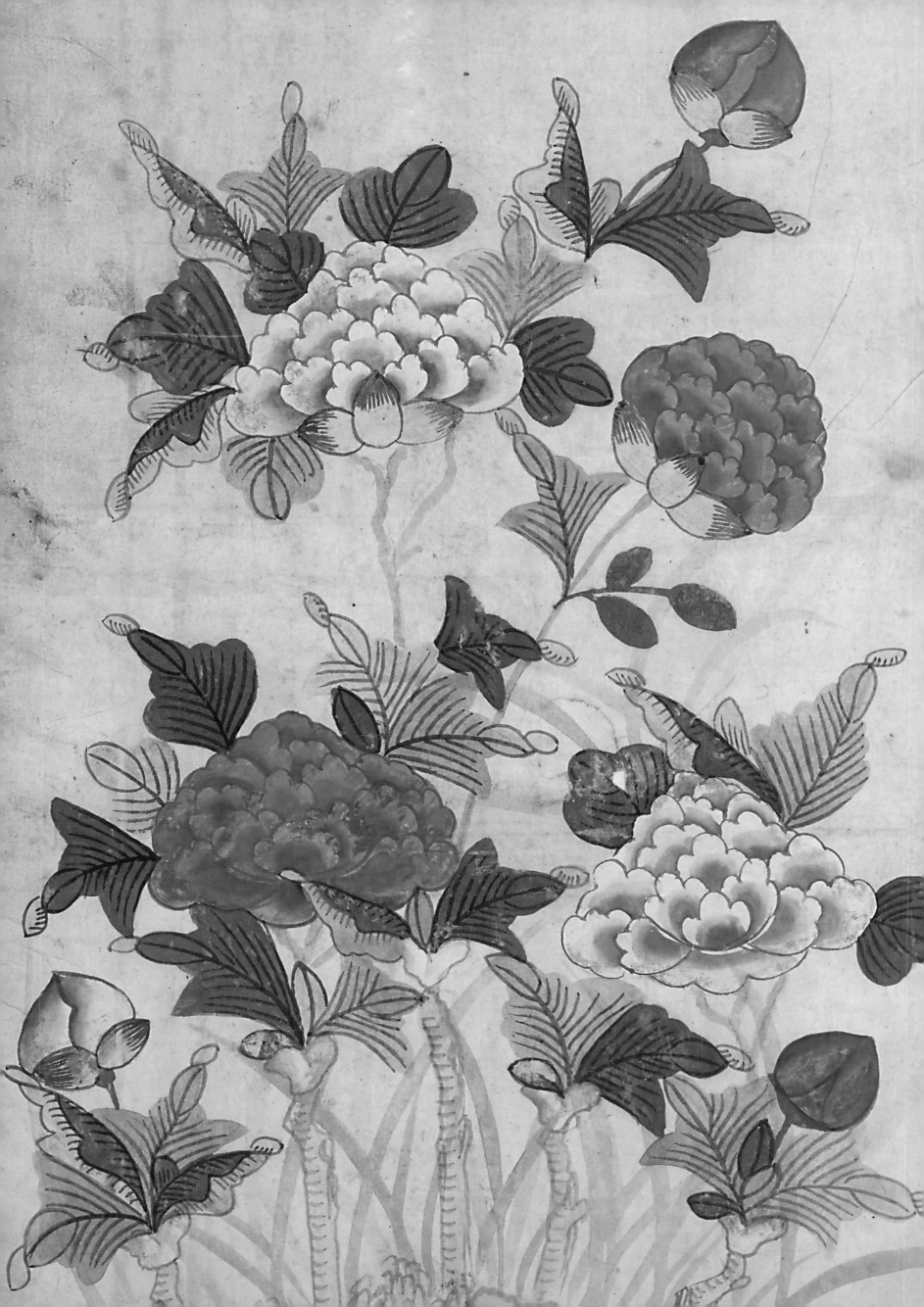

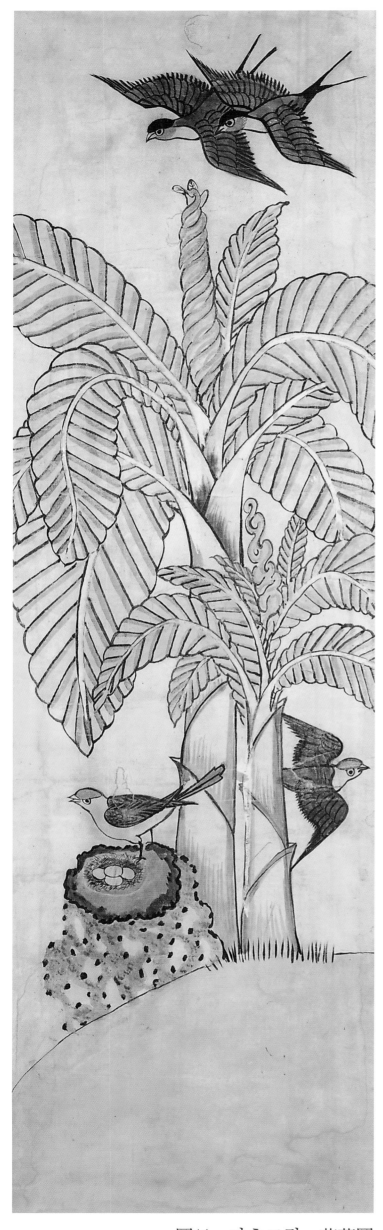

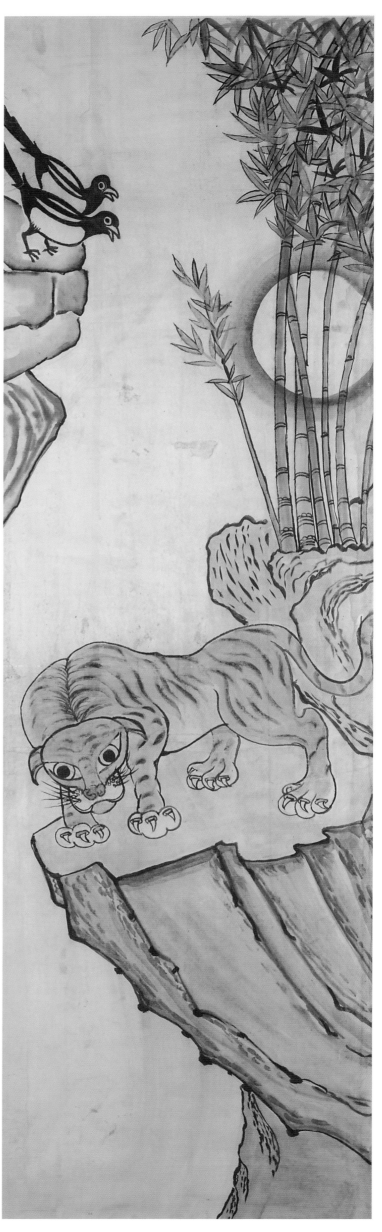

圖11 · 파초그림 · 芭蕉圖
32×112 · 지본

圖12 · 까치 호랑이 · 虎鵲圖
32×112 · 지본

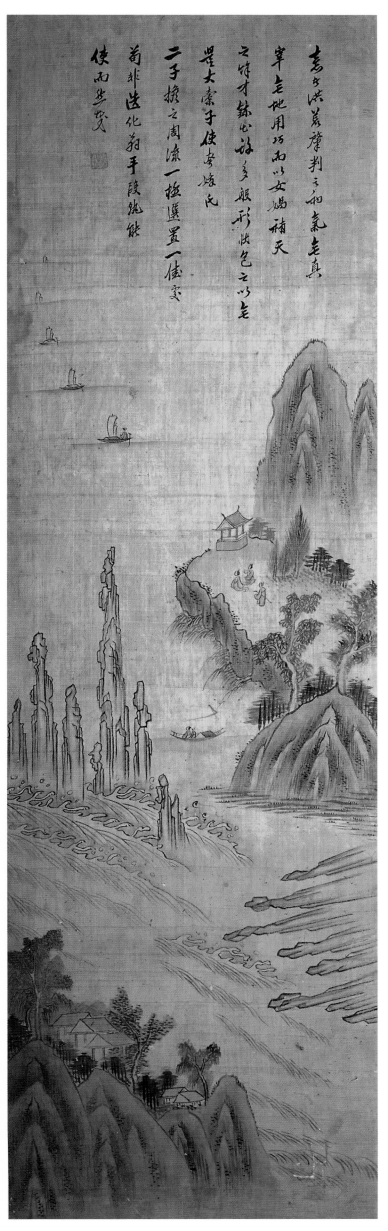

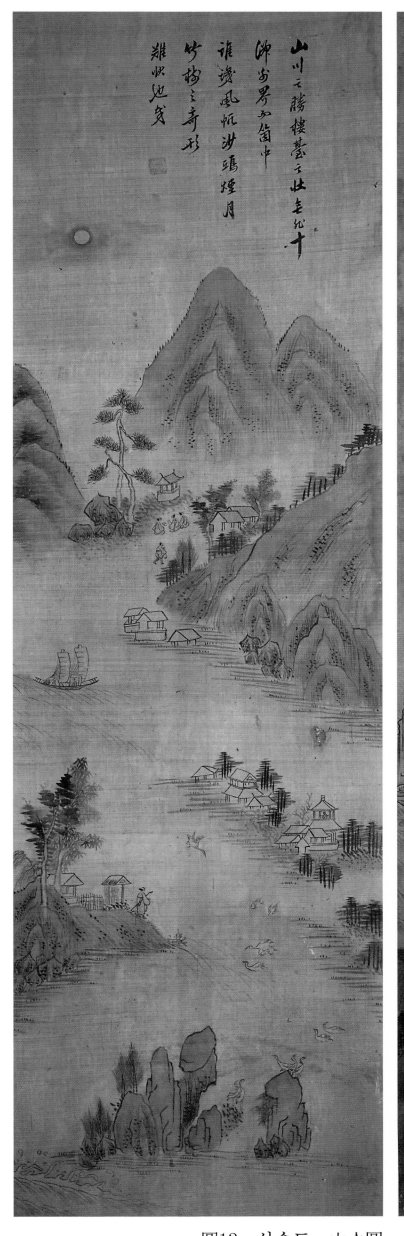

圖13 · 산수도 · 山水圖

29×112 · 비단

圖14 · 산수도 · 山水圖

29×112 · 비단

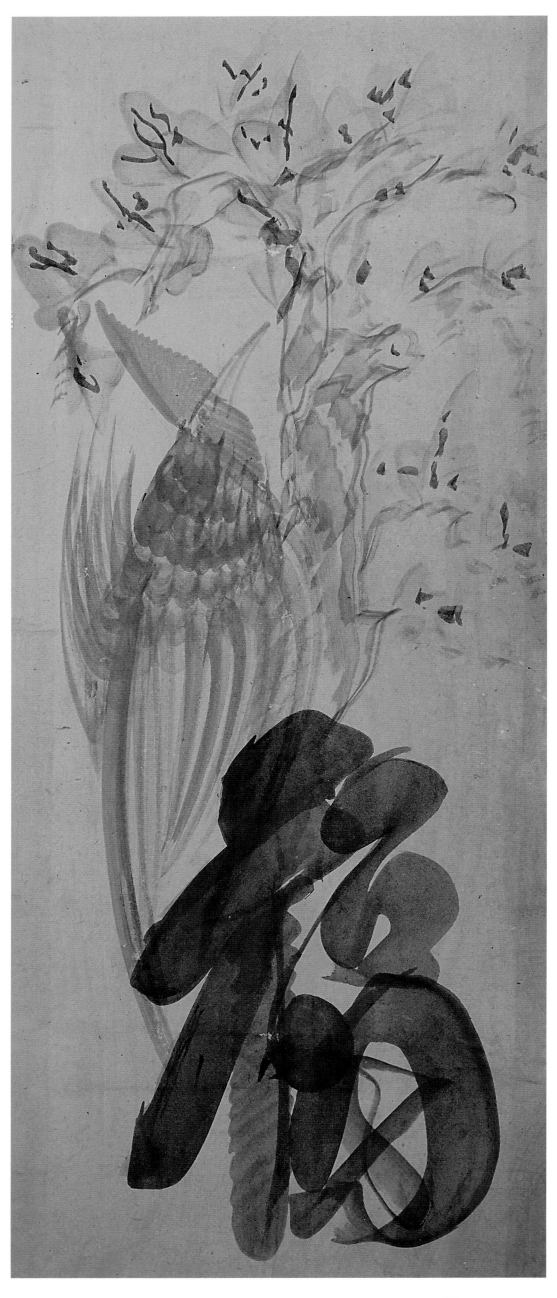

圖15 · 문자도 · 文字圖
26×80 · 지본

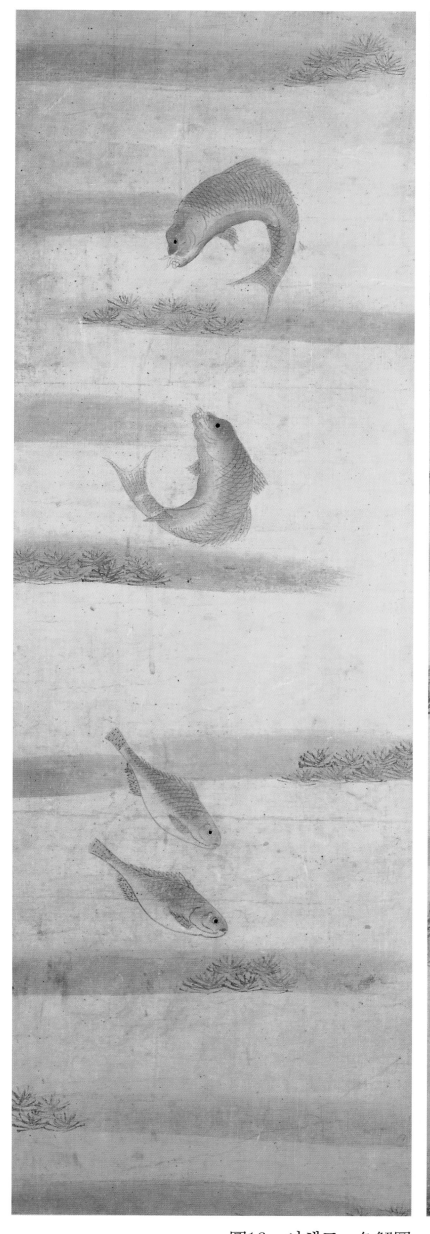

圖16 · 어해도 · 魚蟹圖
32×59 · 지본

圖17 · 어해도 · 魚蟹圖
31×98 · 지본

35

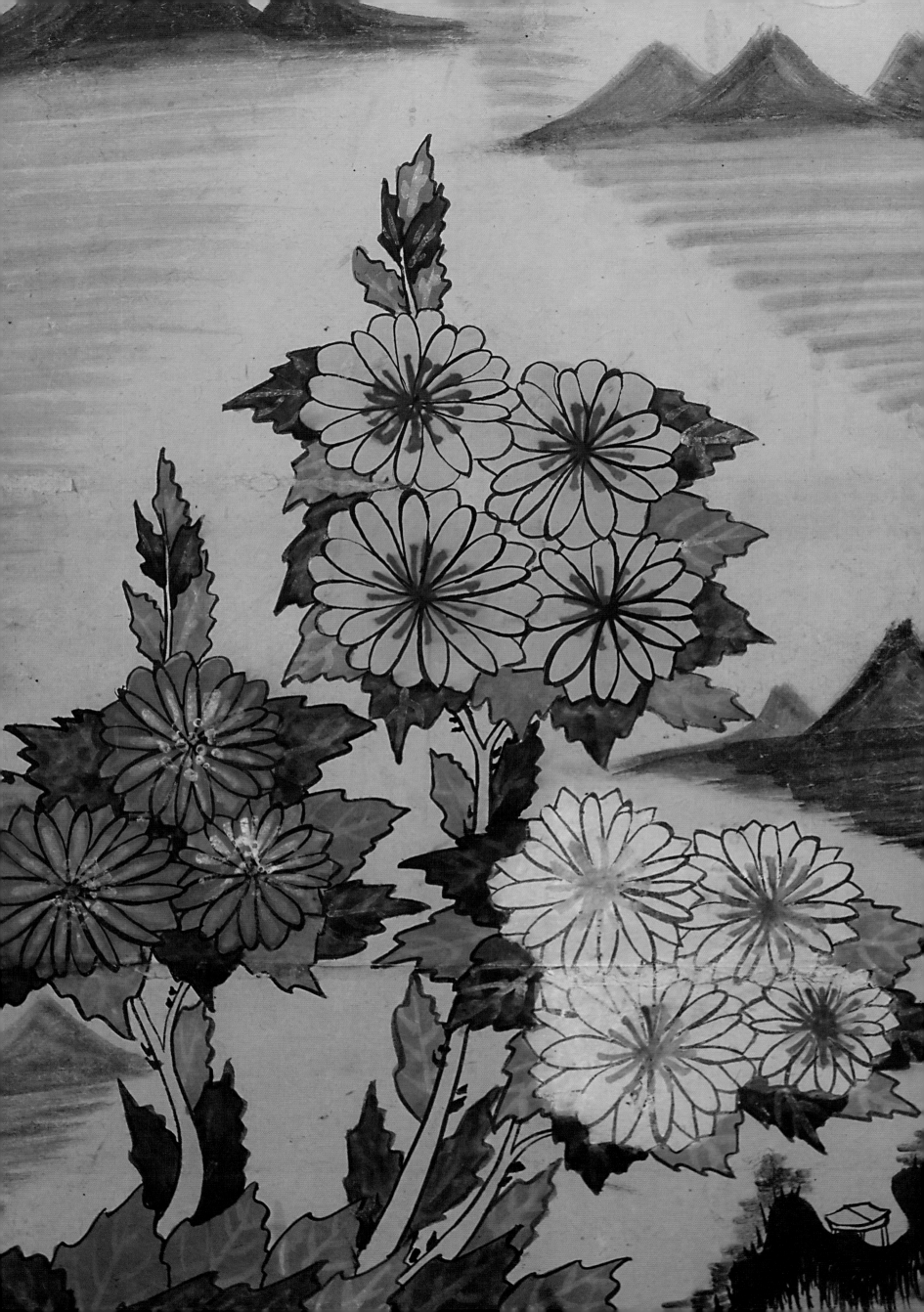

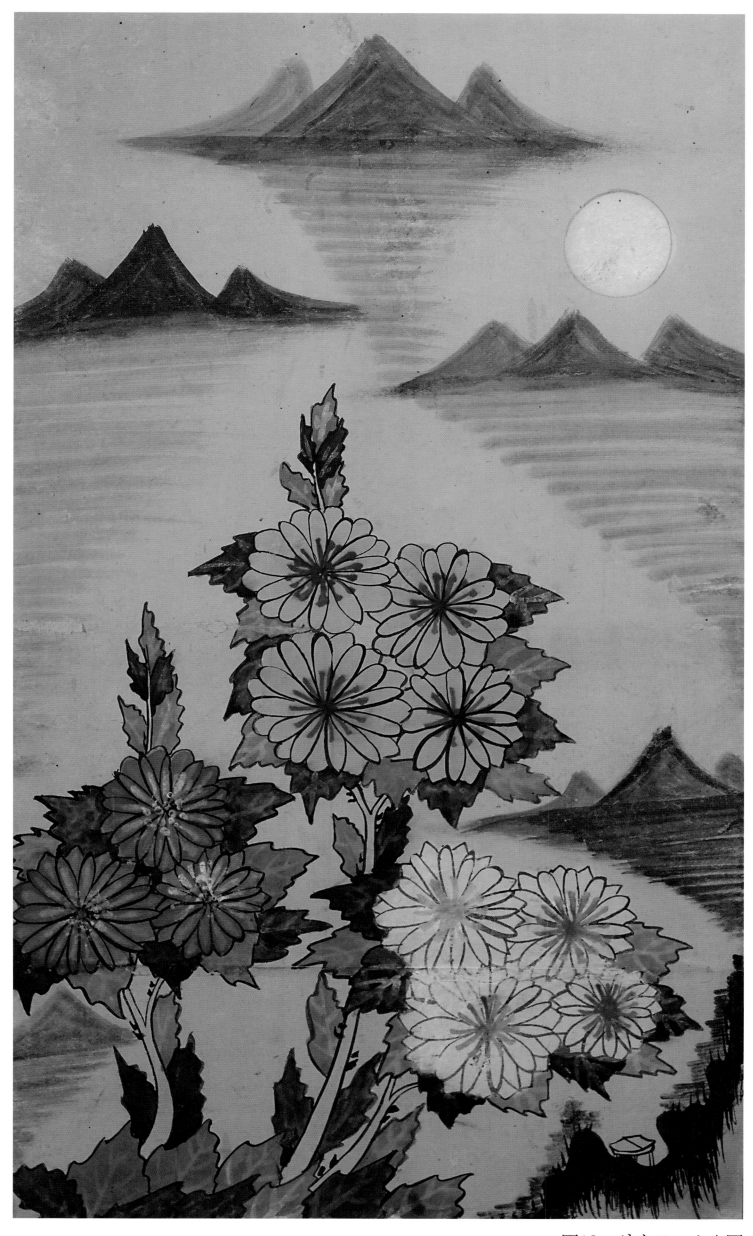

圖18 · 산수도 · 山水圖
31×98 · 지본

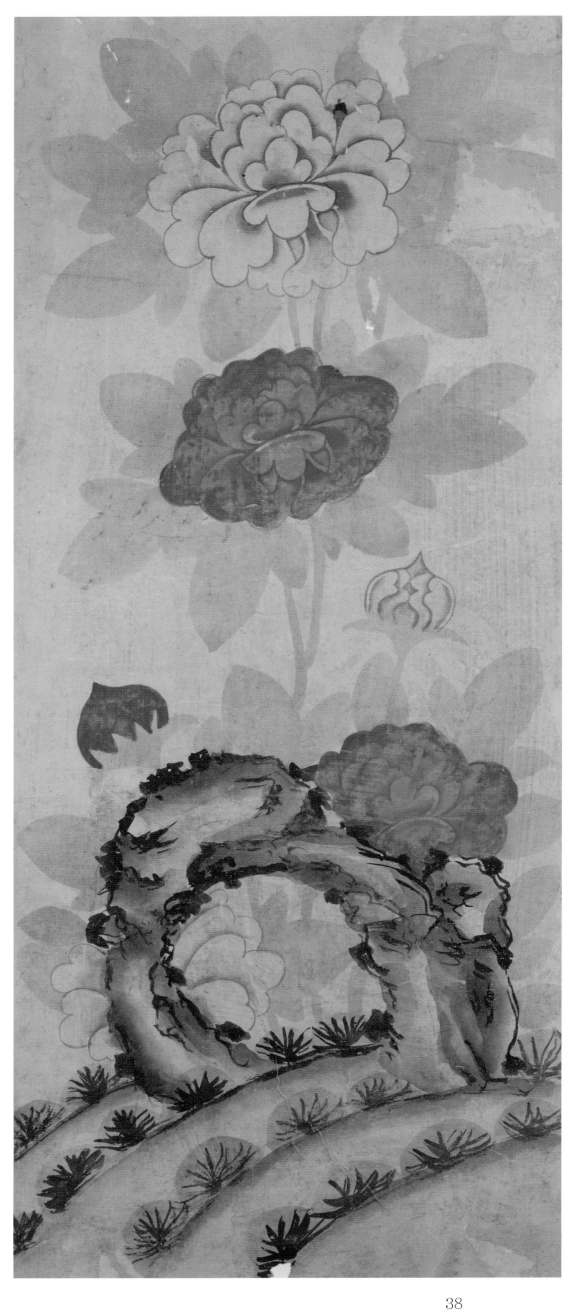

圖19·모란도·牡丹圖
40×73·지본

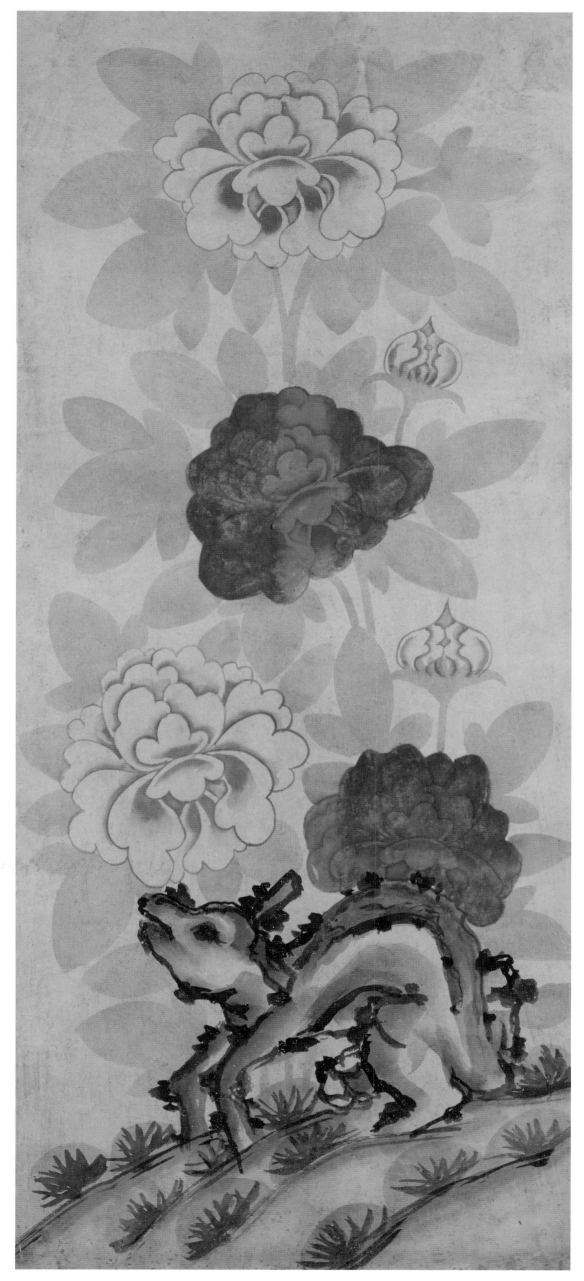

짐승모양으로 표현한 괴석위에 목단줄기가
솟아올라 중앙의 등부분에서 꽃송이를 피웠
고 미처 피지 않은 작은 꽃송이도 달려있다.

圖20·모란도·牡丹圖
40×73·지본

39

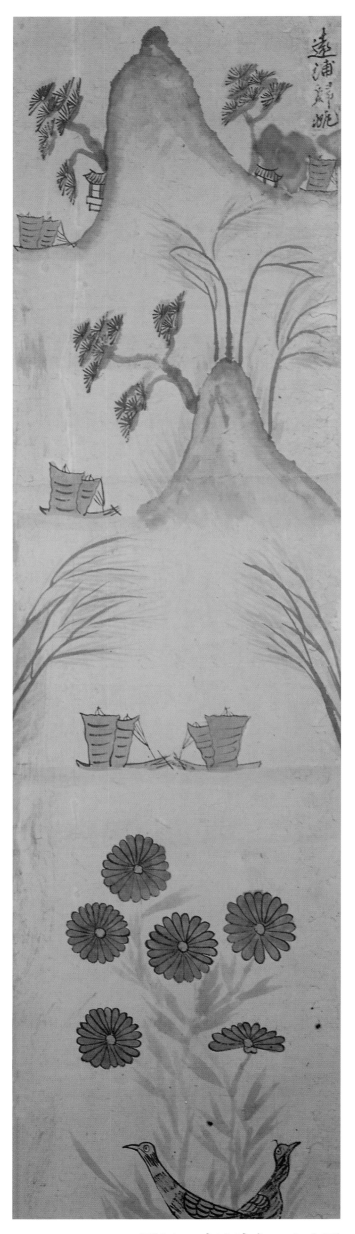

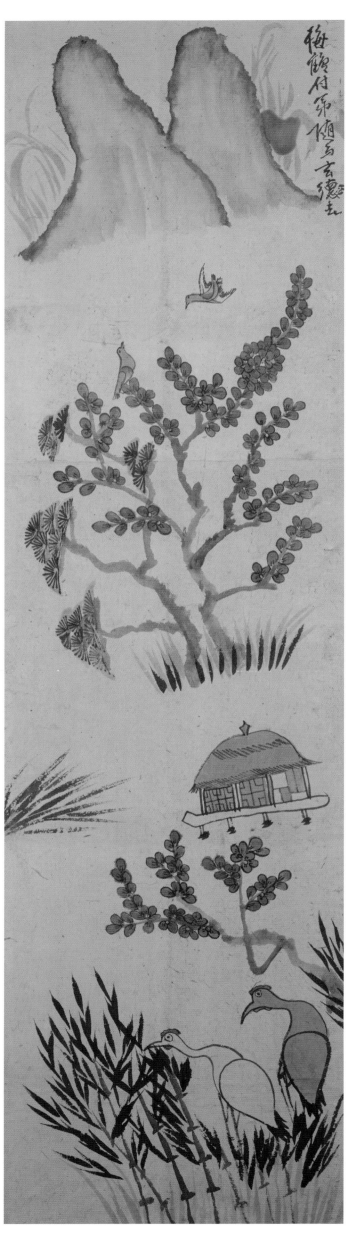

圖21·바보산수·山水圖
32×120·지본

圖22·바보산수·山水圖
32×120·지본

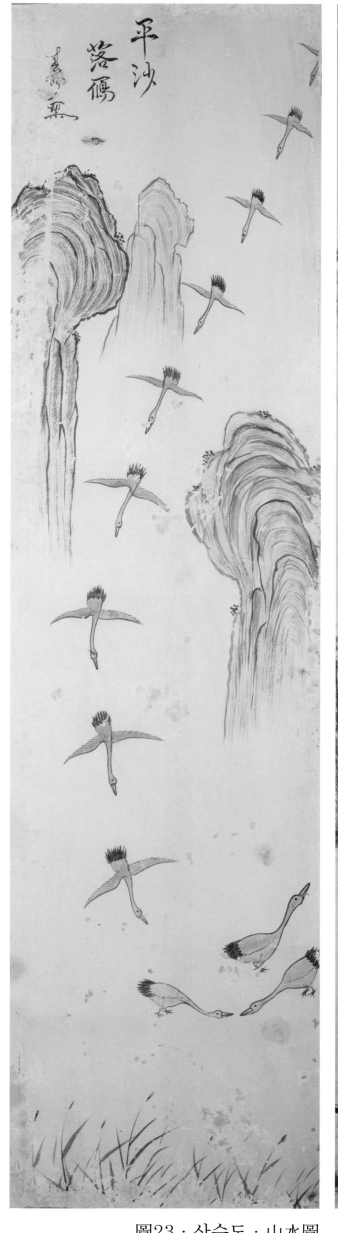

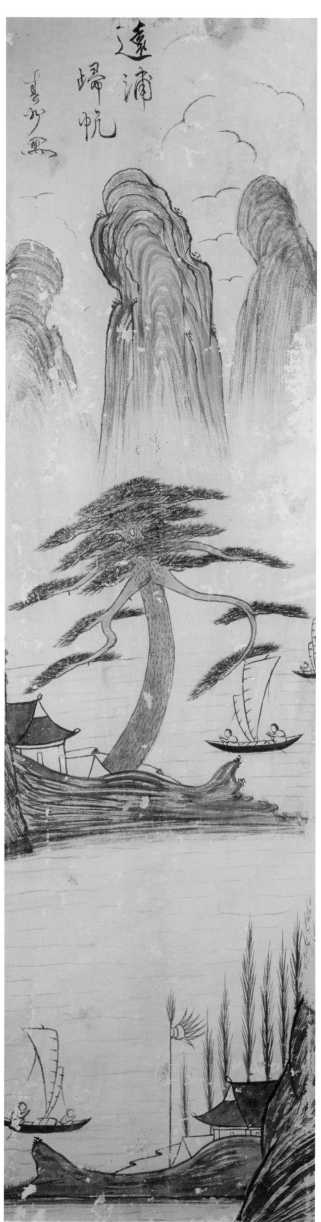

圖23・산수도・山水圖

27×109・지본

圖24・산수도・山水圖

27×109・지본

41

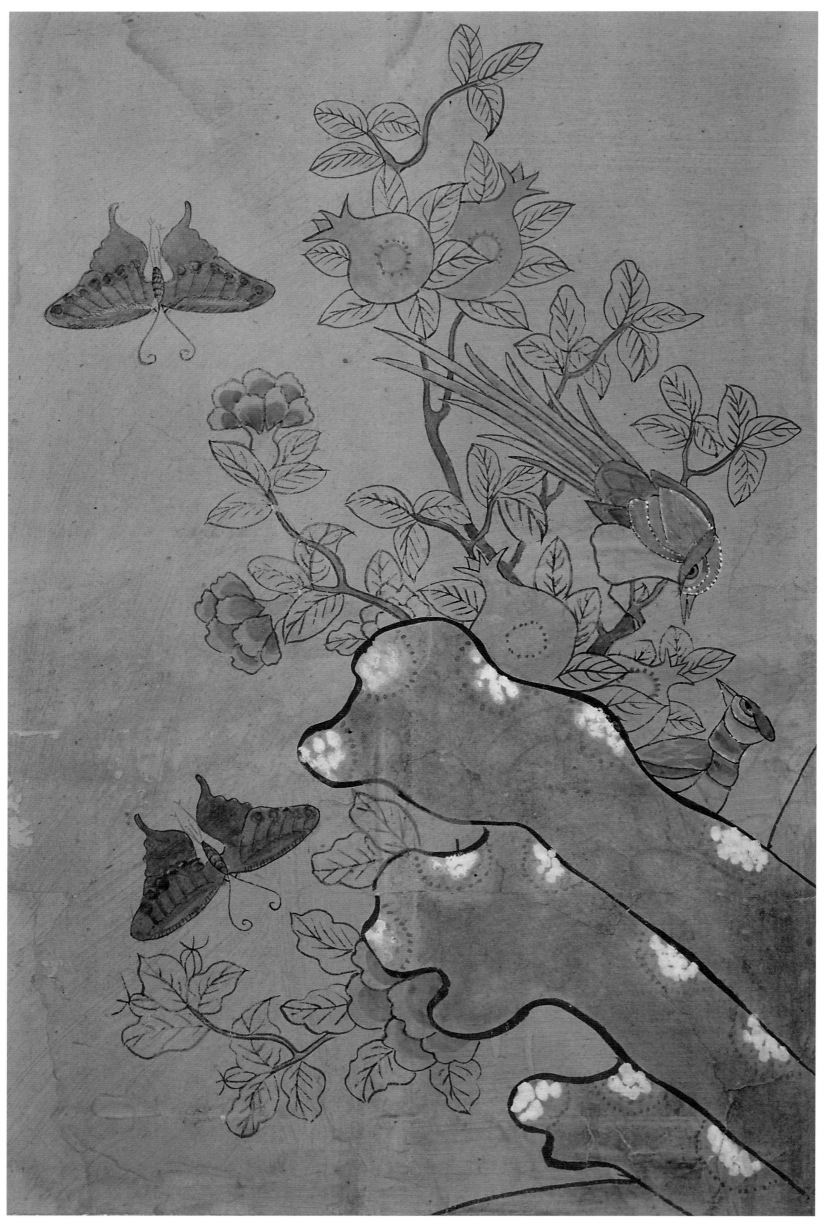

圖25 · 화조도 · 花鳥圖

36×61 · 지본

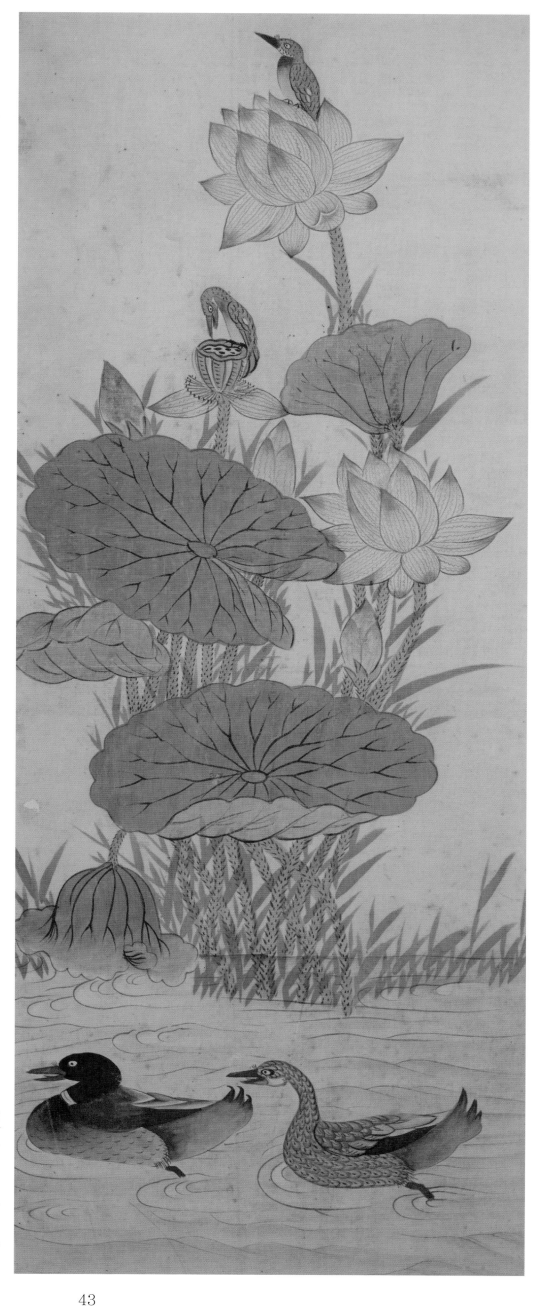

圖26 · 연화도 · 蓮花圖

29×87 · 지본

넓은 연잎위로 맑고 고운 연꽃이 활짝 피어 있고
아래에는 오리한쌍이 노닐고 있다. 상징적인 의
미로는 연은 사람으로치면 군자이다. 연과는 자
식, 오리는 부부금실등을 상징한다.

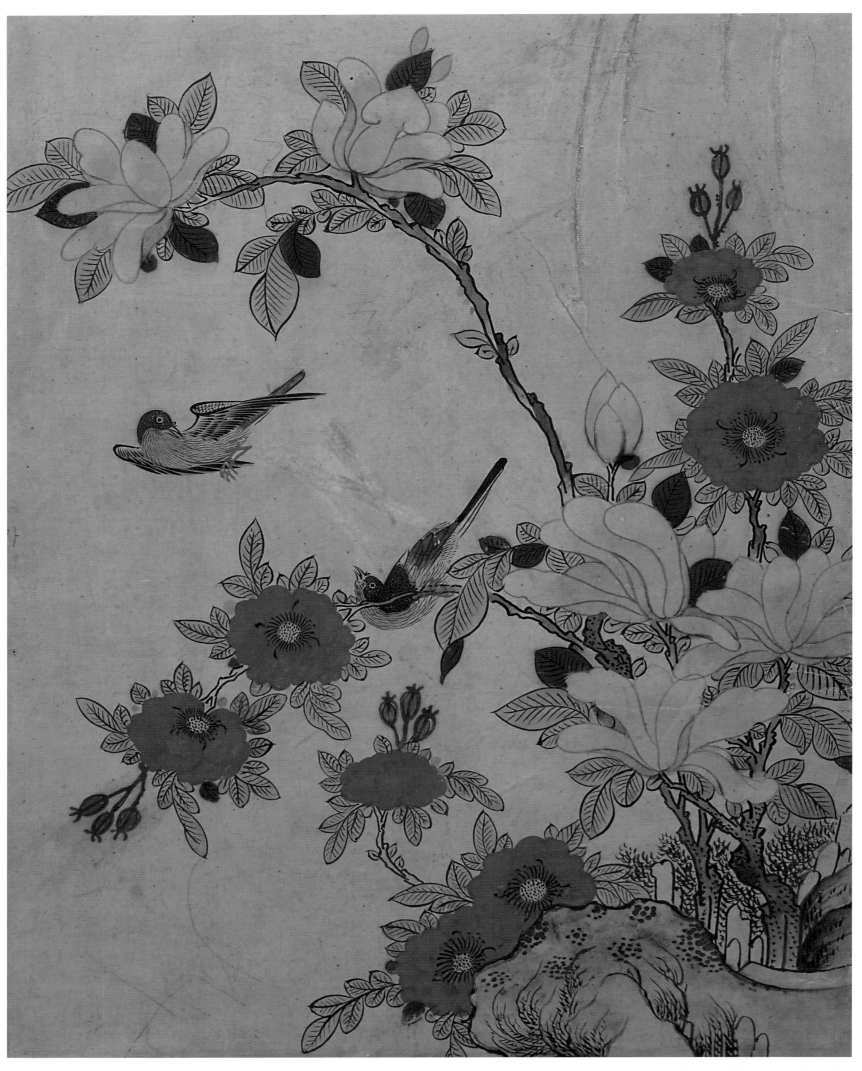

圖27 · 화조도 · 花鳥圖
36×53 · 지본

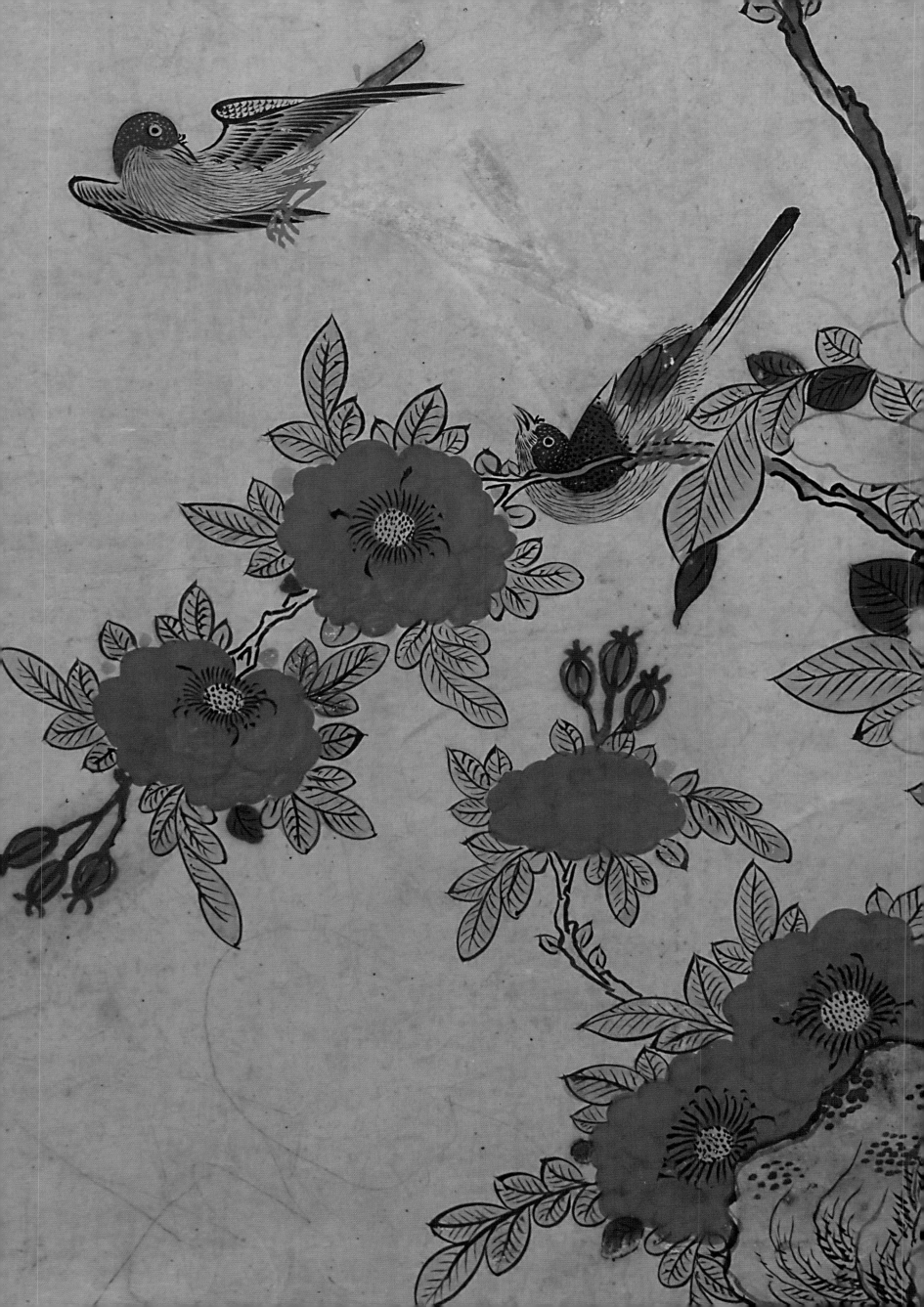

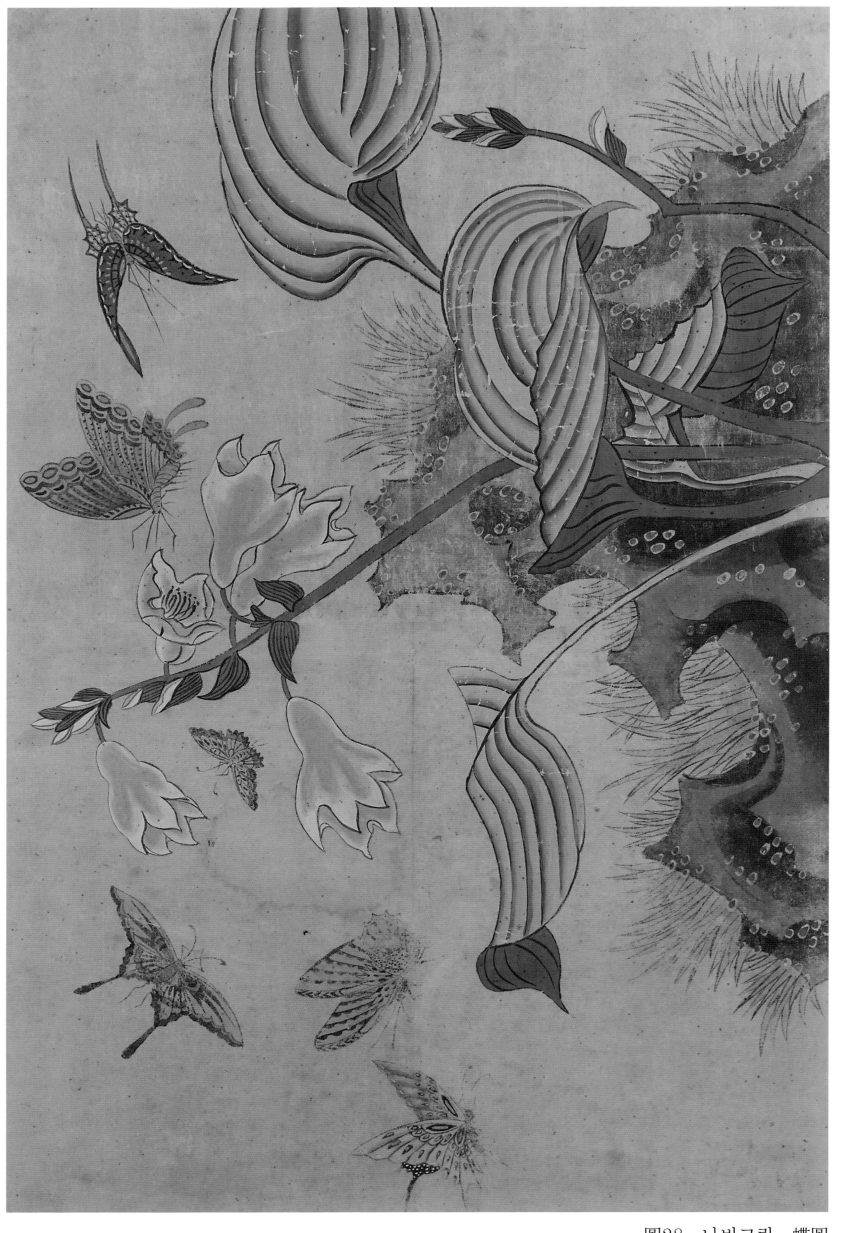

圖28 · 나비그림 · 蝶圖
66×44 · 지본

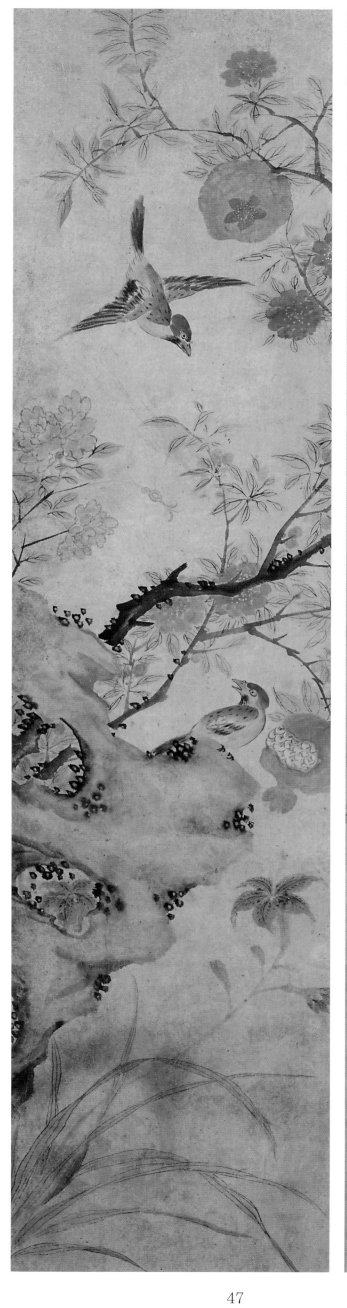

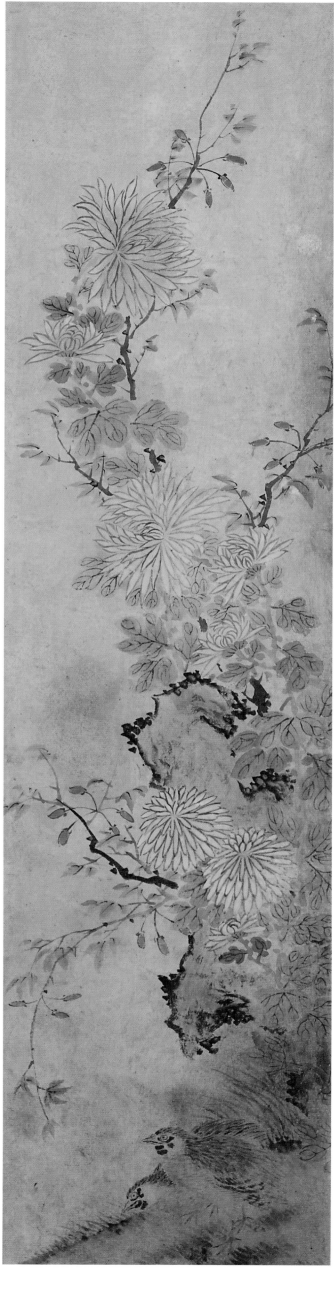

圖29 · 화조도 · 花鳥圖
25×106 · 지본

圖30 · 화조도 · 花鳥圖
25×106 · 지본

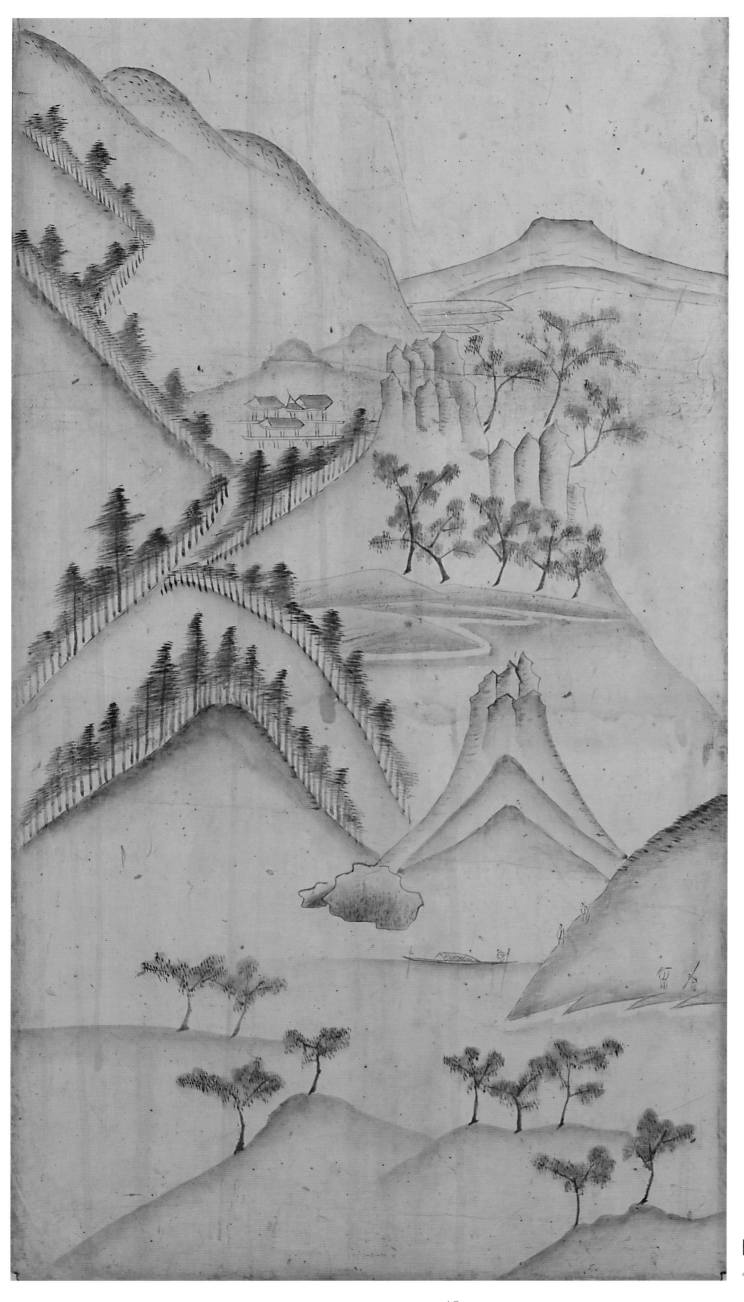

圖31 · 산수도 · 山水圖
43×83 · 지본

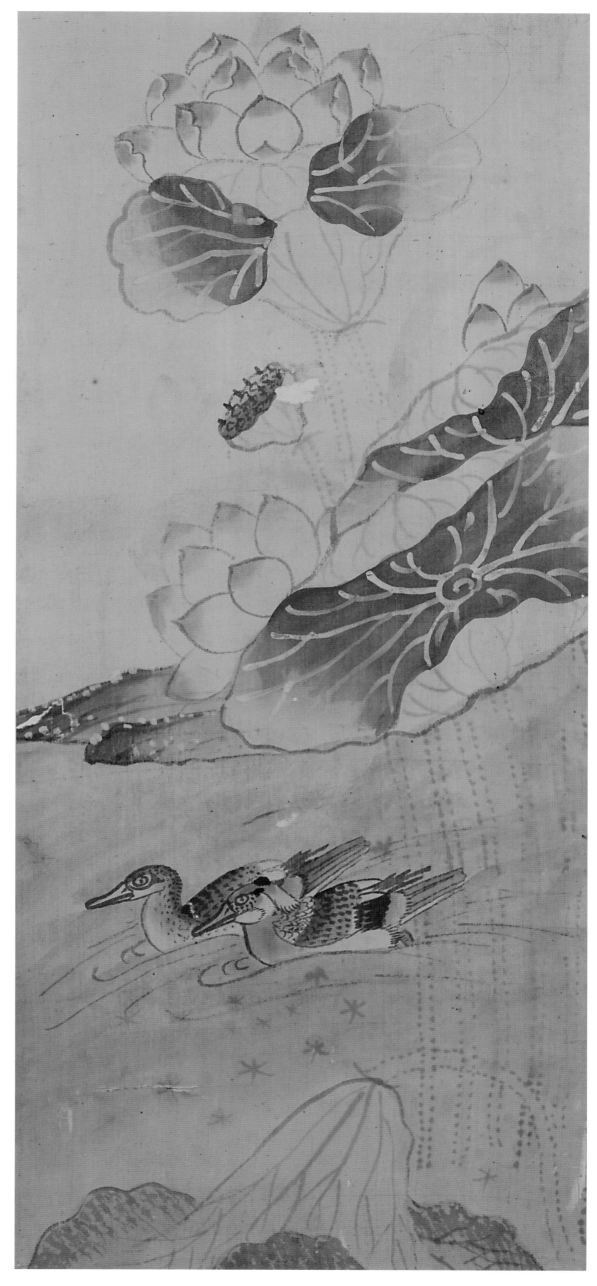

圖32 · 연화도 · 蓮花圖
31.5×81.5 · 지본

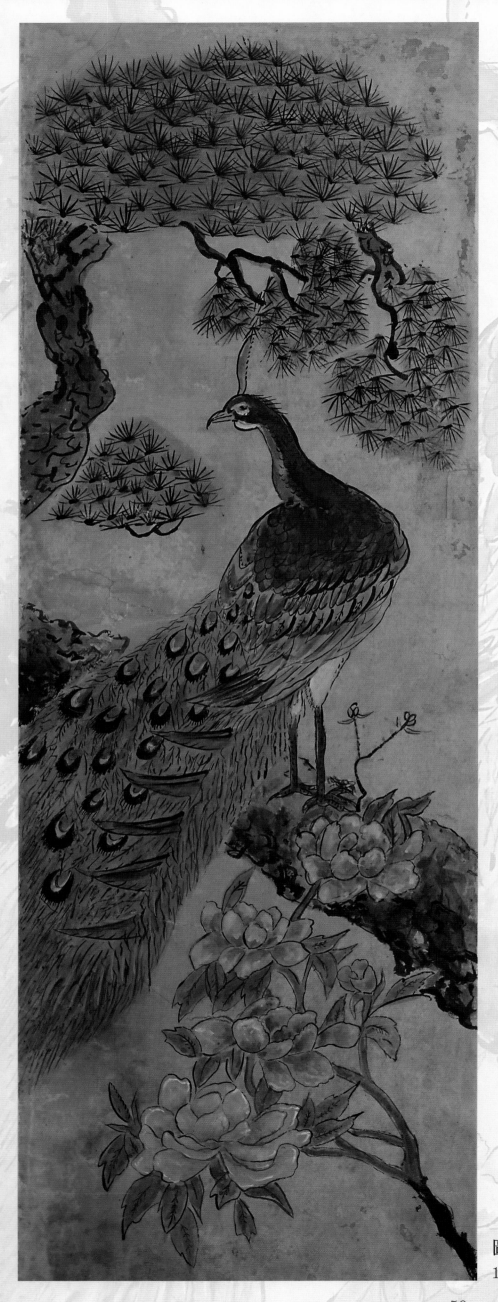

圖33 · 공작도 · 孔雀圖
17×104 · 지본

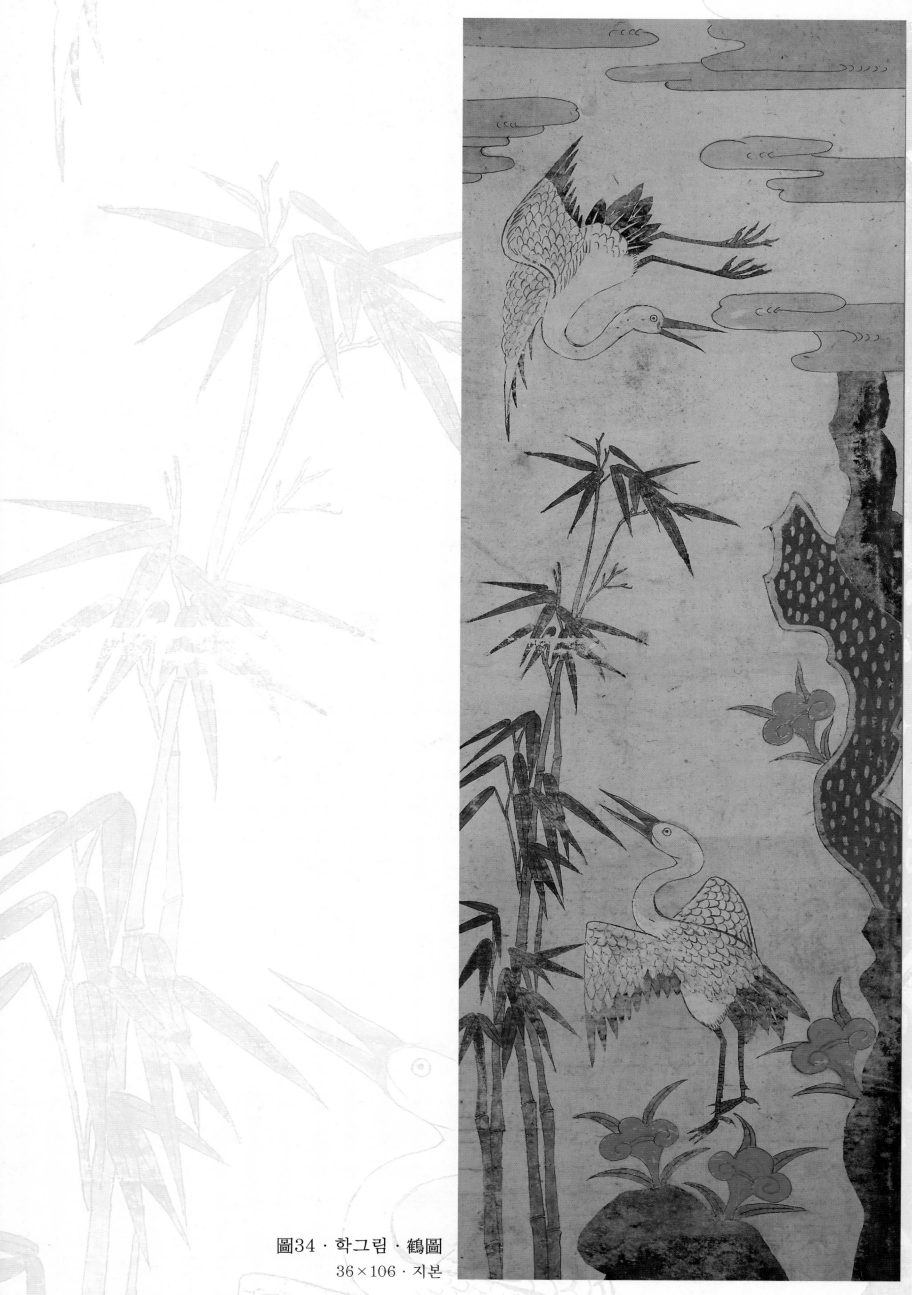

圖34 · 학그림 · 鶴圖
36×106 · 지본

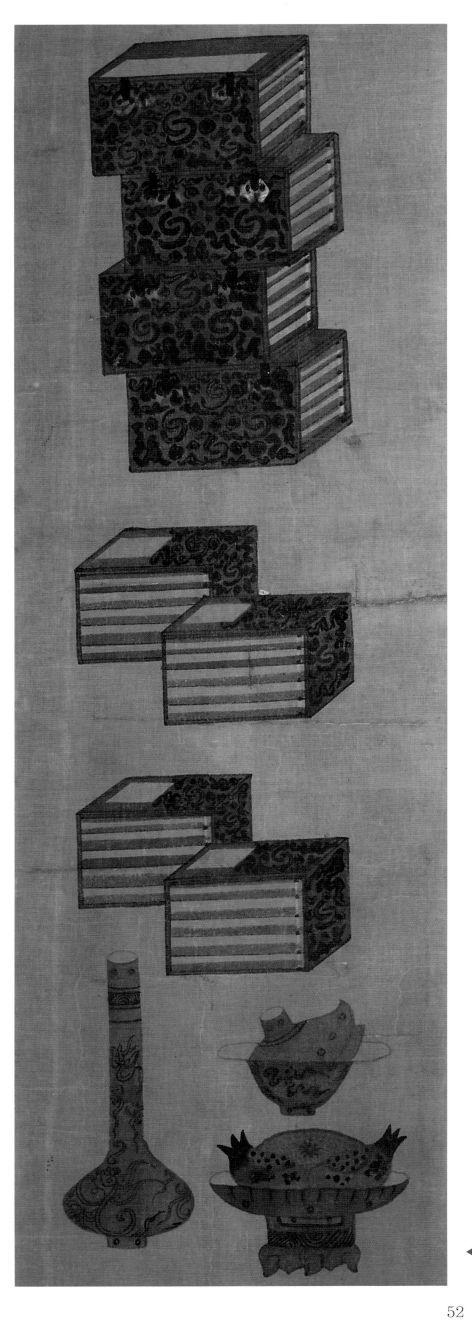

圖36 · 화조도 · 花鳥圖 ▶
33×120 · 지본

◀ 圖35 · 책가도 · 册架圖   圖37 · 화조도 · 花鳥圖 ▶
31.5×112 · 지본   33×120 · 지본

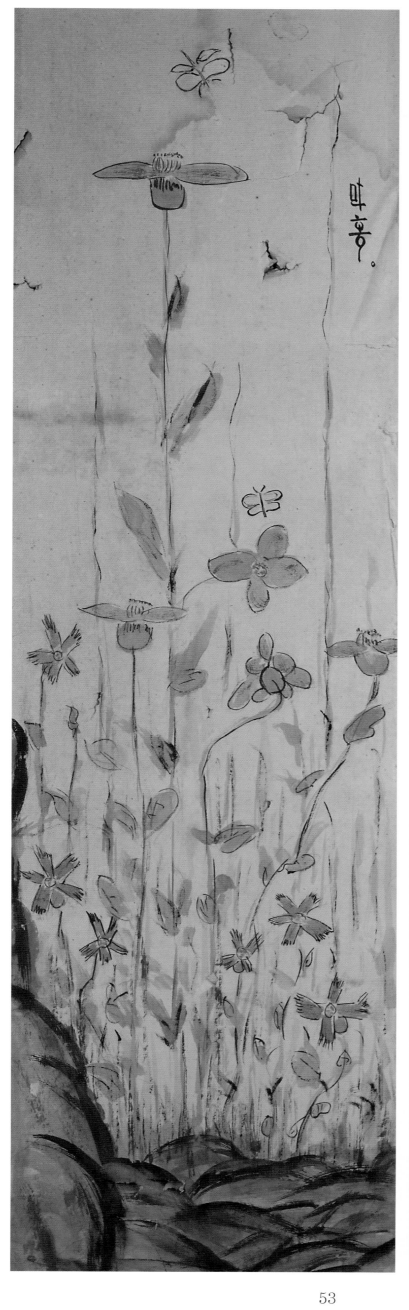
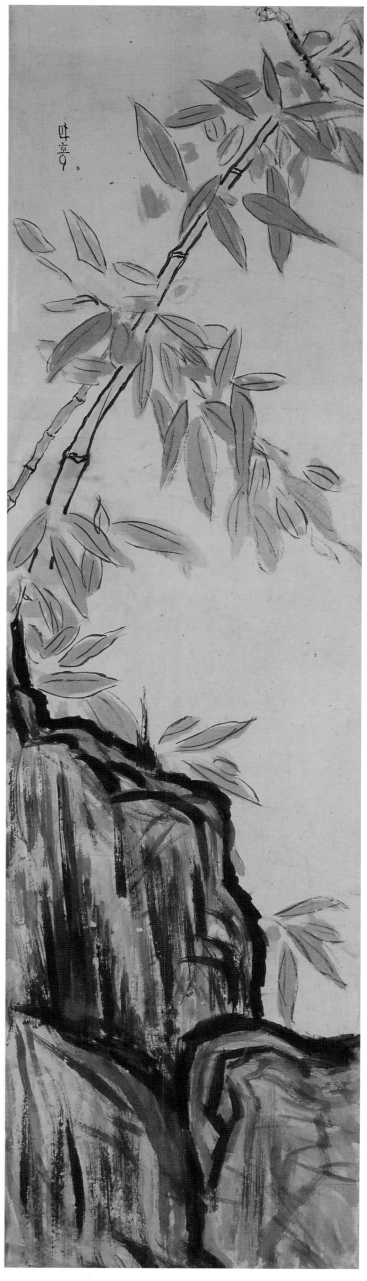

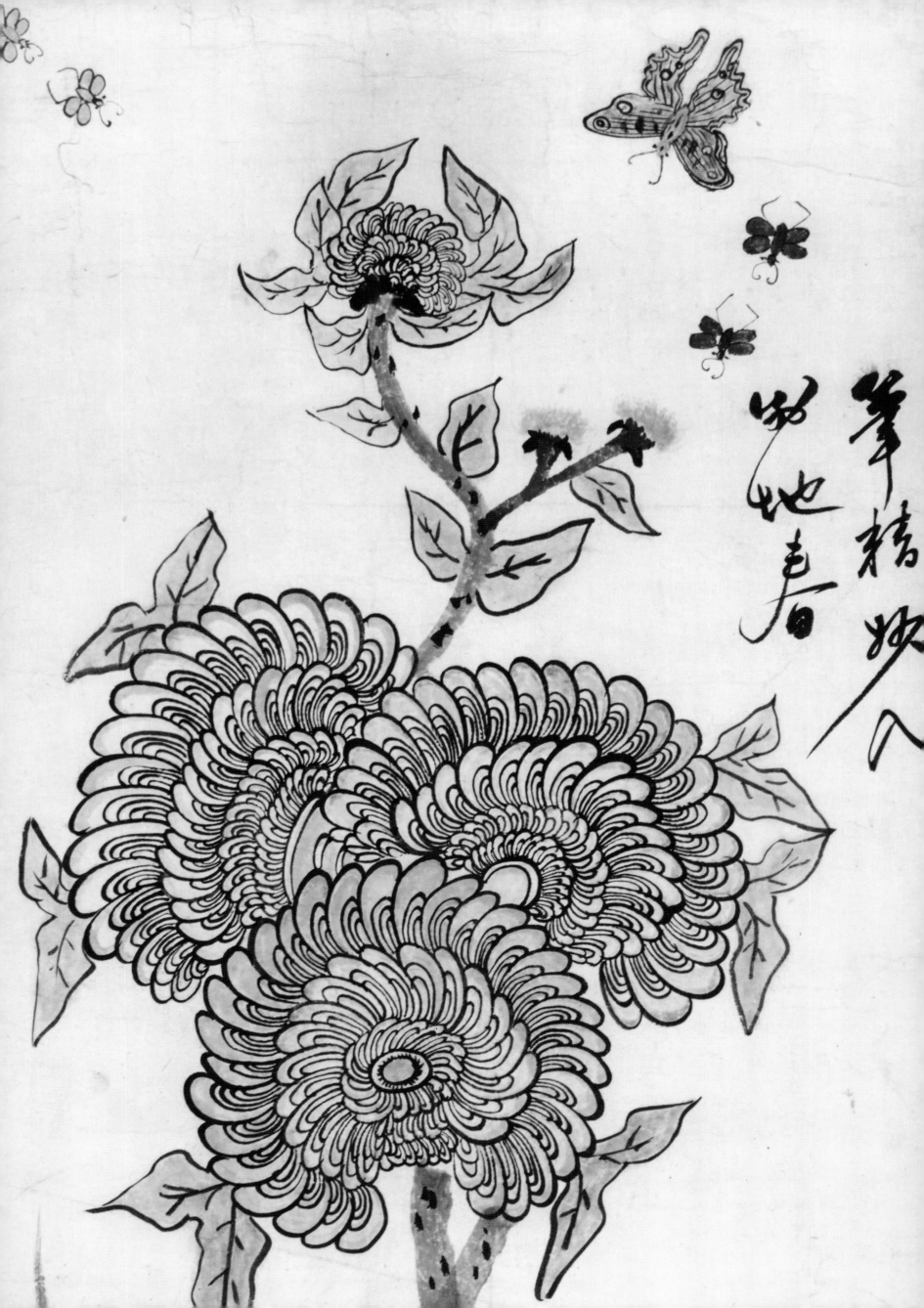

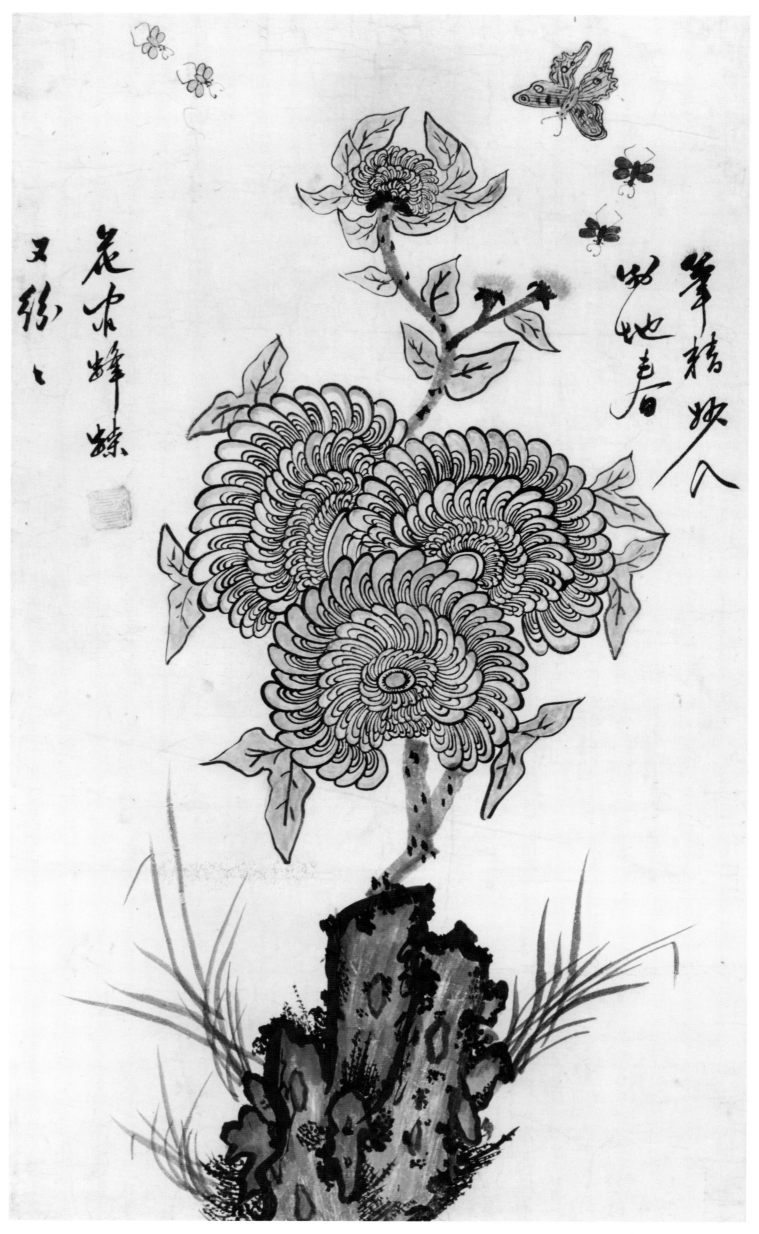

圖38·화조도·花鳥圖

33.5×62·지본

55

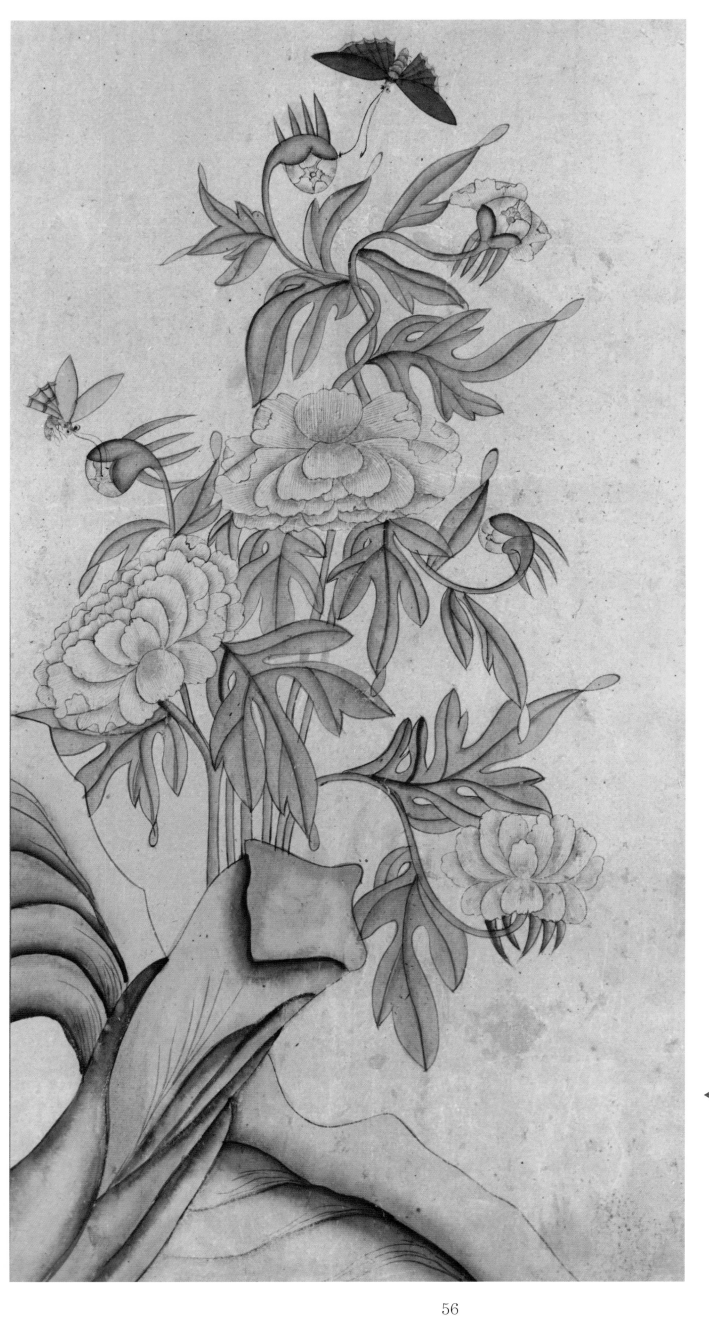

◀ 圖39 · 화조도 · 花鳥圖
33.5×77.5 · 지본

圖40 · 책가도 · 册架圖 ▶
27×103 · 지본

圖41 · 책가도 · 册架圖 ▶
27×103 · 지본

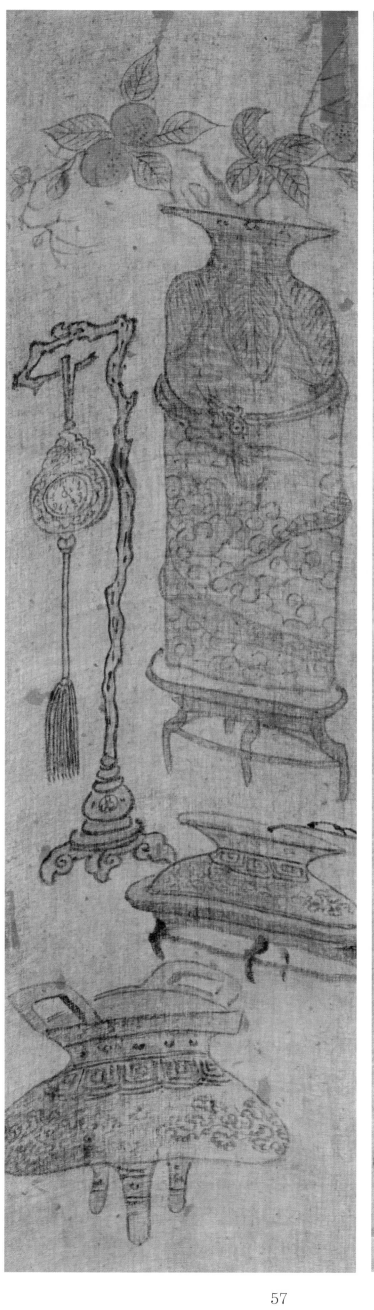

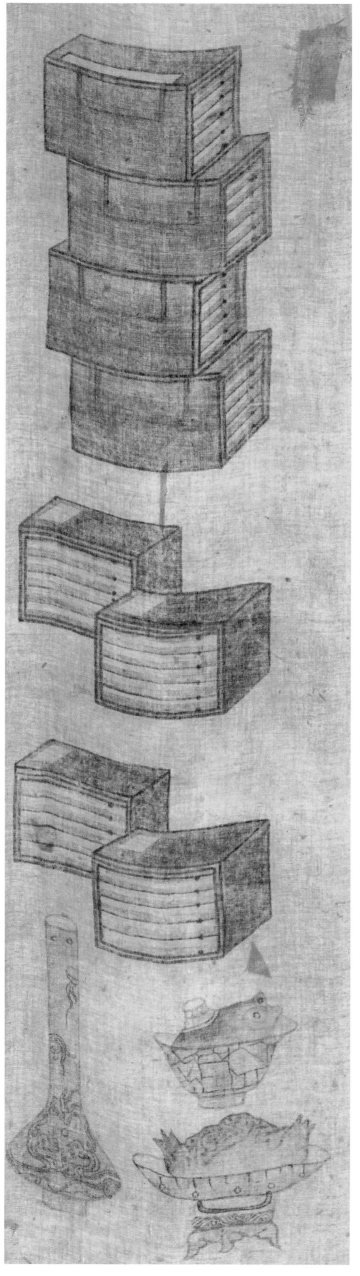

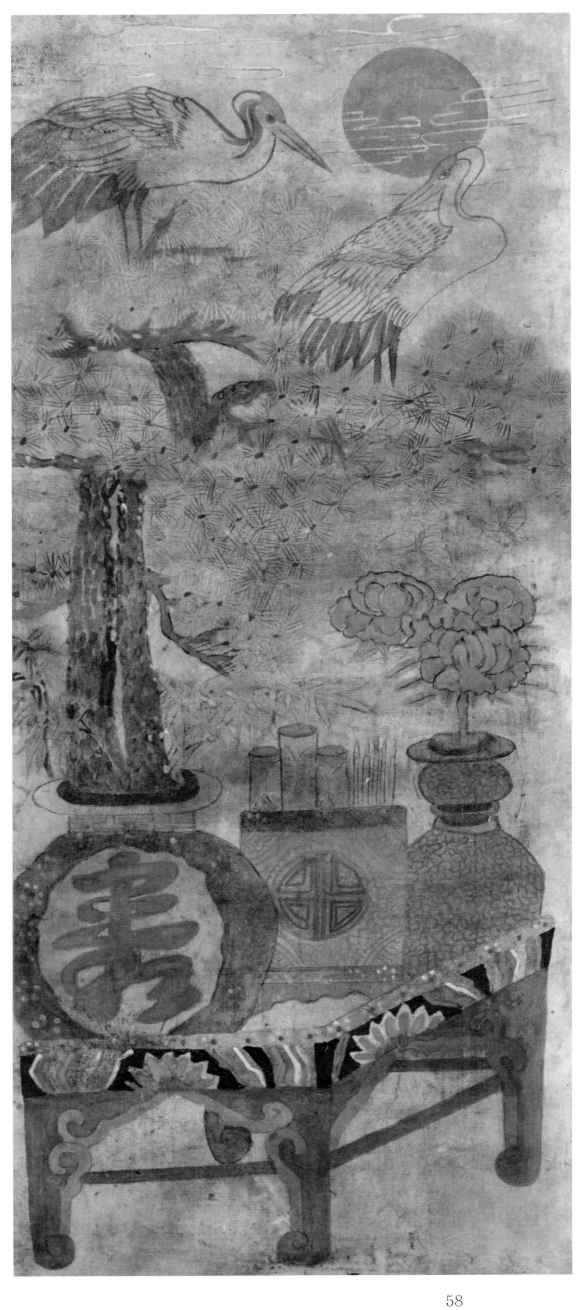

圖42 · 책가도 · 册架圖

35×84 · 지본

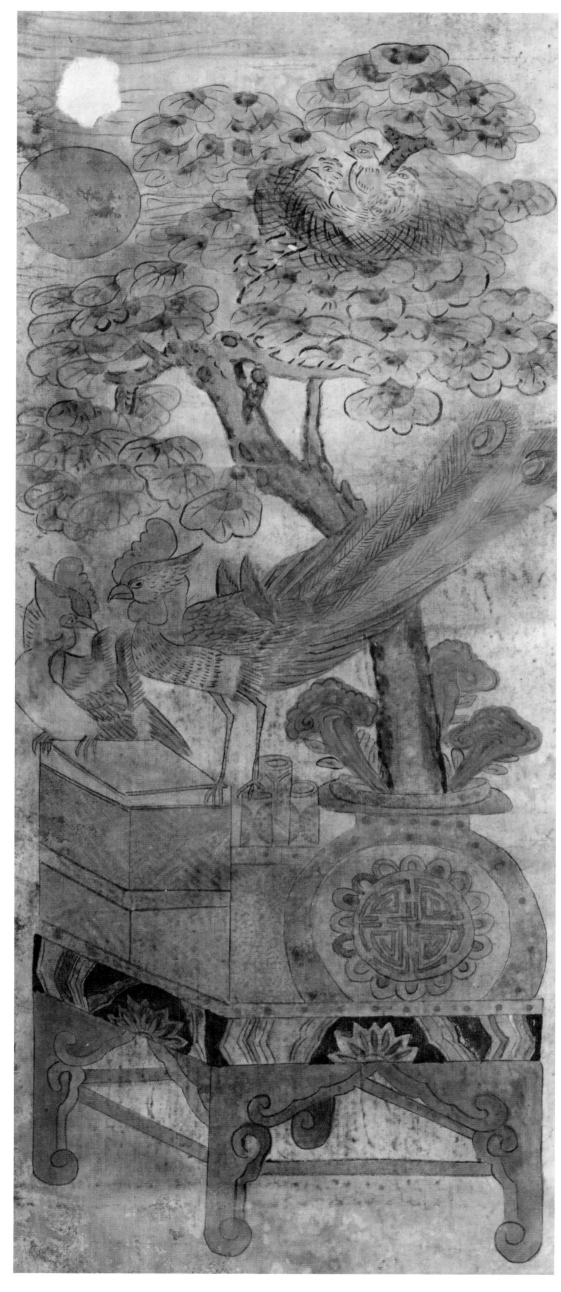

圖43 · 책가도 · 冊架圖
35×84 · 지본

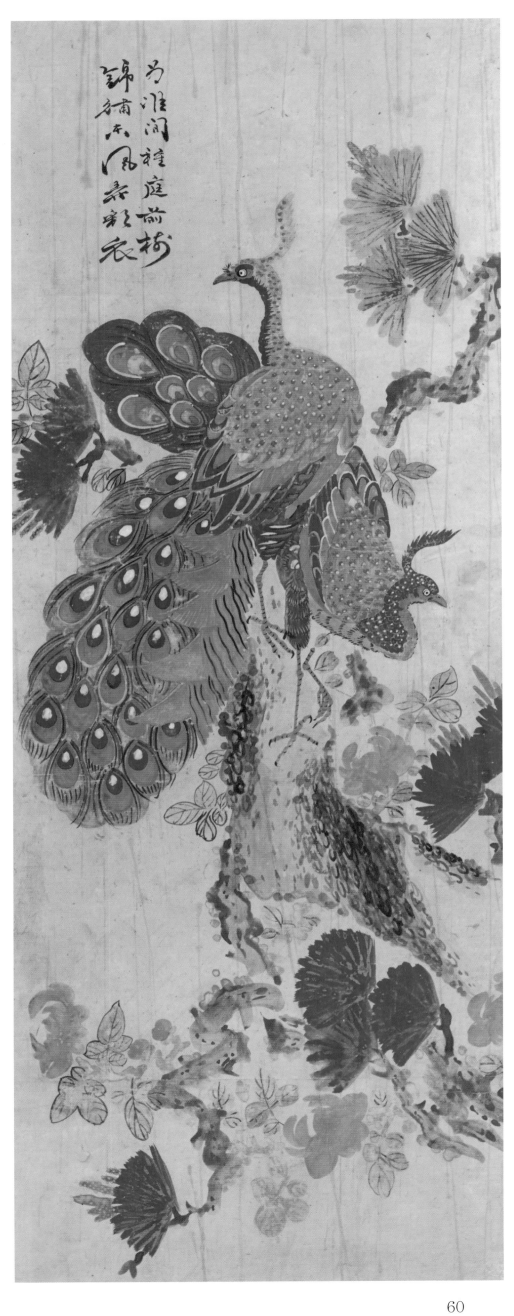

圖44 · 화조도 · 花鳥圖

45×121 · 지본

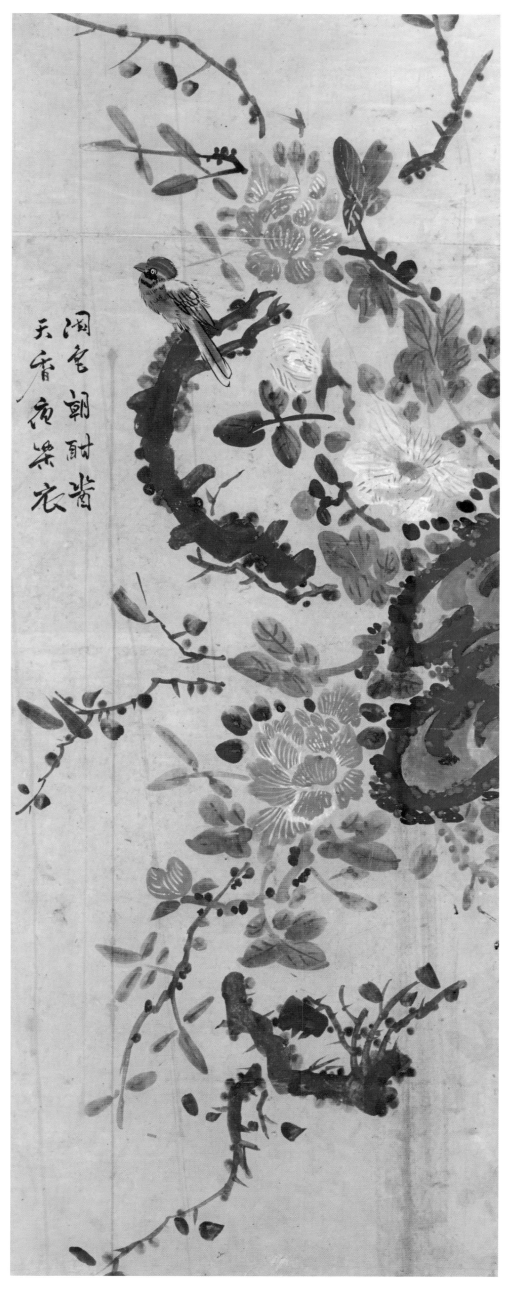

閬苑朝酣酣
天香夜染衣

圖45 · 화조도 · 花鳥圖
45 × 121 · 지본

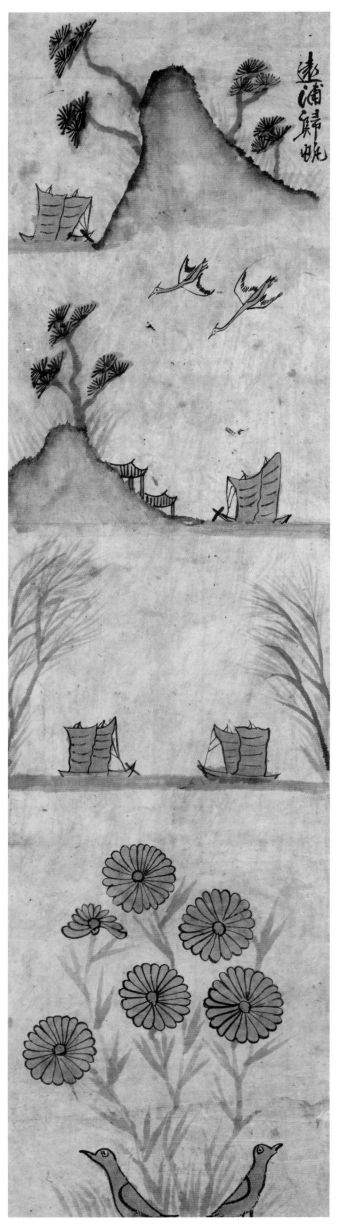

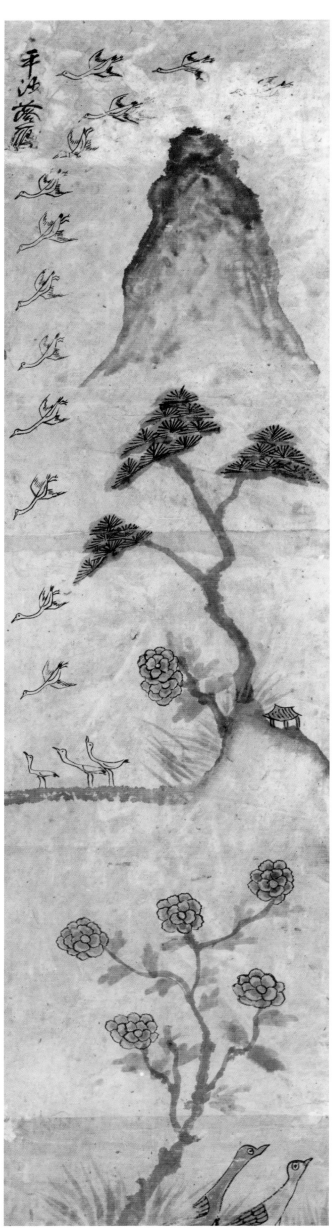

圖46 · 바보산수 · 山水圖
30×106 · 지본

圖47 · 바보산수 · 山水圖
30×106 · 지본

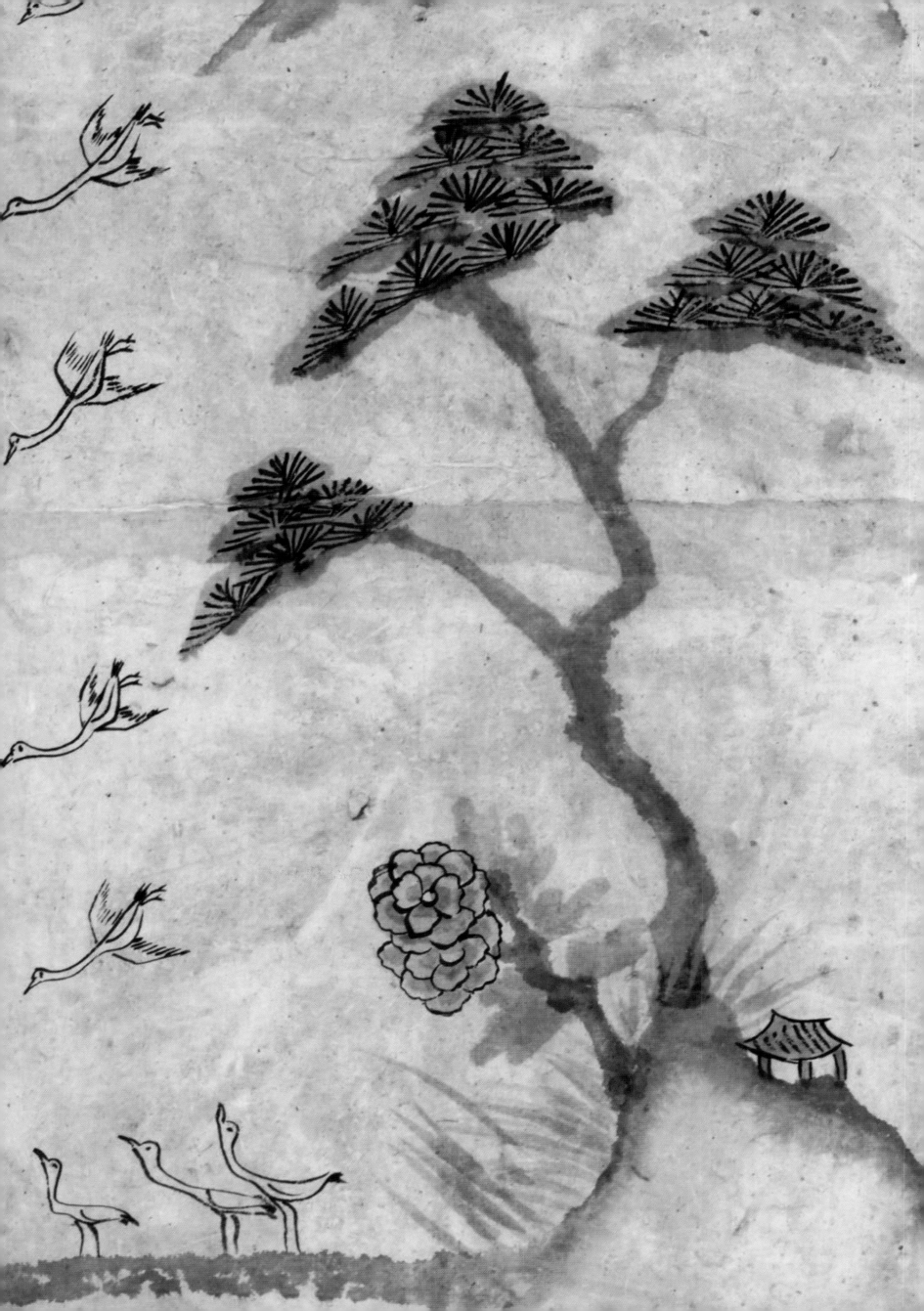

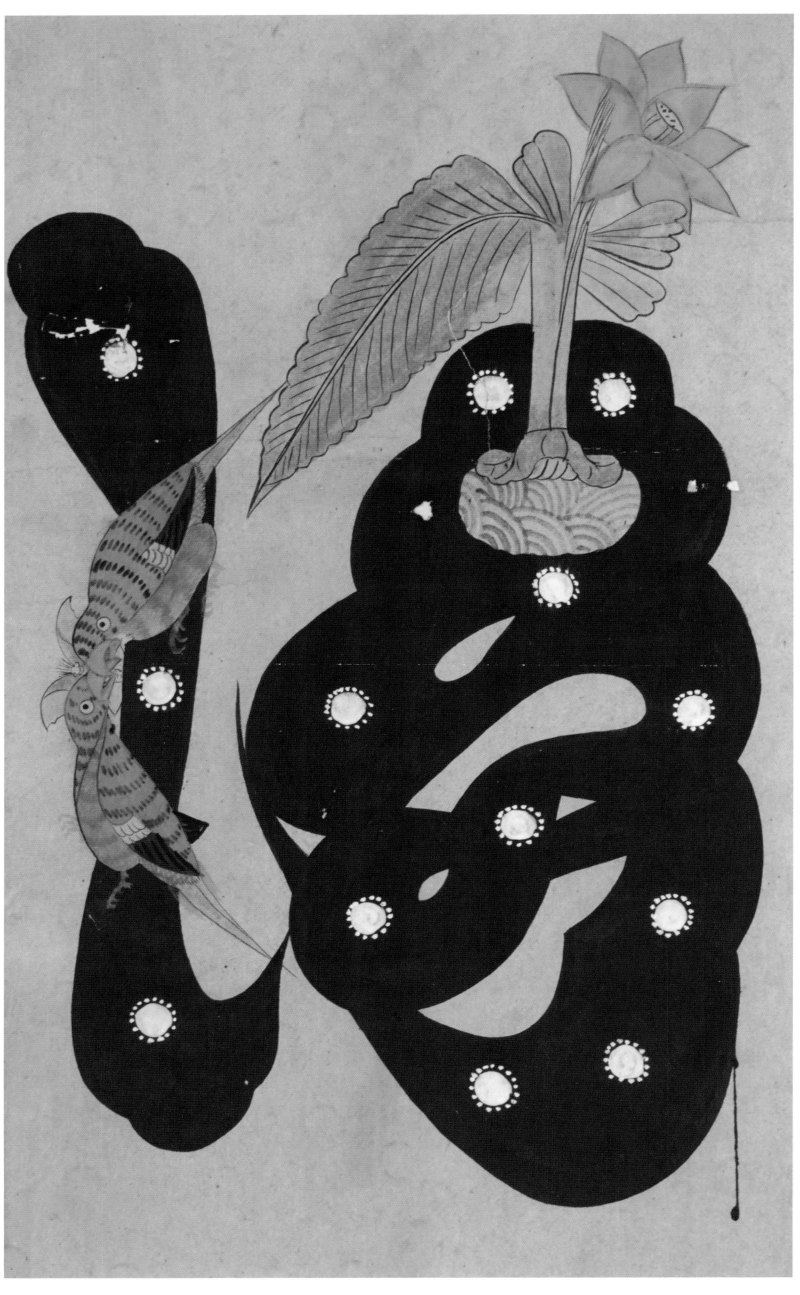

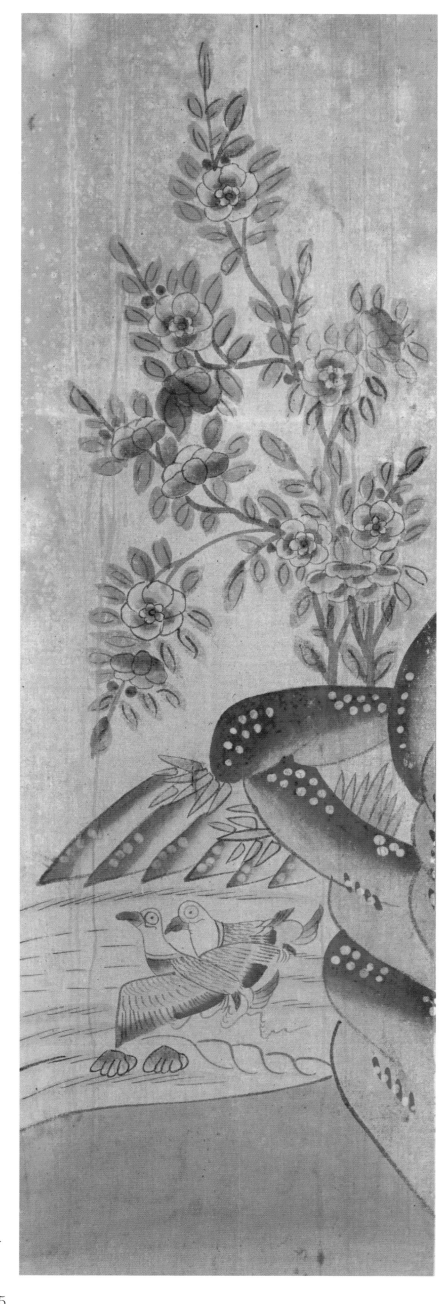

圖48 · 문자도 · 文字圖
34×85.5 · 지본

圖49 · 화조도 · 花鳥圖 ▶
32×119 · 지본

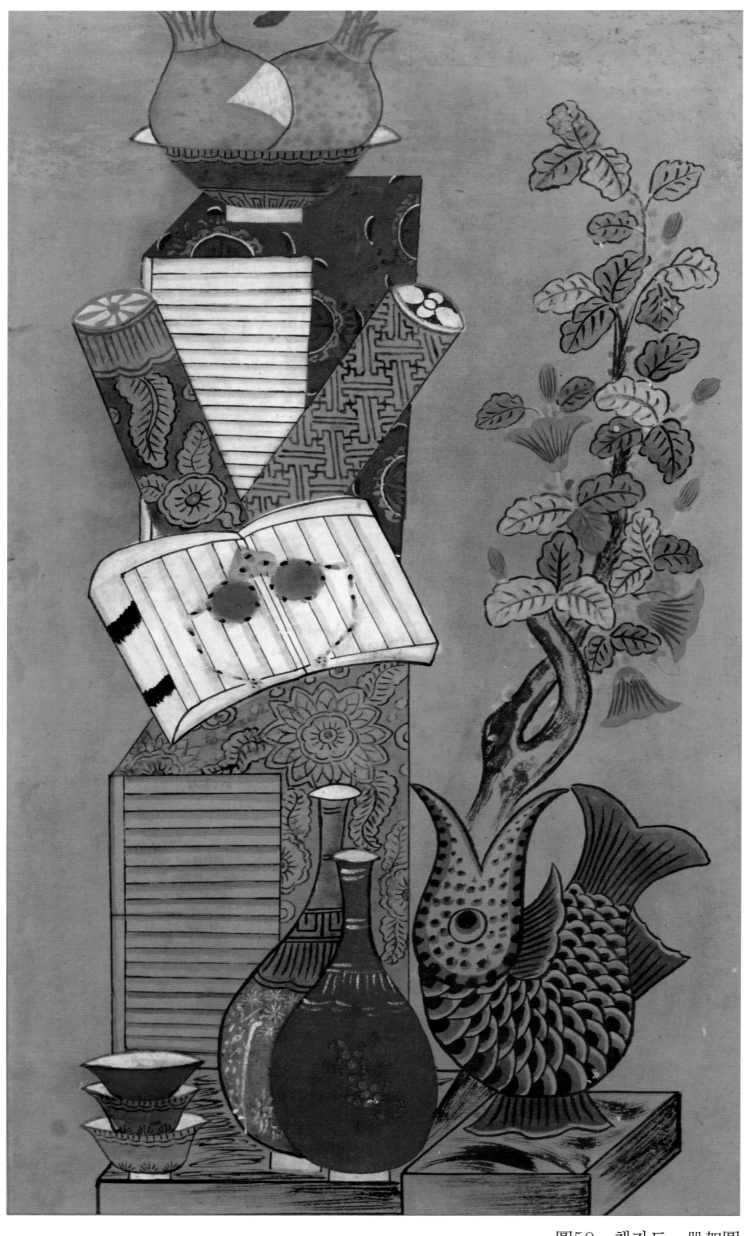

圖50・책가도・册架圖
31×54・지본

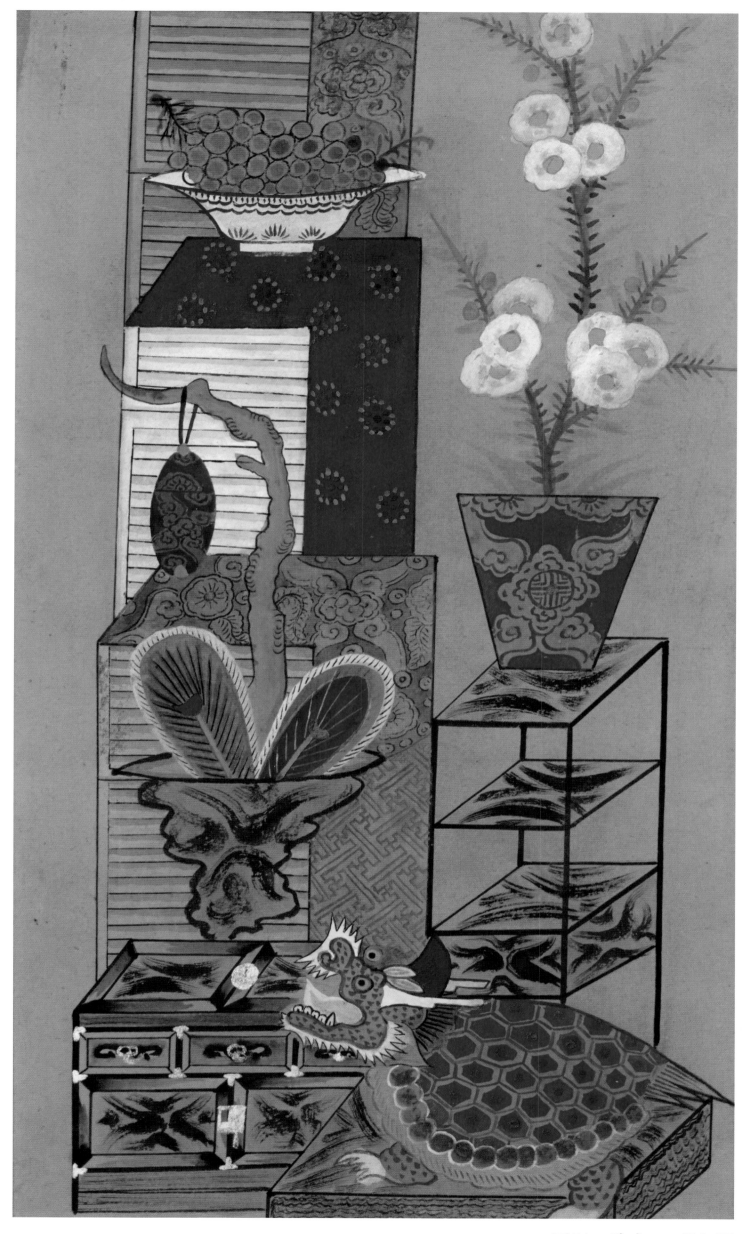

圖51・책가도・册架圖
31×54・지본

67

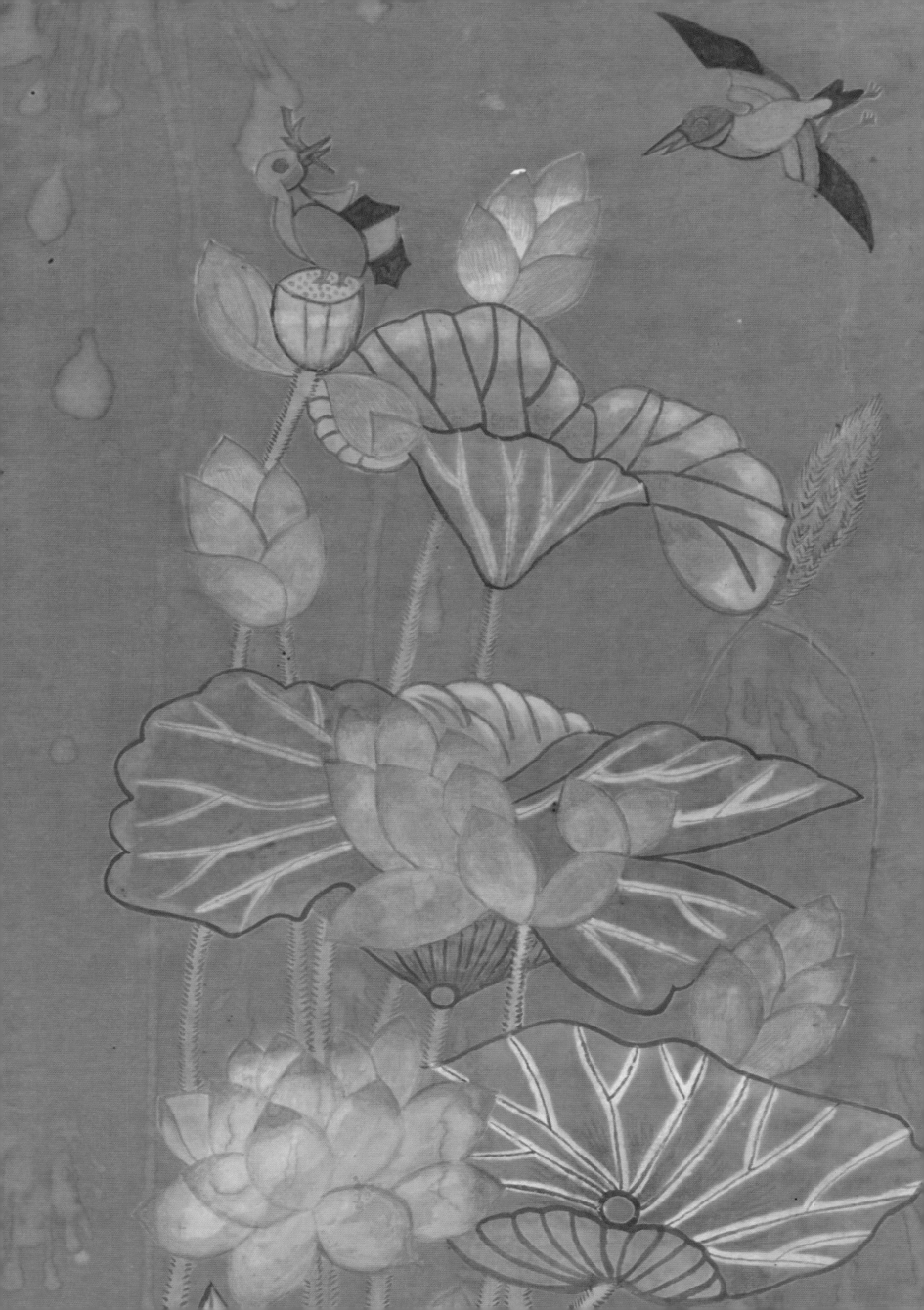

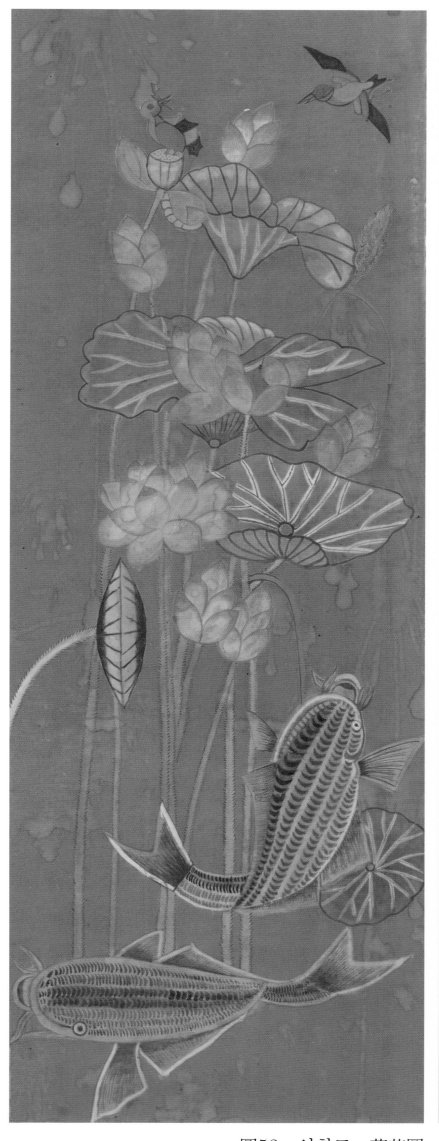

圖52 · 연화도 · 蓮花圖
32.5×98.5 · 지본

圖53 · 화조도 · 花鳥圖
32.5×98.5 · 지본

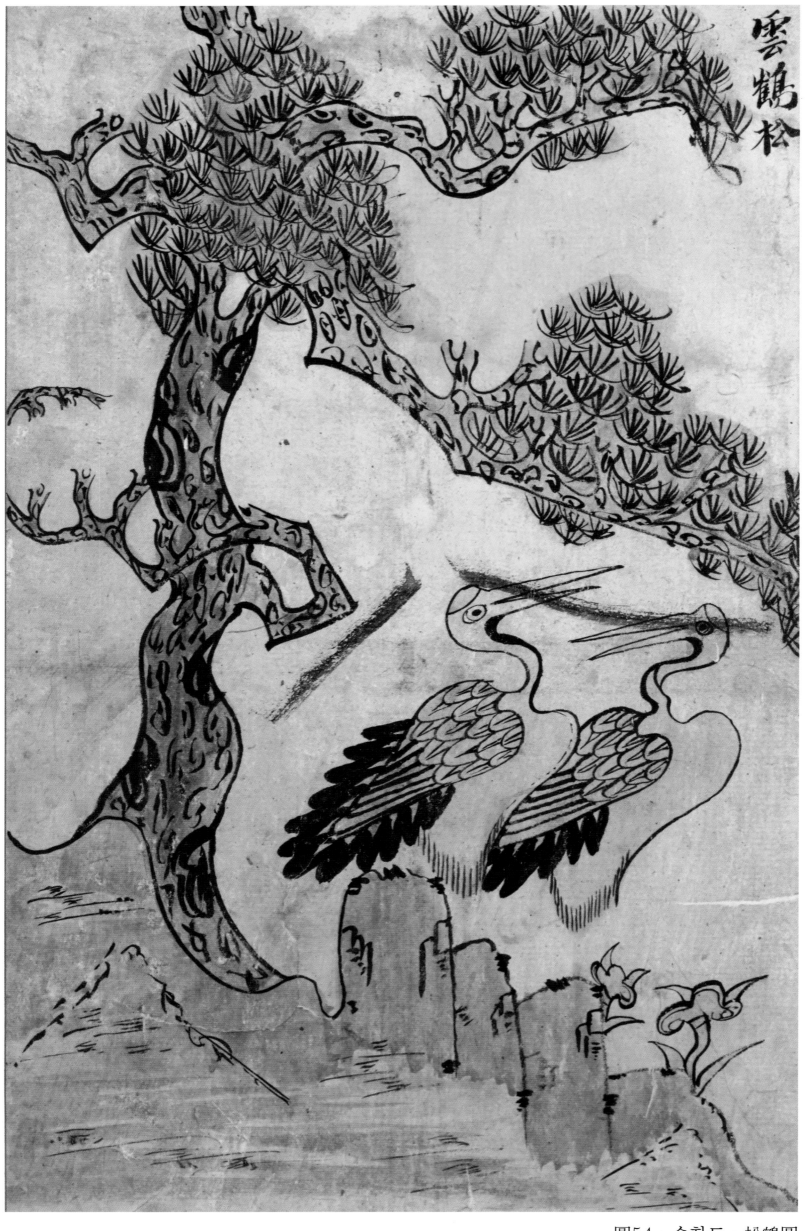

雲鶴松

圖54·송학도·松鶴圖
28.5×46·지본

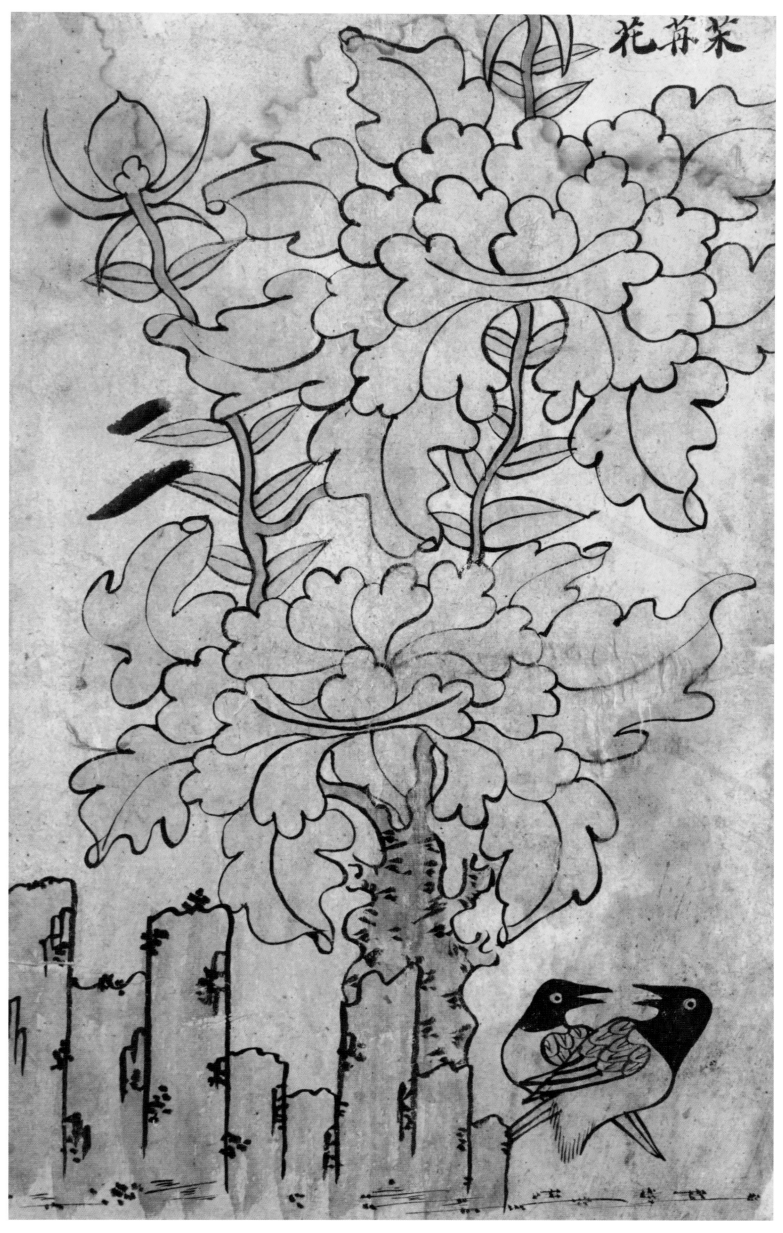

花菜花

圖55・화조도・花鳥圖
28.5×46・지본

71

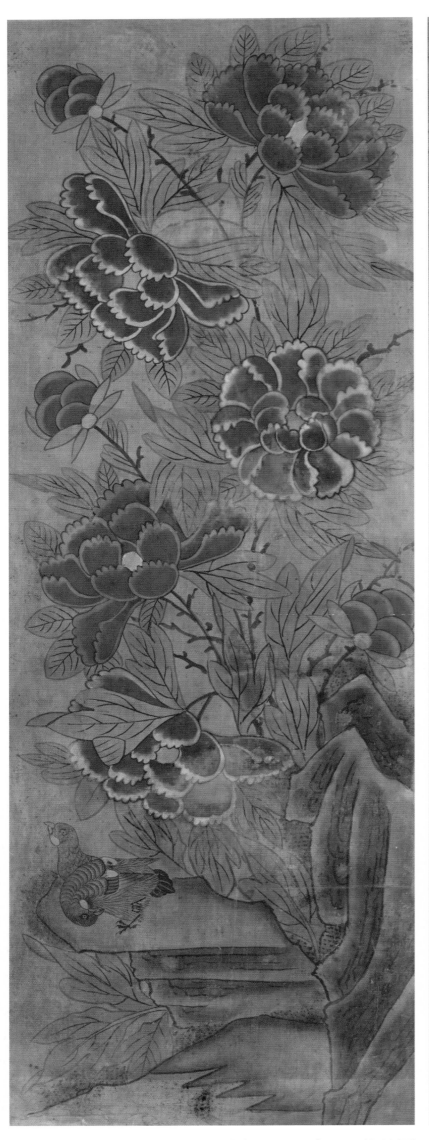

圖56 · 모란도 · 牡丹圖
32×92.5 · 비단

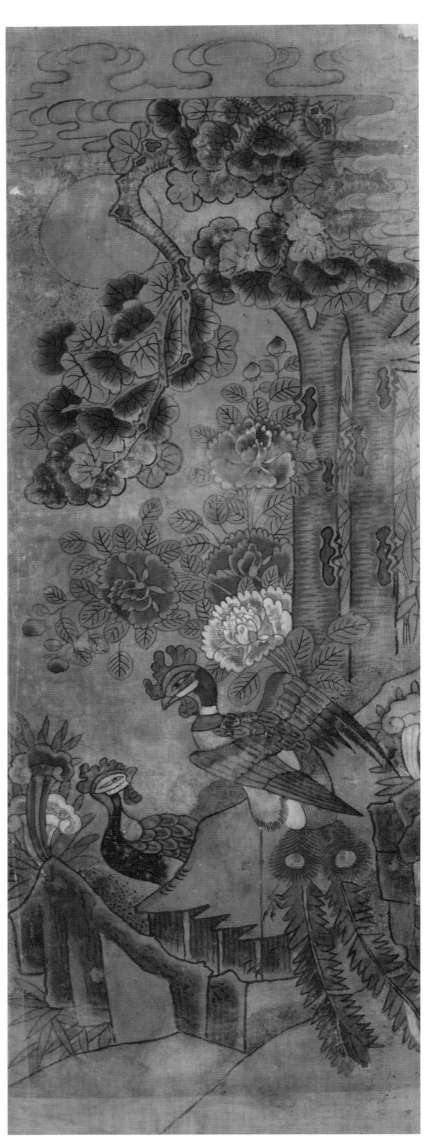

圖57 · 화조도 · 花鳥圖
32×92.5 · 비단

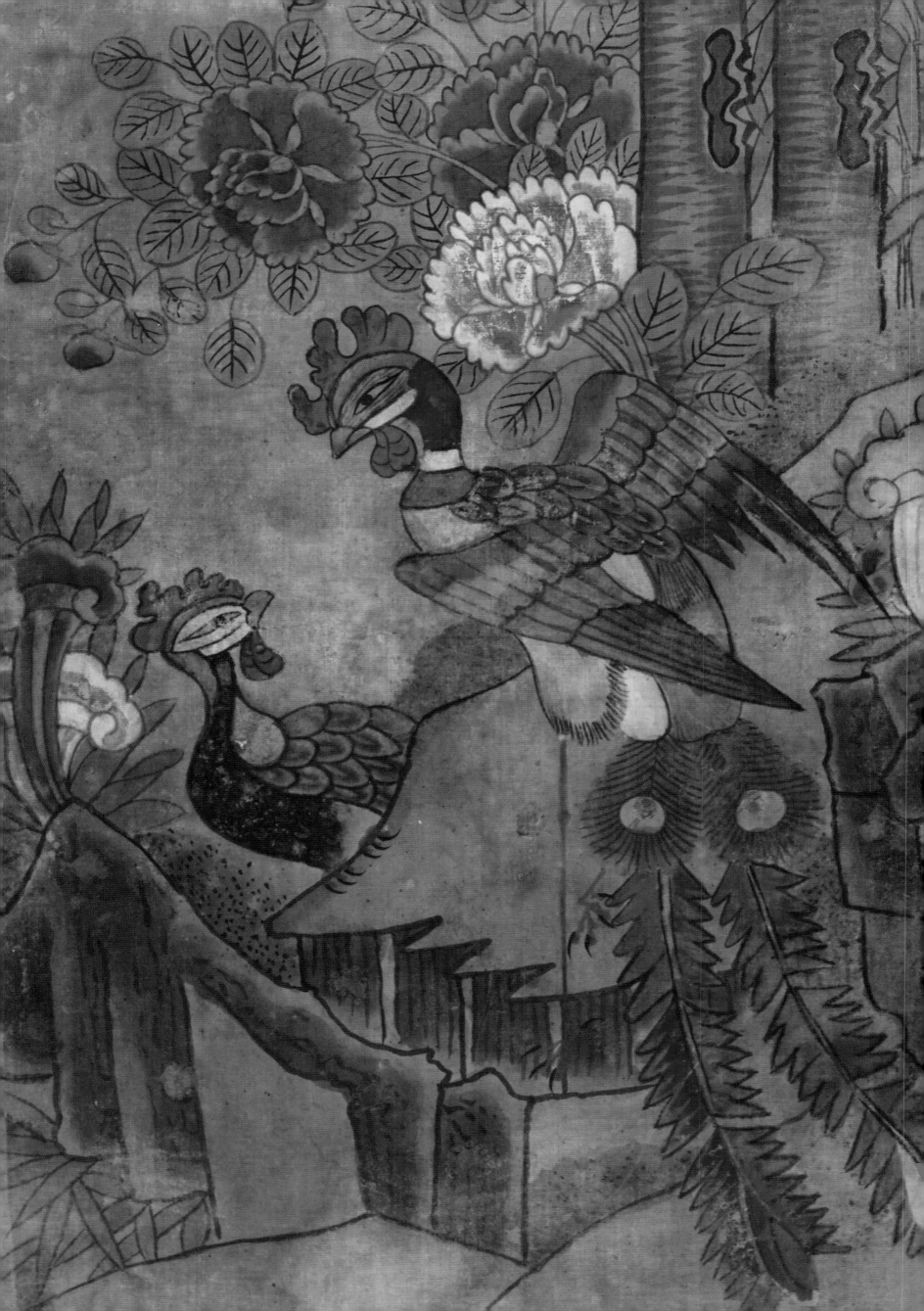

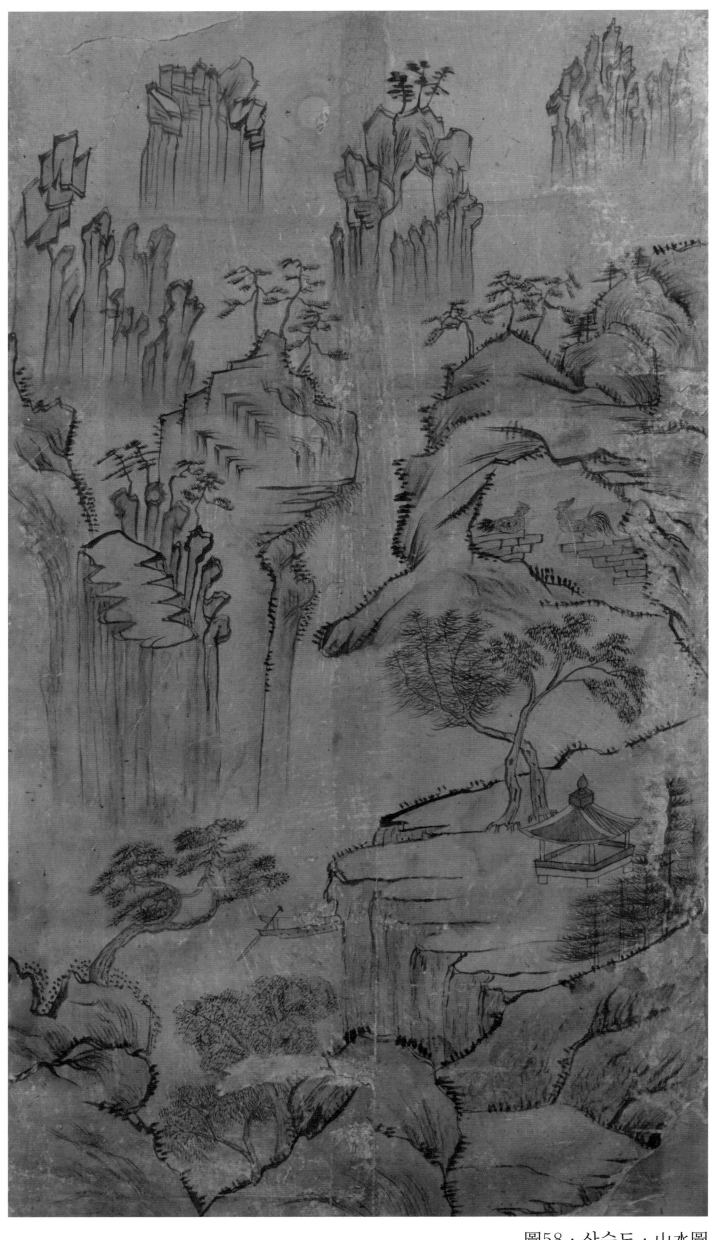

圖58 · 산수도 · 山水圖
41×78 · 지본

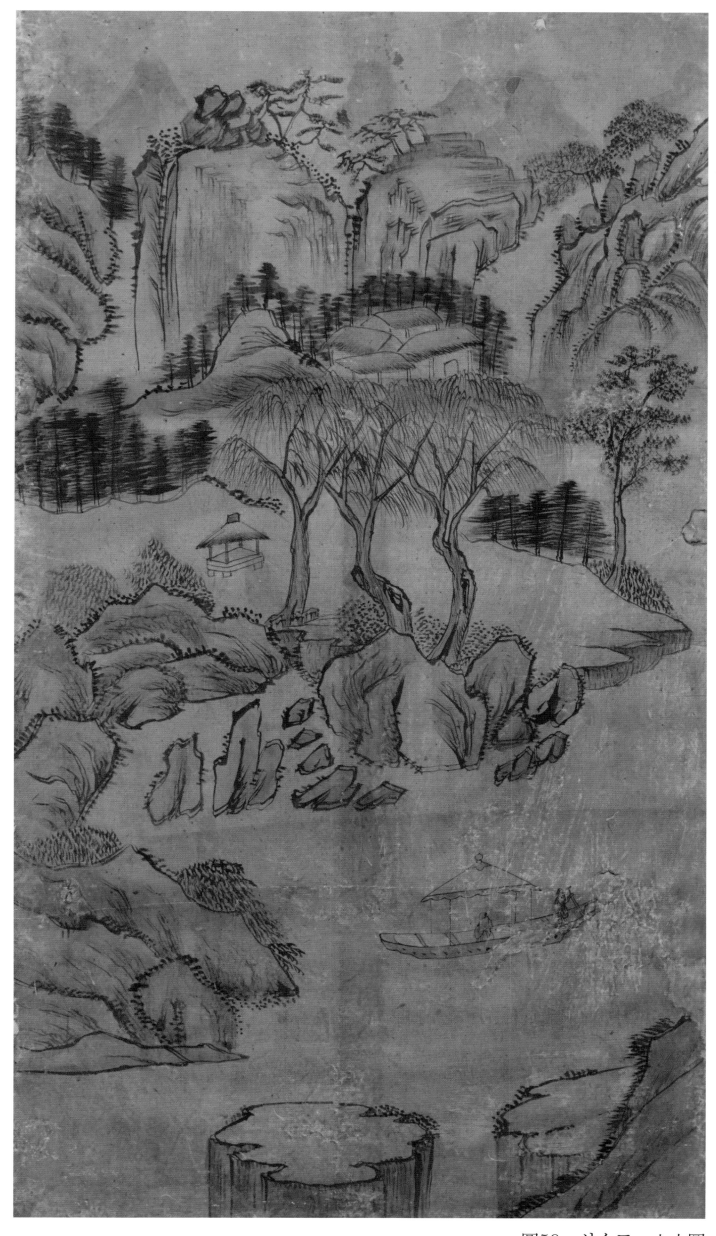

圖59・산수도・山水圖
41×78・지본

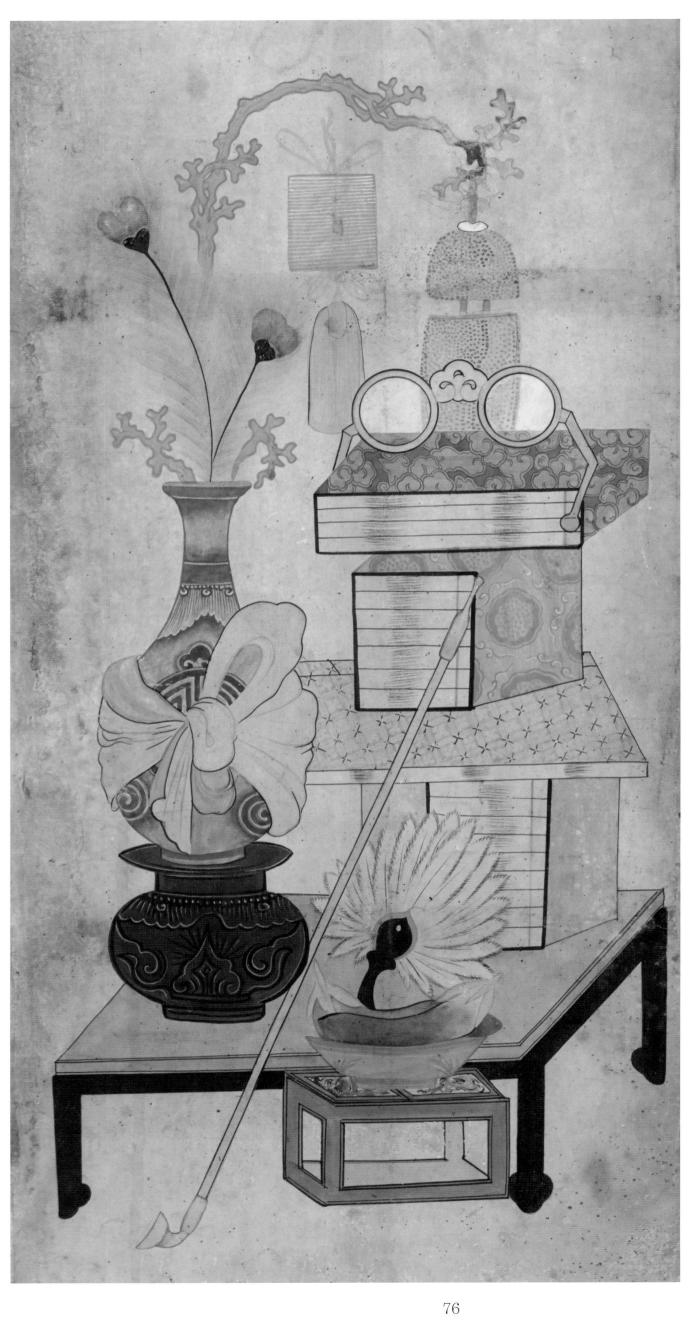

圖60 · 책가도 · 册架圖
37×82 · 지본

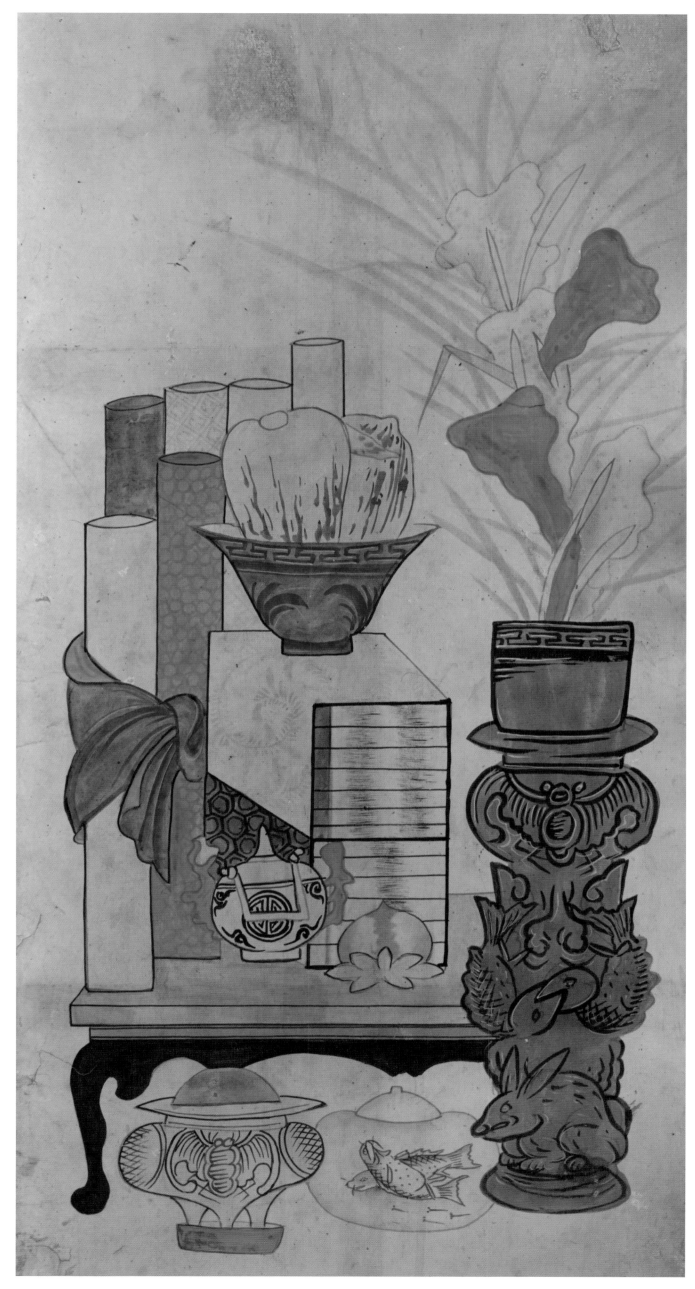

圖61 · 책가도 · 册架圖
37×82 · 지본

책거리 그림은 책을 비롯하여 공
부방의 다양한 기물을 그린 그림
으로 문인을 존중하는 시대적 배
경으로 탄생한 그림이며 멀리 있
는 것을 작게 표현하는 등축법을
사용하는것이 특징이다.

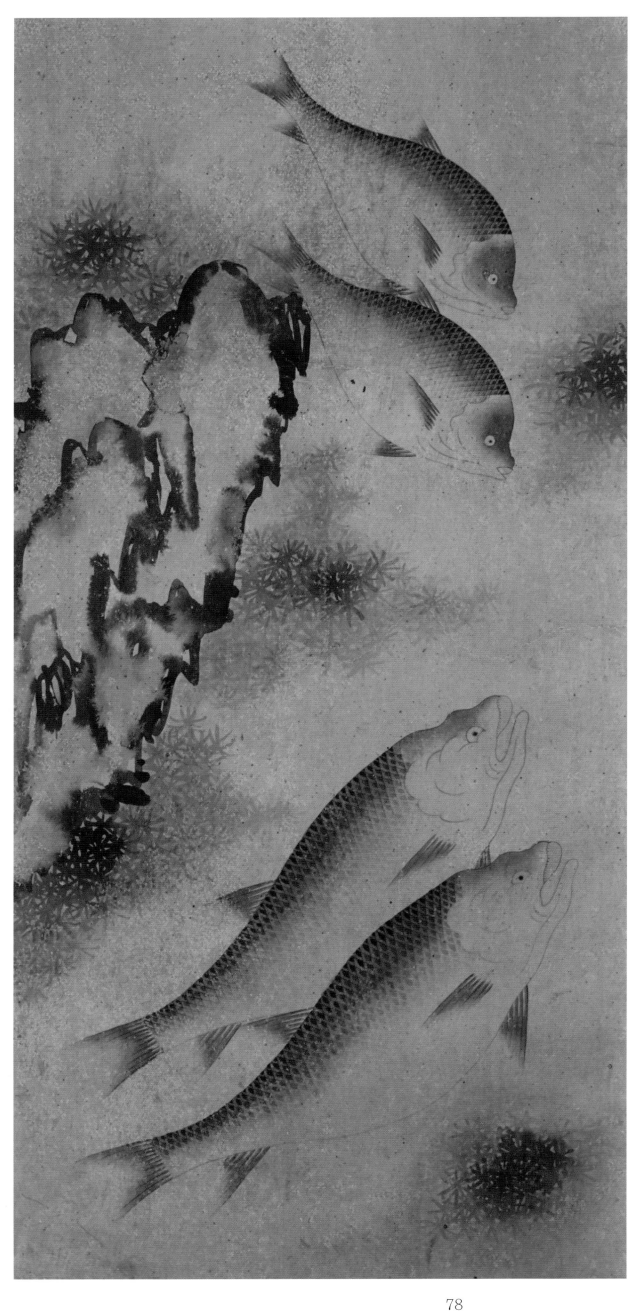

물고기 때들이 헤엄치며 노는 모습을 그렸
다, 이러한 물고기의 그림을 옛 선비들은
즐겨 감상했다고 한다. 선비에게 물고기는
안빈락도 정신과 상통하고 민간에서는 잡
귀를 물리치고 풍요다산을 뜻한다고한다.

圖62 · 어해도 · 魚蟹圖
30×81 · 지본

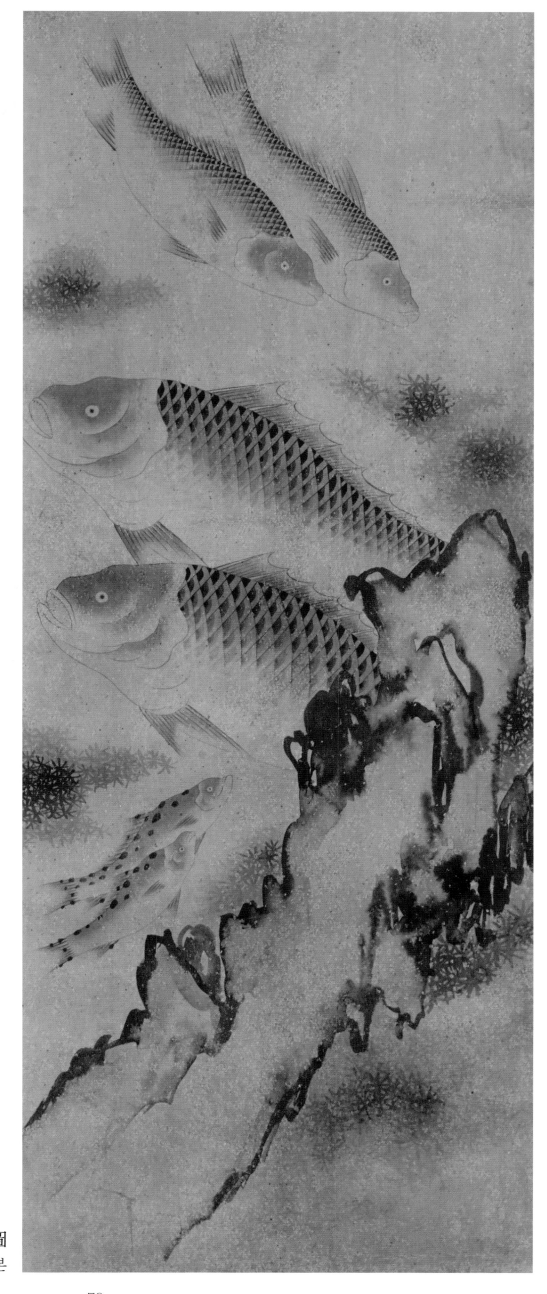

圖62·어해도·魚蟹圖

30×81·지본

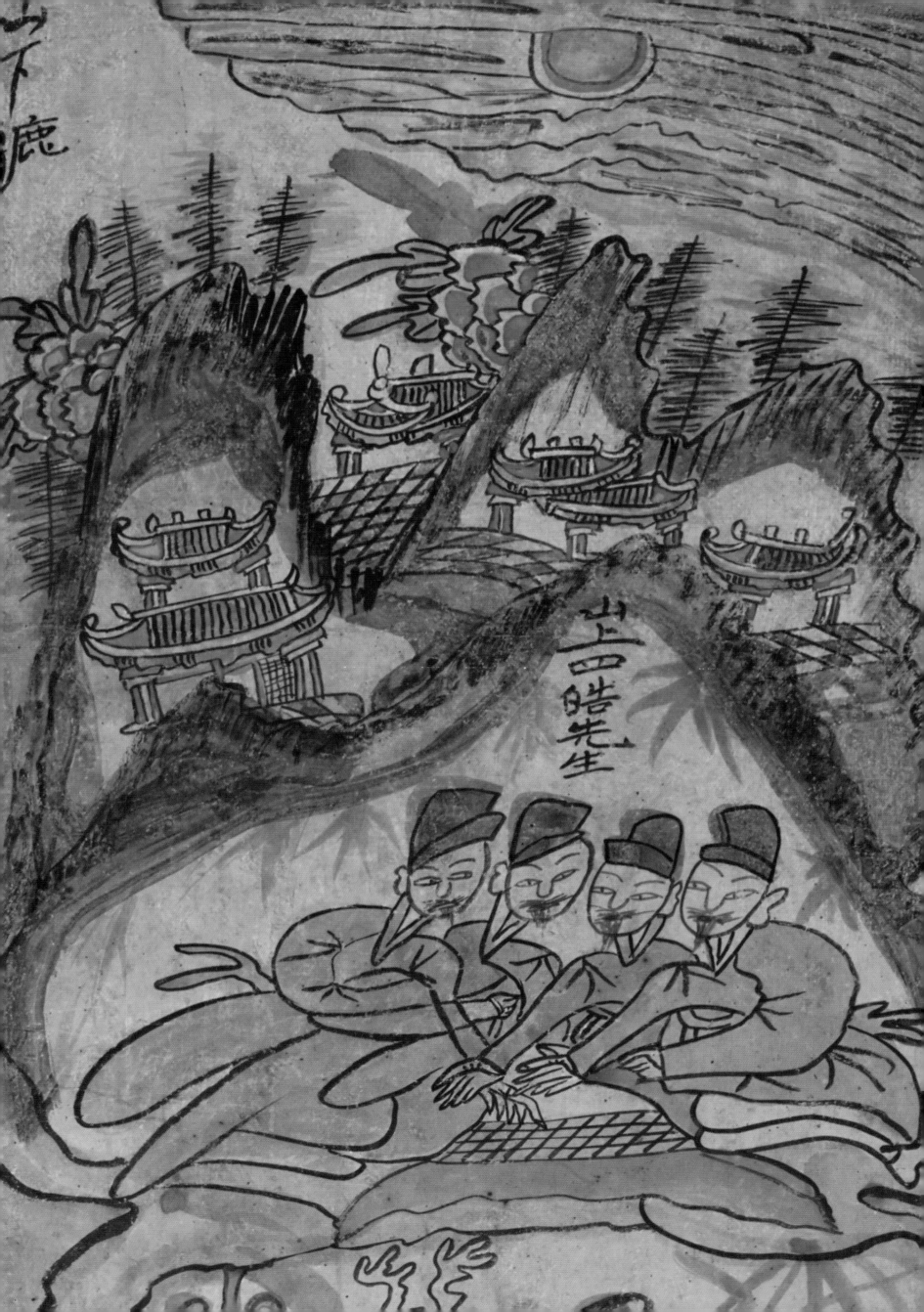

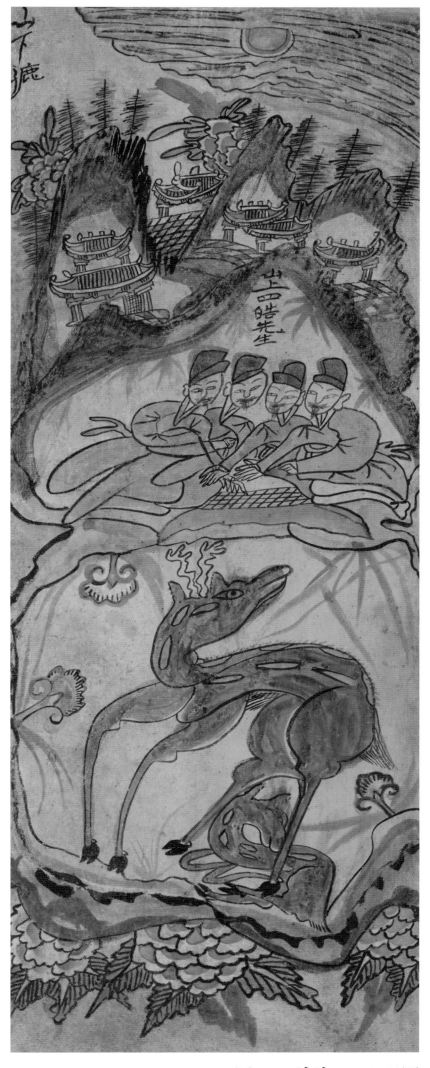

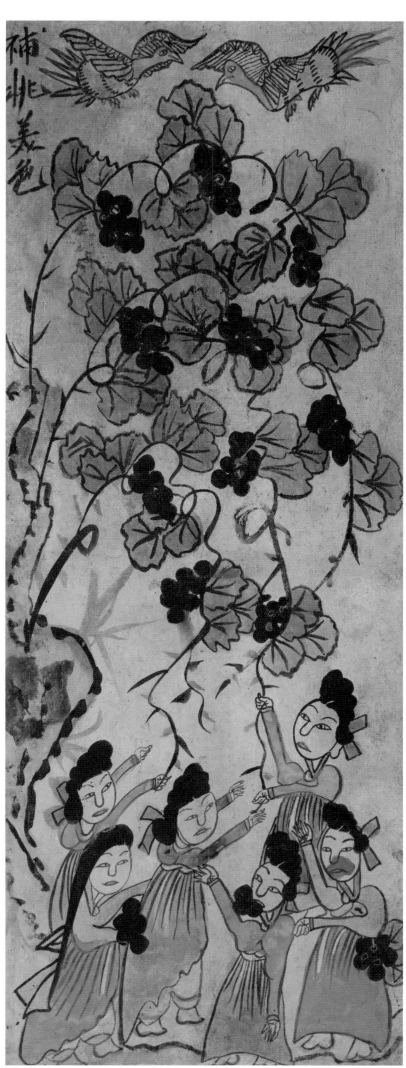

圖64 · 설화도 · 設話圖
34×88 · 지본

圖65 · 설화도 · 設話圖
34×88 · 지본

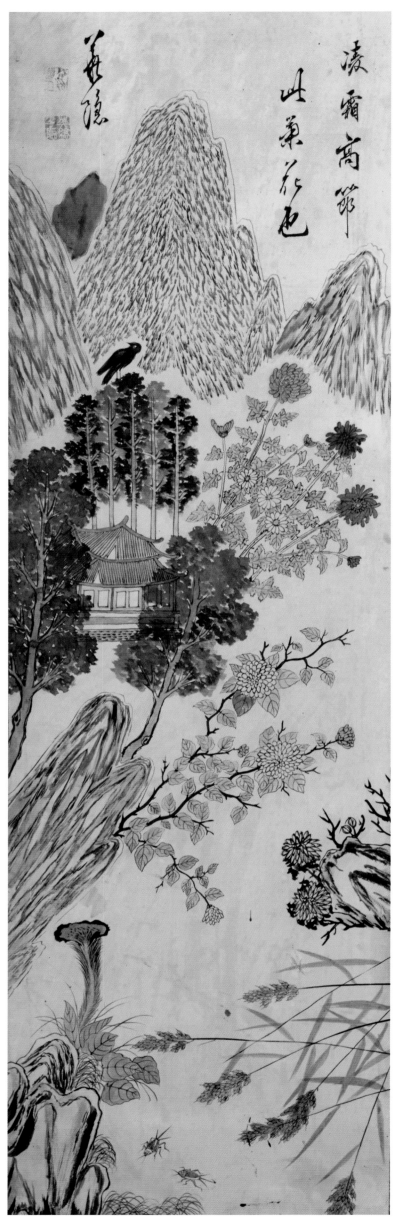

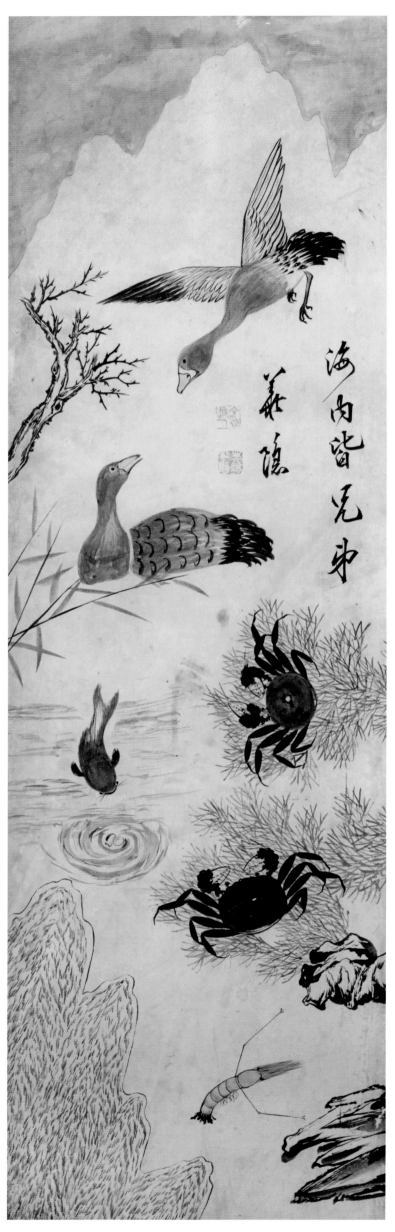

圖66 · 산수도 · 山水圖
27×90 · 지본

圖67 · 어해도 · 魚蟹圖
27×90 · 지본

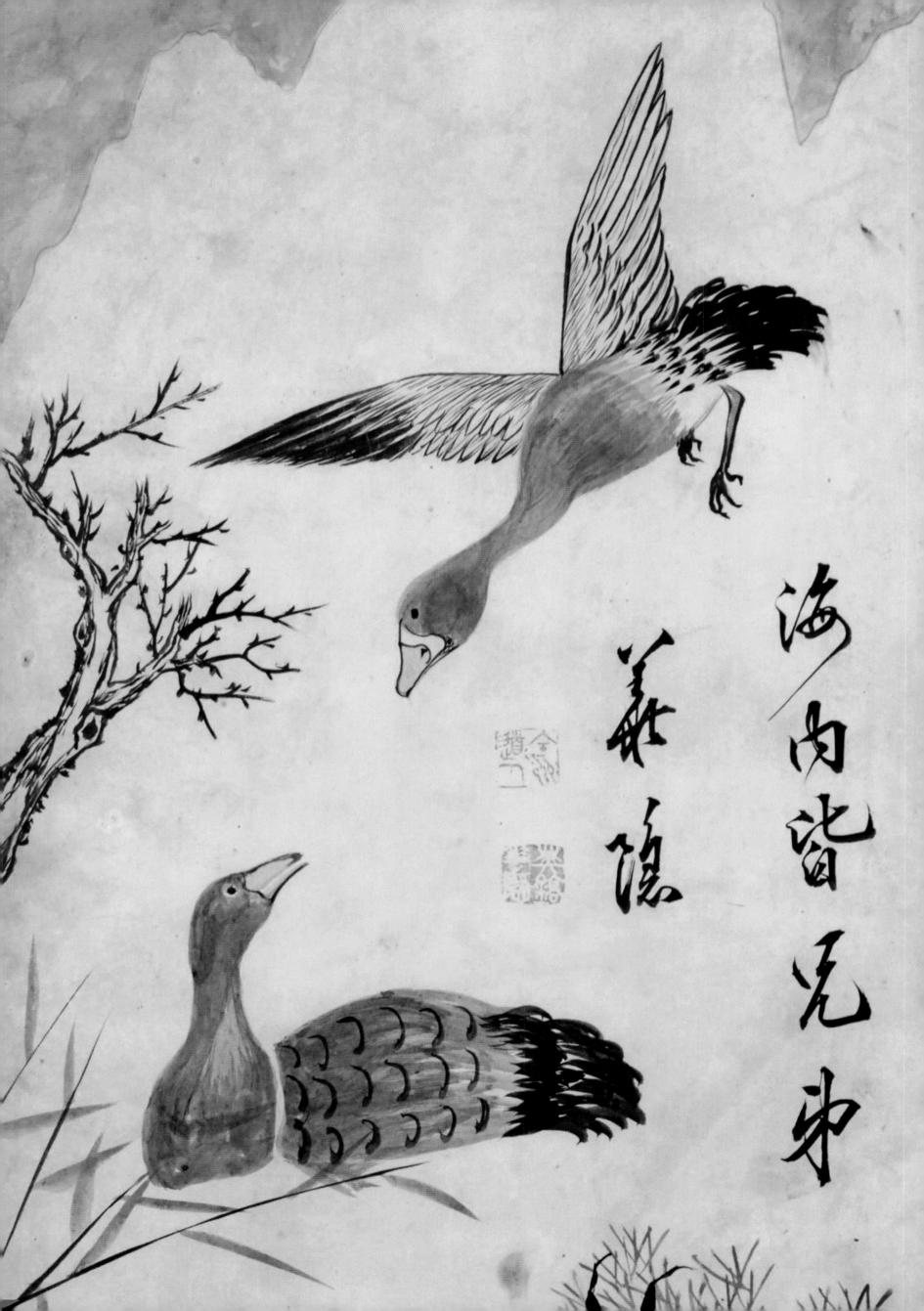

海內皆兄弟

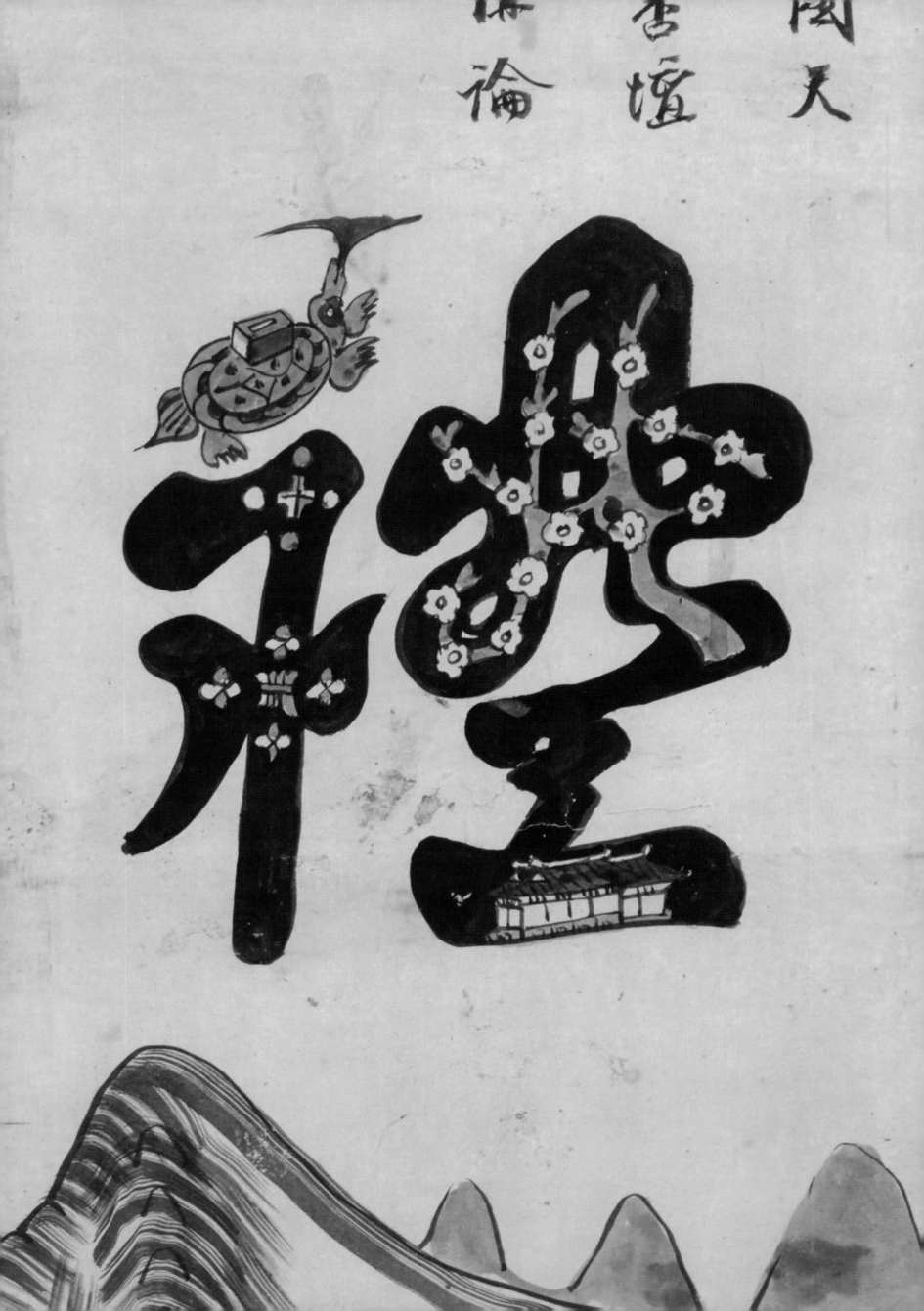

閩天

杏埴
　論
論

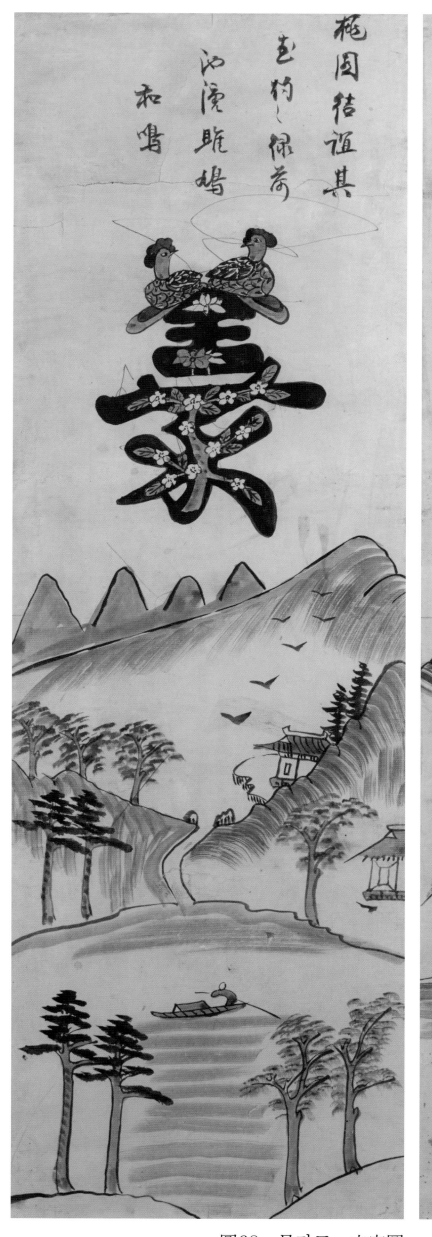

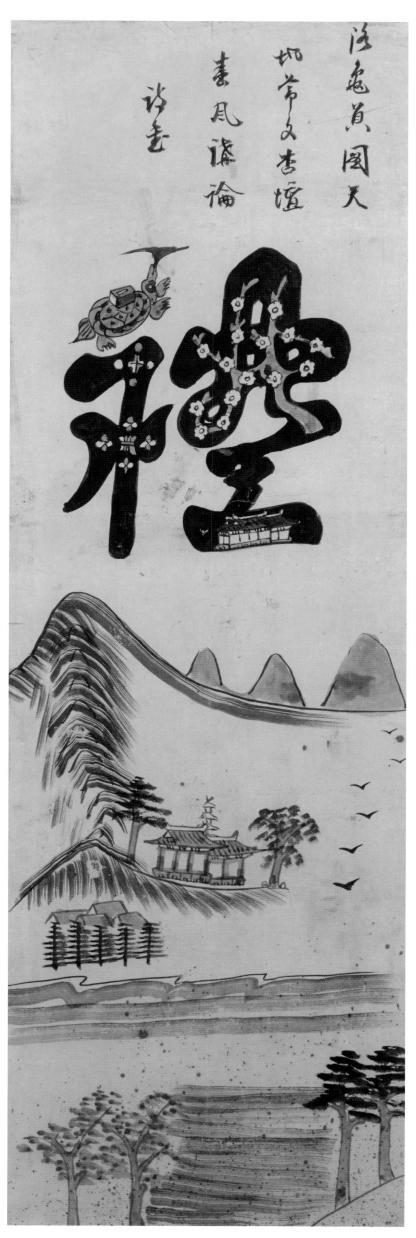

圖68 · 문자도 · 文字圖
25.5×78 · 지본

圖69 · 문자도 · 文字圖
25.5×78 · 지본

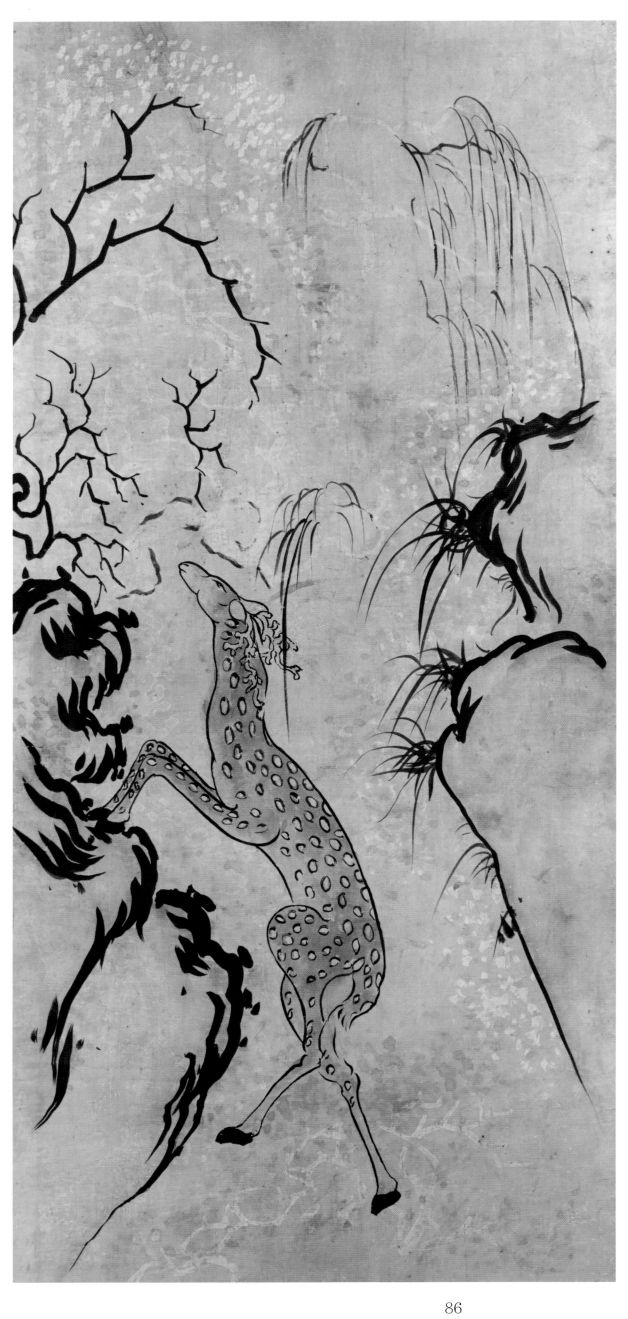

圖70 · 십장생도 · 十長生圖
31×78 · 지본

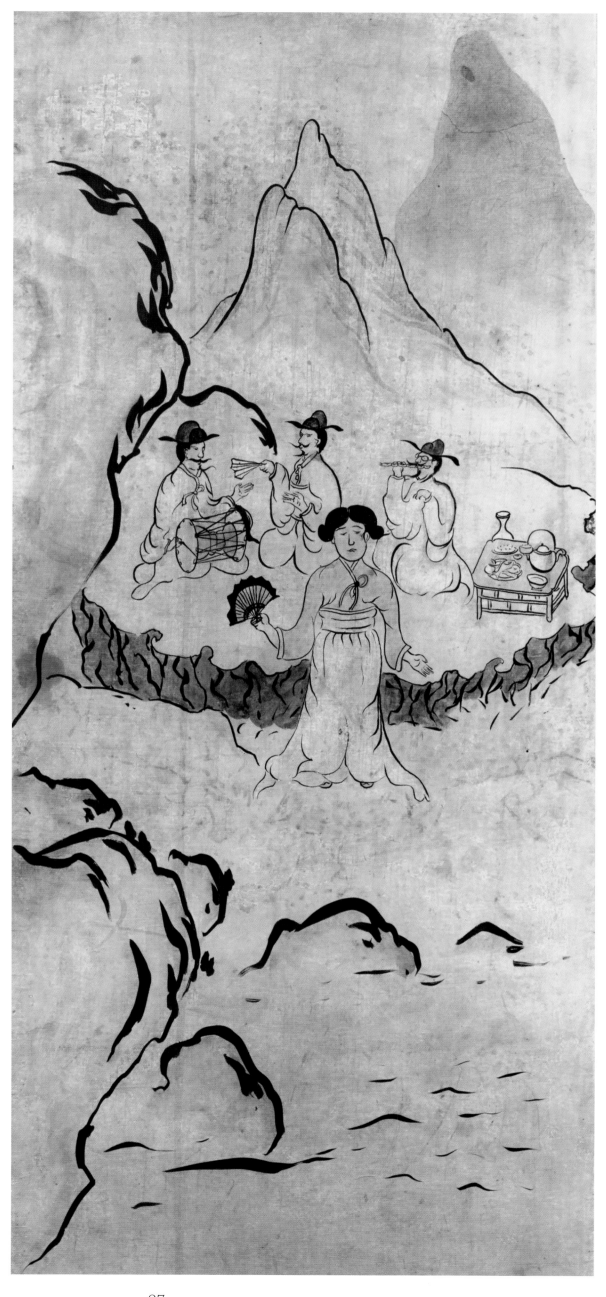

圖71 · 설화도 · 設話圖

31×78 · 지본

설화를 그림으로 그린 것이다.
무슨 설화인지는 분명하지 않다.

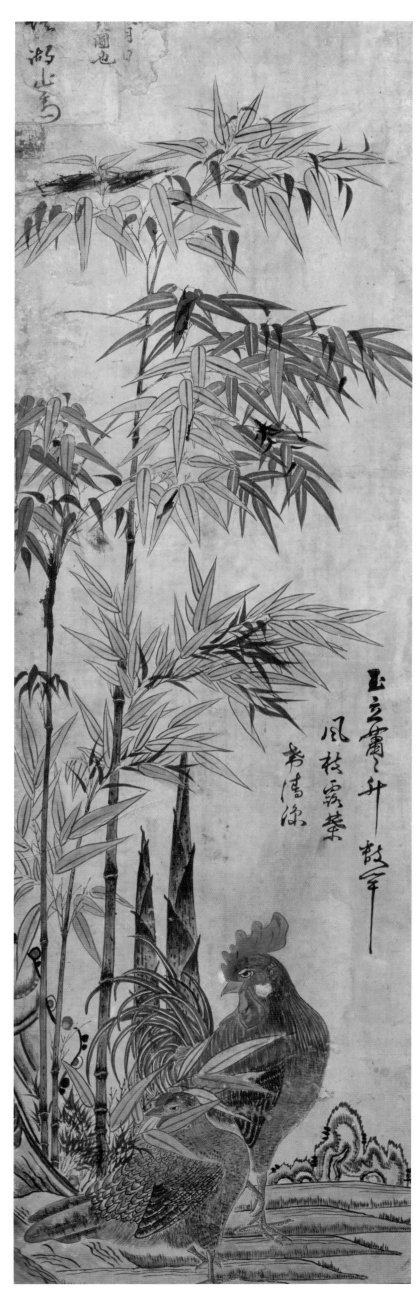

닭은 지, 인, 용, 신의 상징이며 지구상에서 피가 가장 붉은 색을 띠기 때문에 닭의 피를 신에게 바치기도 하며 중국에서는 인장재료로 계혈석을 으뜸으로 여기고 있고 충남 계룡산은 산의 모양이 닭의 볏 모양과 같아서 붙여진 이름이다. 또한 부부 금실의 상징이기도 하다.

圖72 · 닭그림 · 鷄圖
30.5×98 · 지본

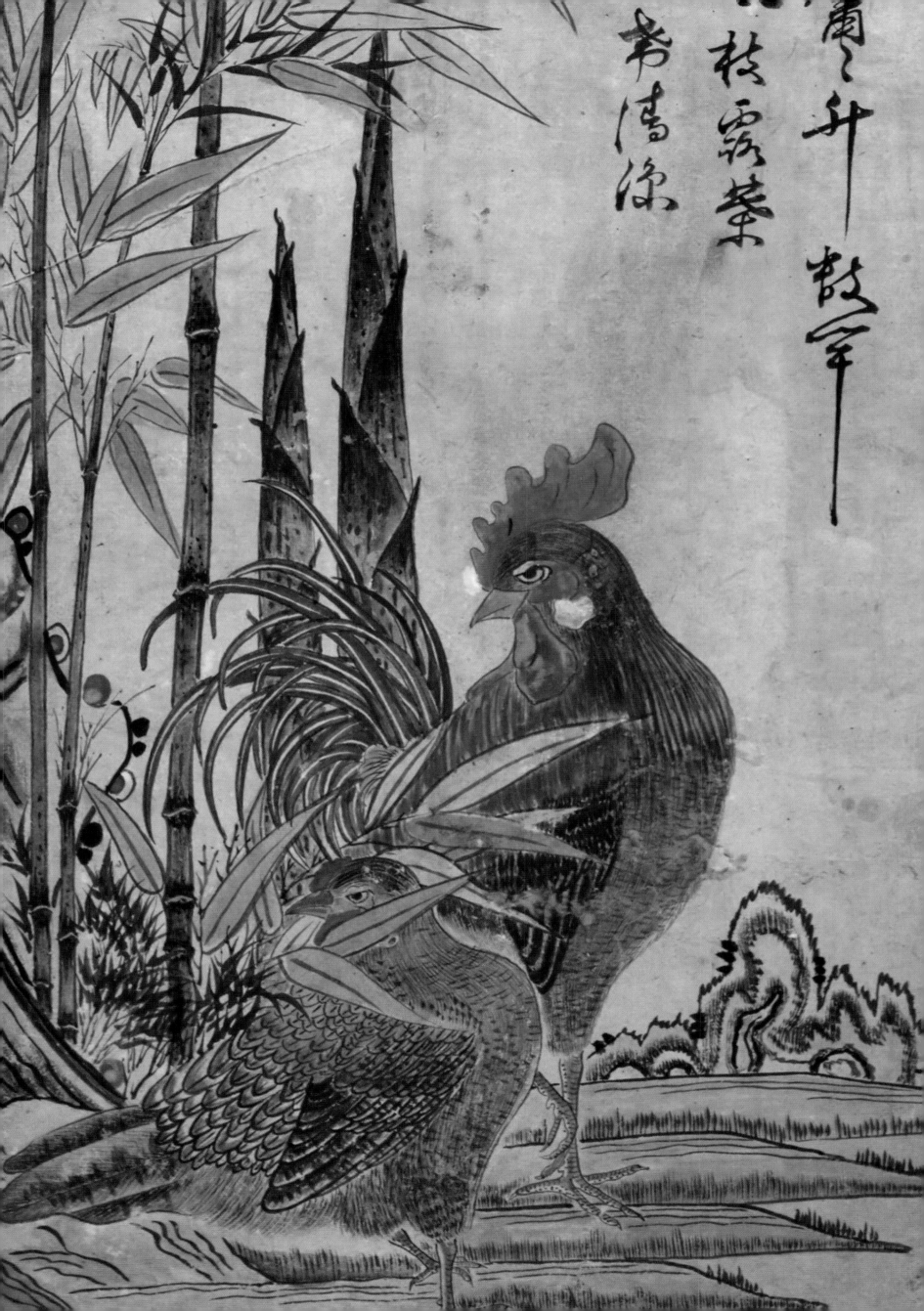

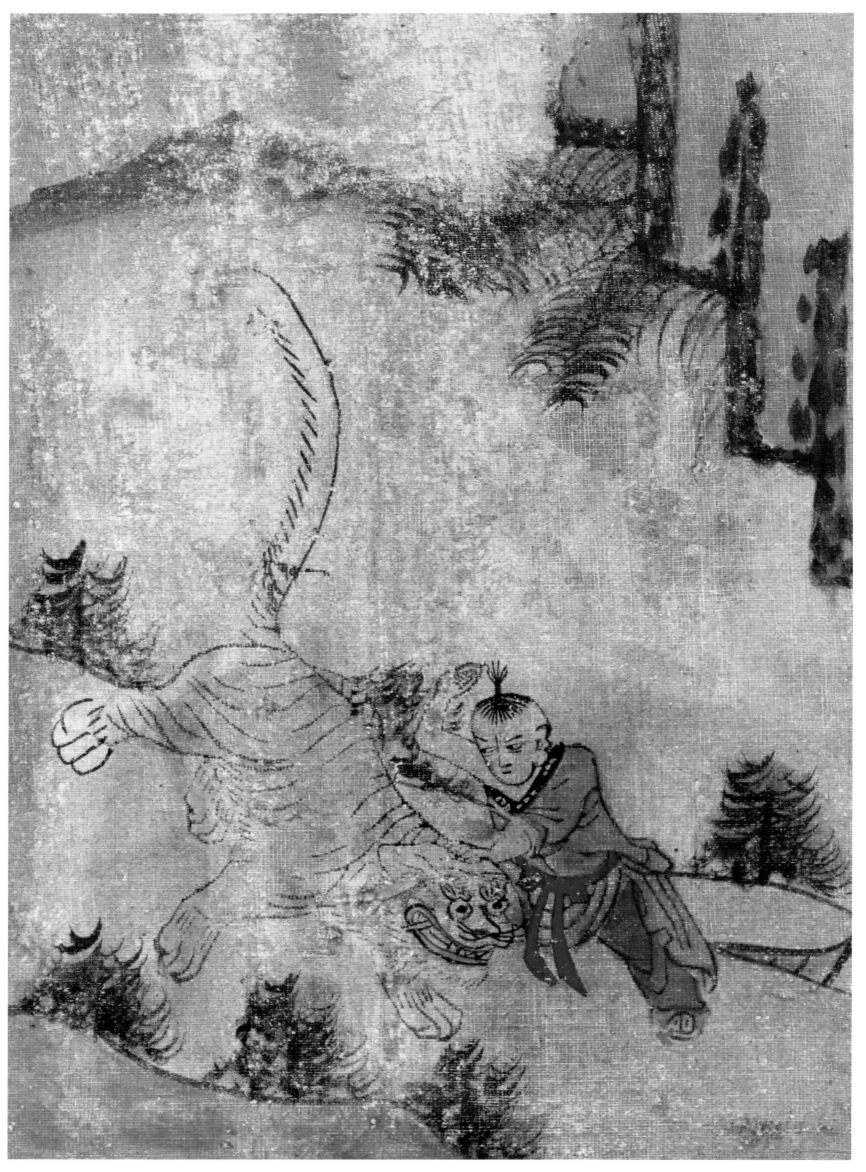

圖73 · 설화도 · 設話圖
21.5×30 · 비단

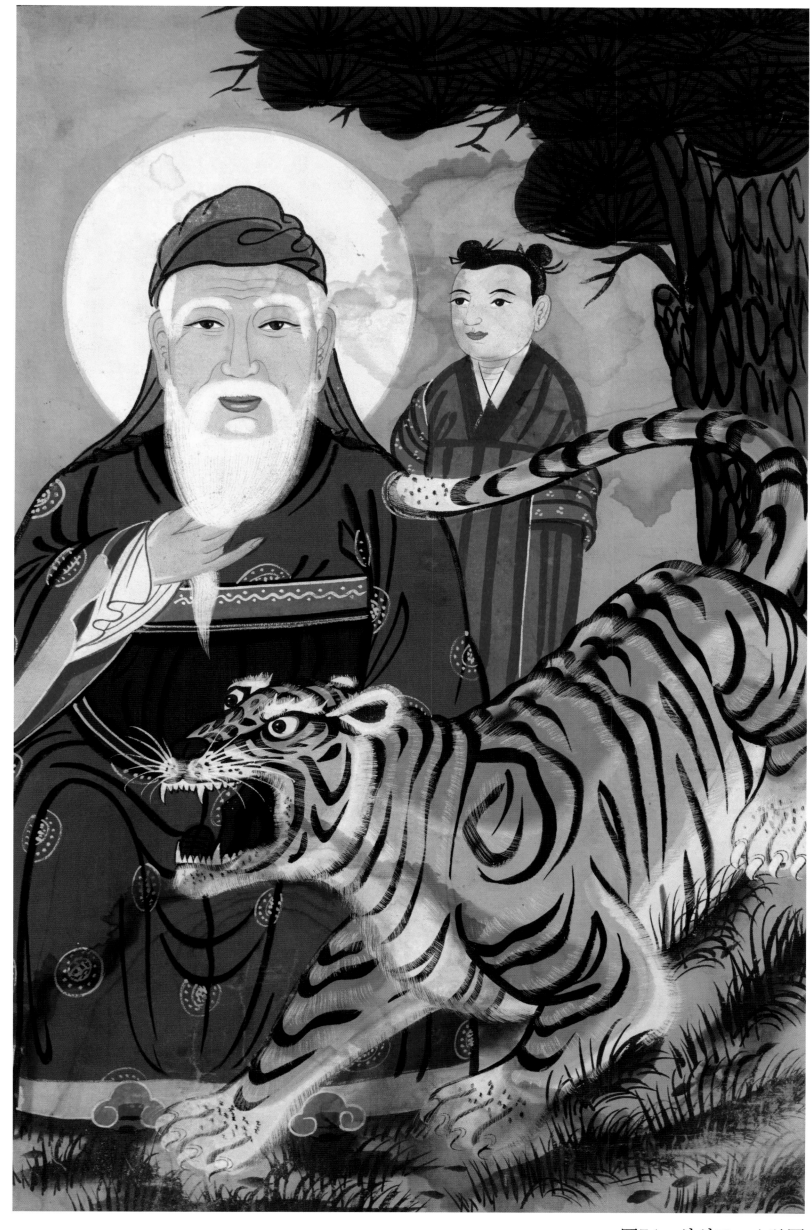

圖74・산신도・山神圖
45×73・비단

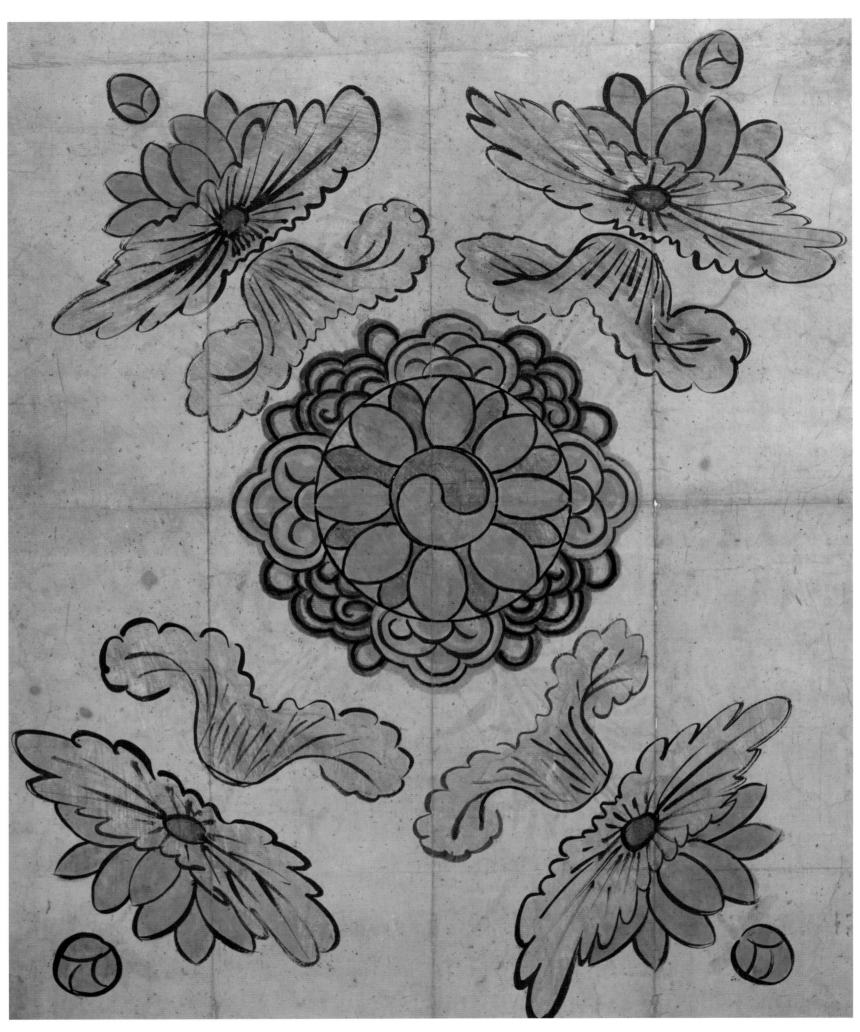

圖75 · 연화도 · 蓮花圖

71×102 · 지본

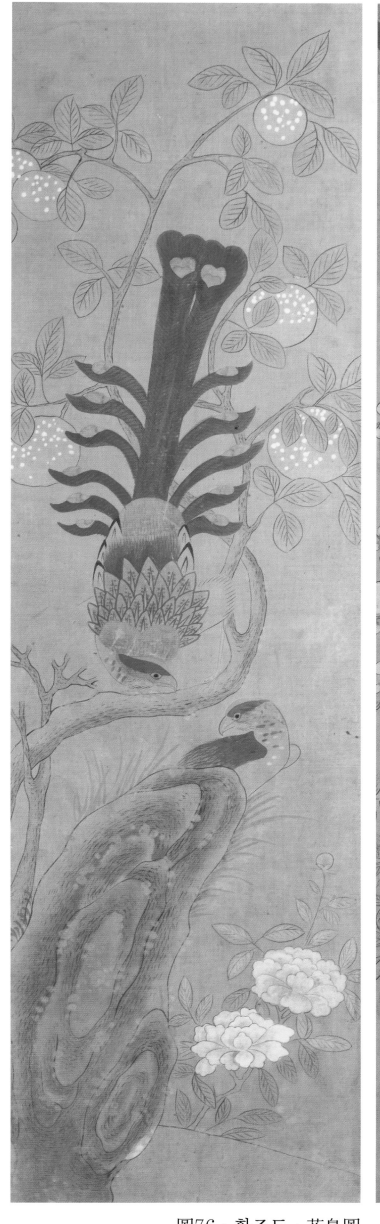

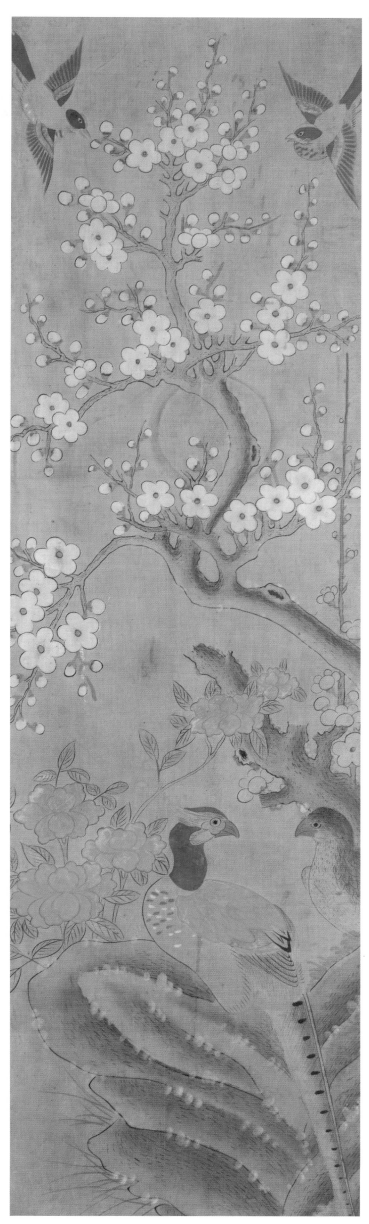

圖76 · 화조도 · 花鳥圖
25×87 · 비단

圖77 · 화조도 · 花鳥圖
25×87 · 비단

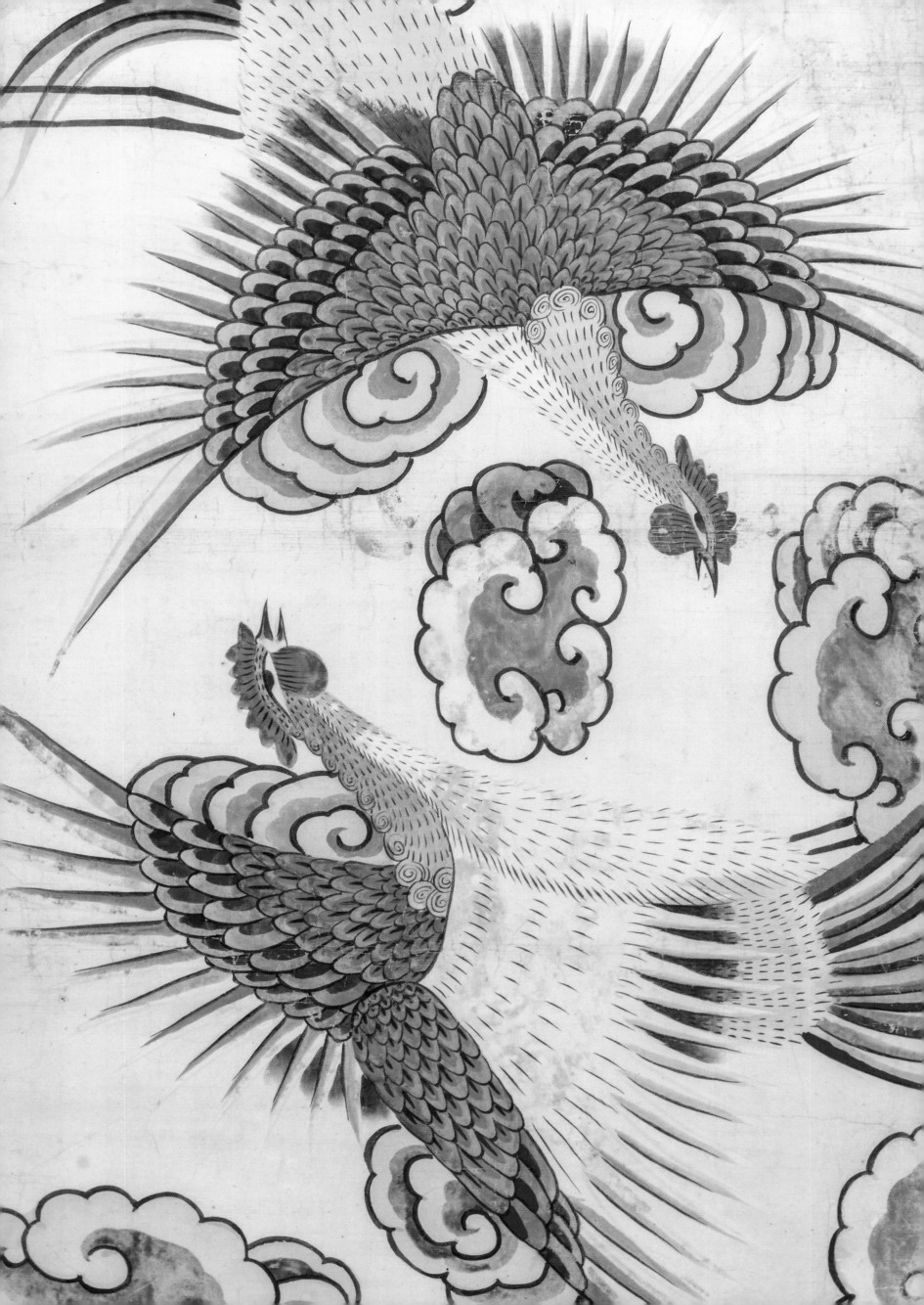

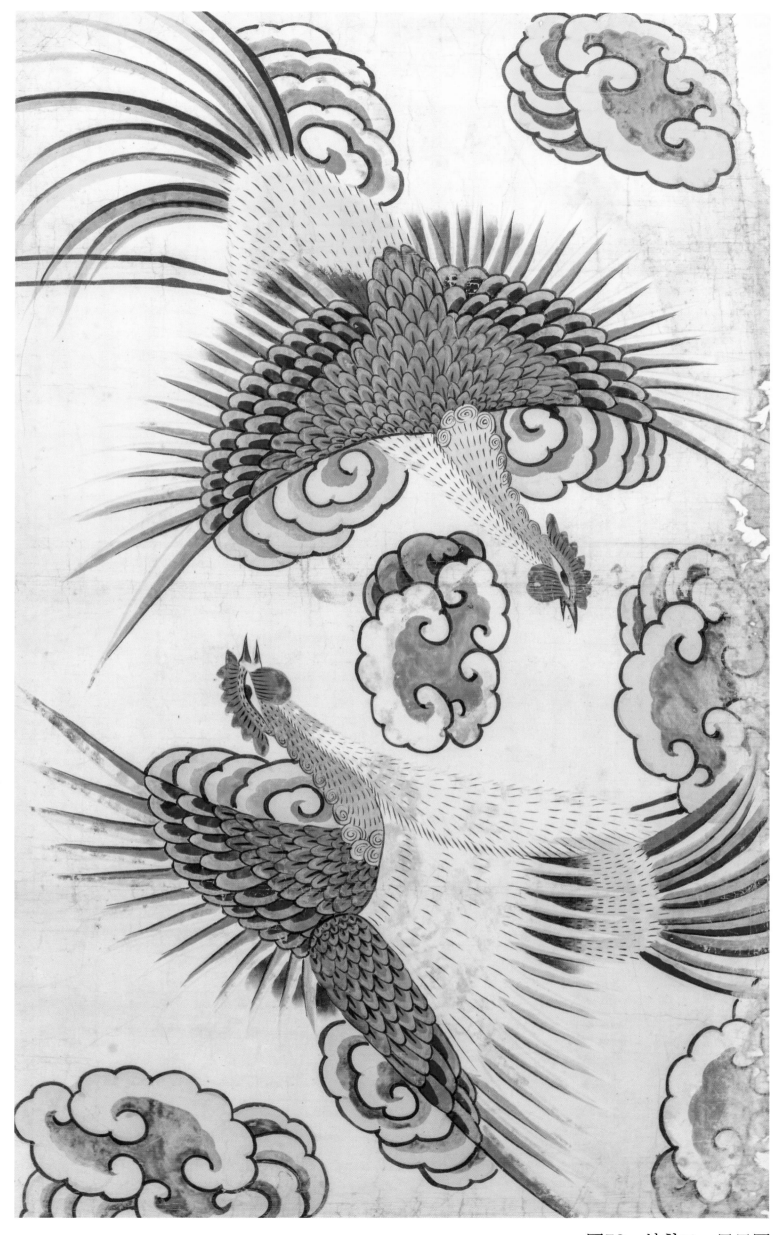

圖78 · 봉황도 · 鳳凰圖
52×88 · 지본

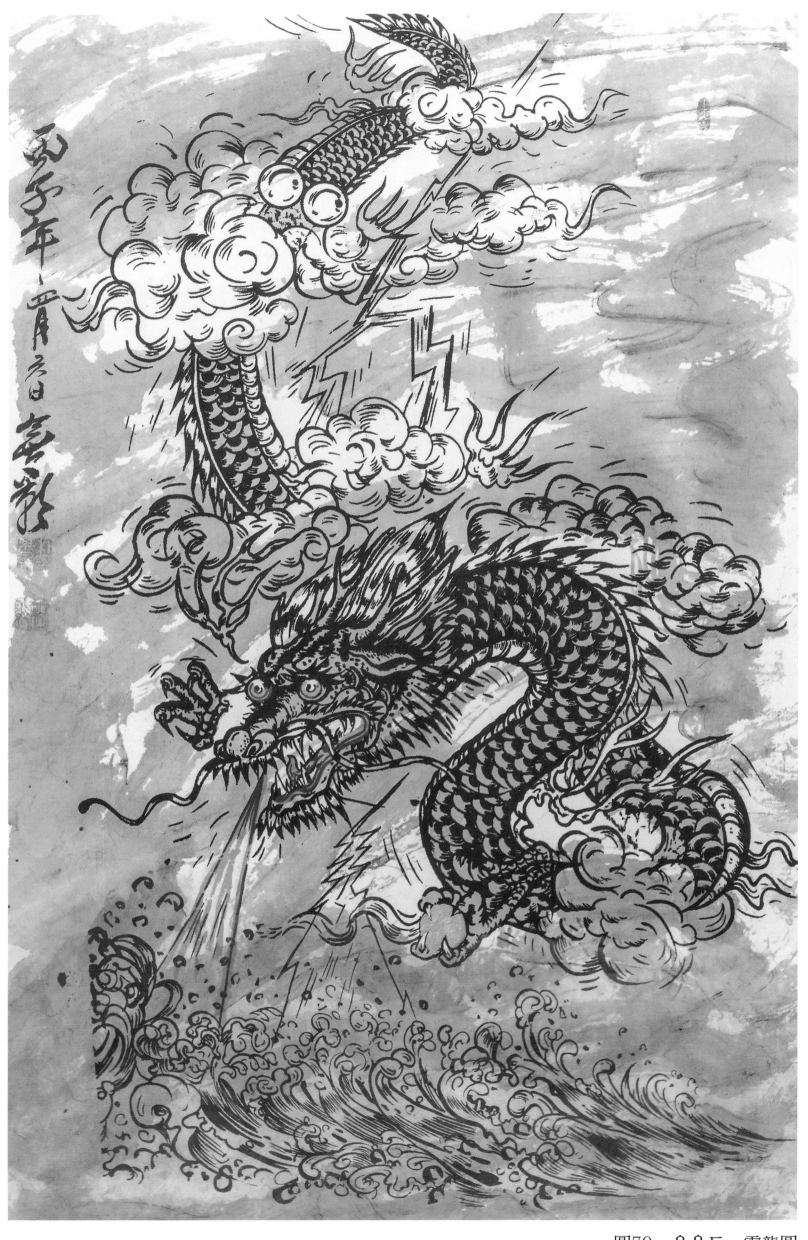

圖79 · 운용도 · 雲龍圖
46×73 · 지본

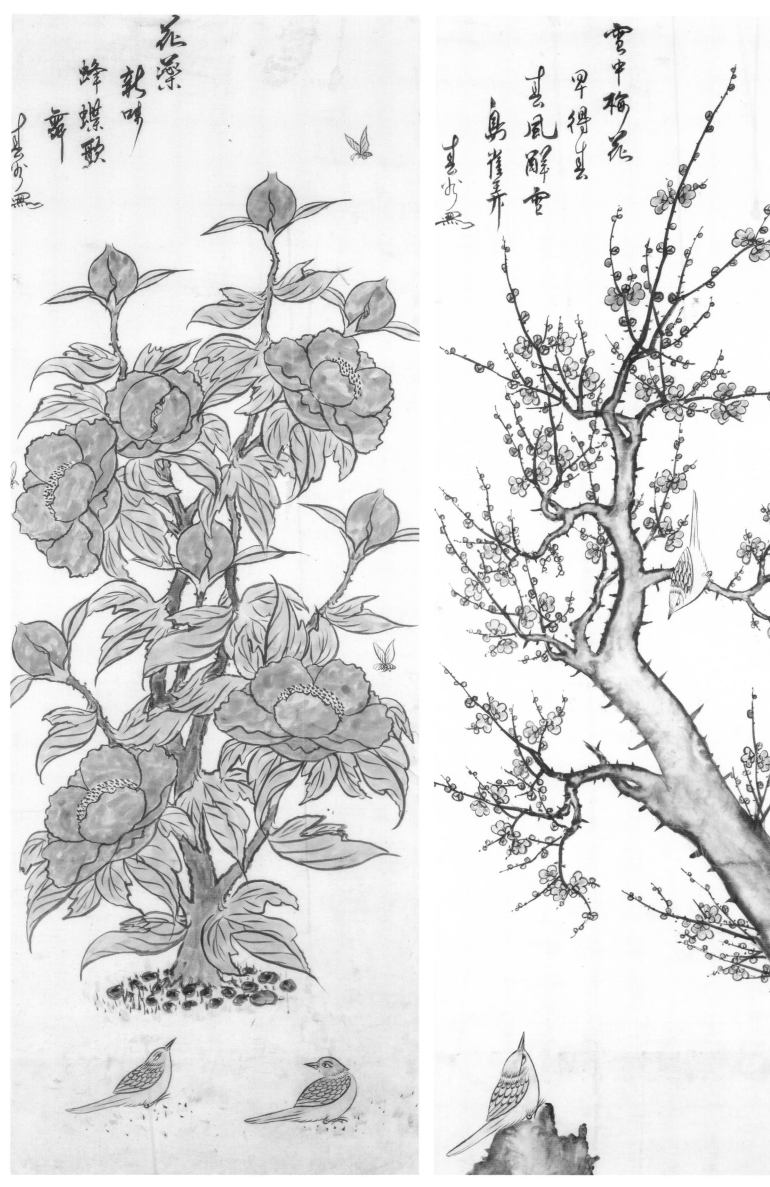

圖80 · 화조도 · 花鳥圖
35.5×105 · 지본

圖81 · 매화 · 梅花圖
35.5×105 · 지본

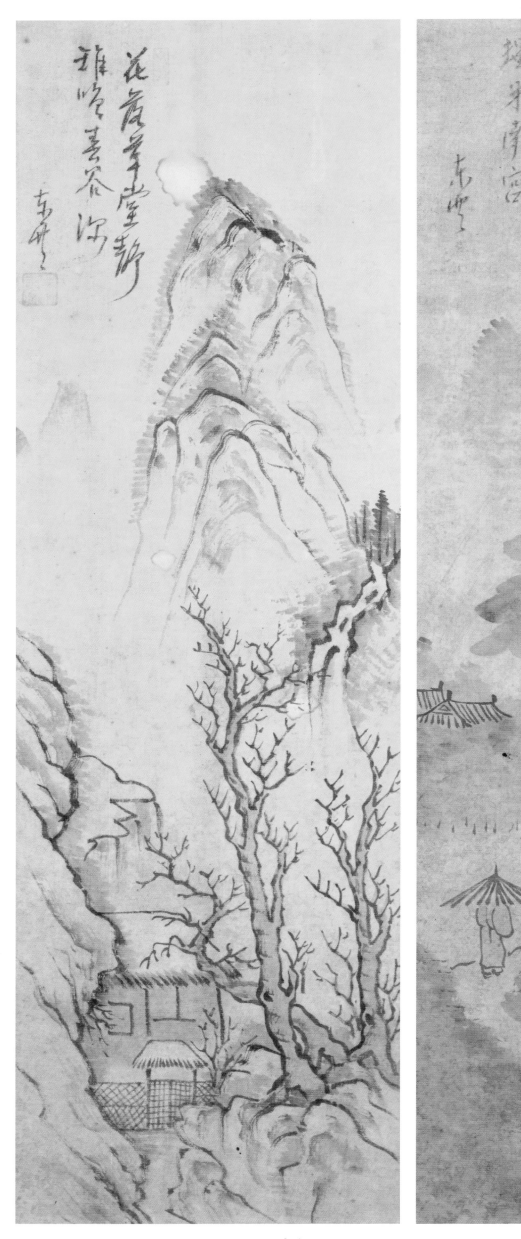

圖82 · 산수도 · 山水圖
30×102 · 비단

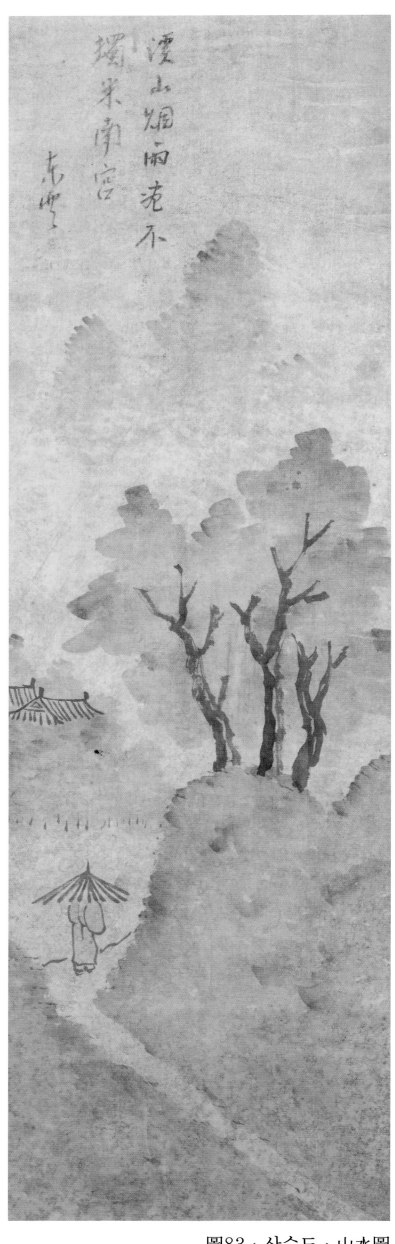

圖83 · 산수도 · 山水圖
30×102 · 비단

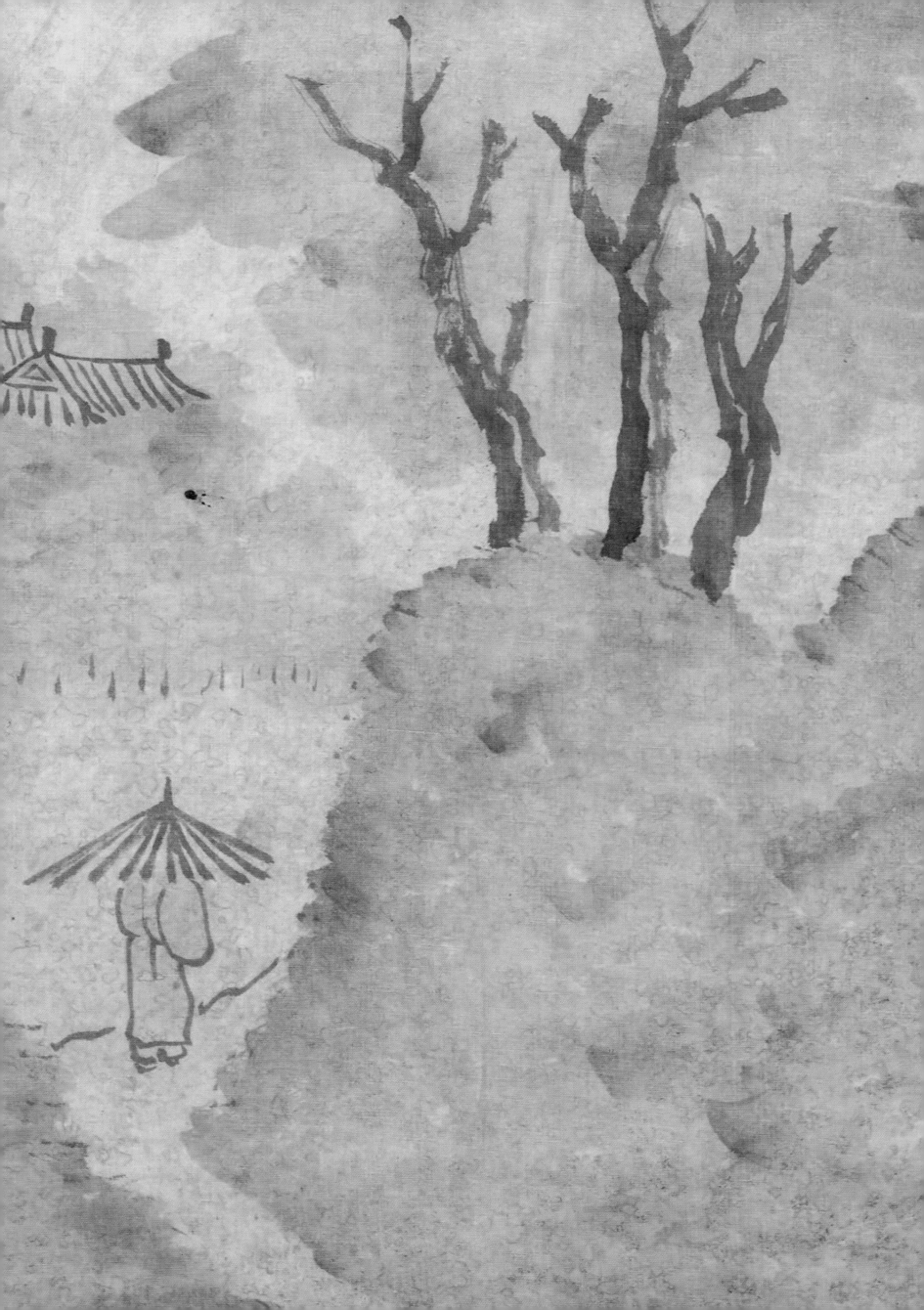

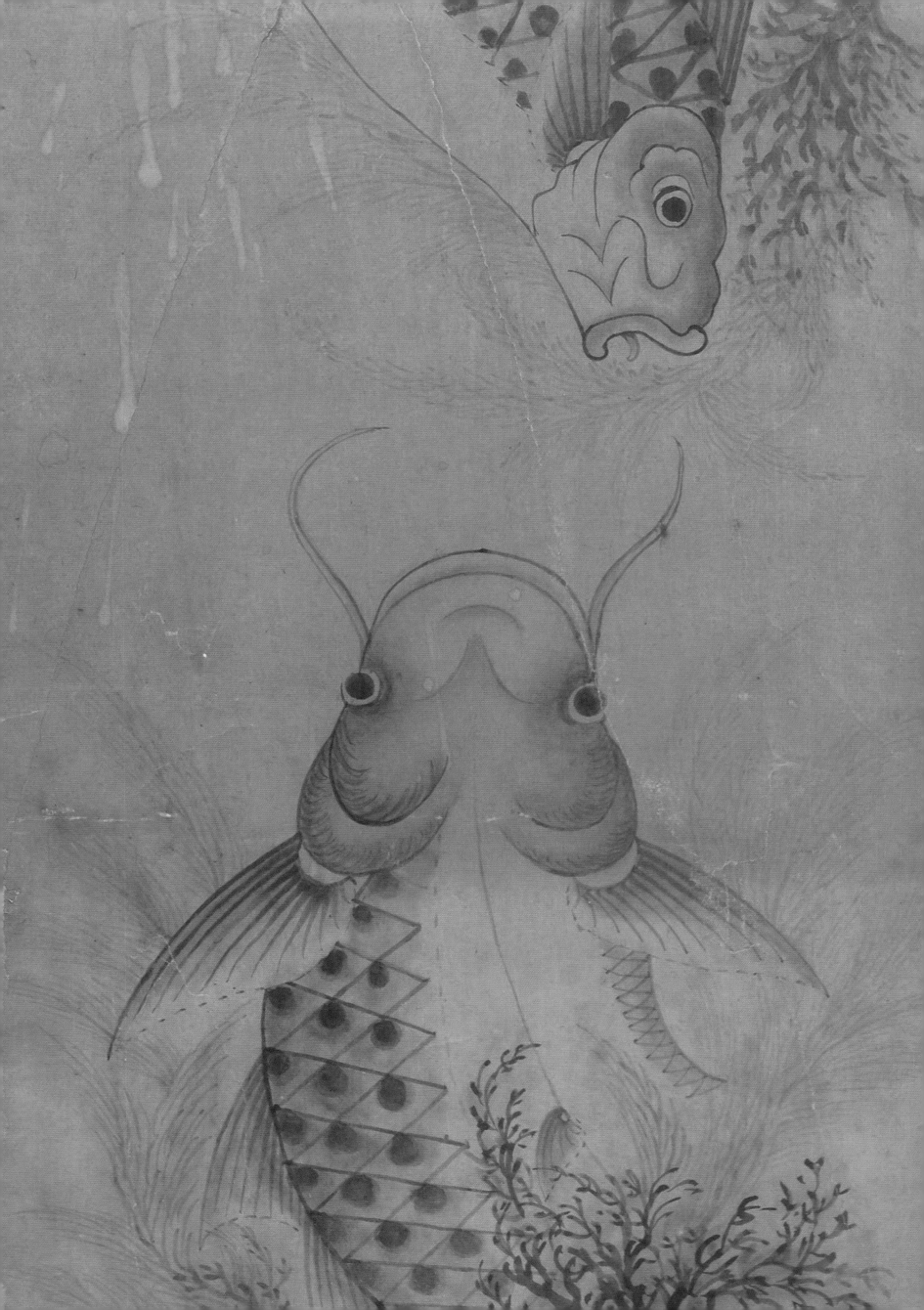

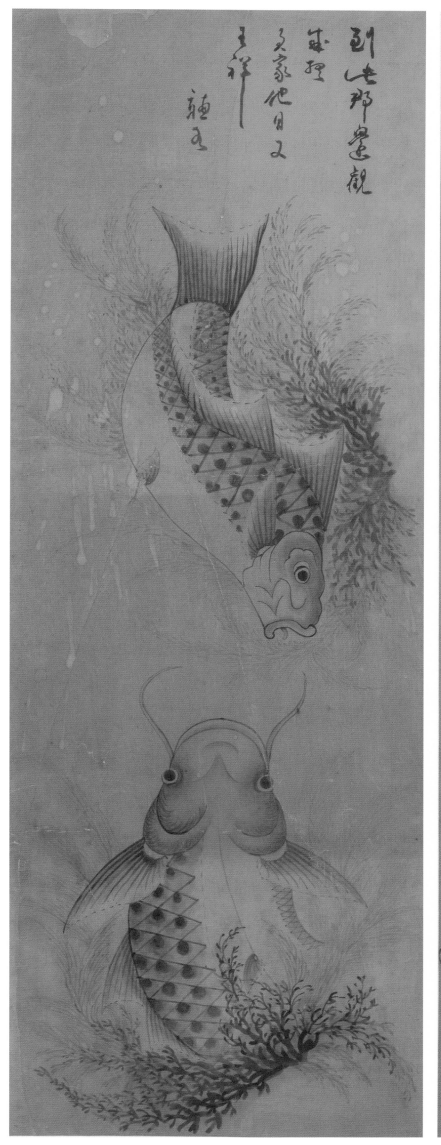

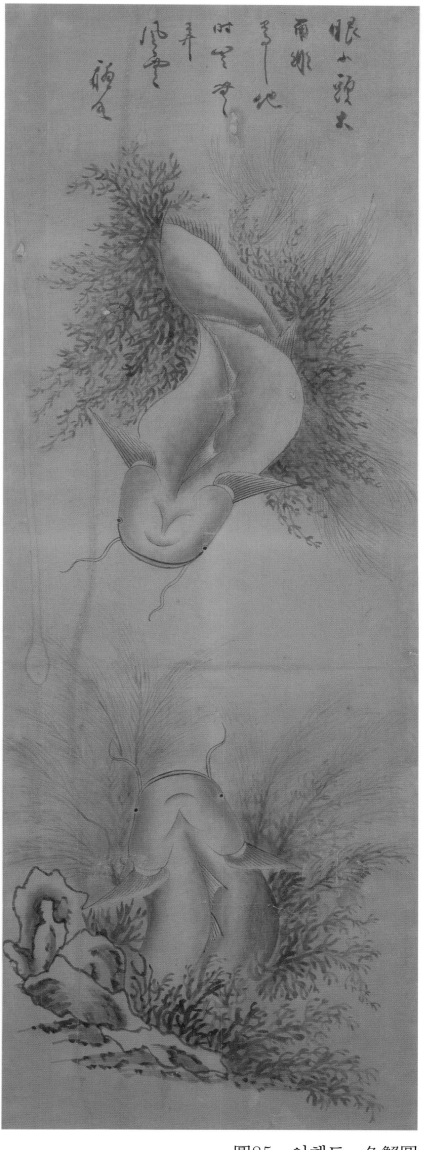

圖84 · 어해도 · 魚蟹圖

35×101 · 지본

圖85 · 어해도 · 魚蟹圖

35×101 · 지본

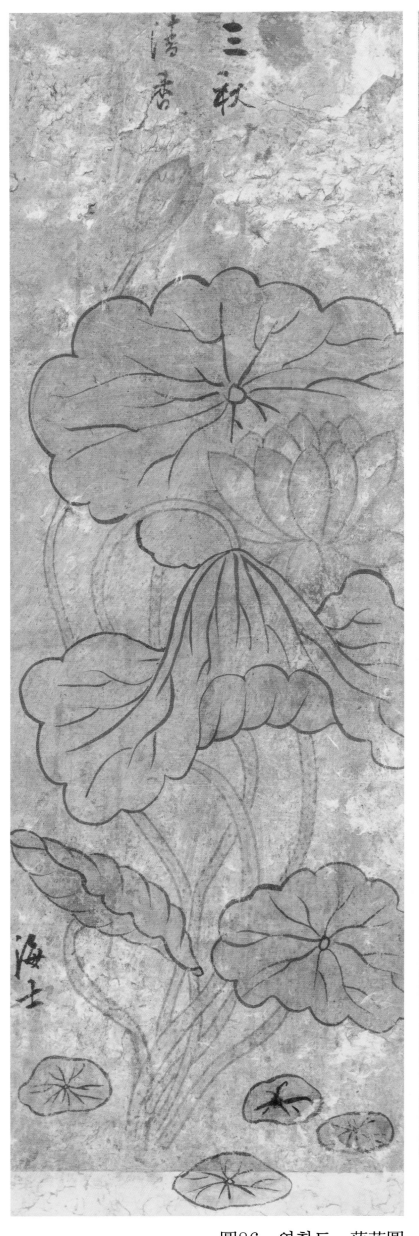

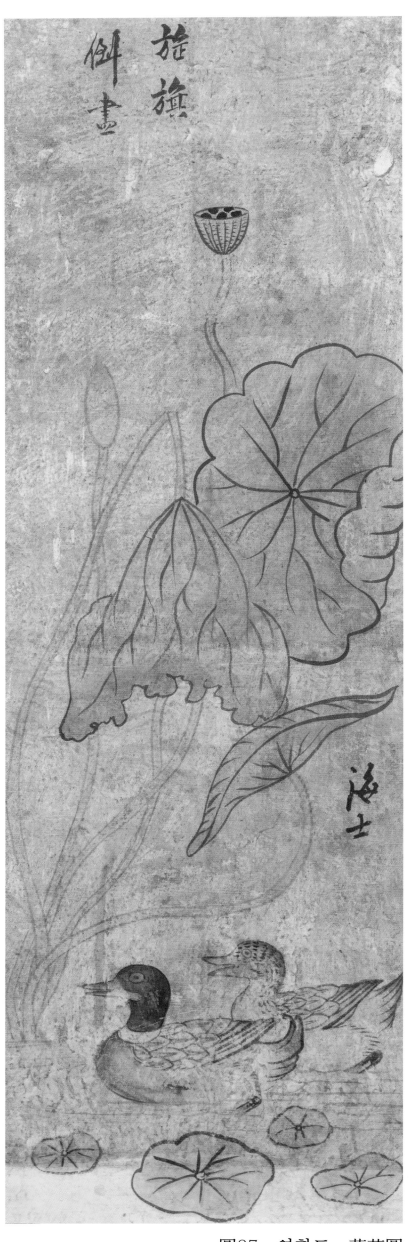

圖86 · 연화도 · 蓮花圖
28×89 · 지본

圖87 · 연화도 · 蓮花圖
28×89 · 지본

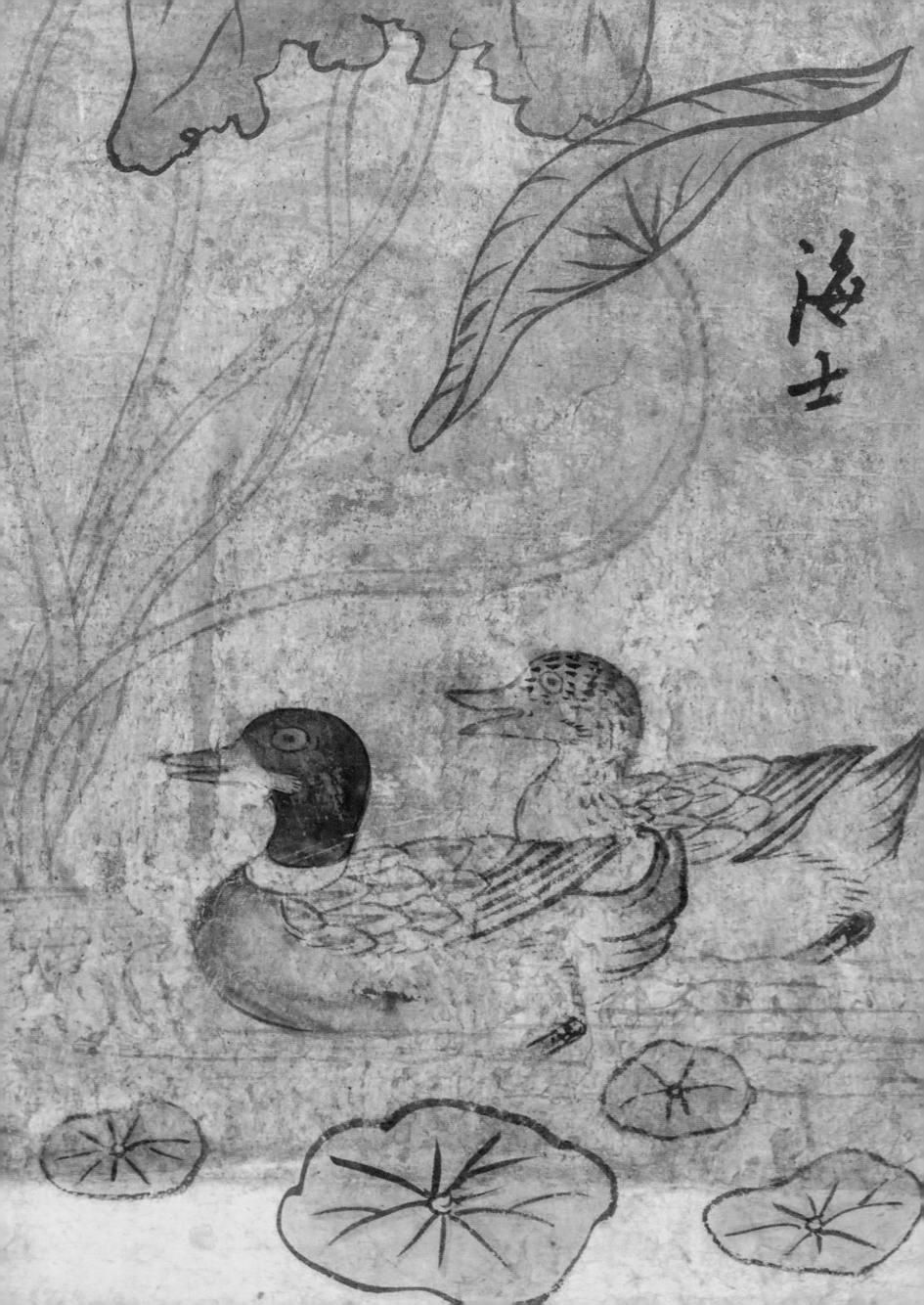

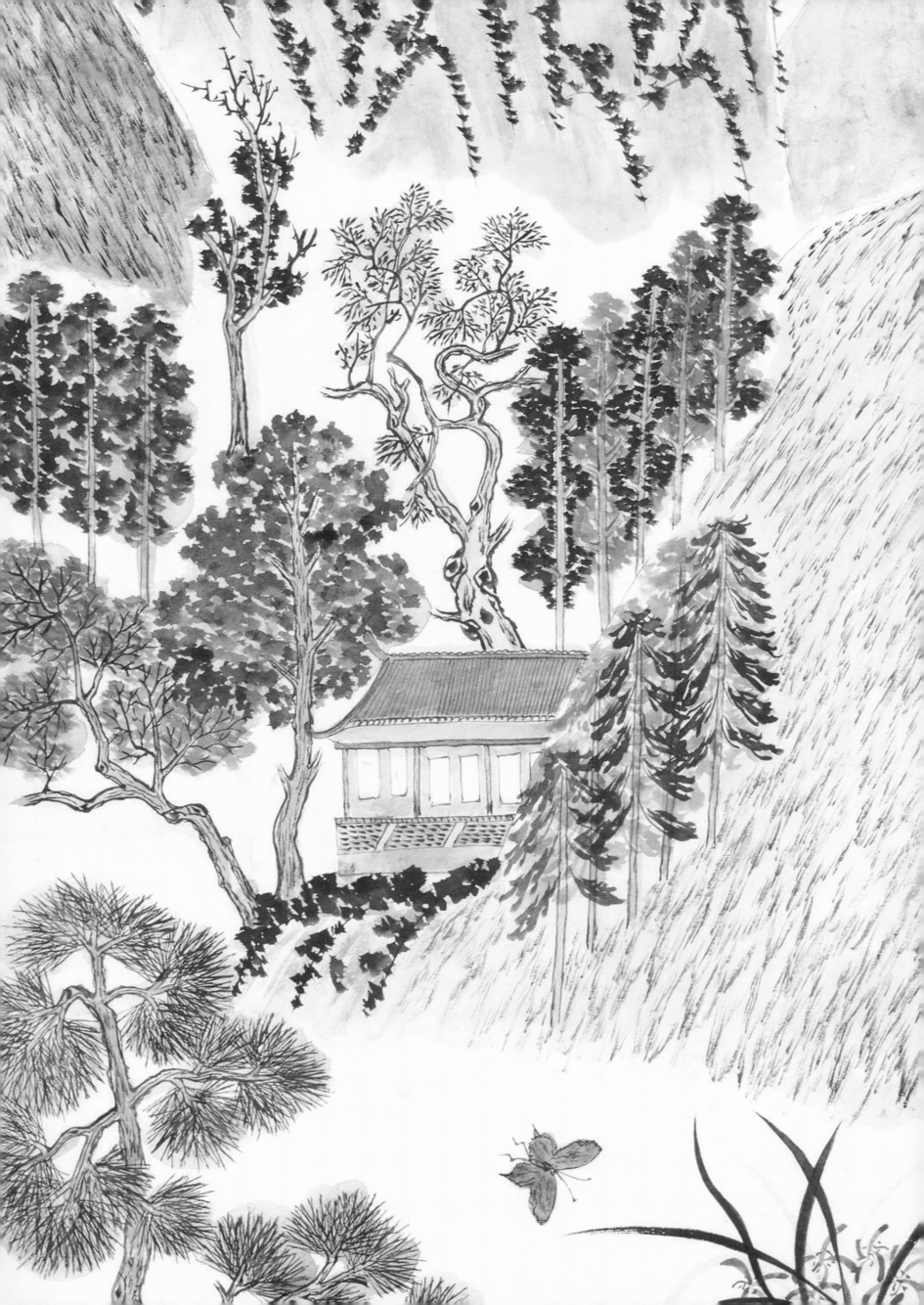

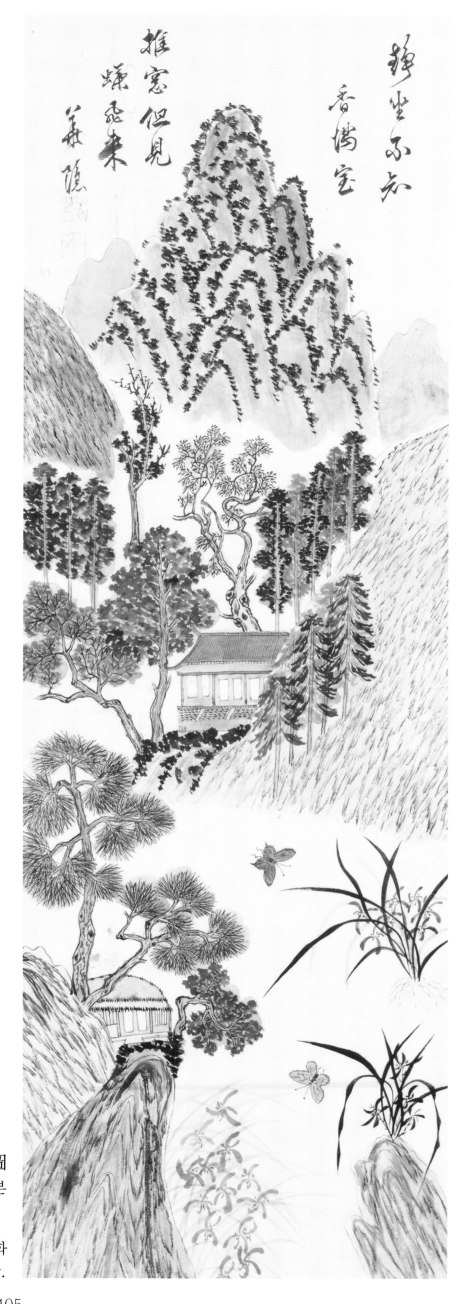

圖88 · 산수도 · 山水圖
28×89 · 지본

연한 담채로 산수의 경치를 그린 실경 산수화
는 선비의 풍류를 느끼게 한다.

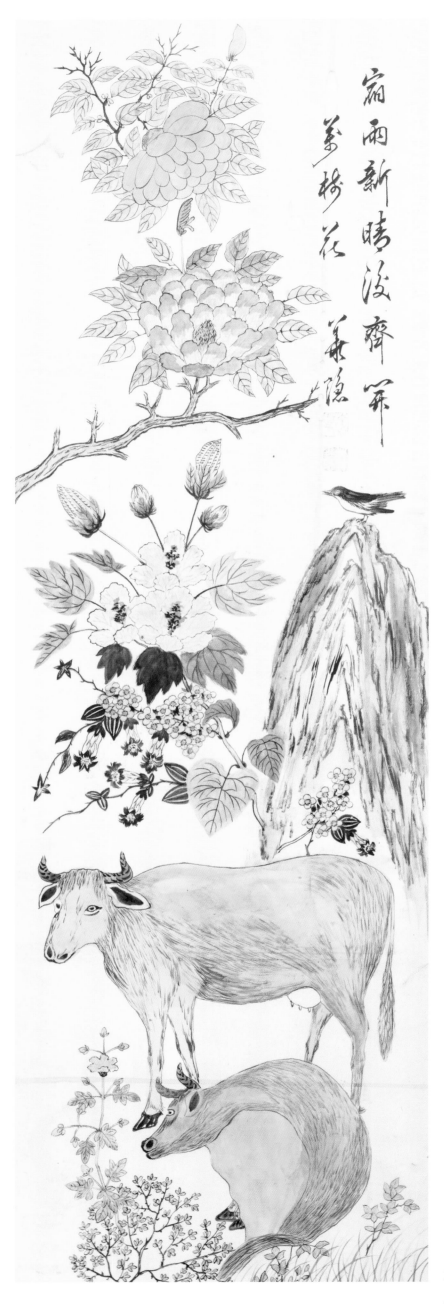

圖89 · 소그림 · 牛圖
28×89 · 지본

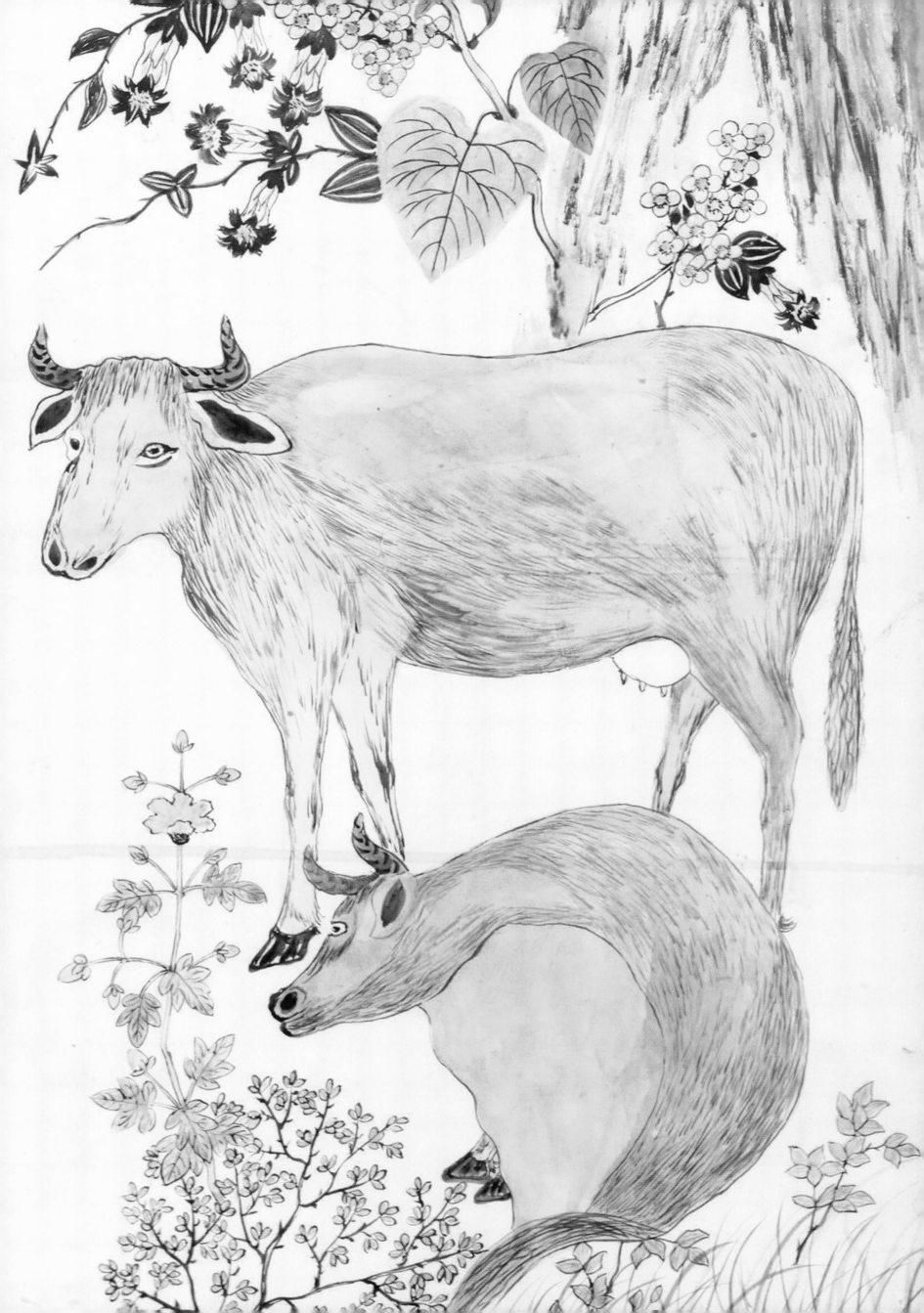

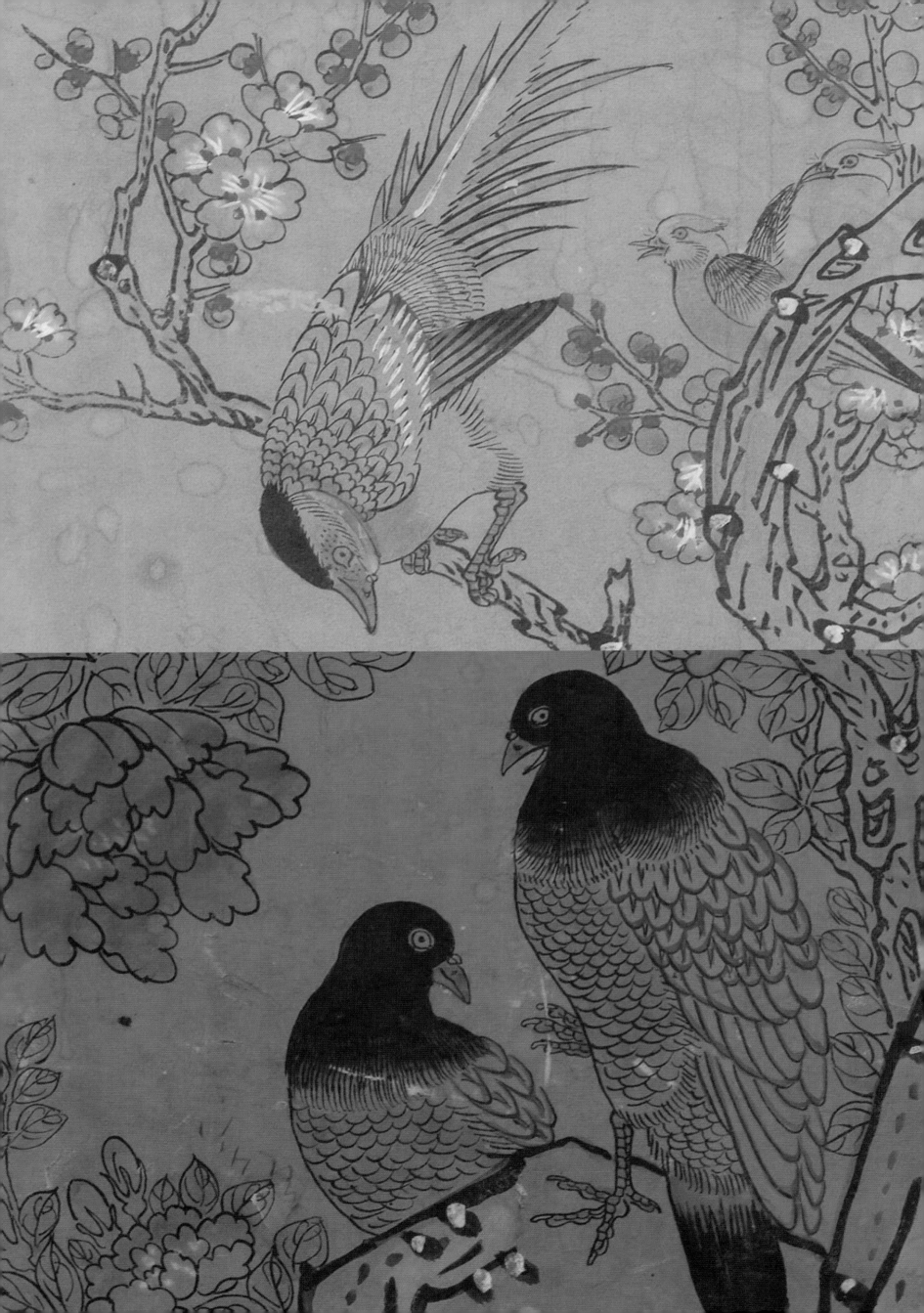

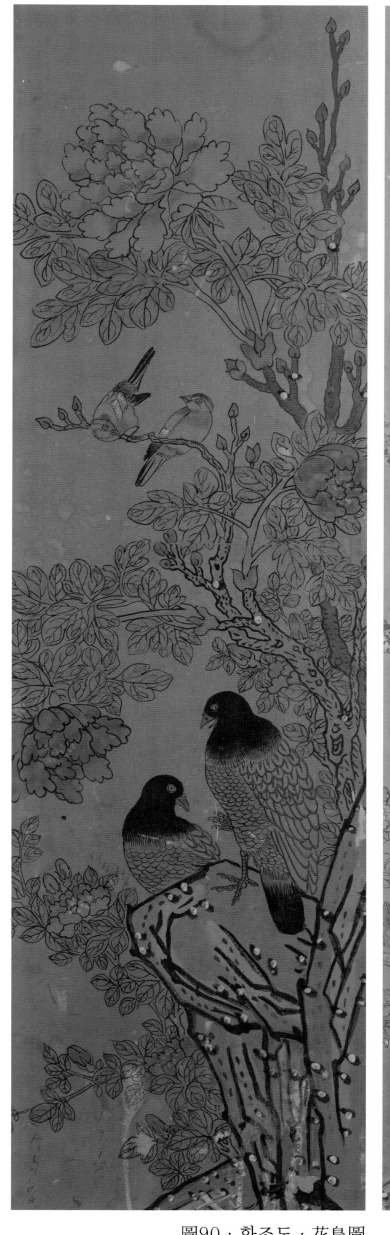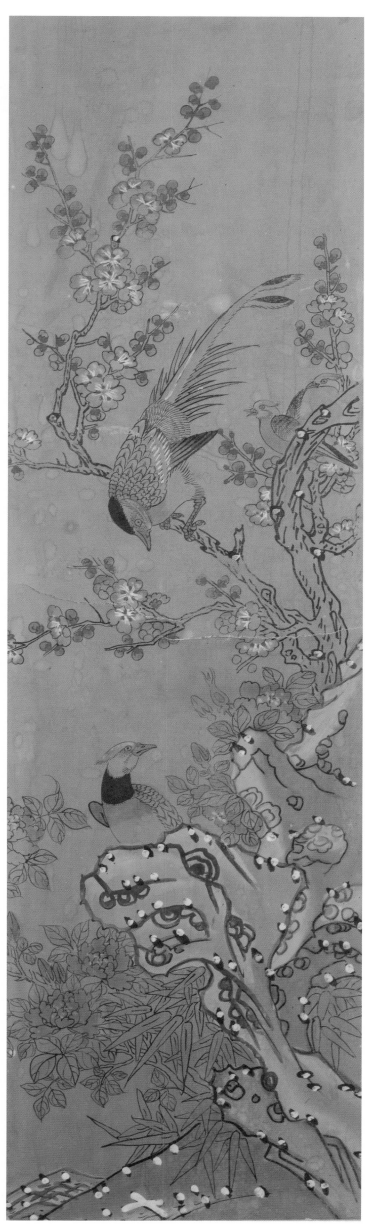

圖90 · 화조도 · 花鳥圖

28×104 · 지본

圖91 · 화조도 · 花鳥圖

28×104 · 지본

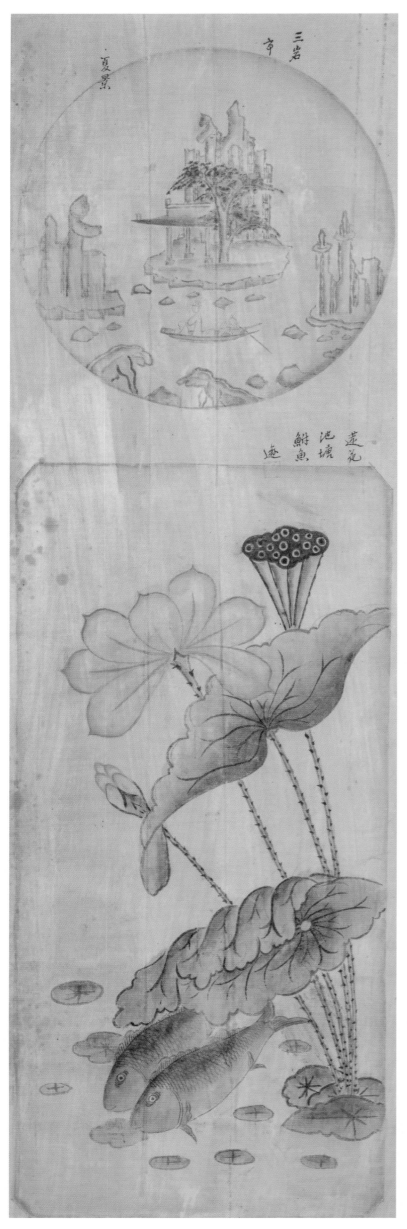

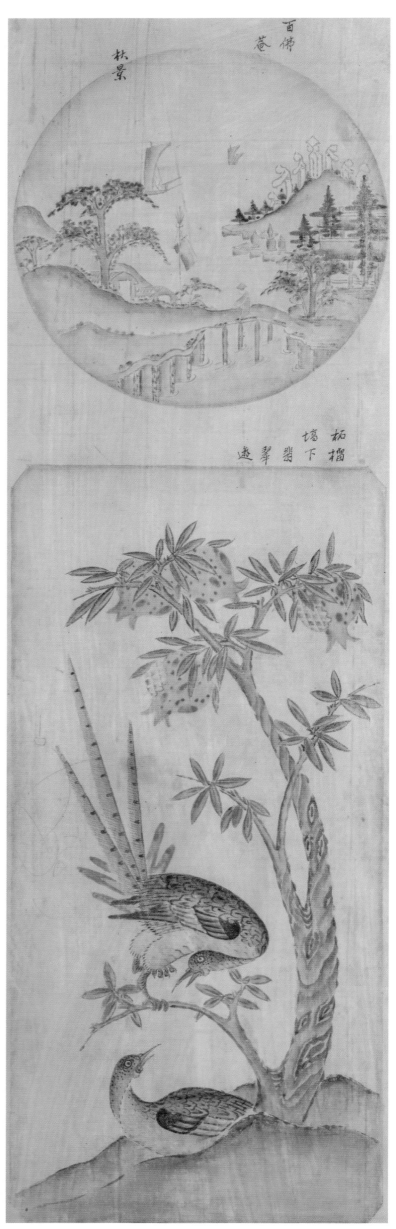

圖92 · 연화도 · 蓮花圖
35×103 · 비단

圖93 · 화조도 · 花鳥圖
35×103 · 비단

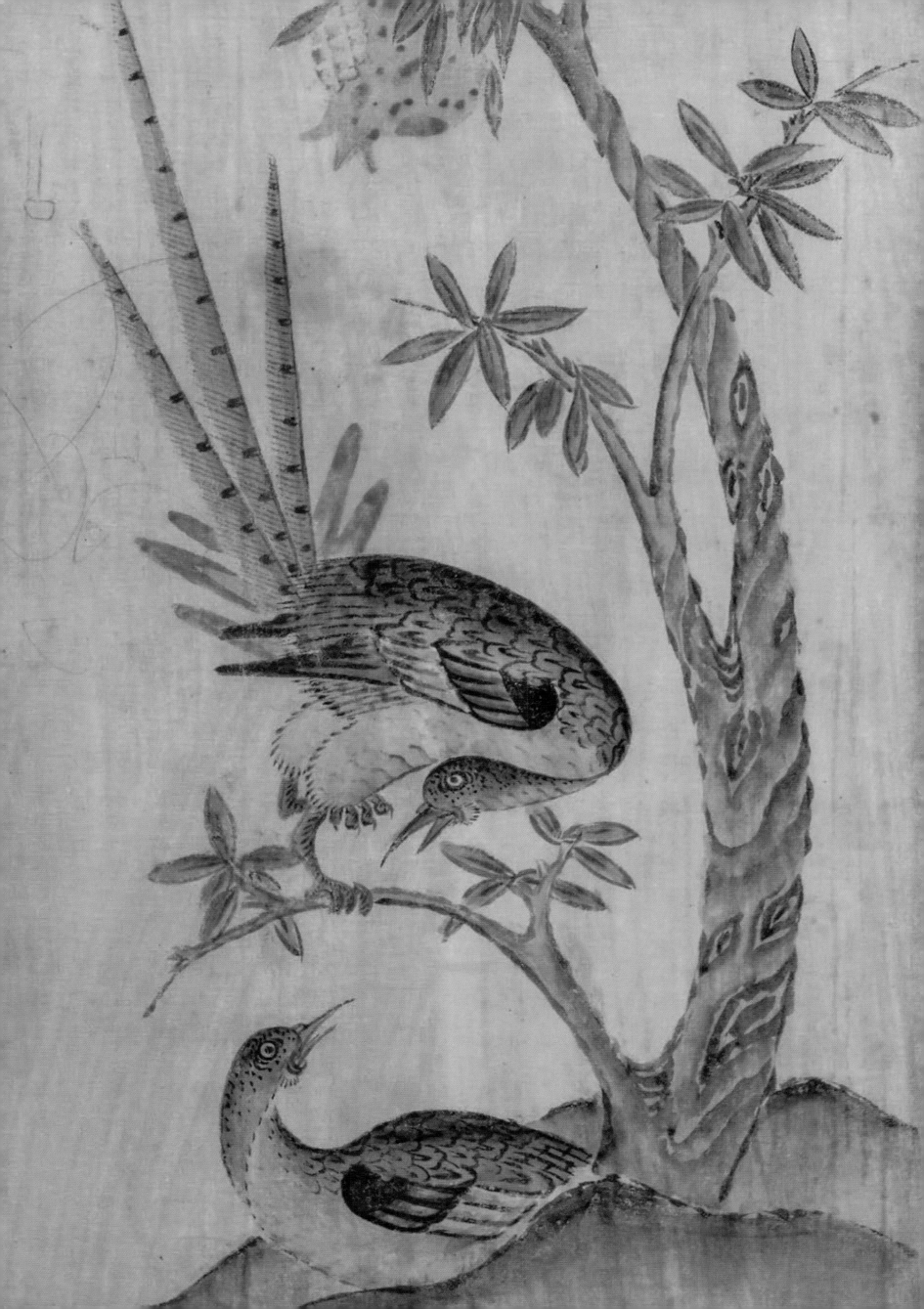

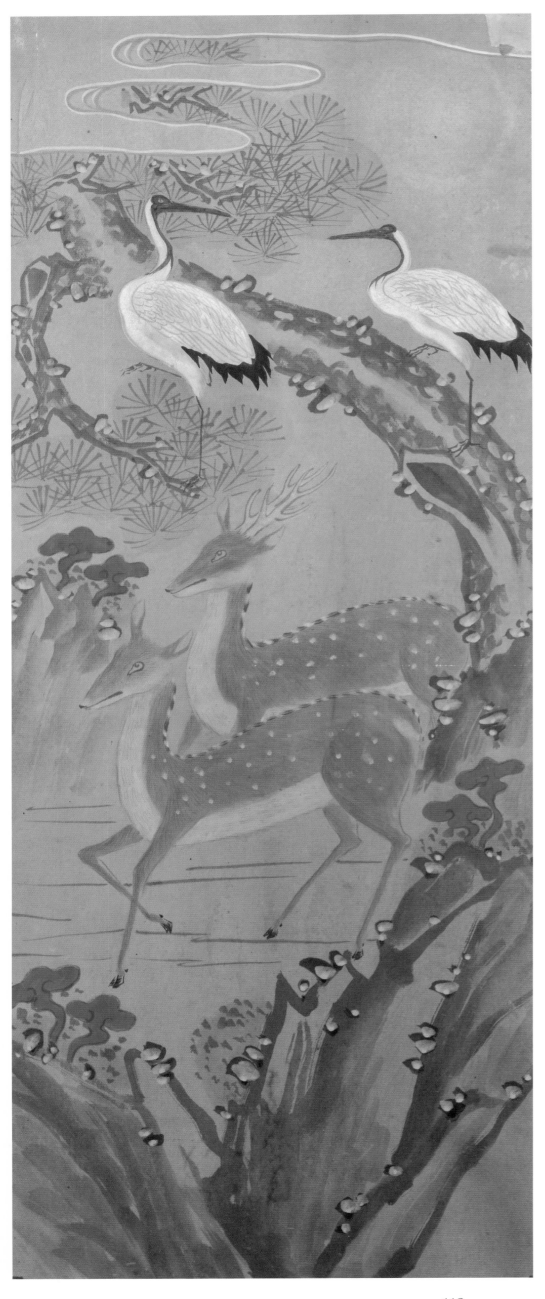

圖94 · 십장생도 · 十長生圖
37.5×102 · 지본

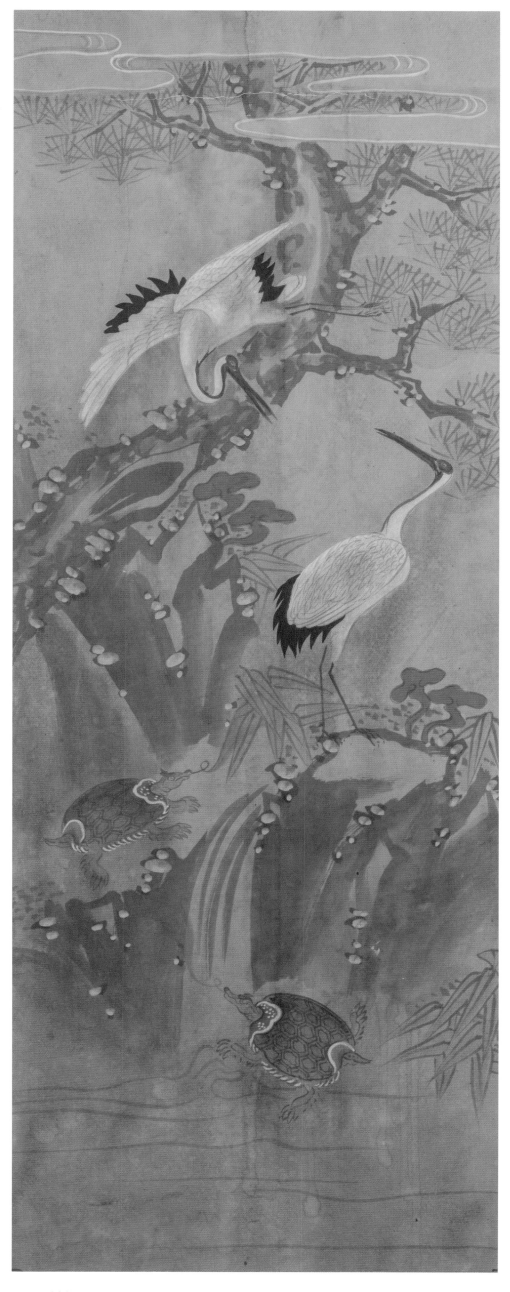

圖95 · 십장생도 · 十長生圖
37.5×102 · 지본

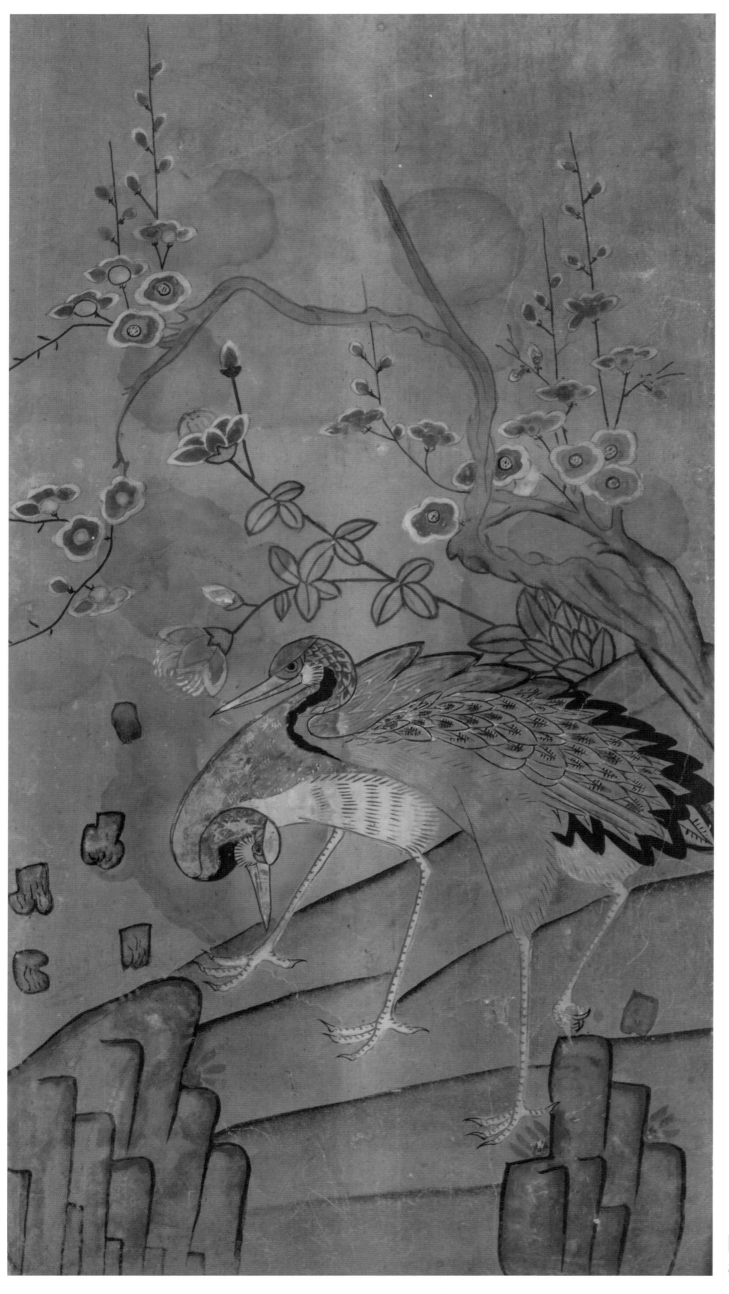

圖96 · 학그림 · 鶴圖
32×45 · 지본

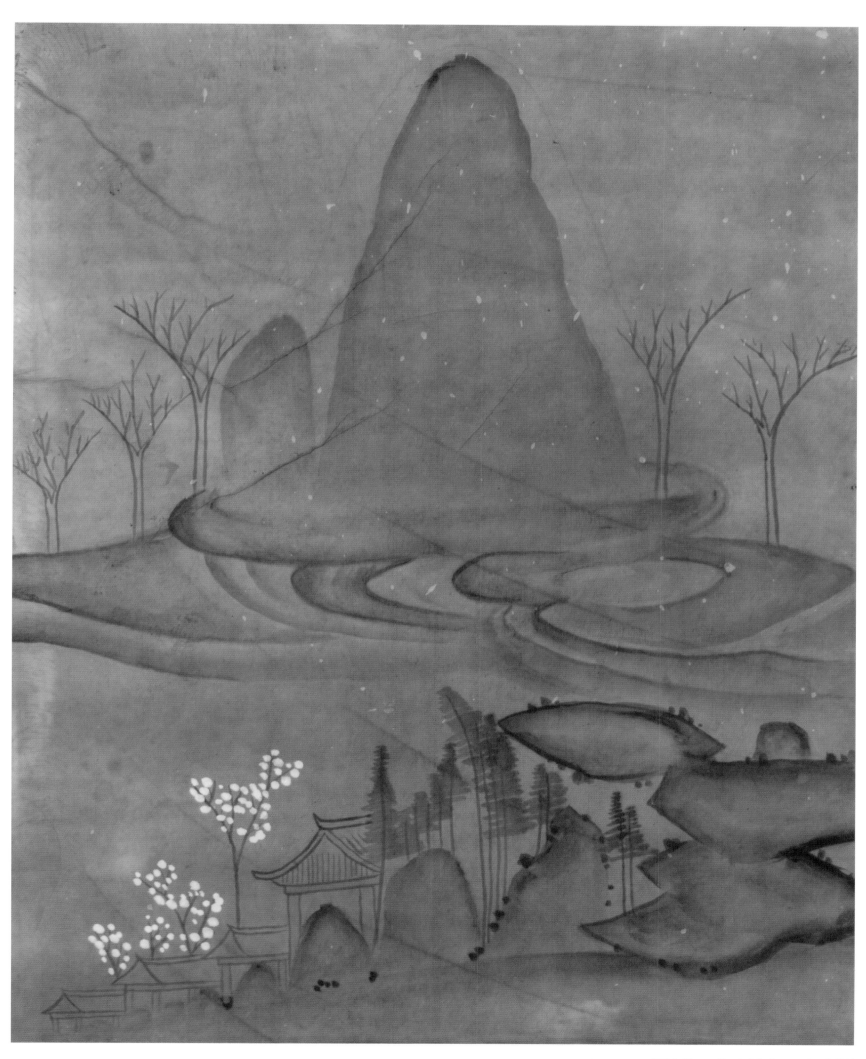

圖97 · 바보산수 · 山水圖

00×00 · 지본

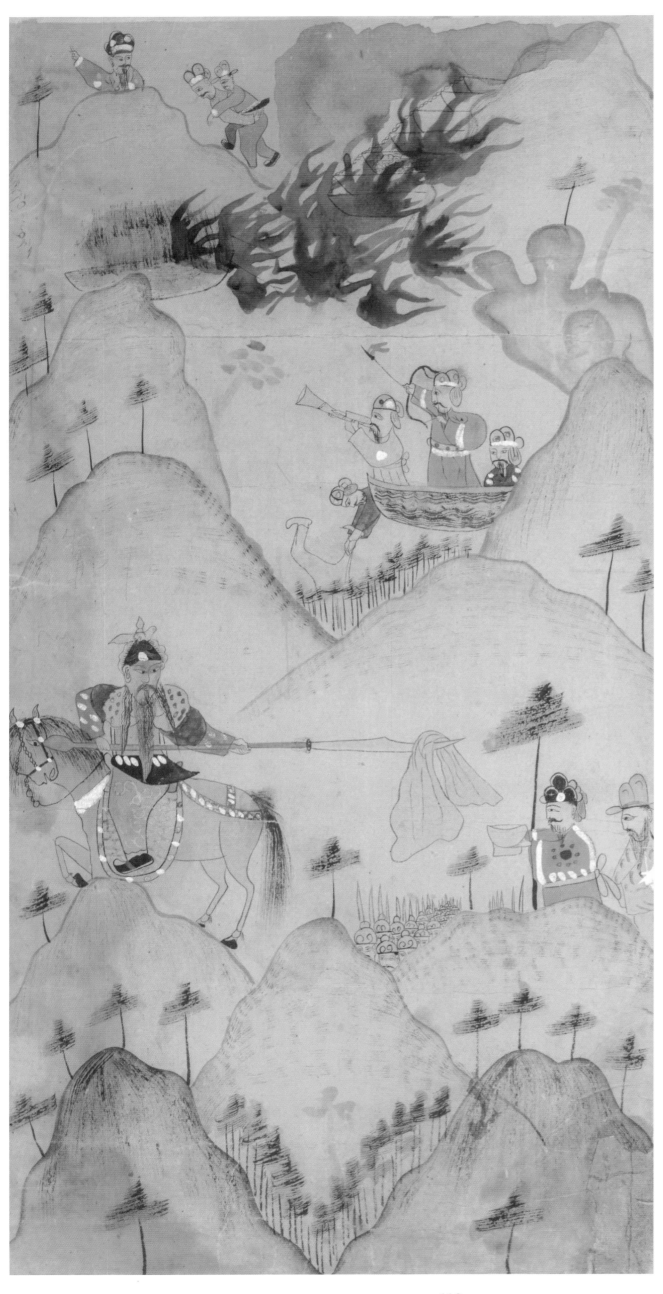

圖98 · 삼국도 · 三國圖
35×70 · 지본

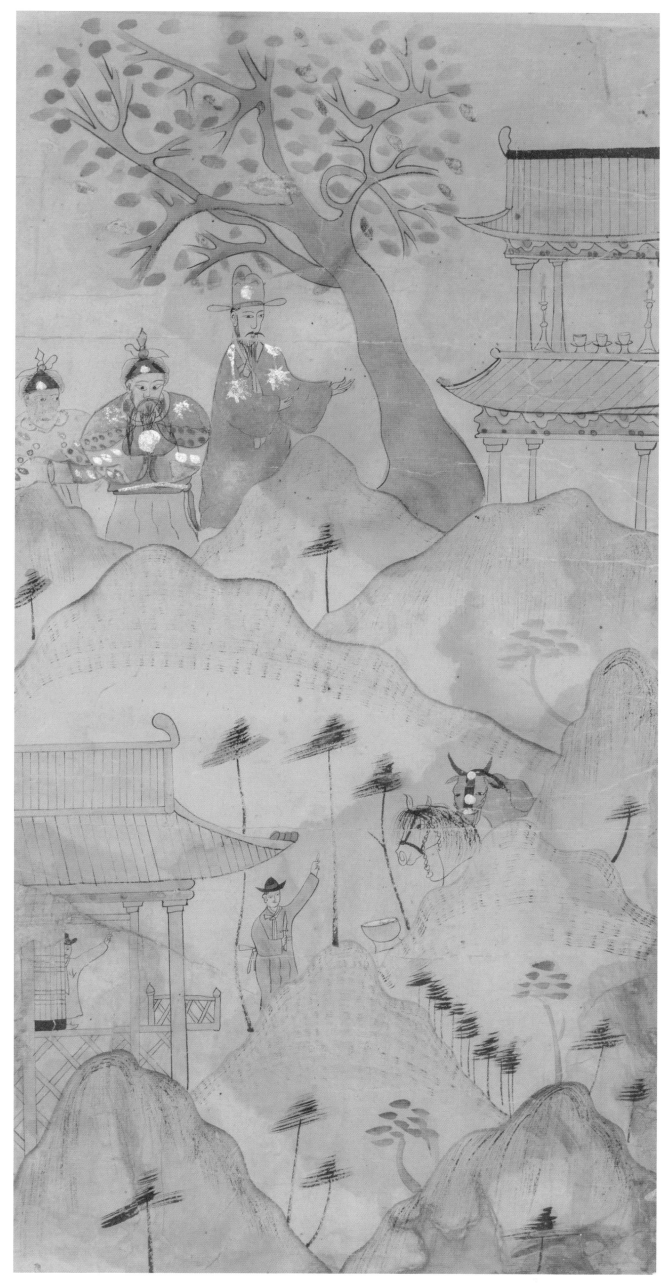

圖99 · 삼국도 · 三國圖
35×70 · 지본

117

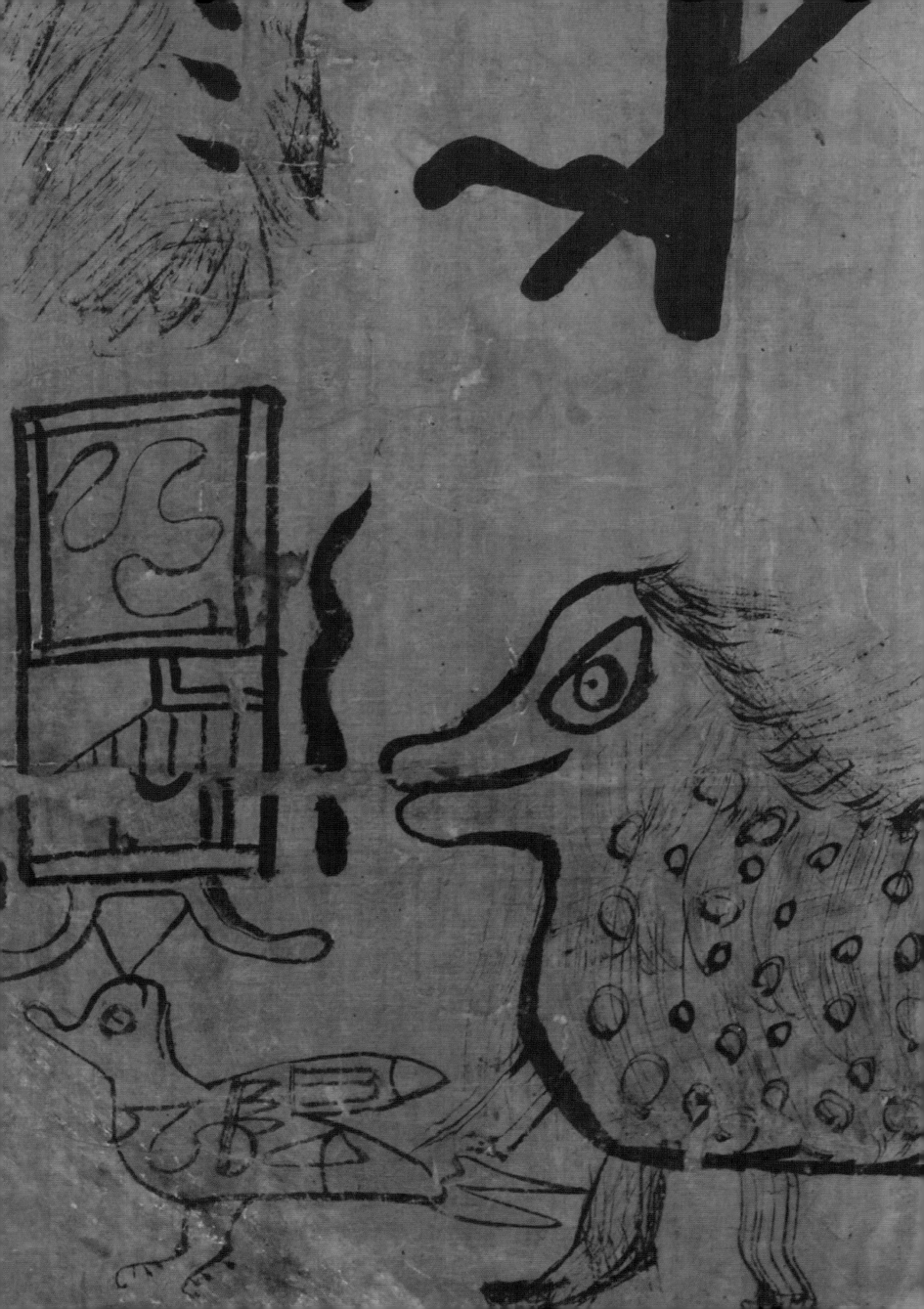

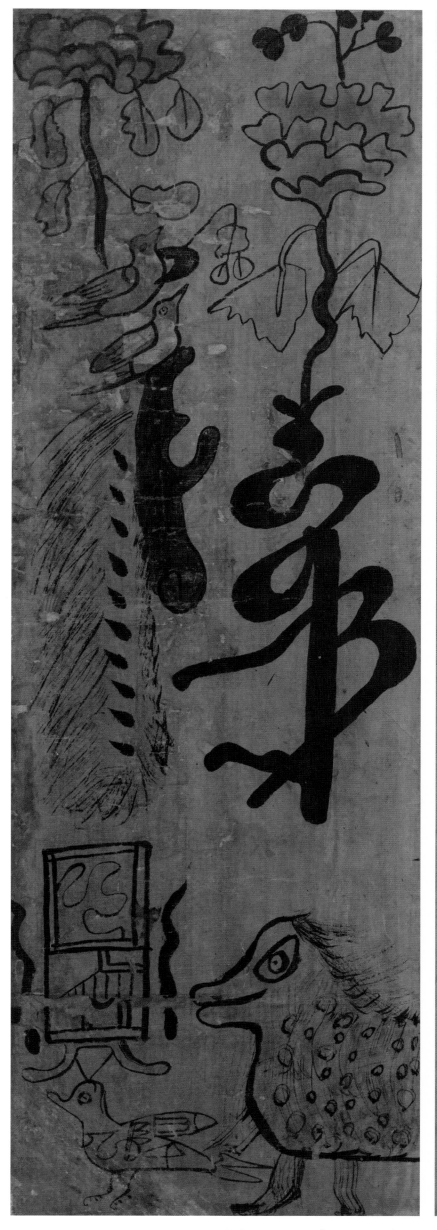

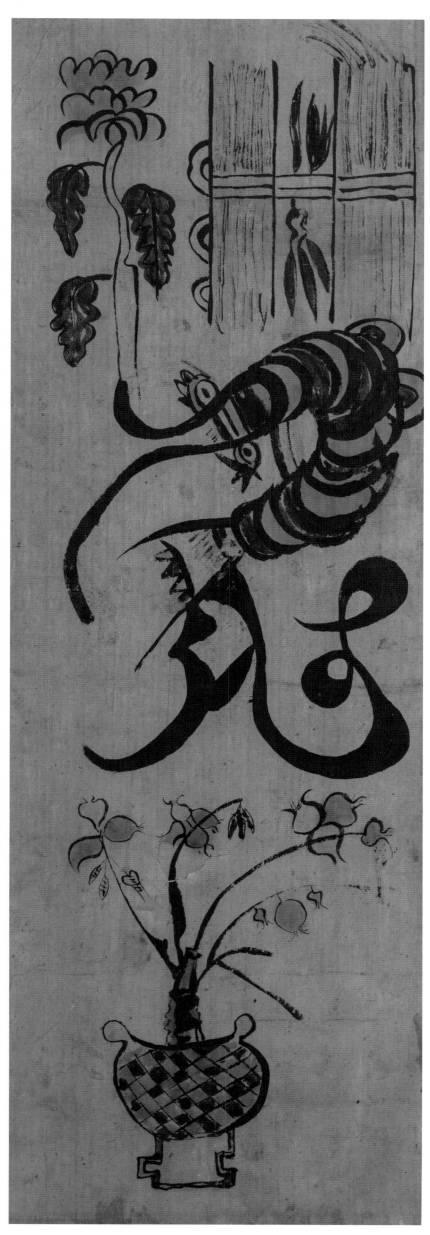

圖100·문자도·文字圖
32×97·지본

圖101·문자도·文字圖
32×97·지본

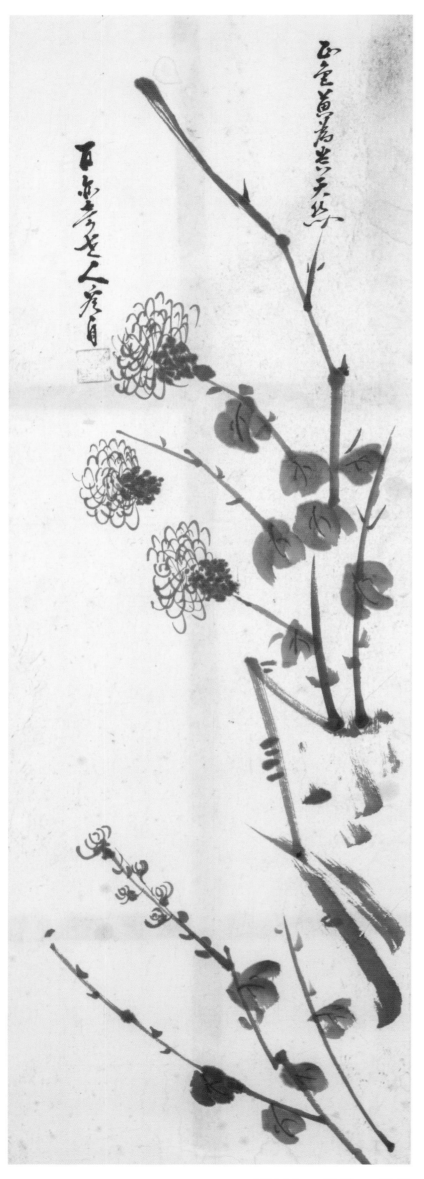

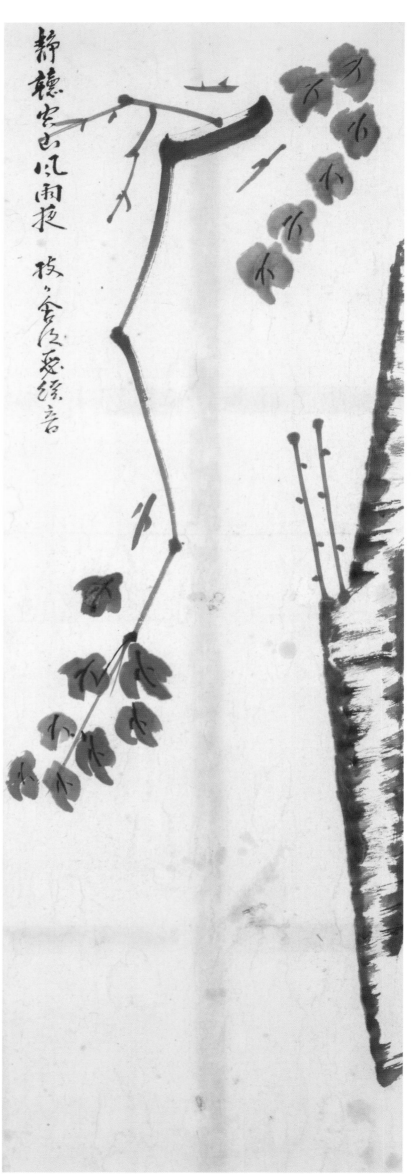

圖102 · 국화 · 菊花

00×00 · 지본

圖103 · 오동나무 · 梧桐

34×102 · 지본

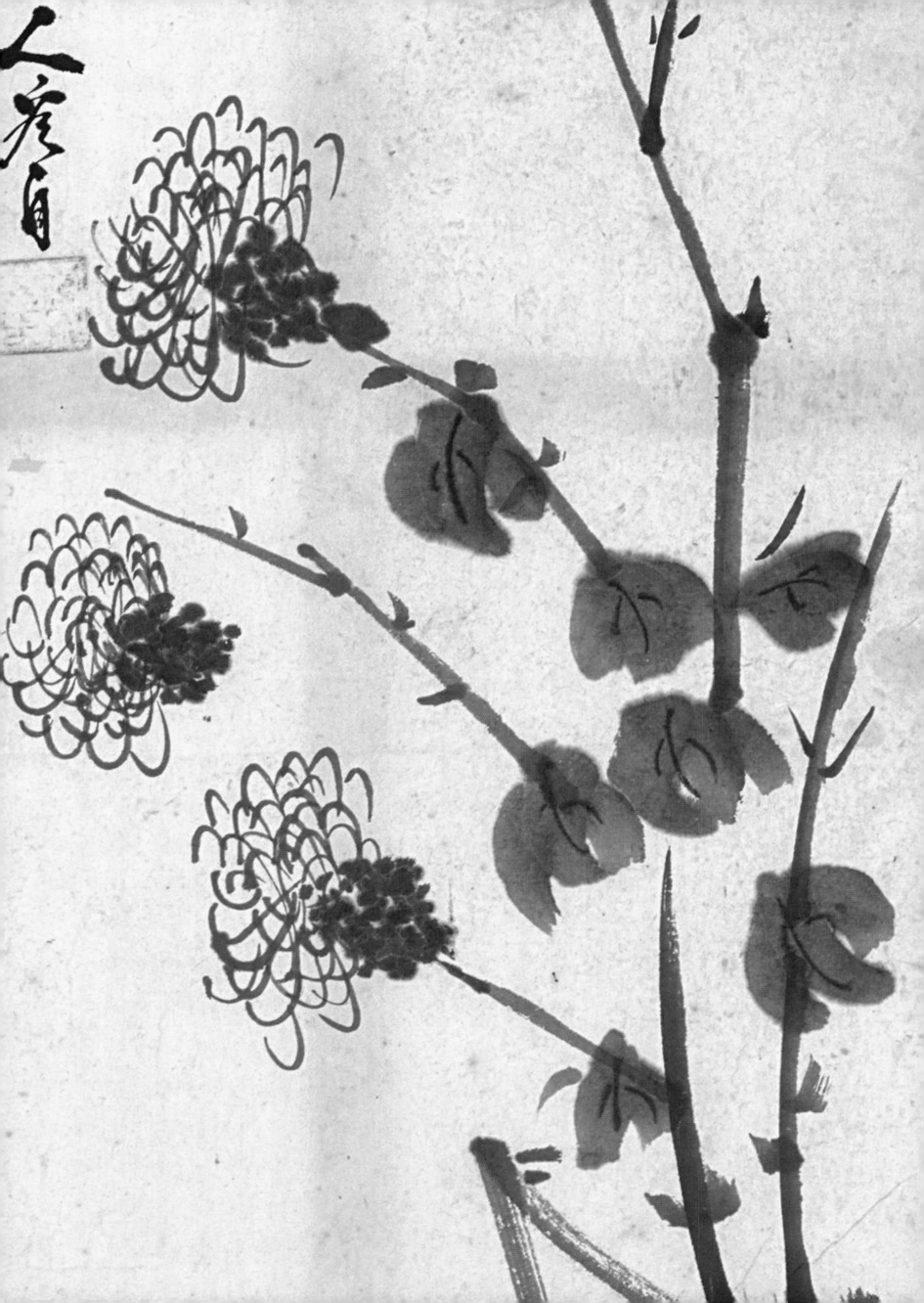

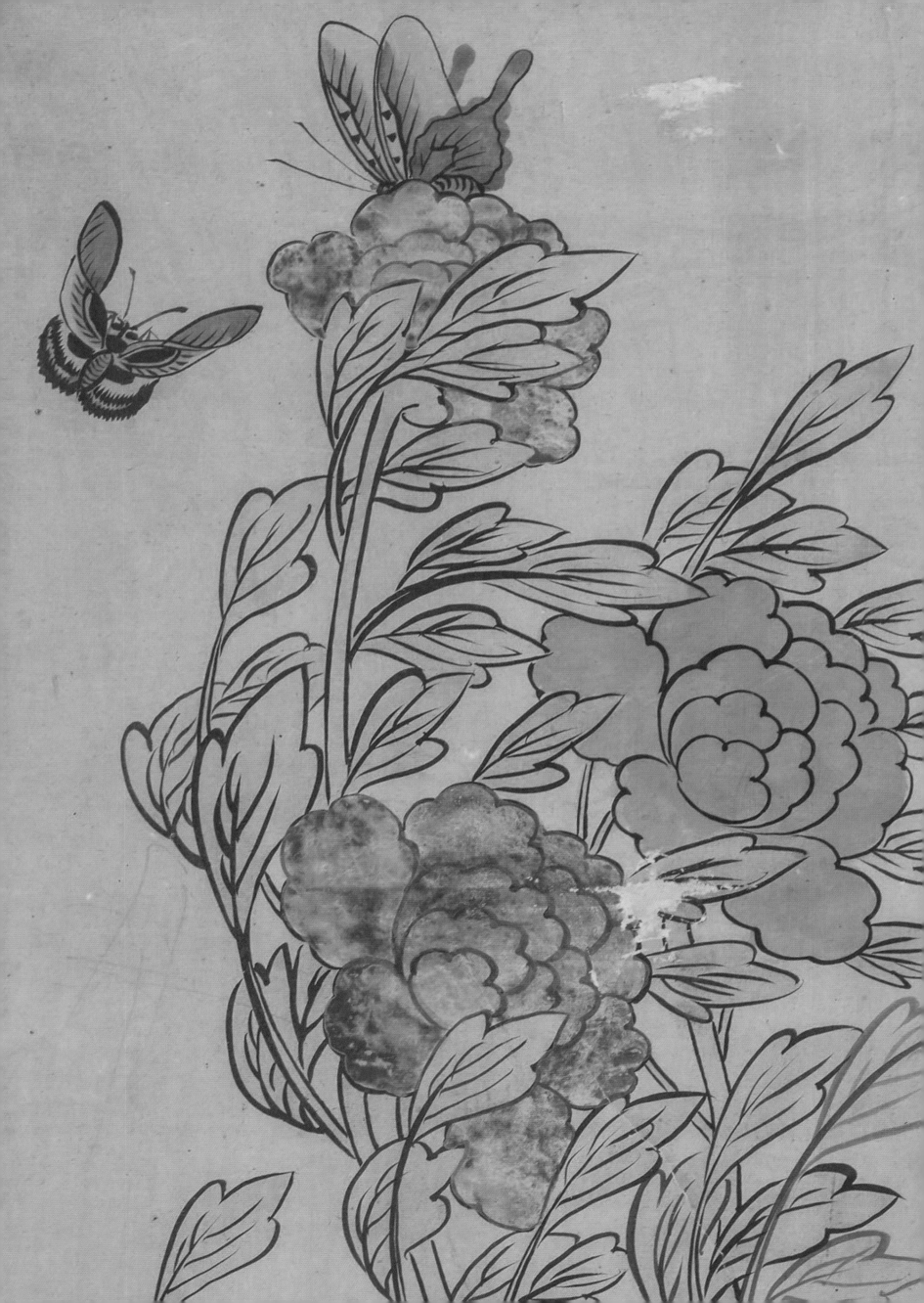

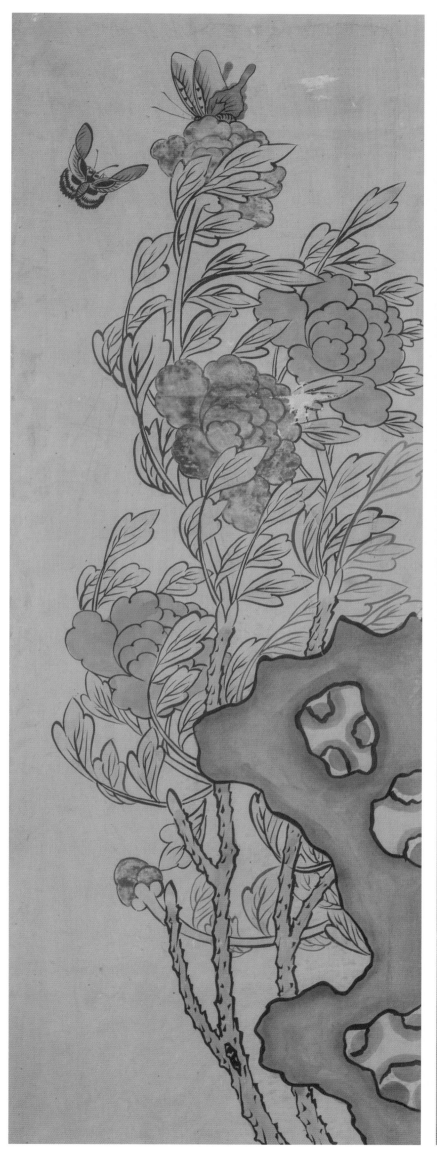

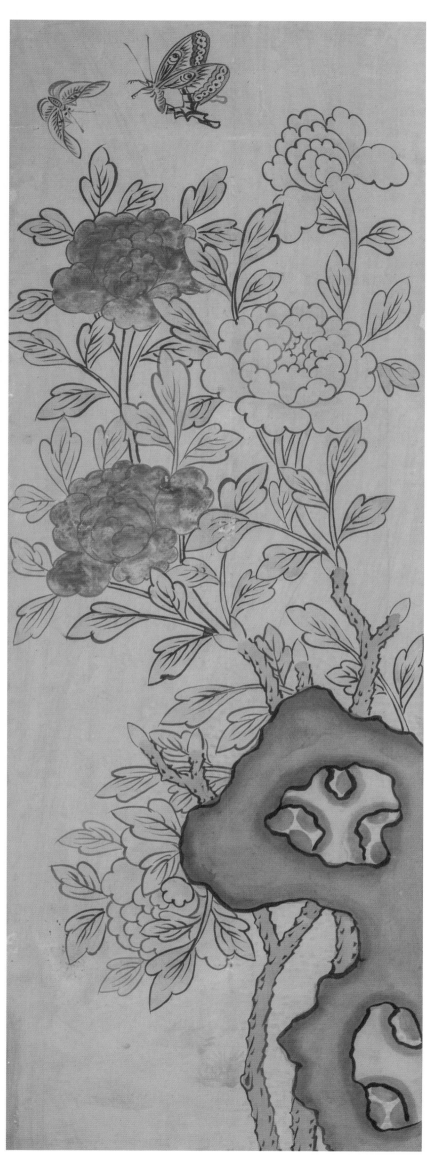

圖104 · 화조도 · 花鳥圖

35×102 · 지본

圖105 · 화조도 · 花鳥圖

35×102 · 지본

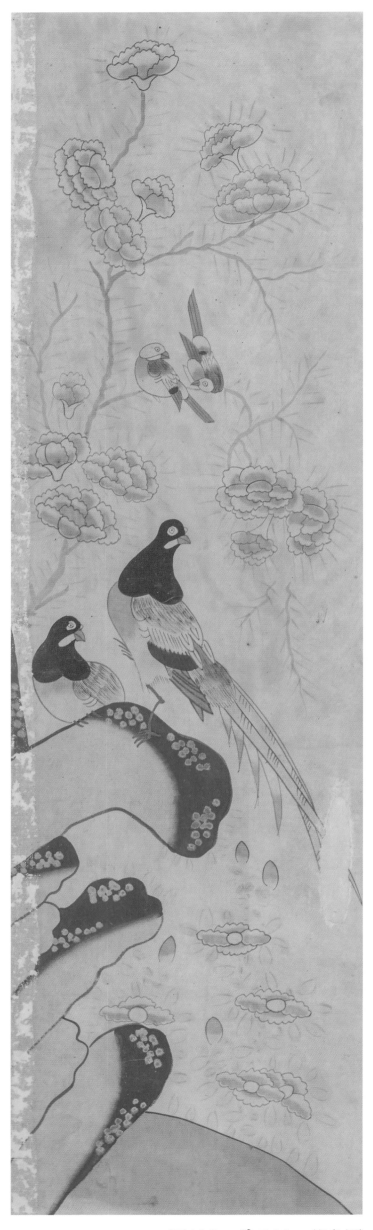

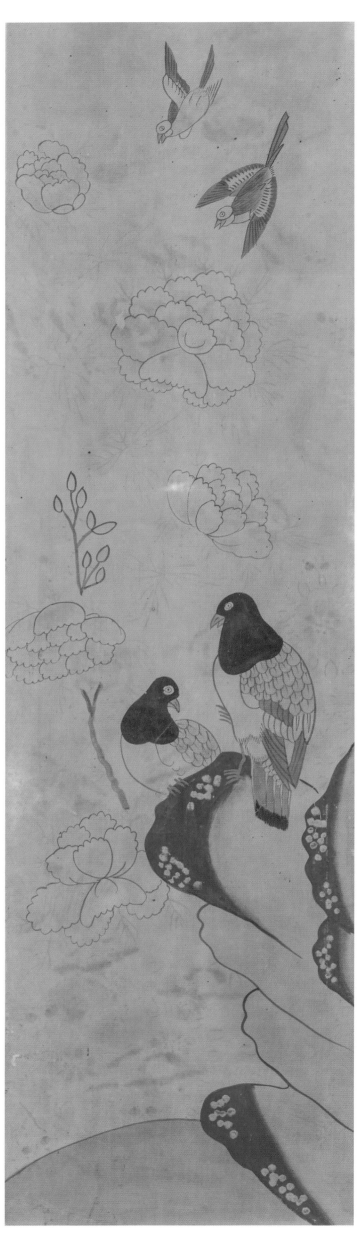

圖106 · 화조도 · 花鳥圖
28×105 · 지본

圖107 · 화조도 · 花鳥圖
28×105 · 지본

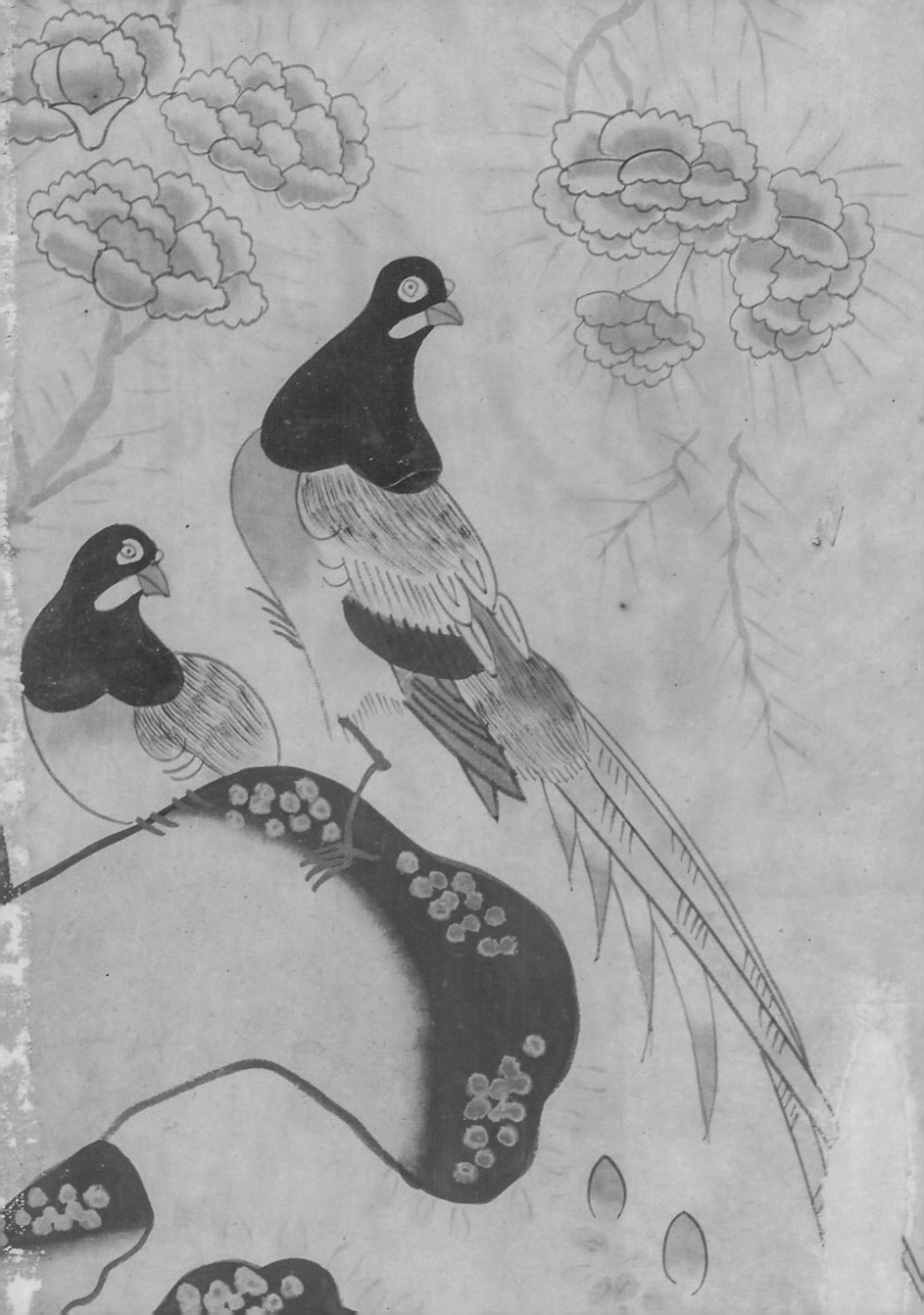

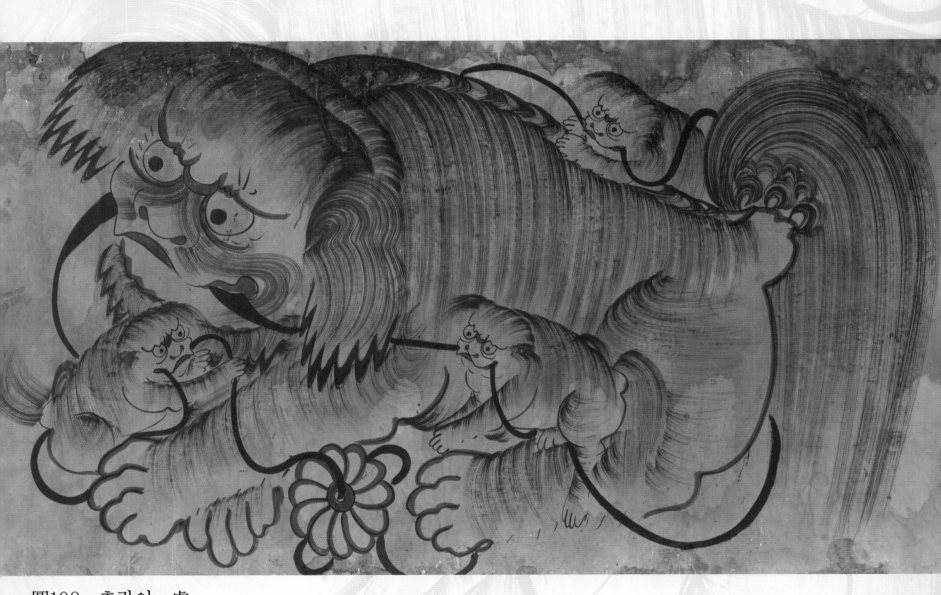

圖108 · 호랑이 · 虎
103×61 · 지본

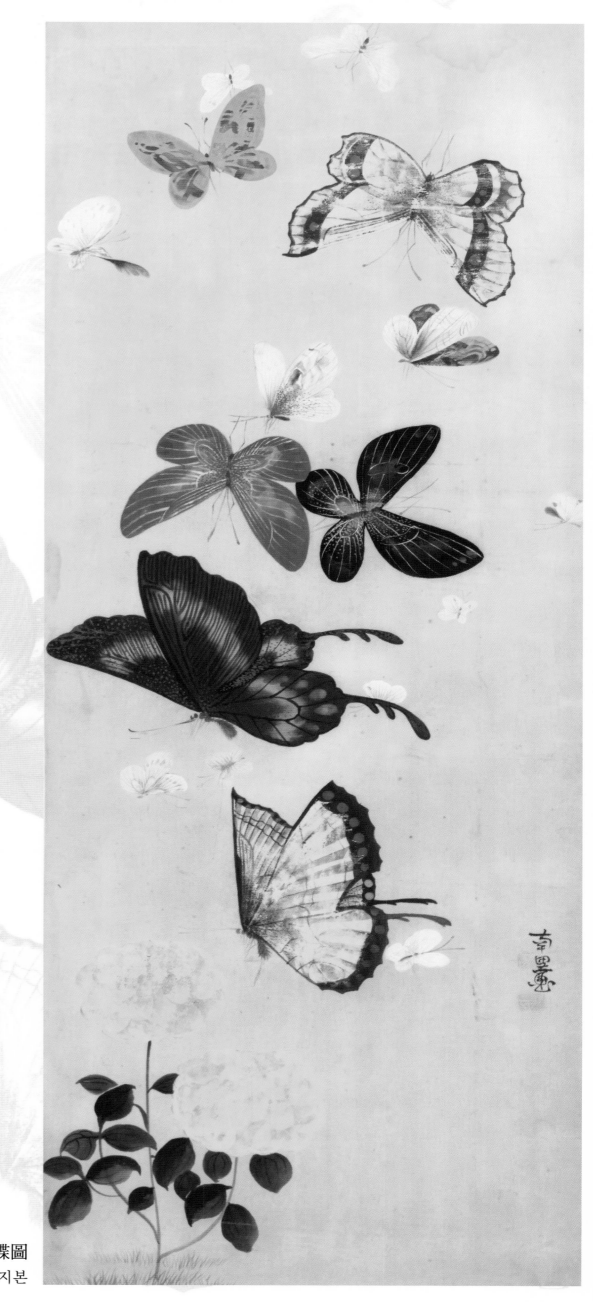

圖109・호접도・蝴蝶圖
29×73・지본

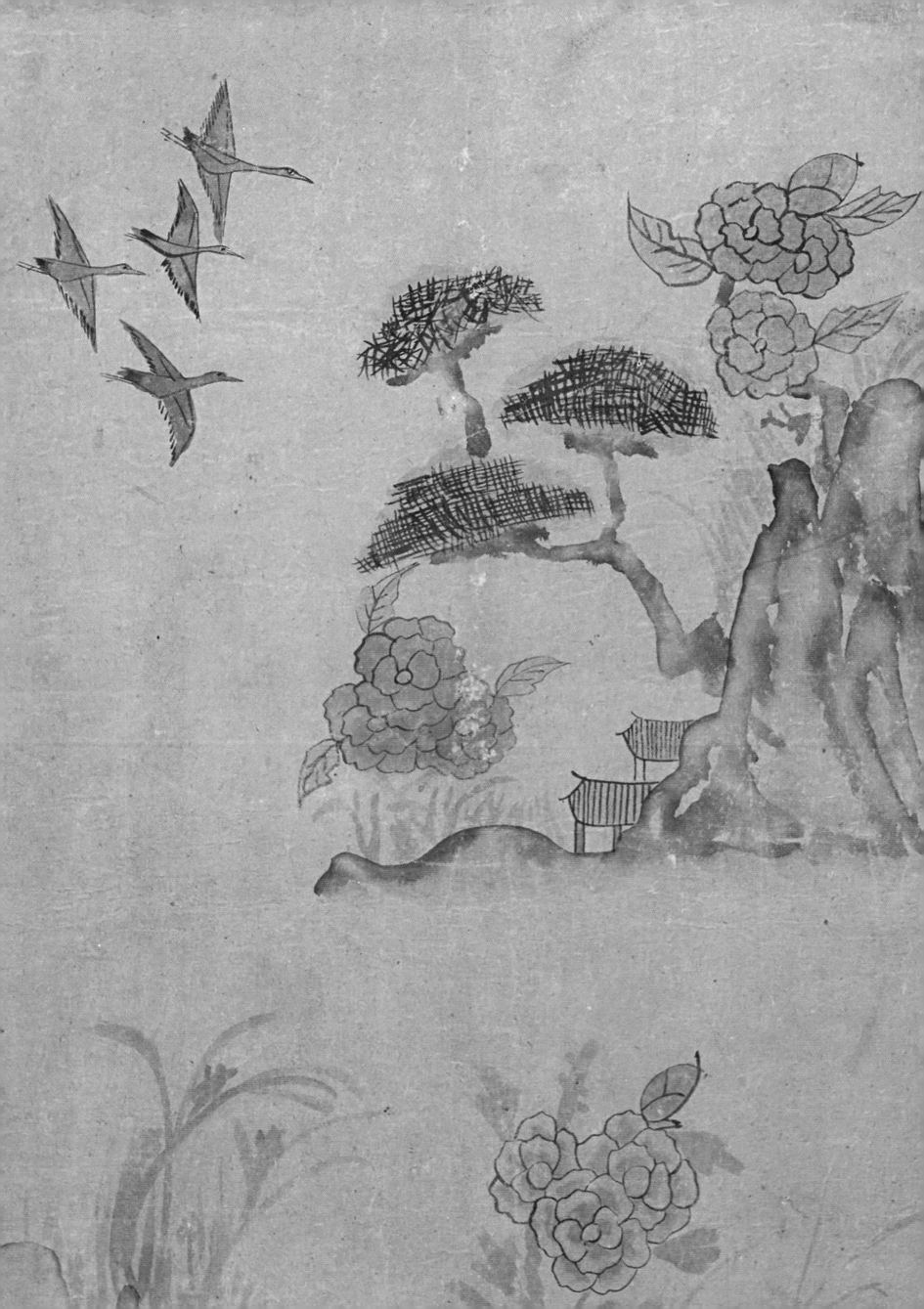

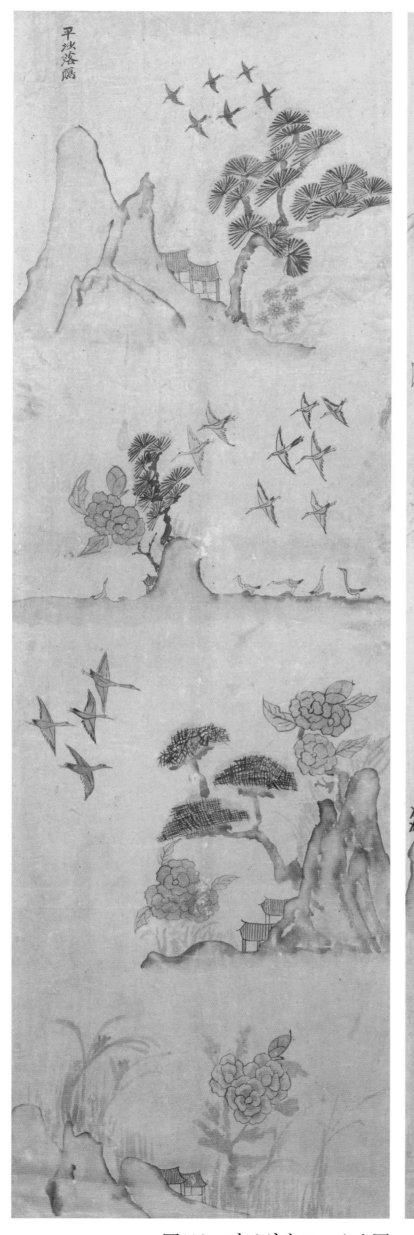

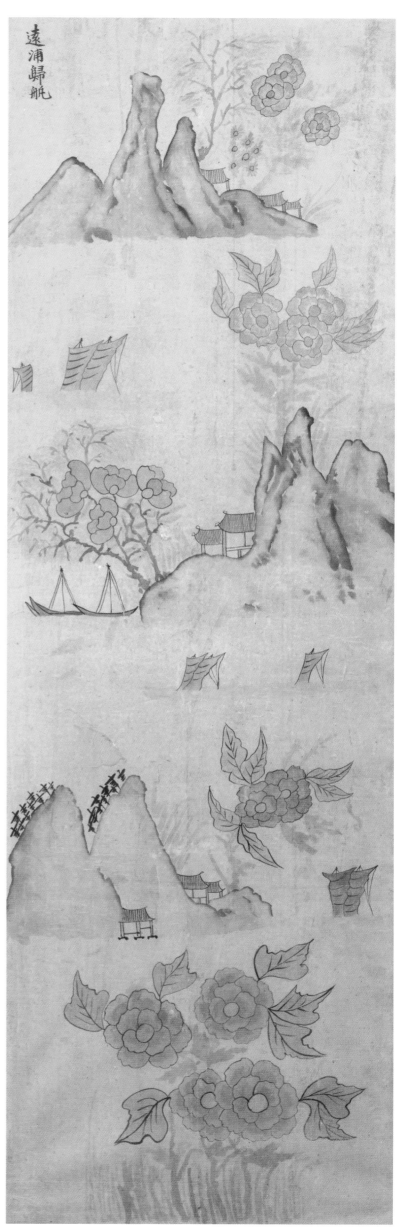

圖110 · 바보산수도 · 山水圖
34×110 · 지본

圖111 · 바보산수도 · 山水圖
34×110 · 지본

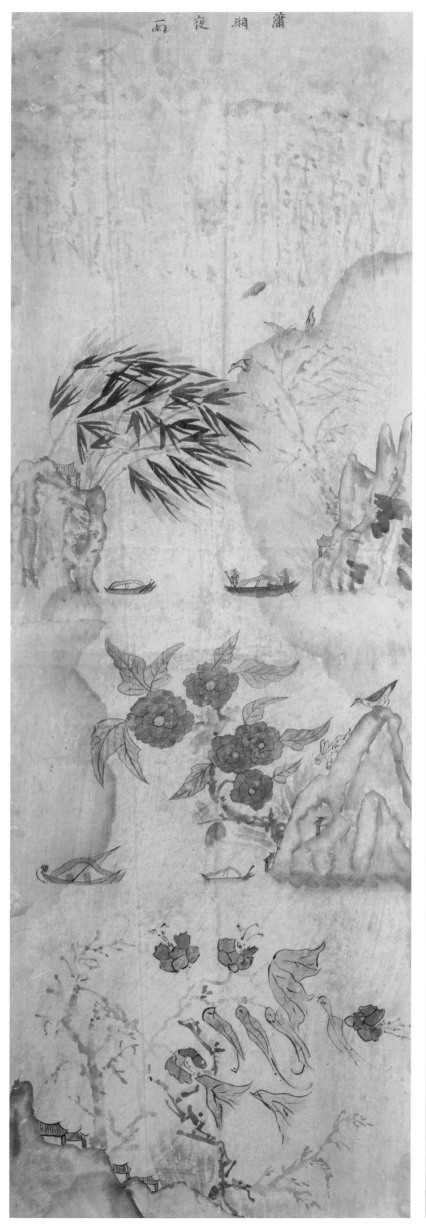

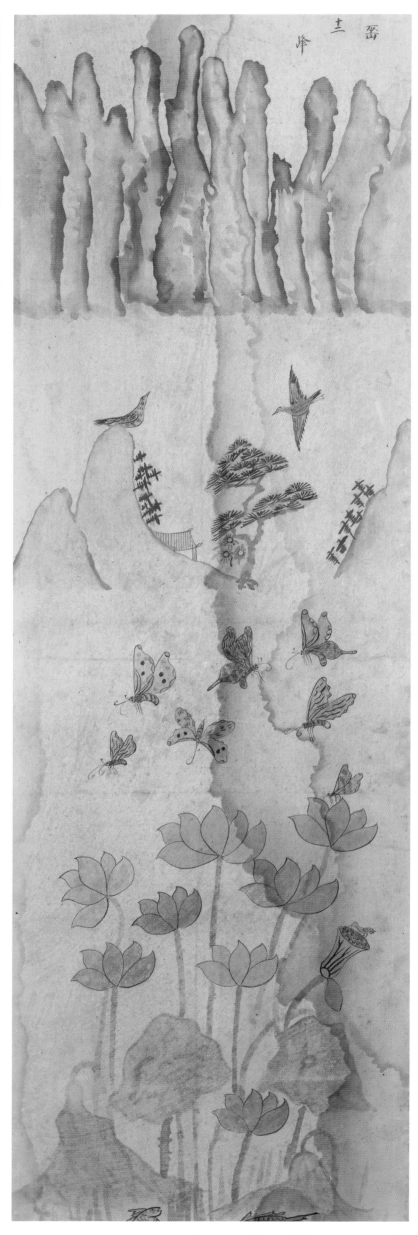

圖112 · 바보산수도 · 山水圖
34×108 · 지본

圖113 · 바보산수도 · 山水圖
34×108 · 지본

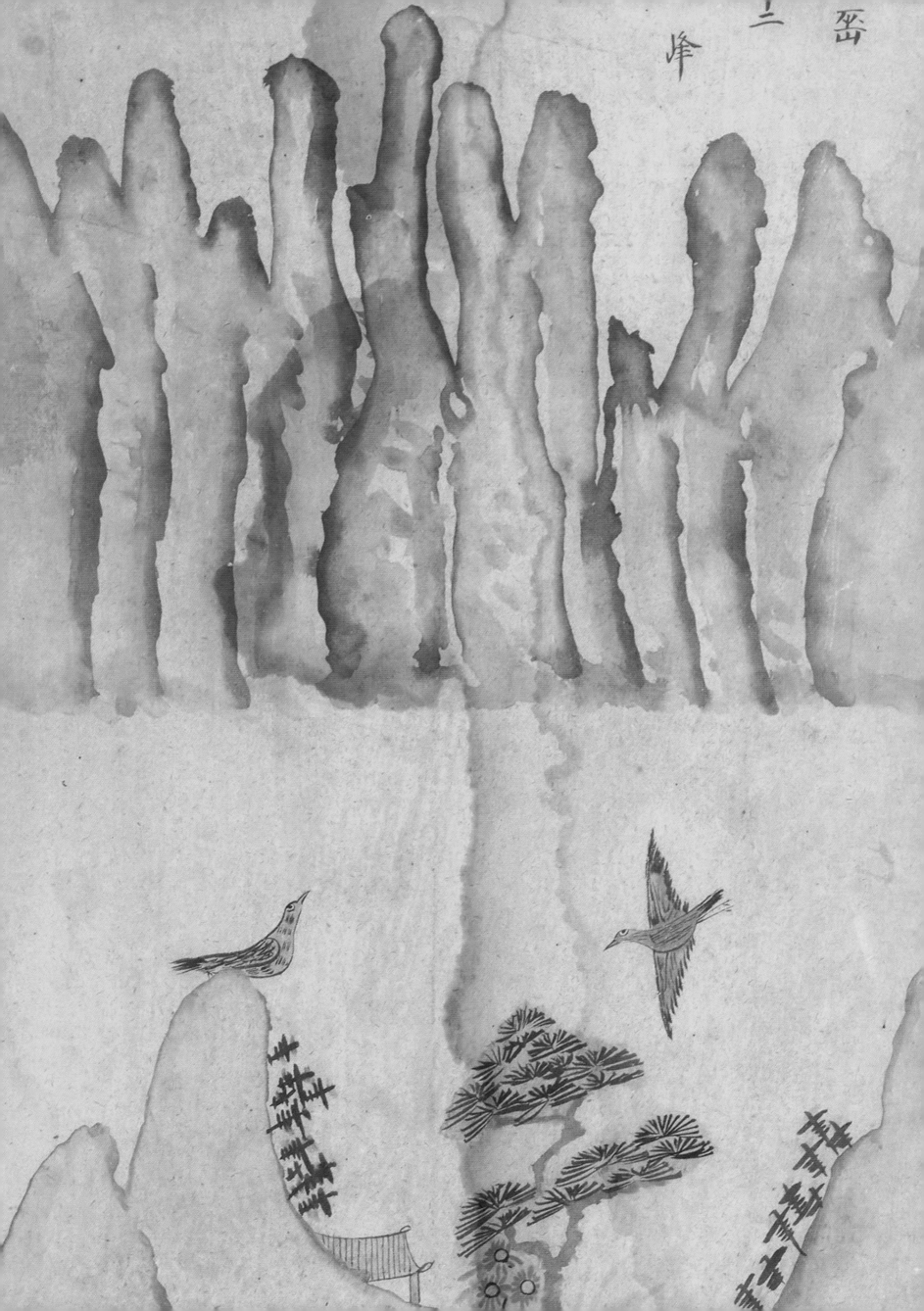
二峰盃

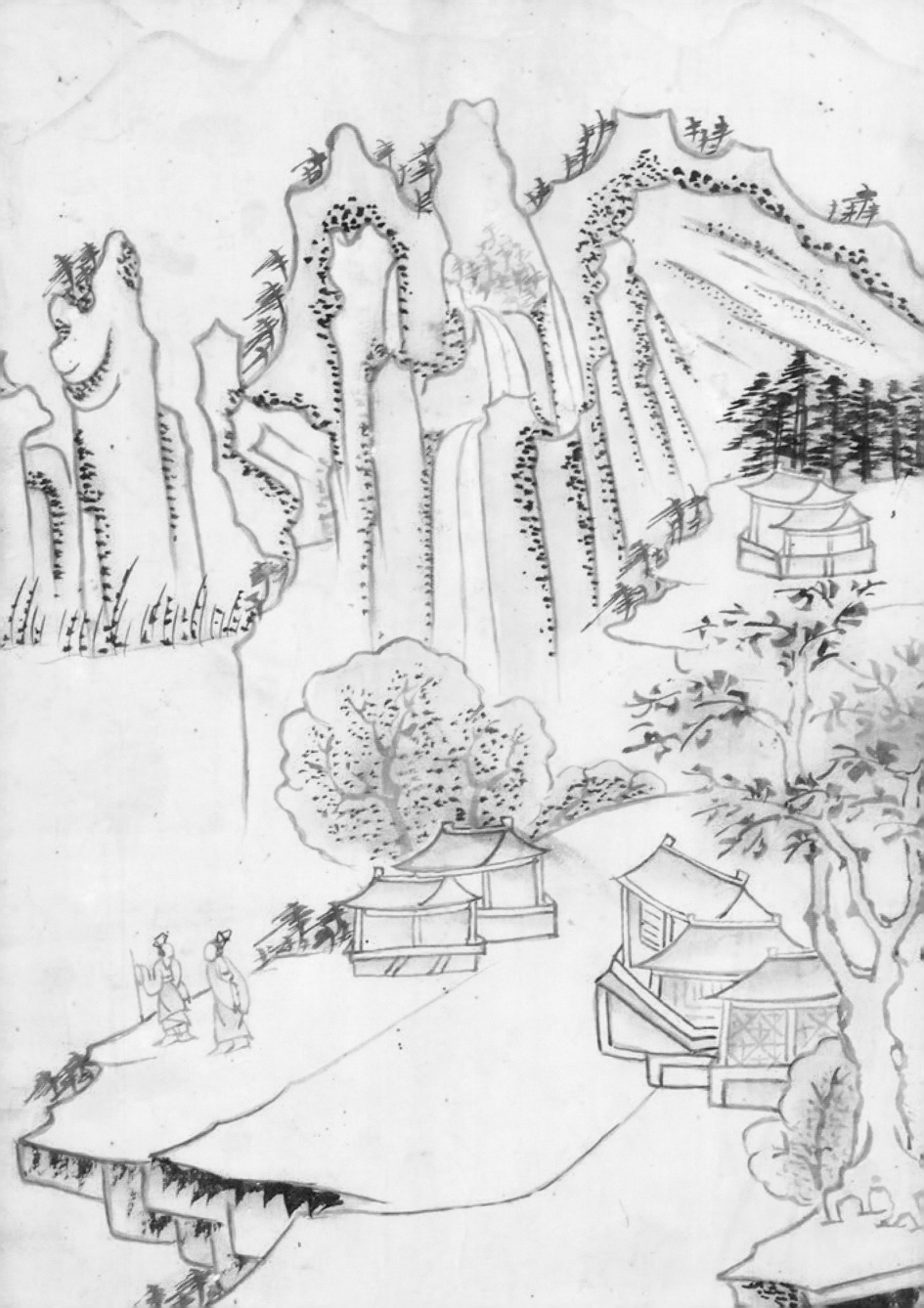

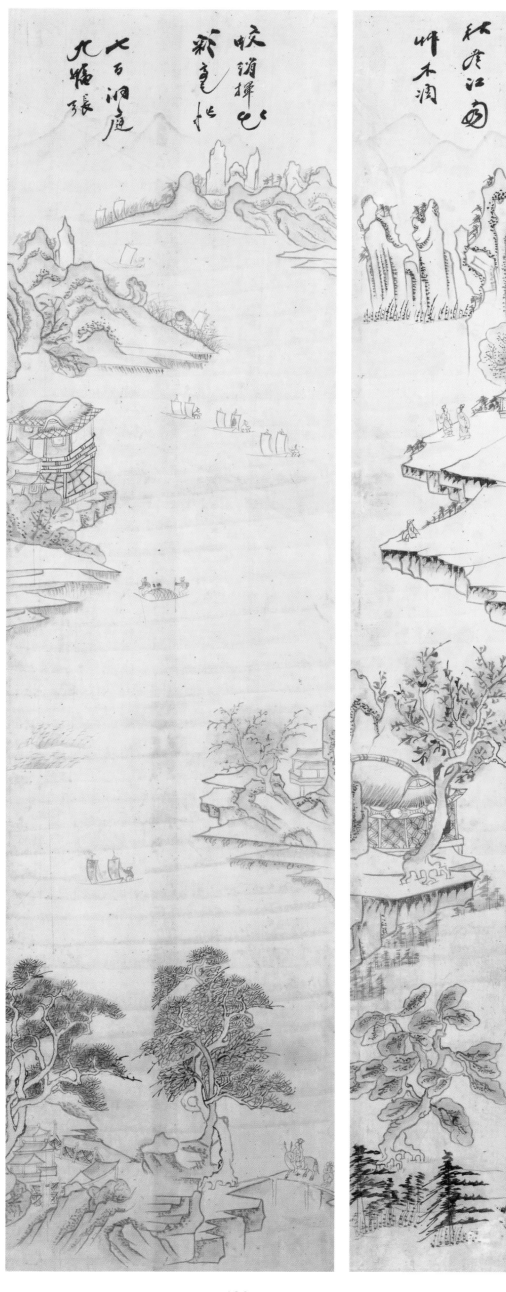

圖114
산수도 · 山水圖
34.5×141 · 지본

圖115
산수도 · 山水圖
34.5×141 · 지본

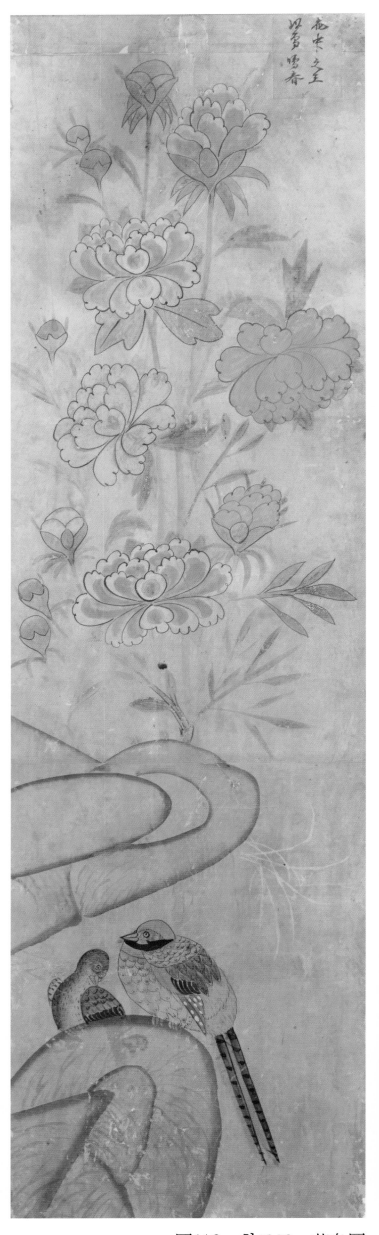

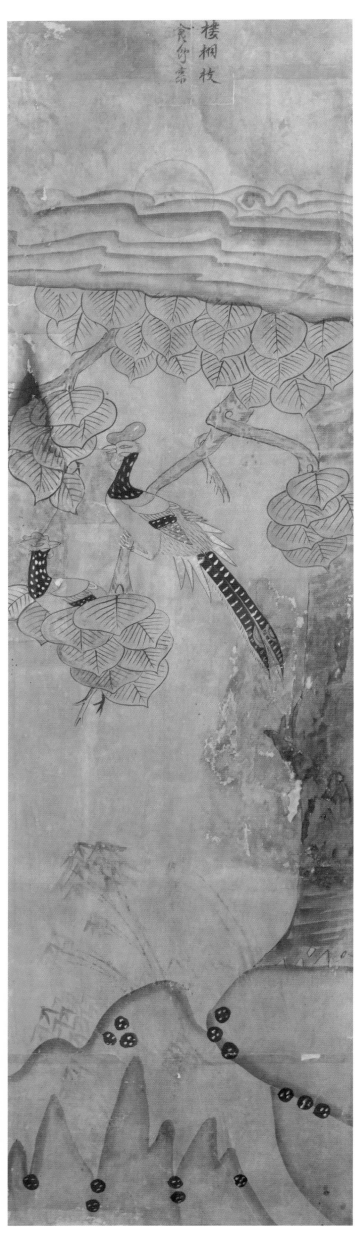

圖116 · 화조도 · 花鳥圖
33×120 · 지본

圖117 · 화조도 · 花鳥圖
33×120 · 지본

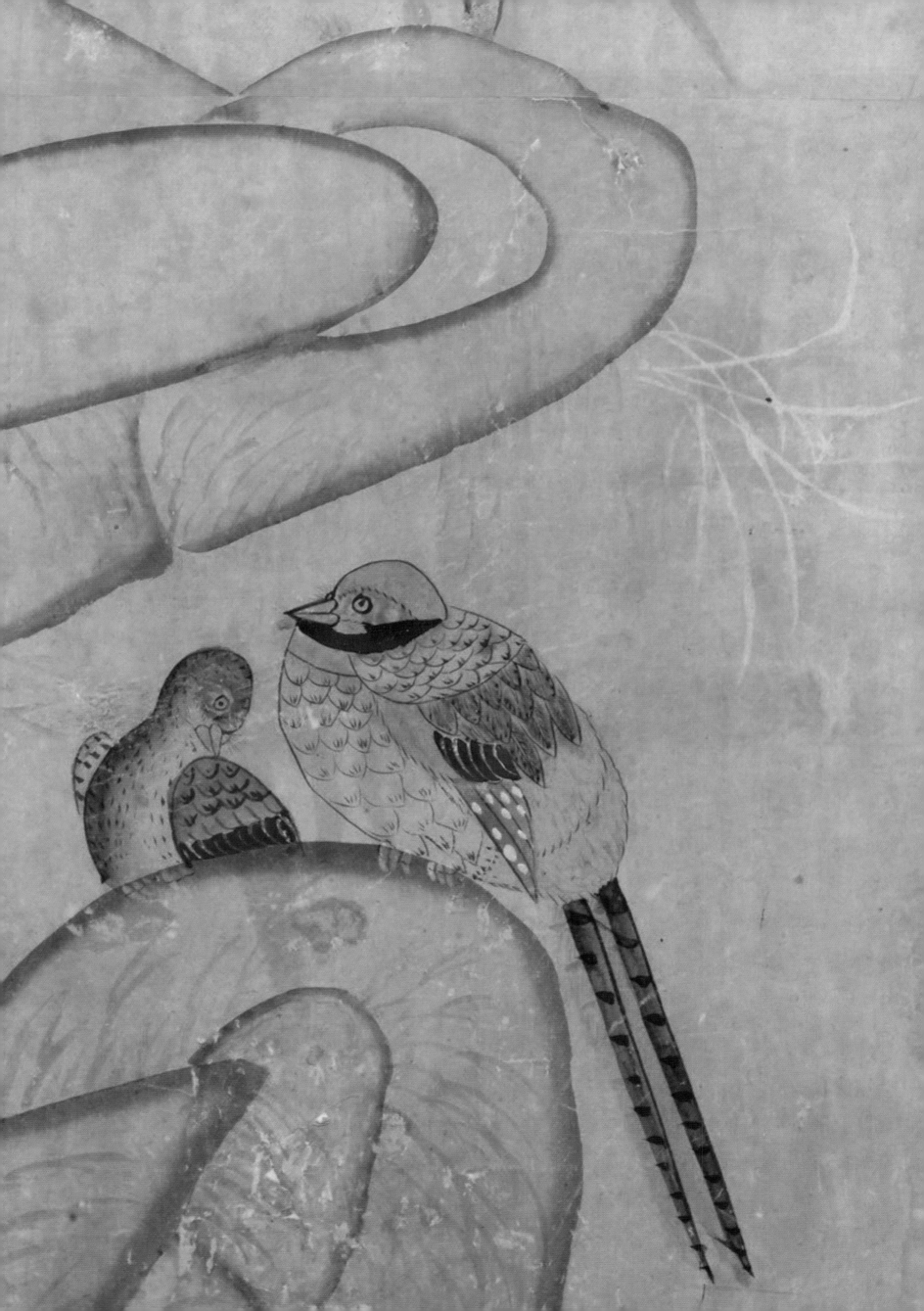

圖118 · 화조도 · 花鳥圖
34×78 · 지본

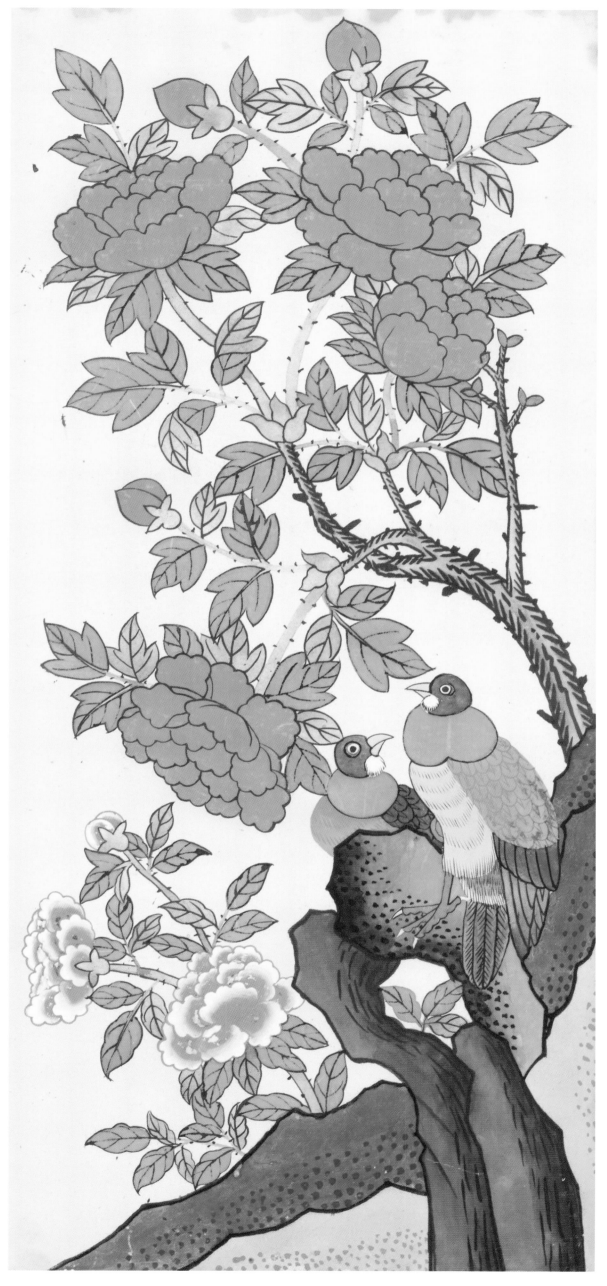

圖119 · 화조도 · 花鳥圖
34×78 · 지본

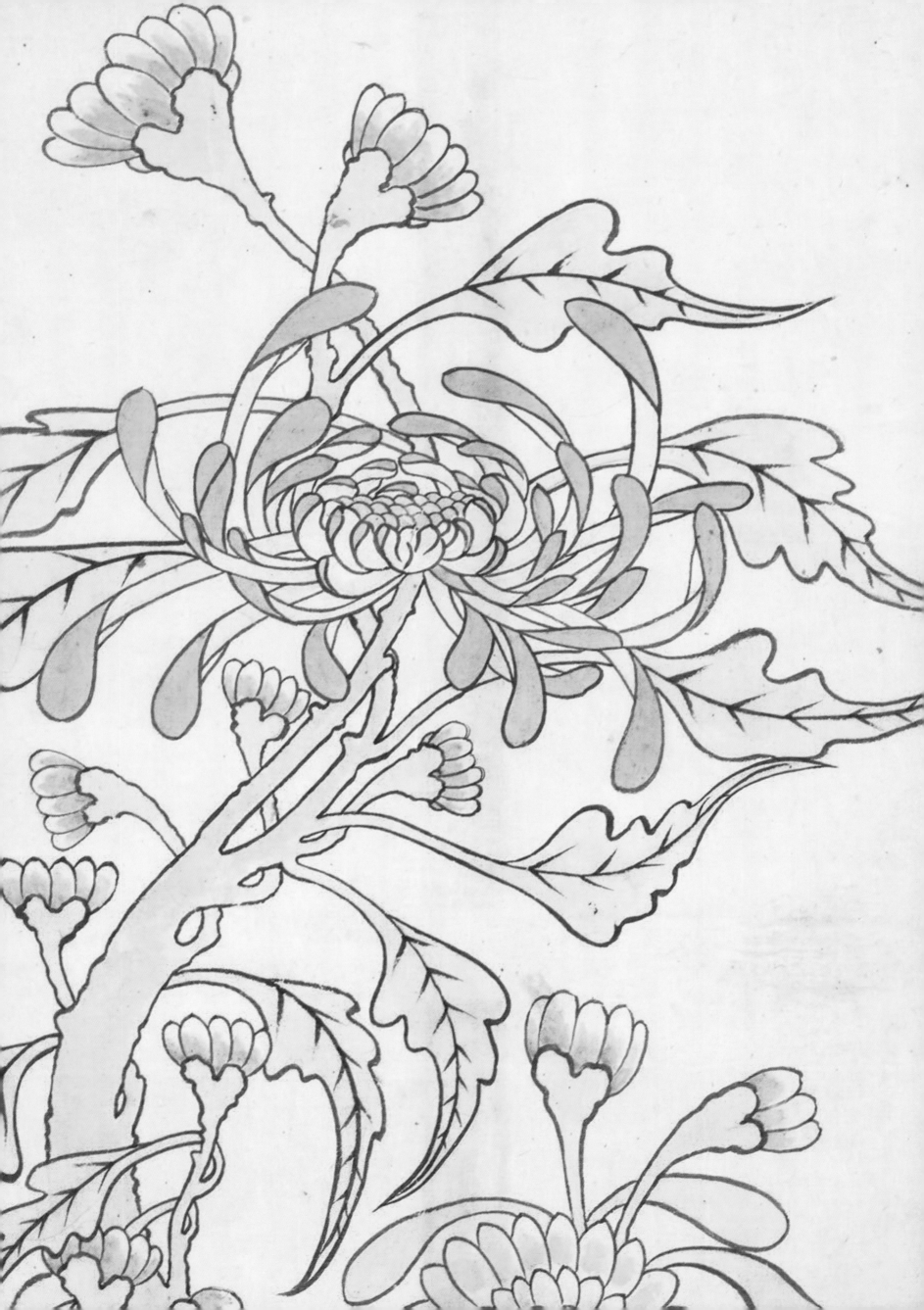

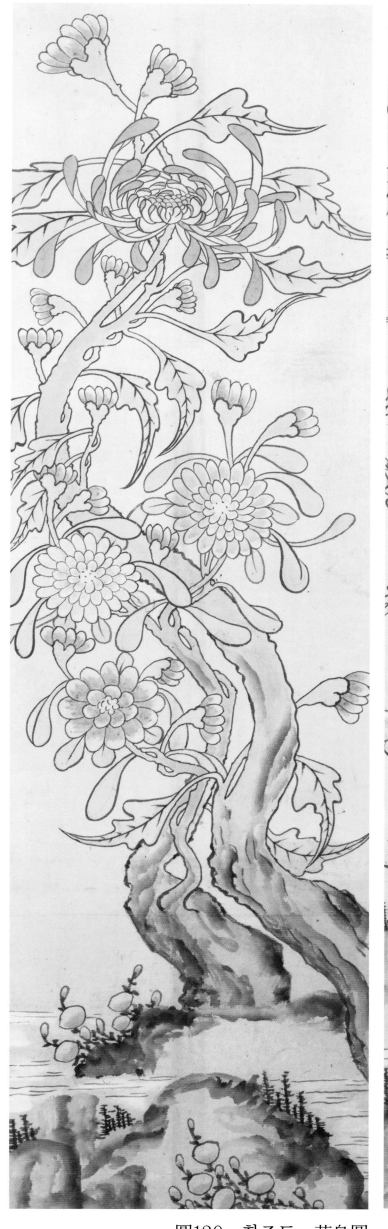

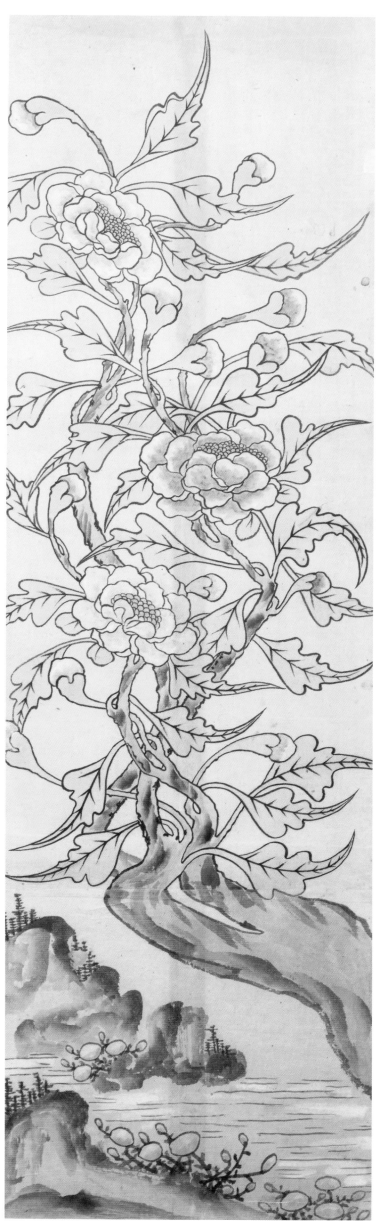

圖120 · 화조도 · 花鳥圖
34×120 · 지본

圖121 · 화조도 · 花鳥圖
34×120 · 지본

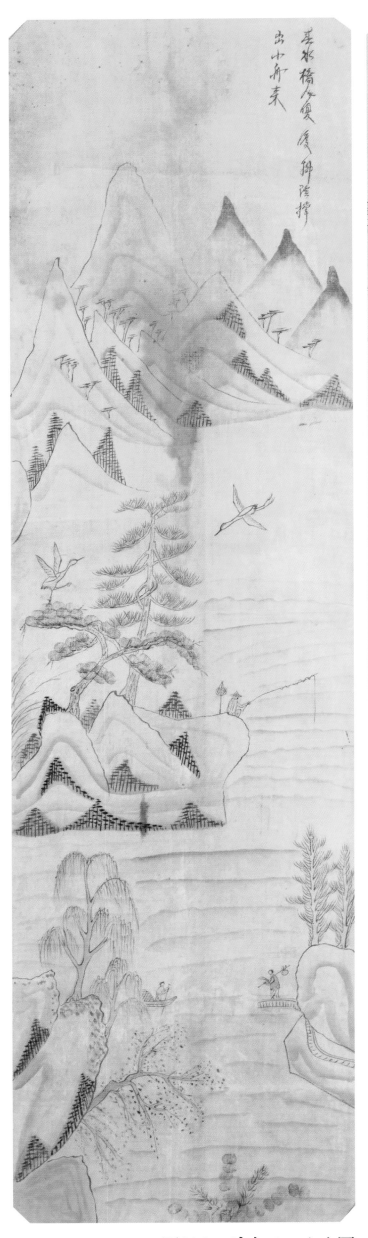

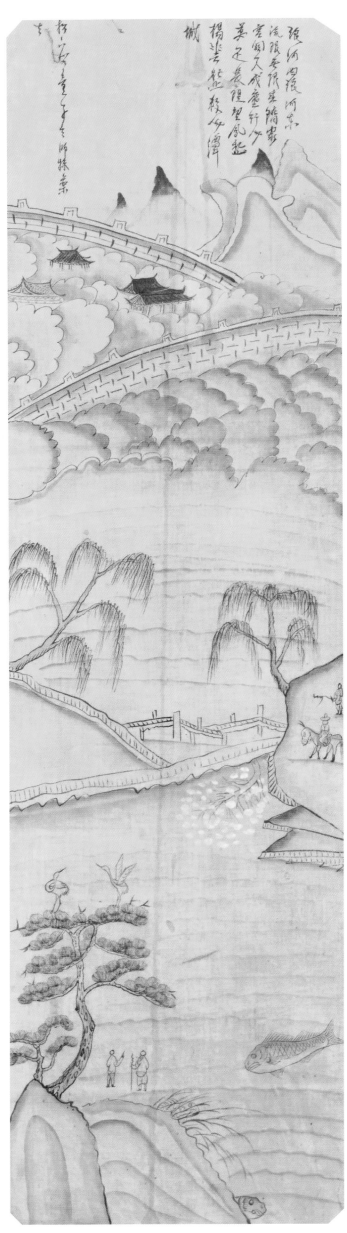

圖122 · 산수도 · 山水圖

32×114 · 지본

圖123 · 산수도 · 山水圖

32×114 · 지본

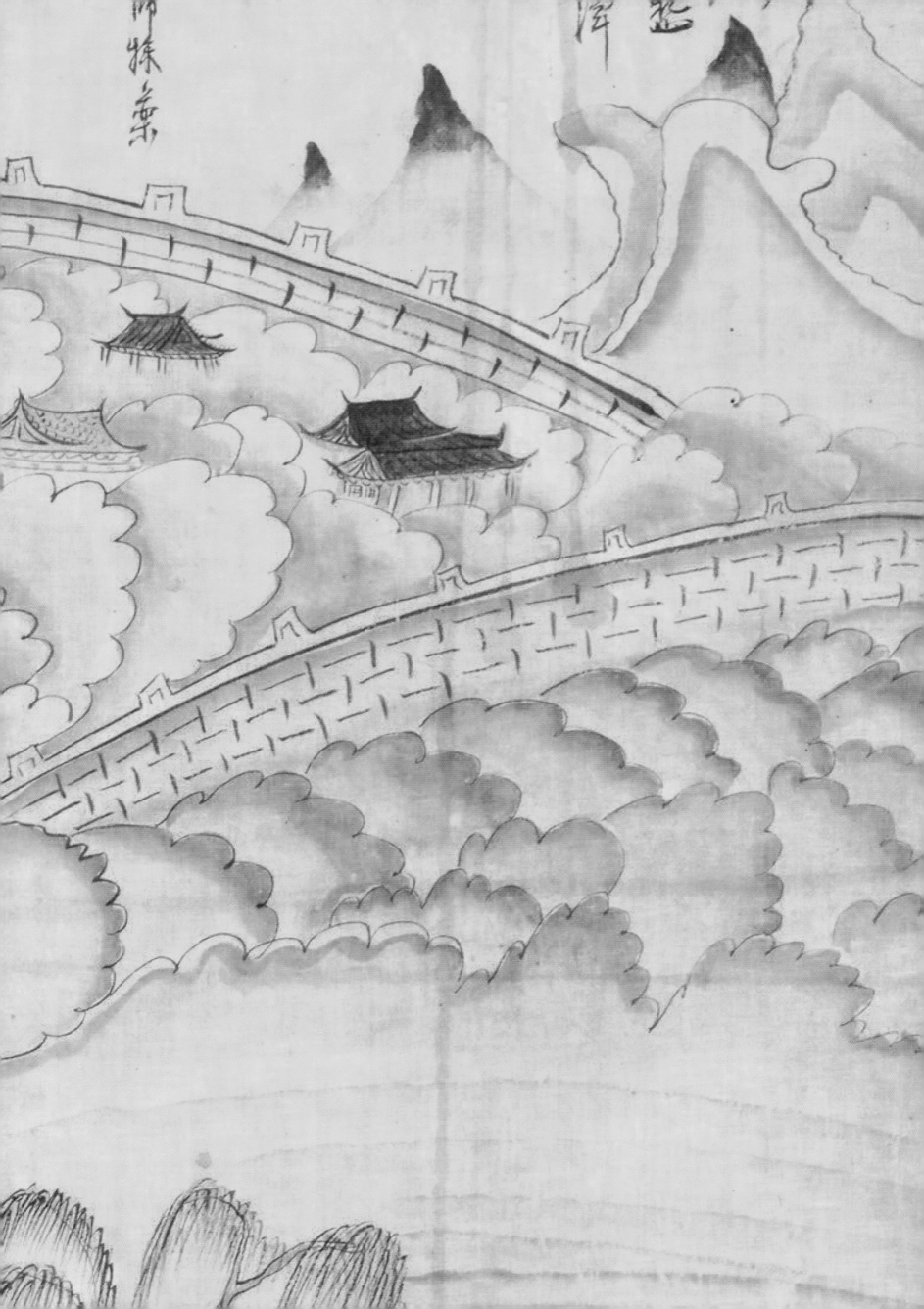

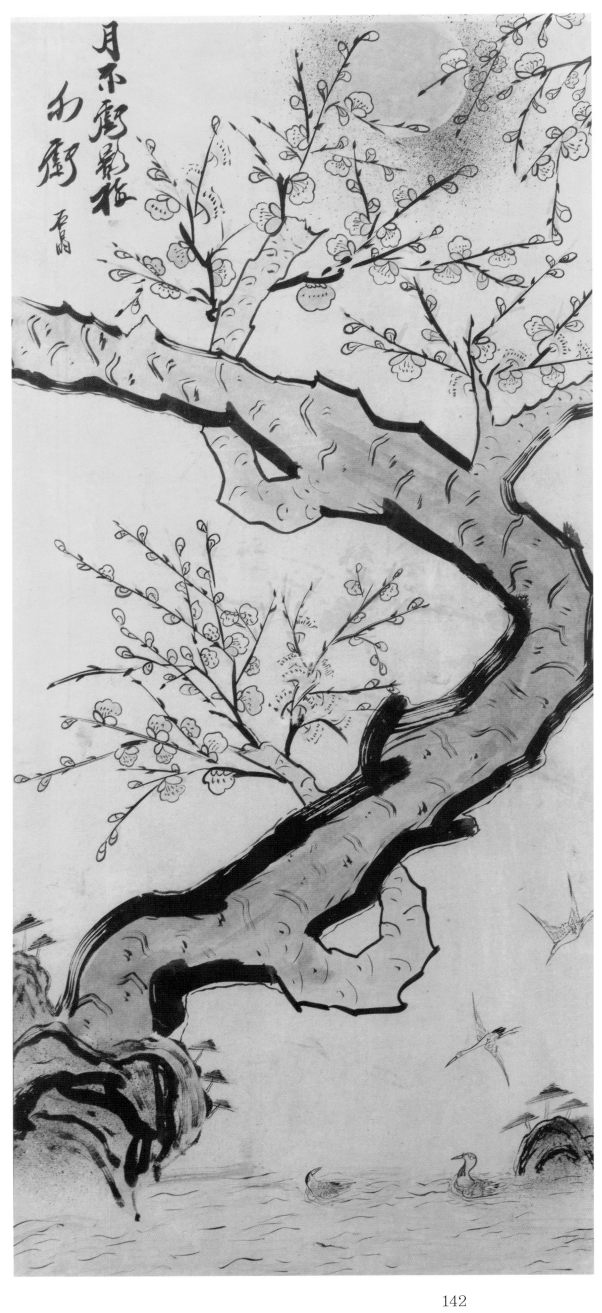

圖124 · 화조도 · 花鳥圖

35×79 · 지본

142

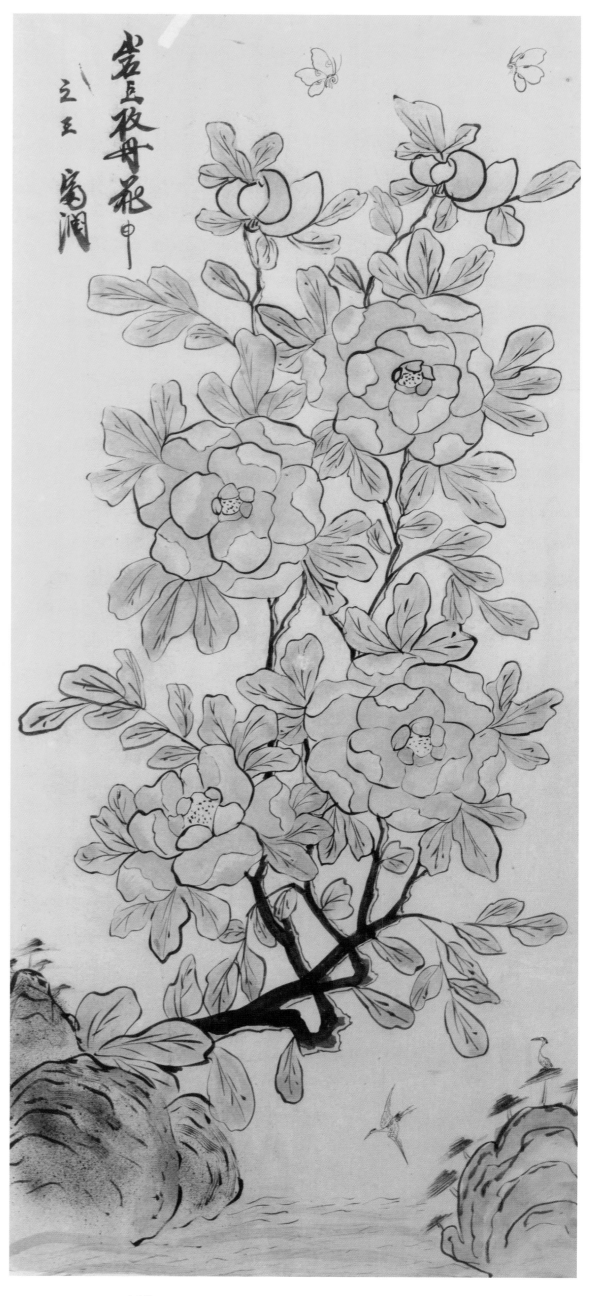

圖125 · 화조도 · 花鳥圖

35×79 · 지본

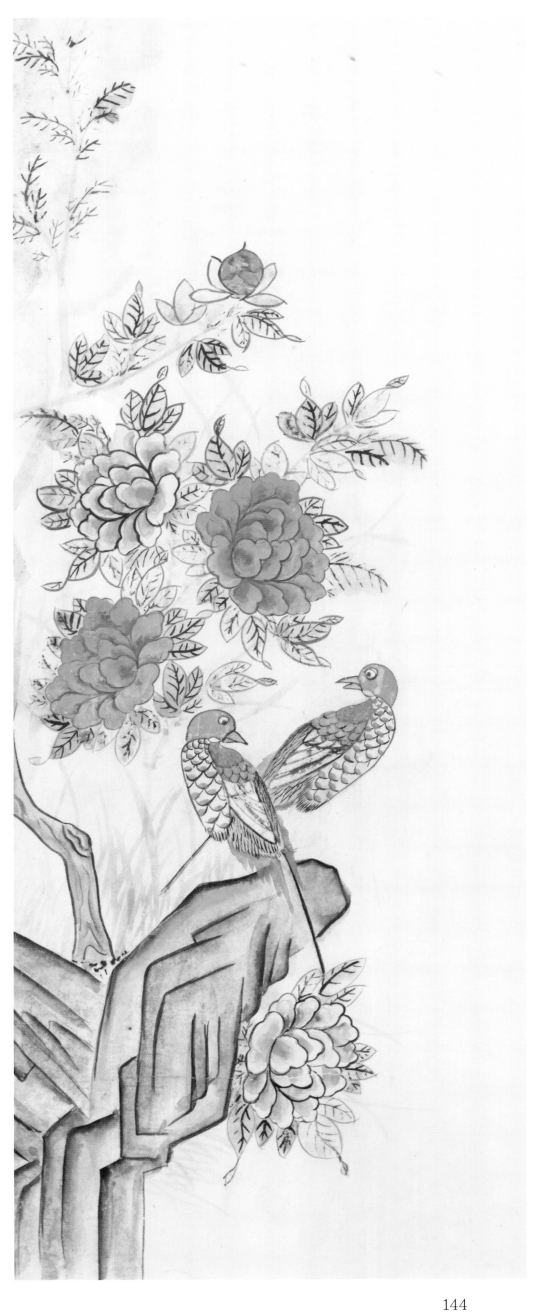

圖126 · 화조도 · 花鳥圖

35×79 · 지본

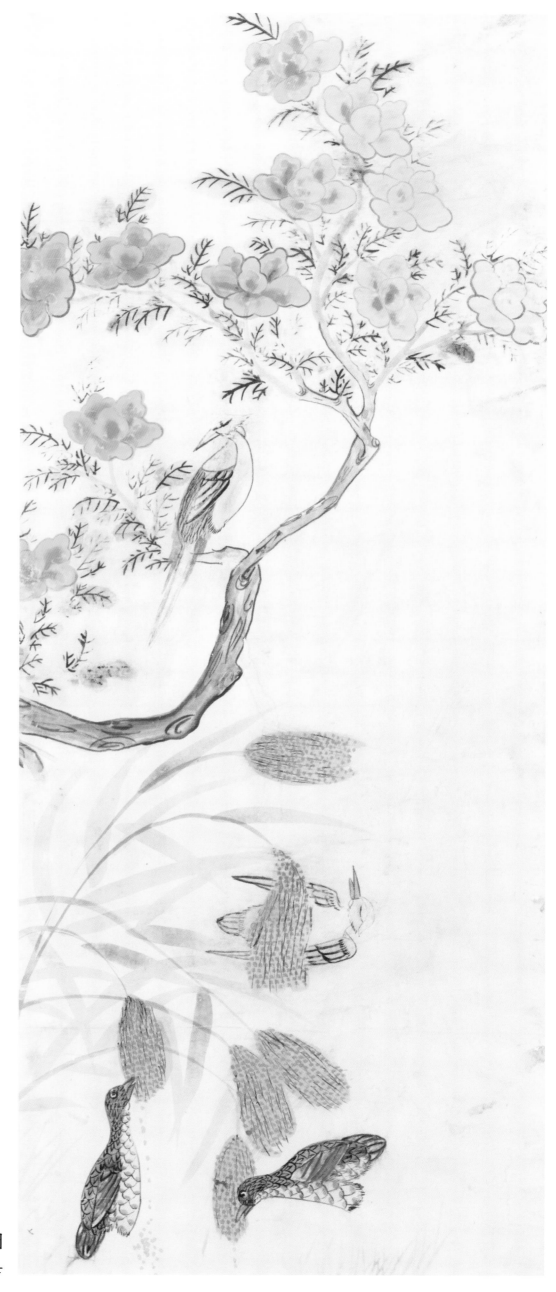

圖127 · 화조도 · 花鳥圖
35×79 · 지본

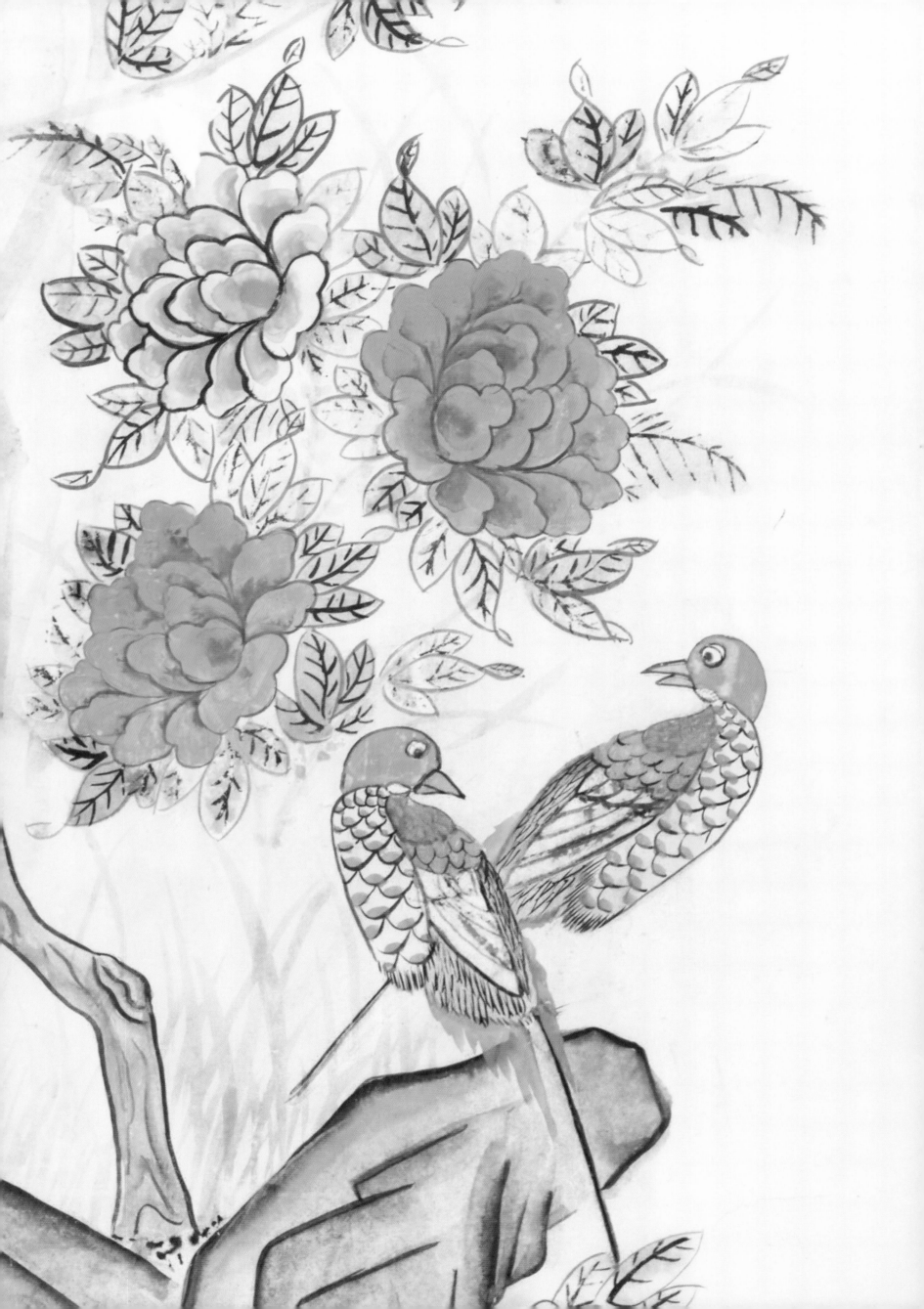

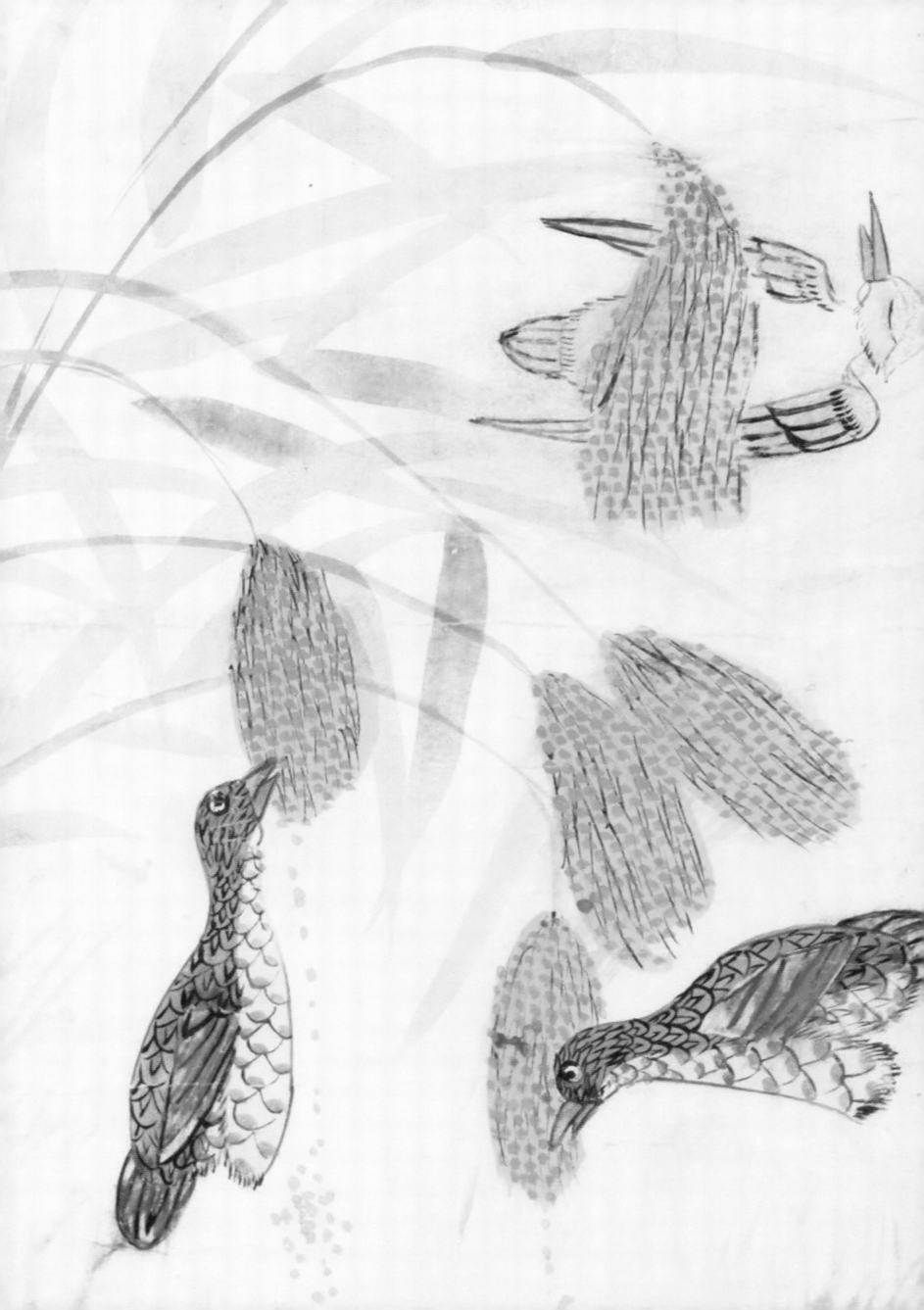

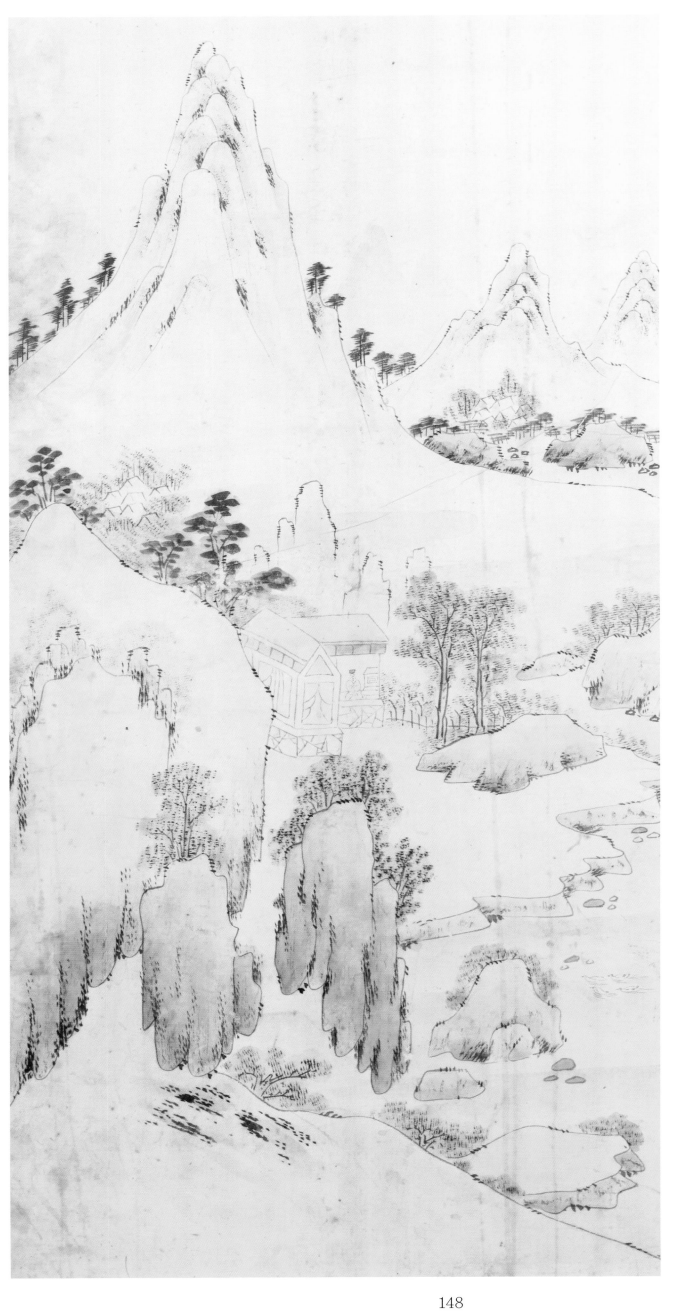

圖128 · 산수도 · 山水圖
47×110 · 지본

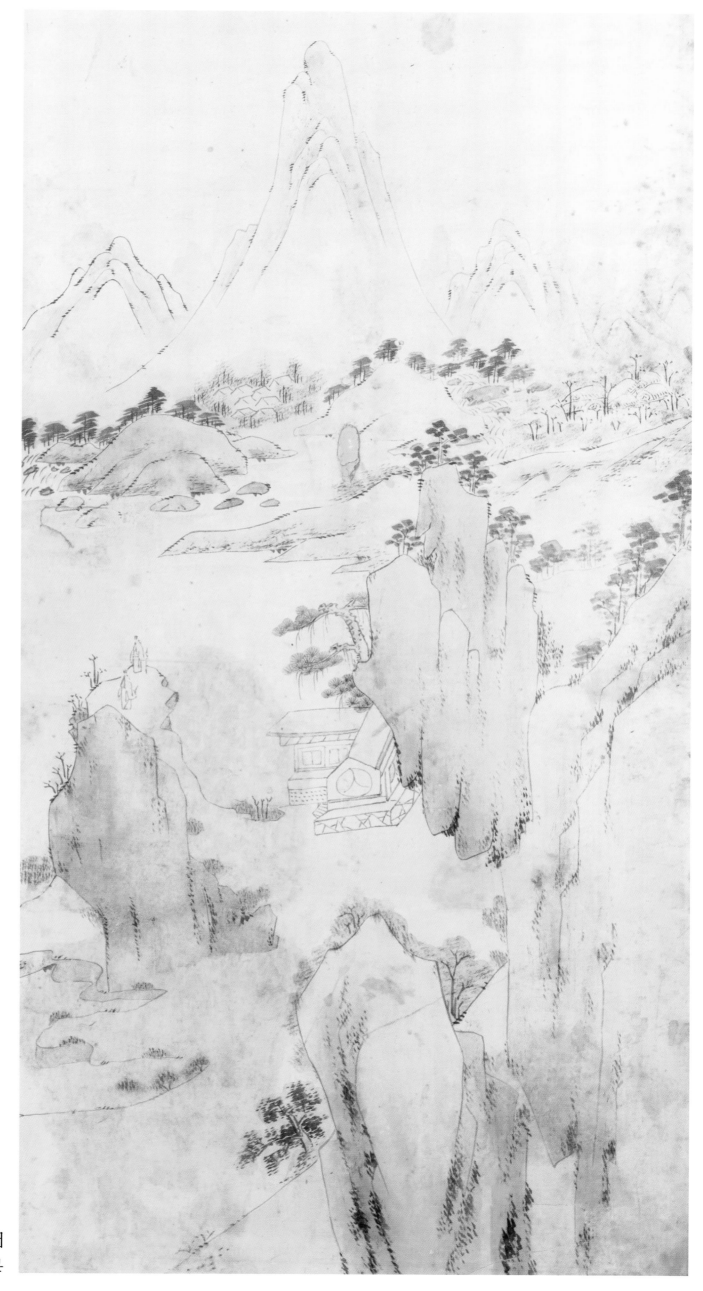

圖129 · 산수도 · 山水圖
47×110 · 지본

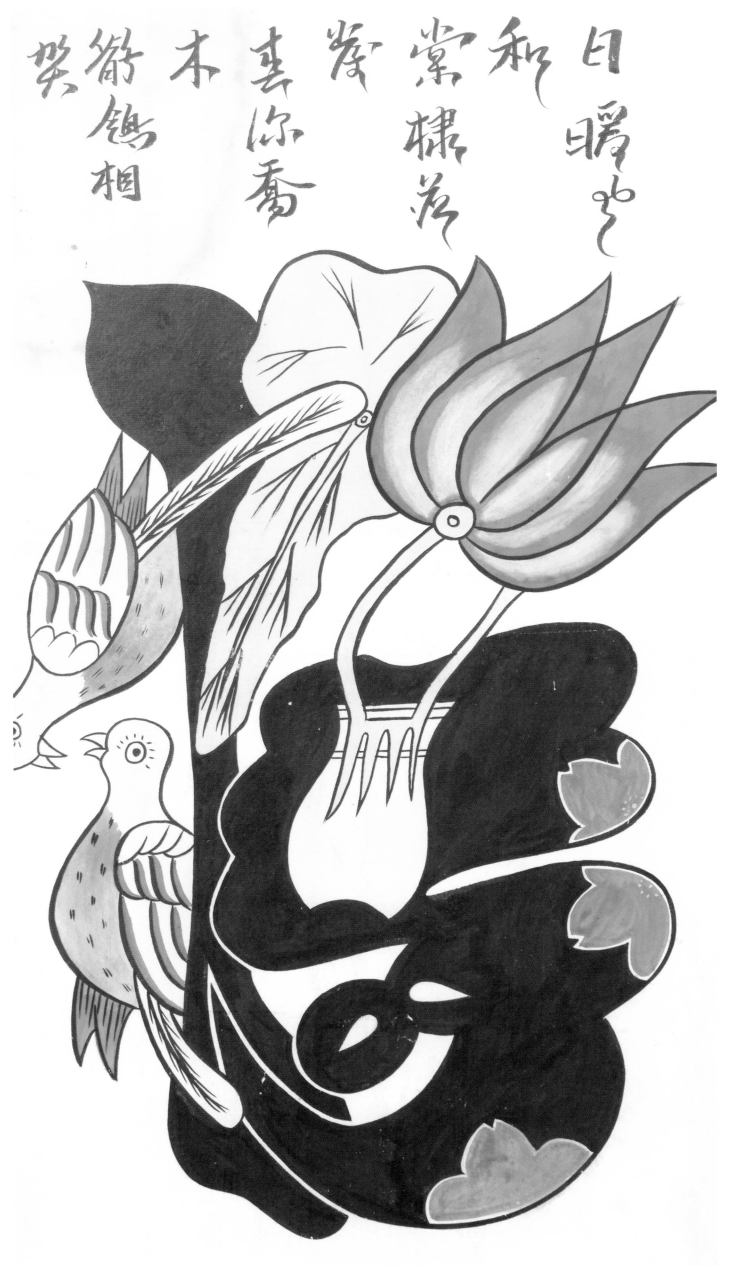

日暖
和
棠棣花
發
春你喬
本
翕鶺相
哭

圖130
문자도 · 文字圖
30×66 · 지본

鯉魚不水
王祥得

荀筍香花

范大爺主

望

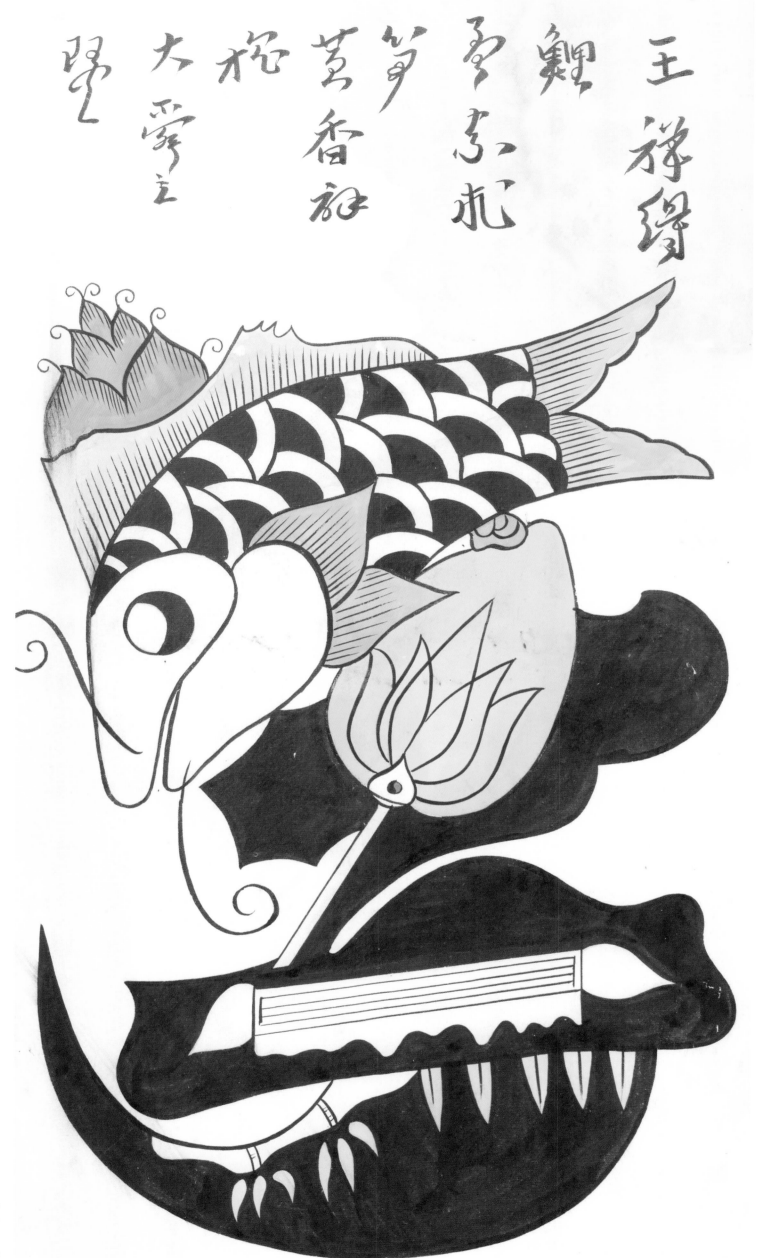

圖131
문자도 · 文字圖
30×66 · 지본

151

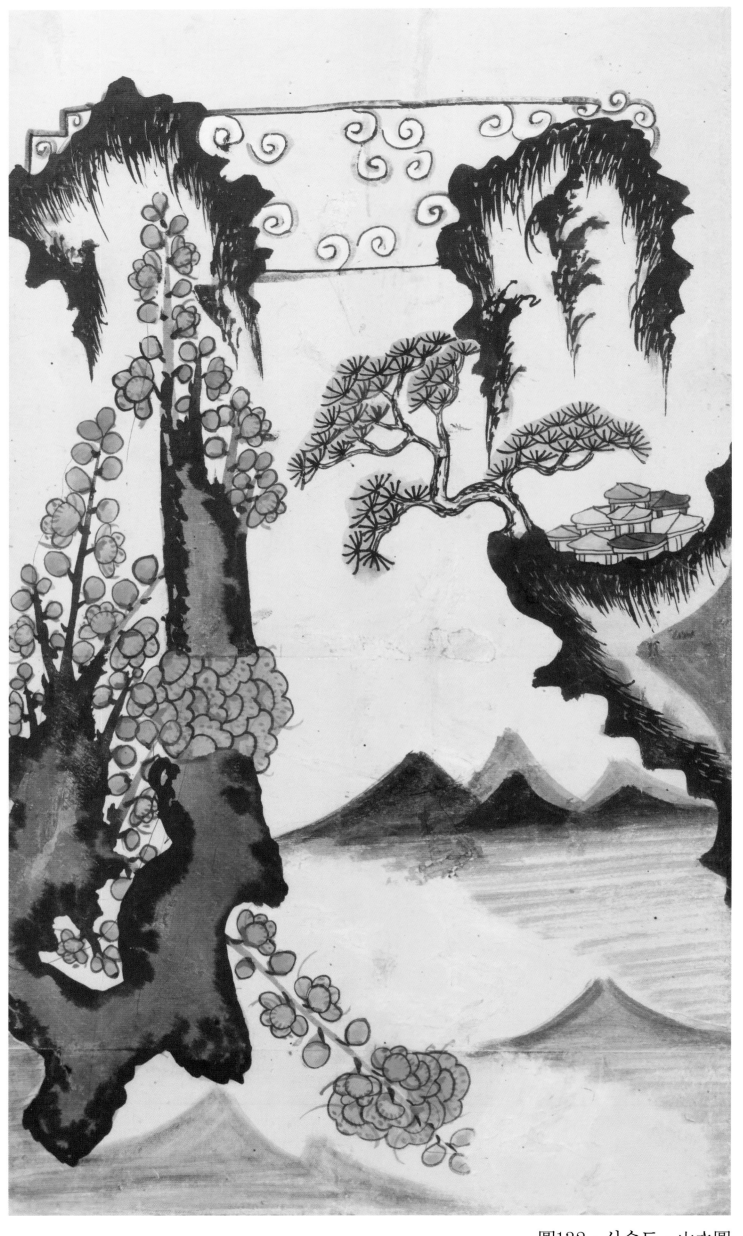

圖132 · 산수도 · 山水圖
32×59 · 지본

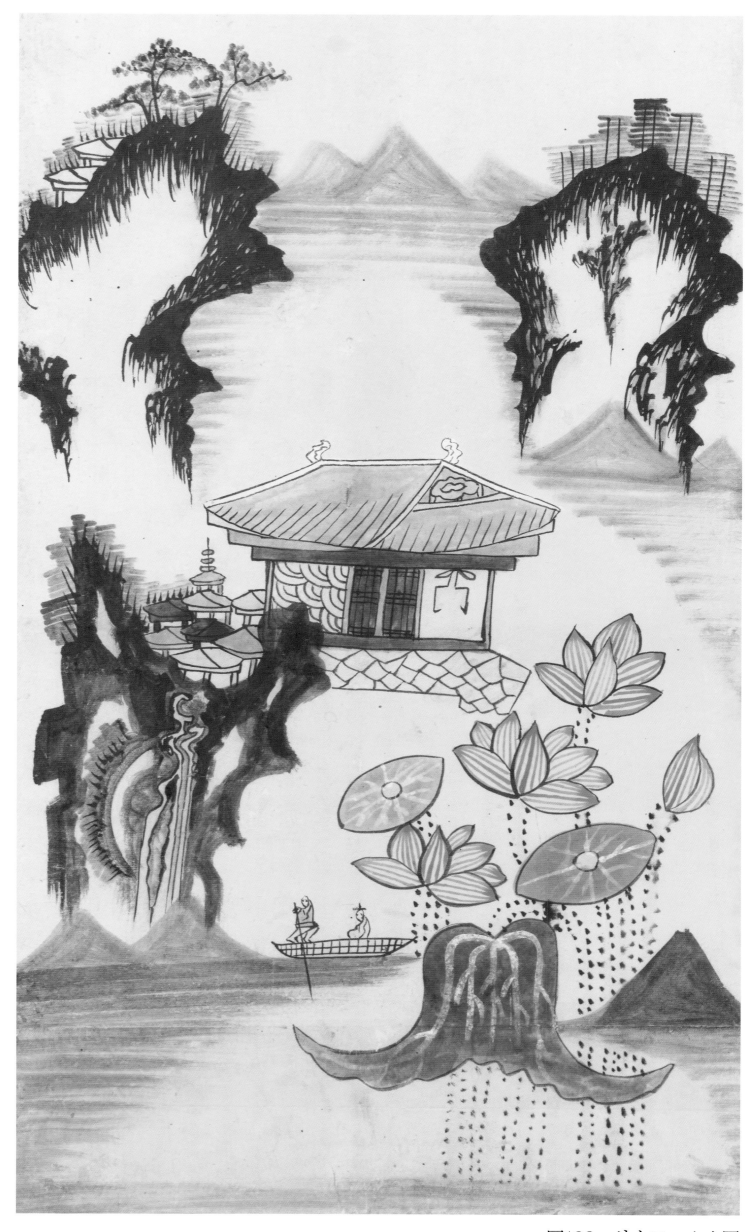

圖133 · 산수도 · 山水圖
32×59 · 지본

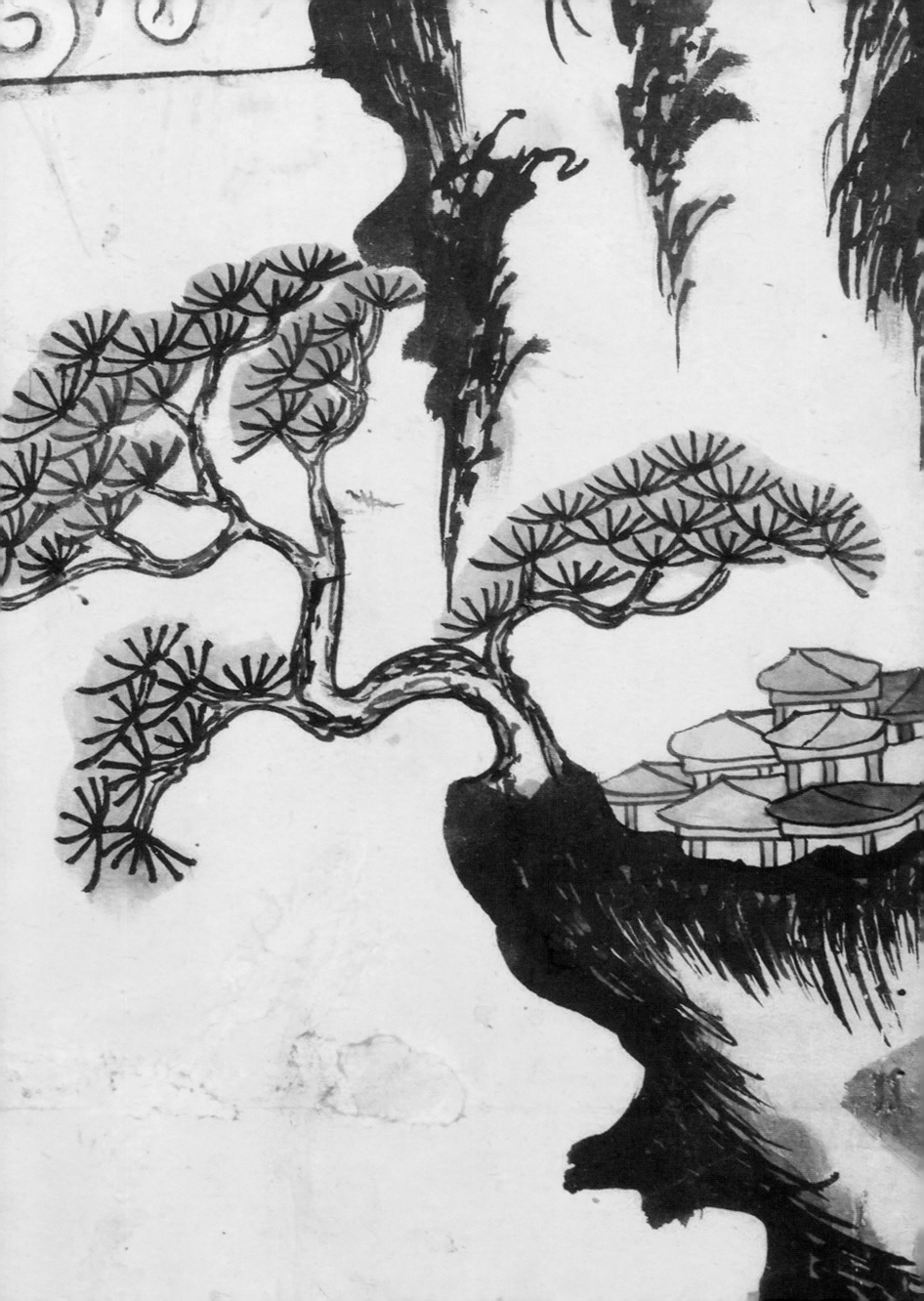

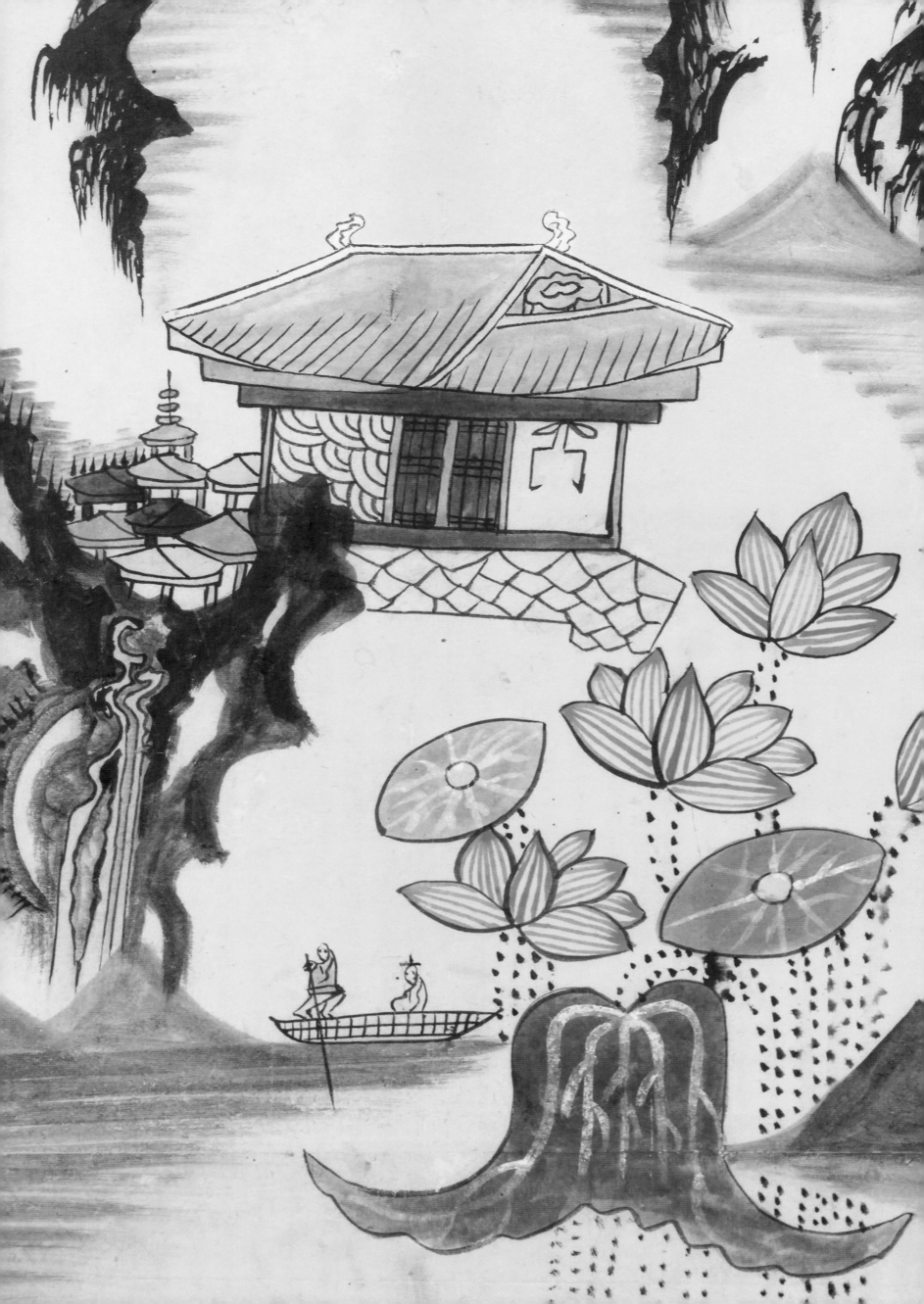

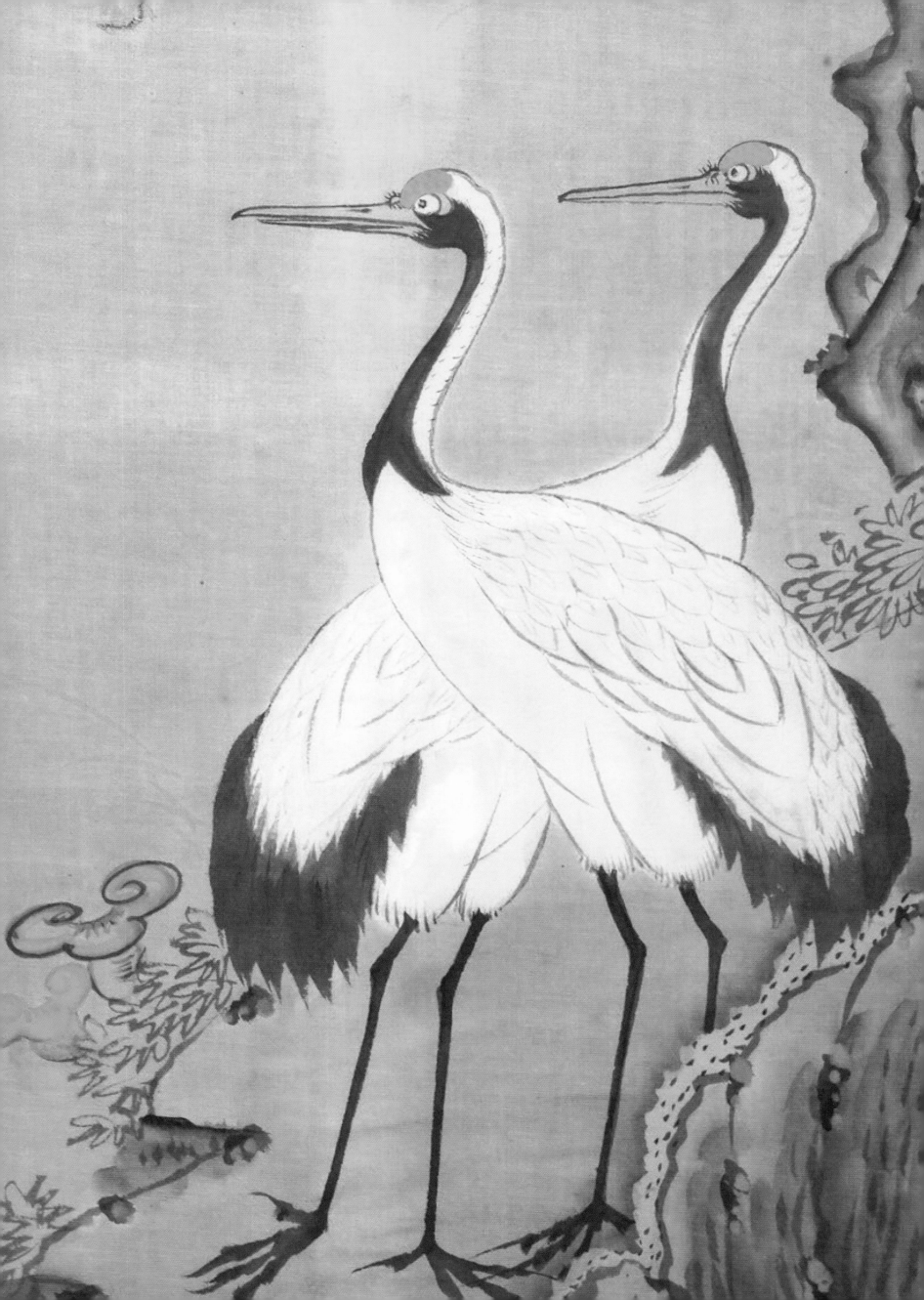

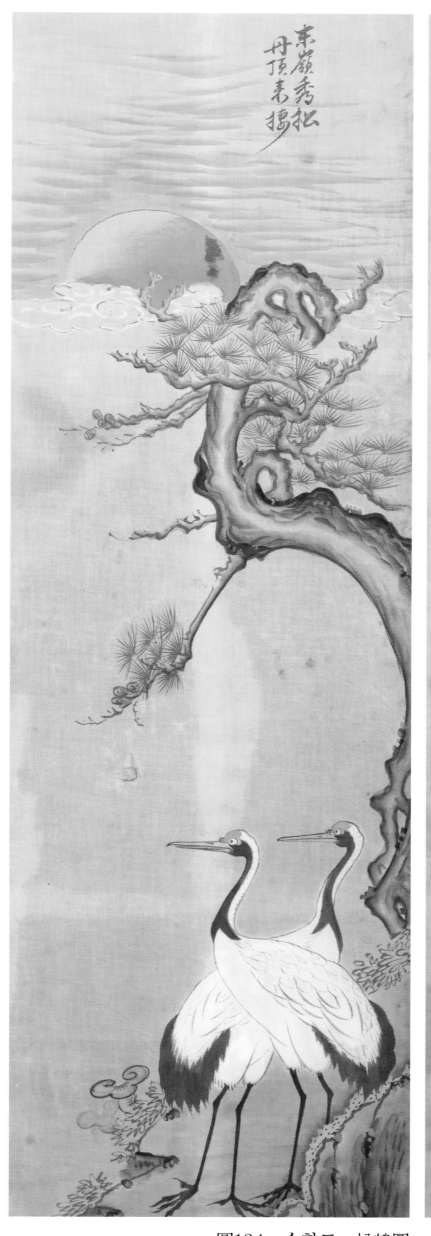

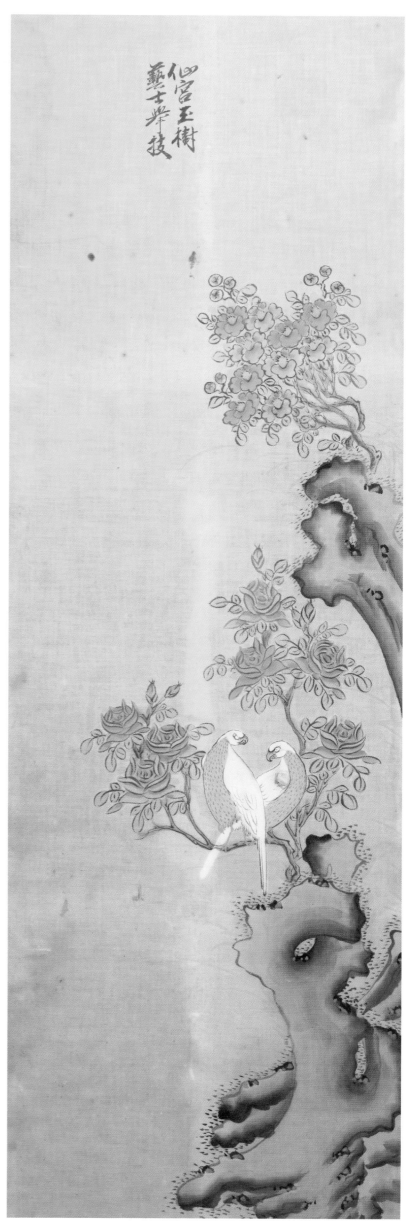

圖134 · 송학도 · 松鶴圖
29×93 · 지본

圖135 · 송학도 · 松鶴圖
29×93 · 지본

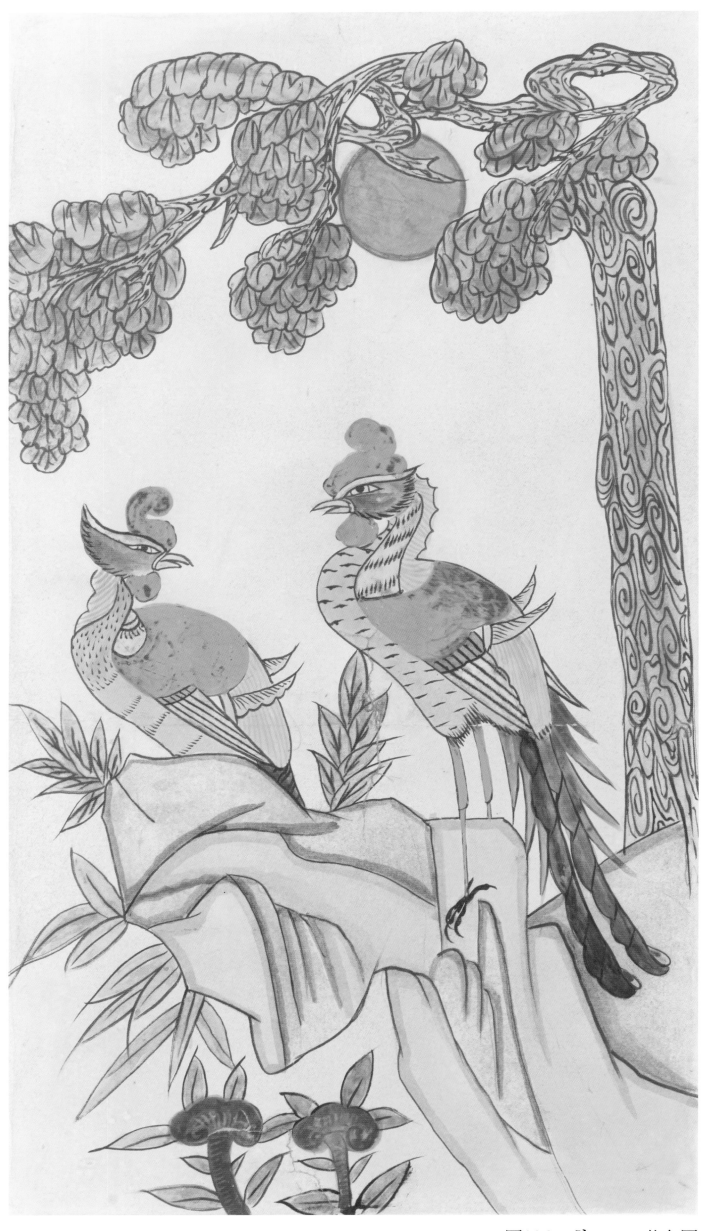

圖136 · 화조도 · 花鳥圖

29×93 · 지본

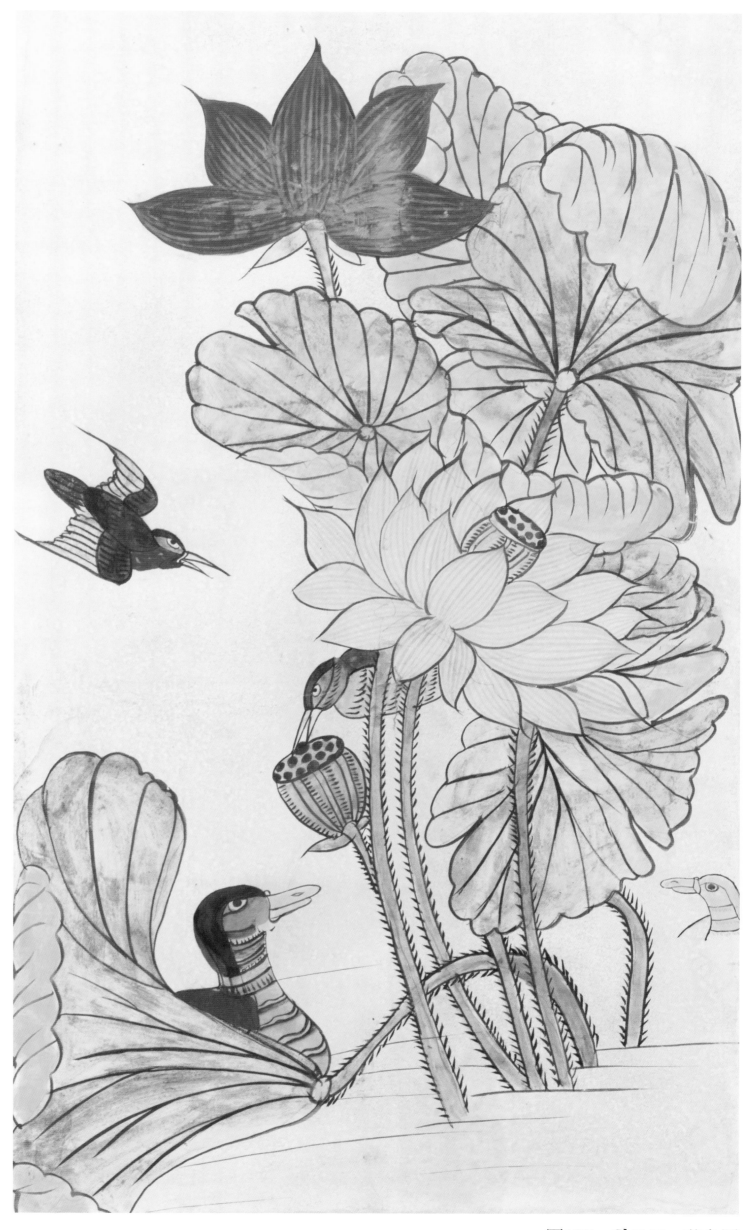

圖137 · 화조도 · 花鳥圖

29×93 · 지본

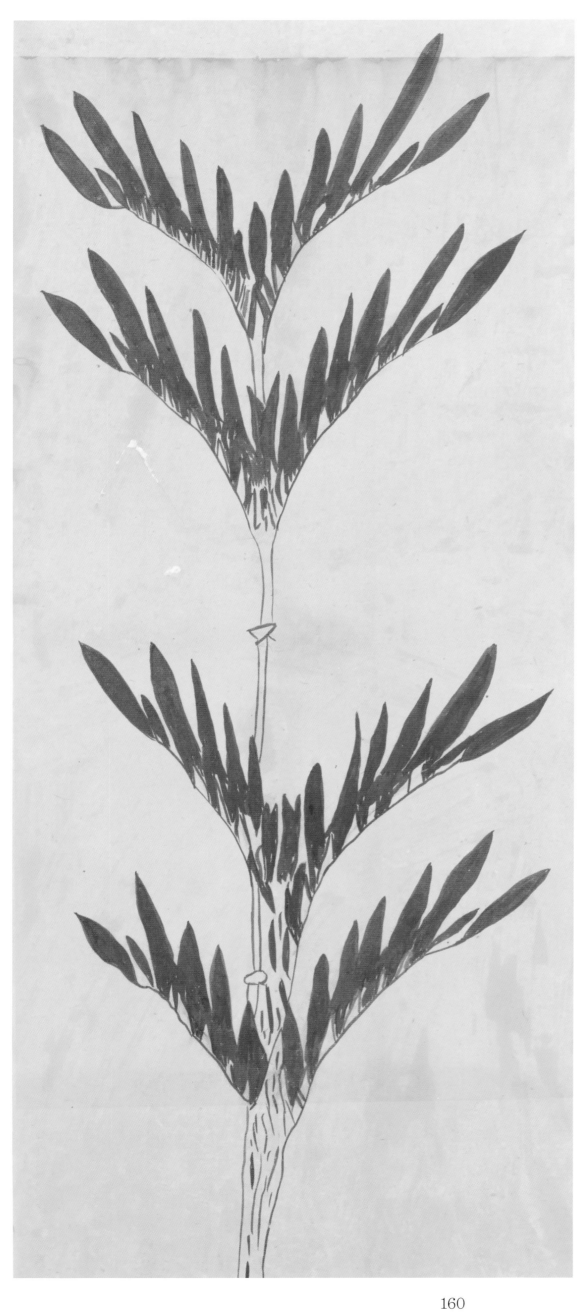

圖138 · 대나무 · 竹
33×73 · 지본

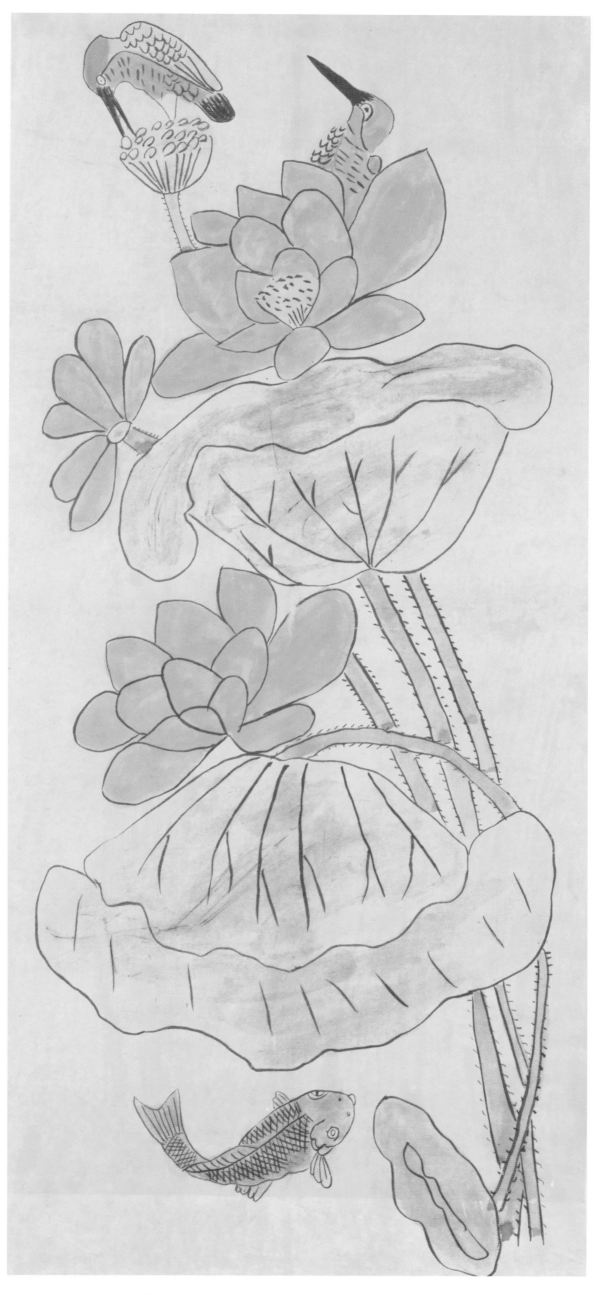

圖139 · 연화도 · 蓮花圖
33×73 · 지본

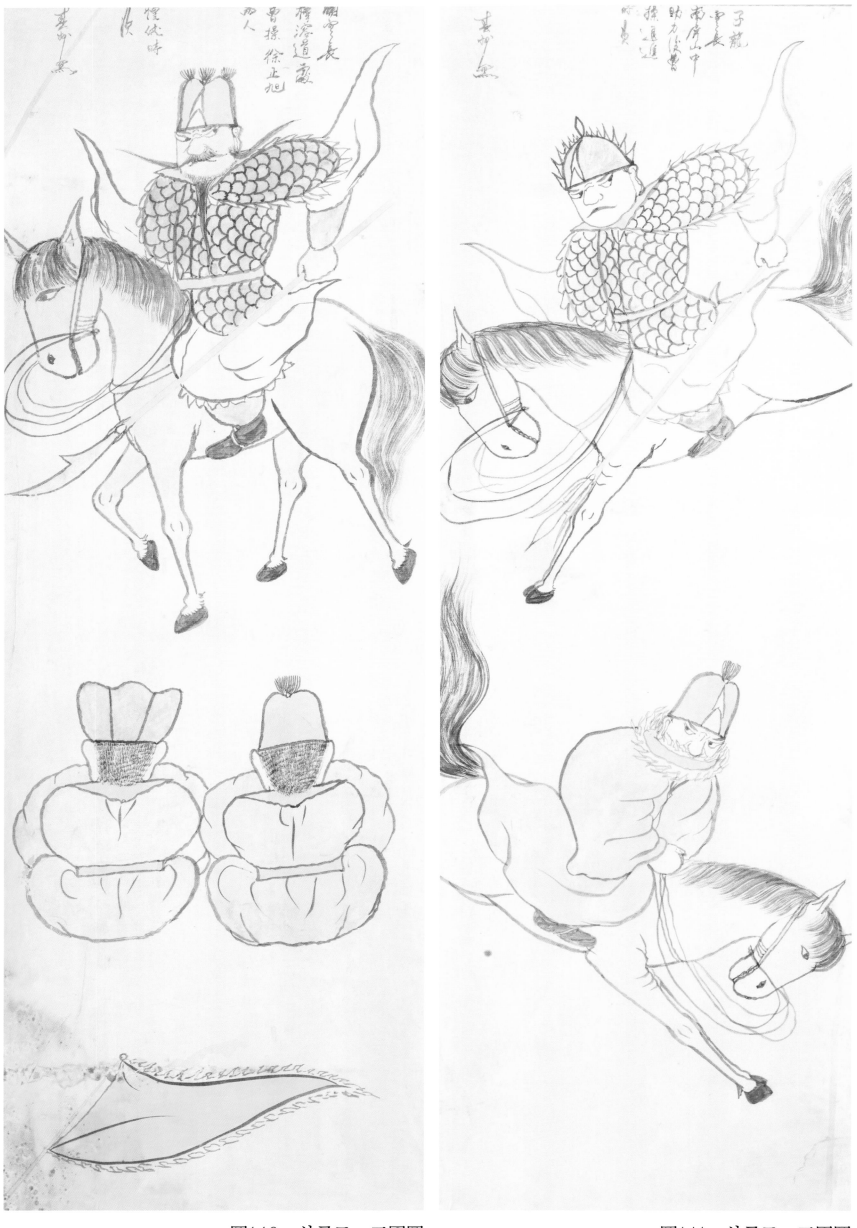

圖140 · 삼국도 · 三國圖

35.5×105 · 지본

圖141 · 삼국도 · 三國圖

35.5×105 · 지본

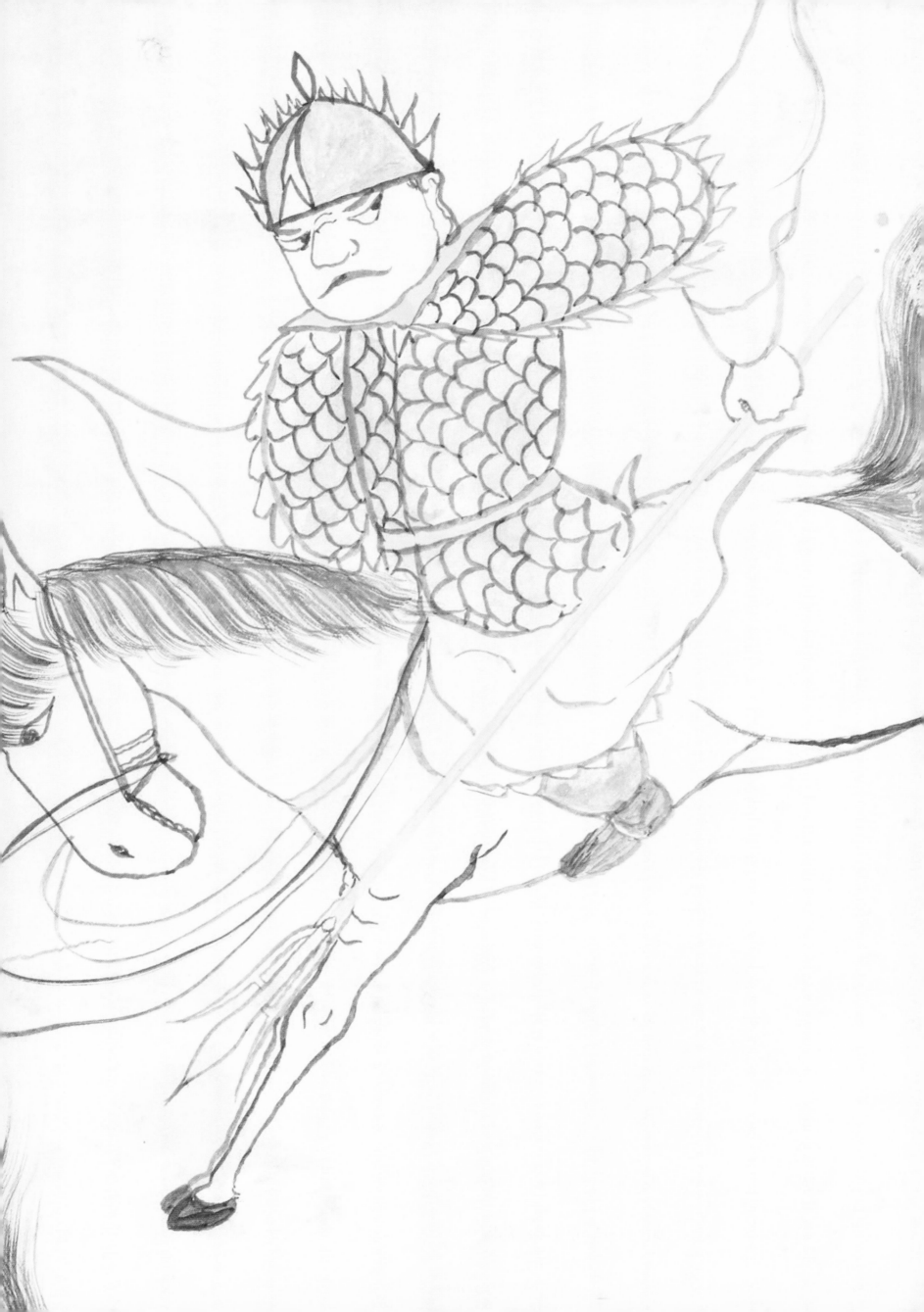

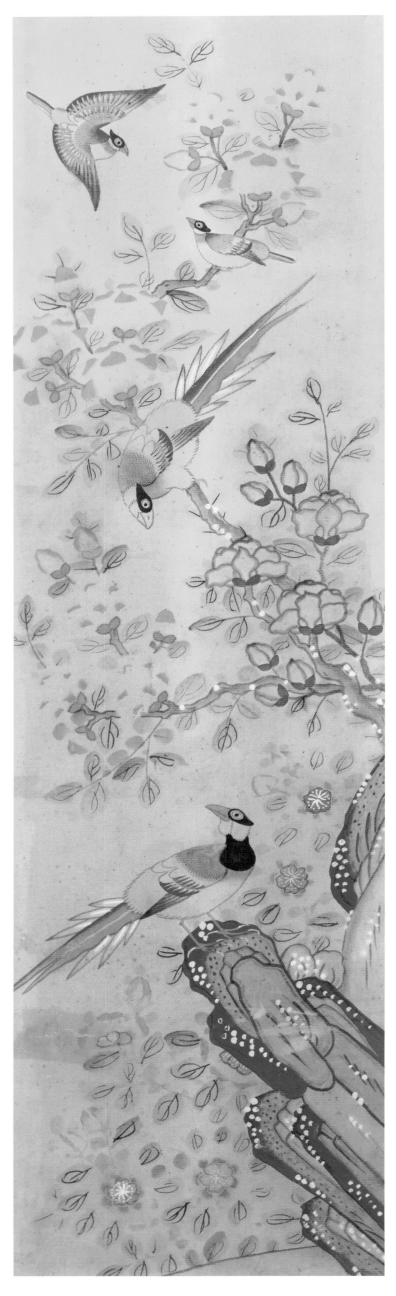

圖142 · 화조도 · 花鳥圖
31×116 · 지본

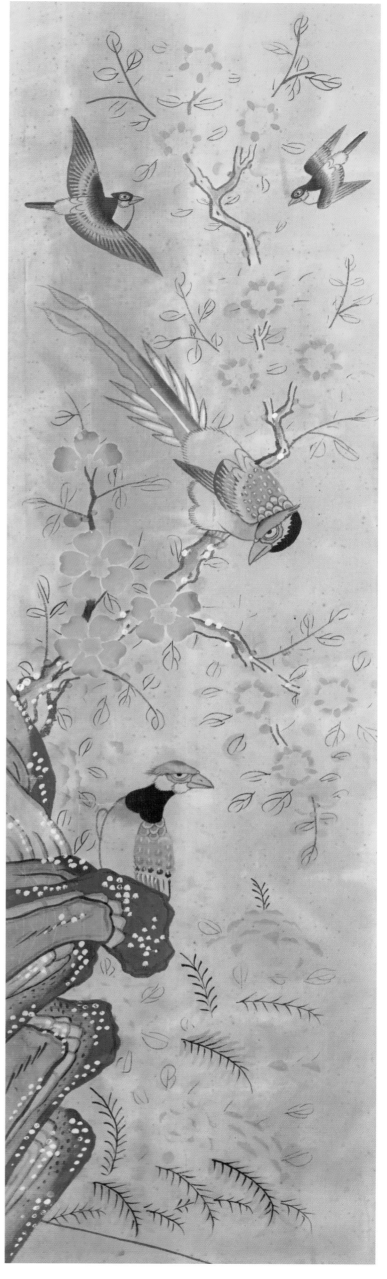

오색 영롱한 두쌍의 금조가 꽃나무에서 놀고 있다. 두 마리는 나무 가
지에 앉아있고 한 마리는 바위에 앉아 서로 얘기를 나누는 모습이다.
민화에서 새나 짐승이 쌍으로 그려진 것은 부부금실을 상징한다.

圖143 · 화조도 · 花鳥圖
31×116 · 지본

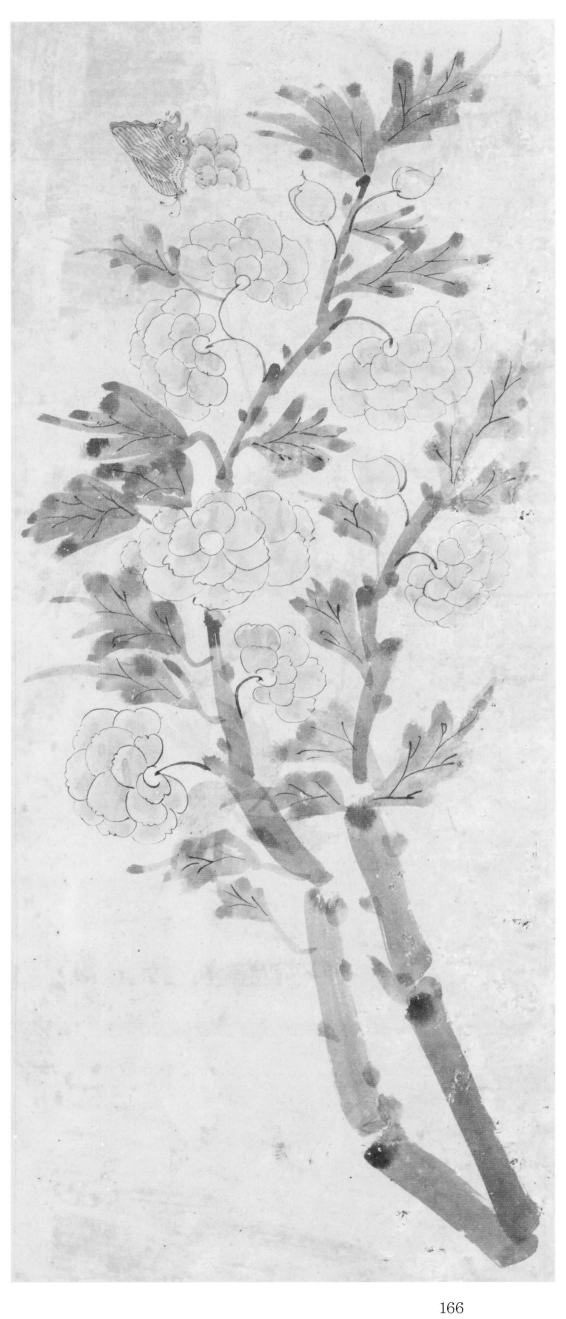

圖144 · 화접도 · 花蝶圖
31.5×93 · 지본

화접도 중에서도 다른 그림에 비해 담채로
잘 표현된 그림이다.

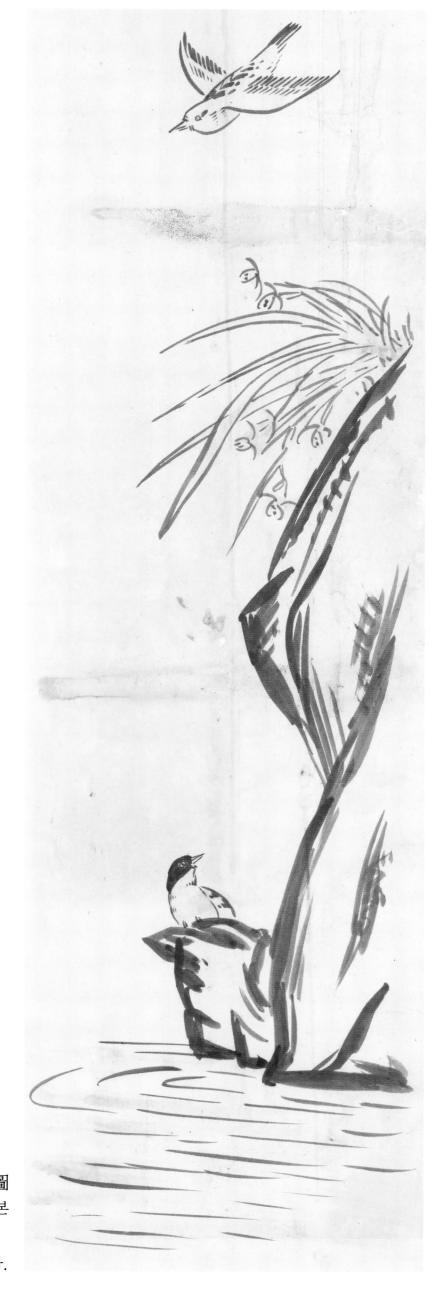

圖145 · 화조도 · 花鳥圖

32×110 · 지본

새와 난초 꽃을 백묘법으로 간결하게 표현한 그림이다.

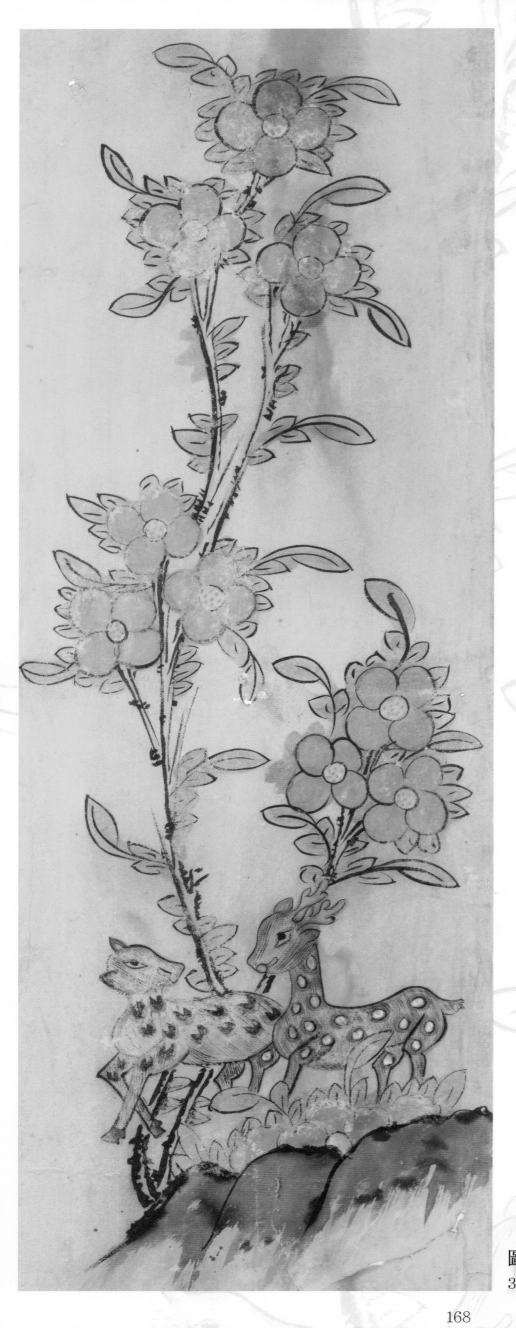

圖146 · 십장생도 · 十長生圖
30.5×86 · 지본

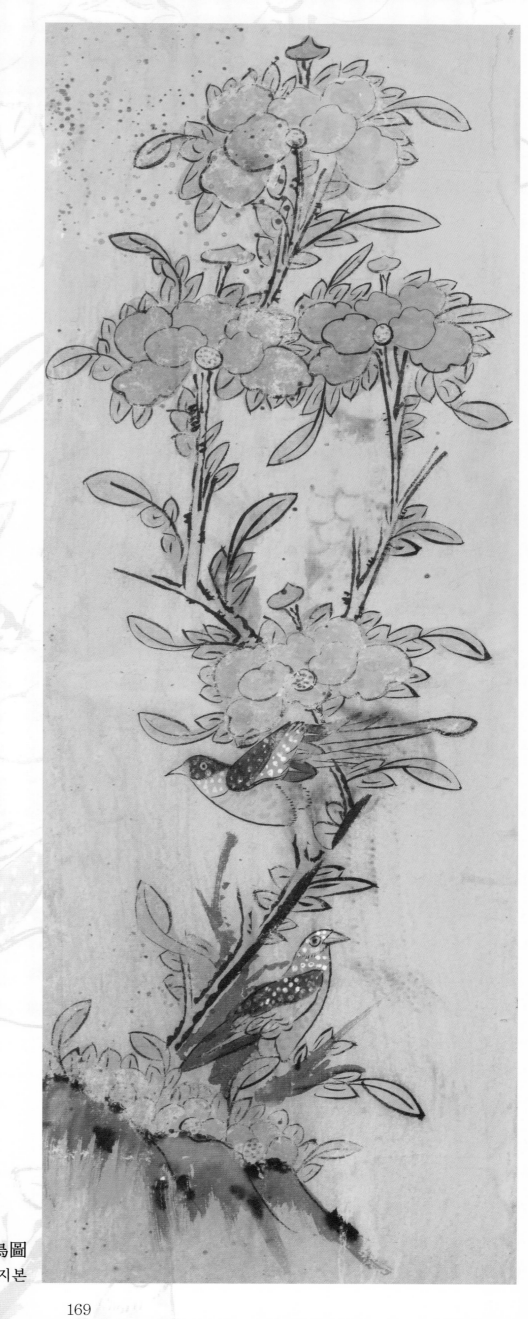

圖147 · 화조도 · 花鳥圖
30.5×86 · 지본

169

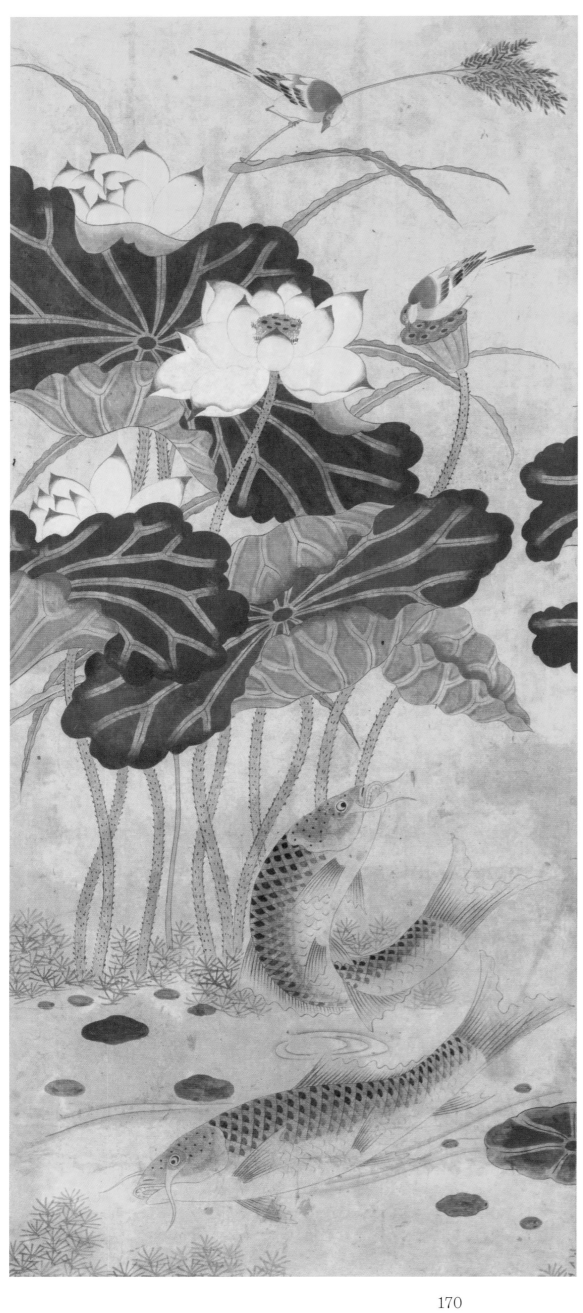

圖148 · 연화도 · 蓮花圖
40×99 · 지본

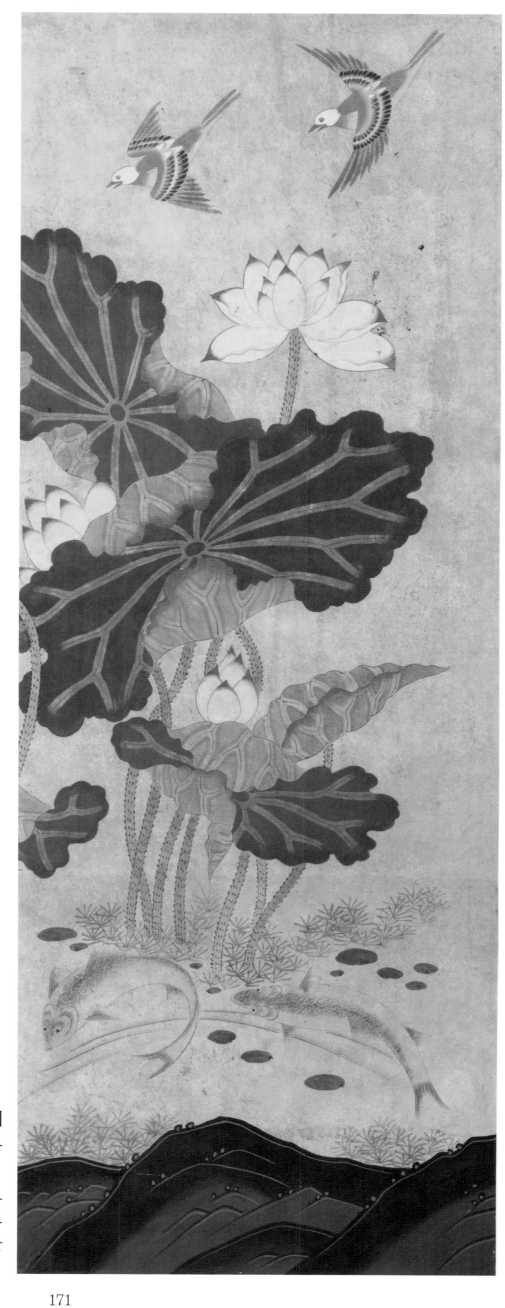

圖149 · 연화도 · 蓮花圖

40×99 · 지본

넓은 연잎위로 맑고 고운 연꽃이 활짝 피어 있고 물
에는 잉어 두마리가 헤엄치고 있다. 여기서 잉어 두
마리는 공부를 하여 소과 대과에서 급제하여 출세한
다는 뜻이 있다.

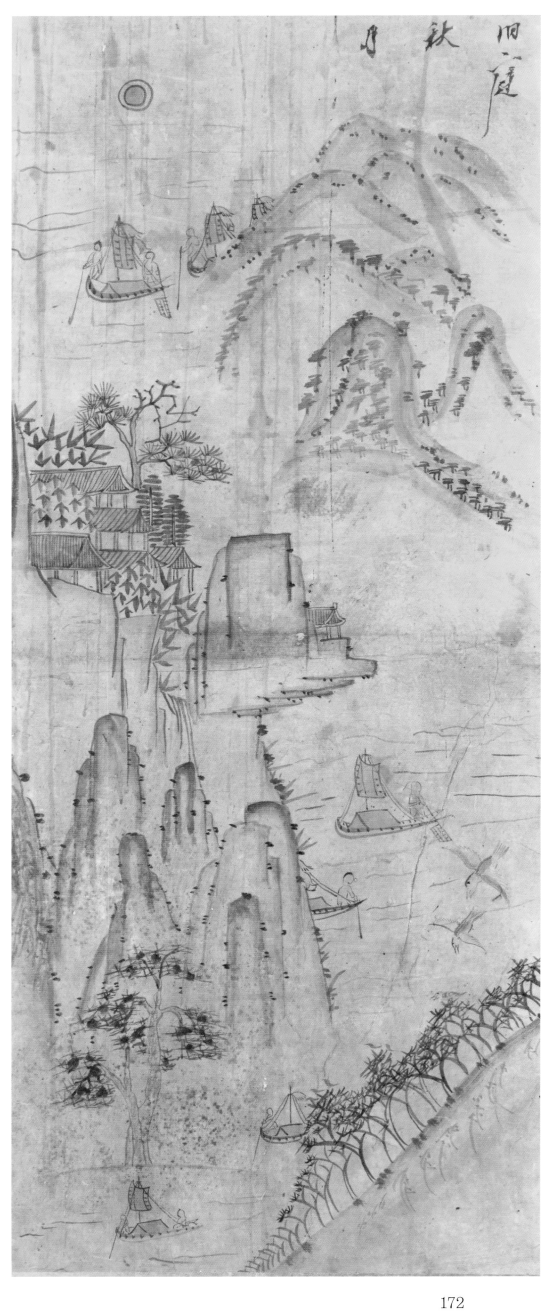

圖150 · 산수도 · 山水圖
32×79 · 지본

172

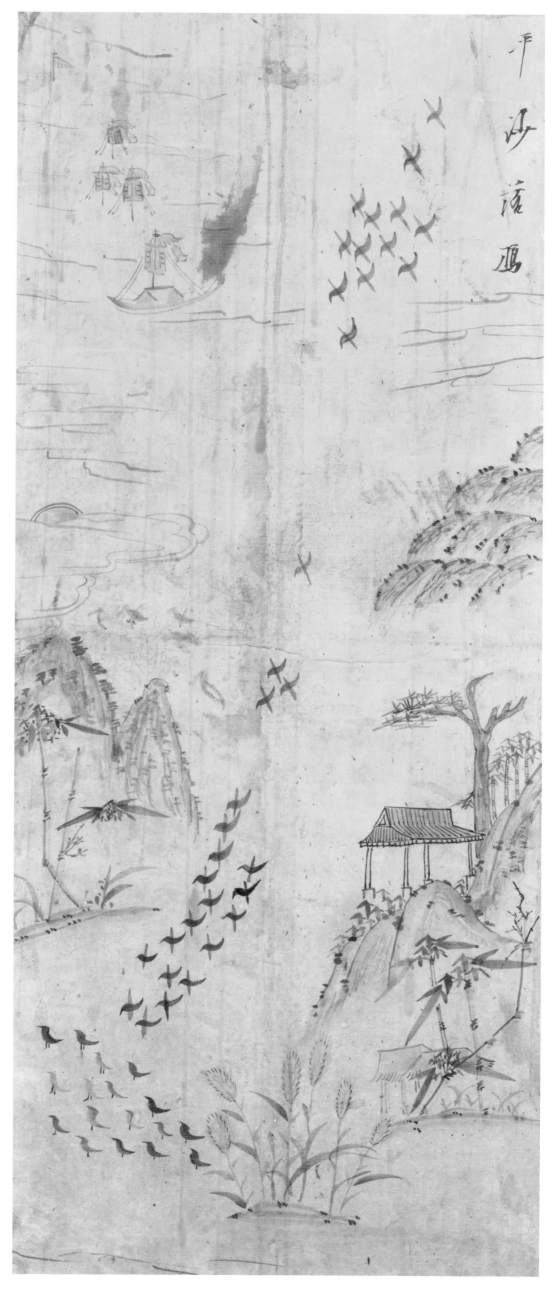

圖151 · 산수도 · 山水圖
32×79 · 지본

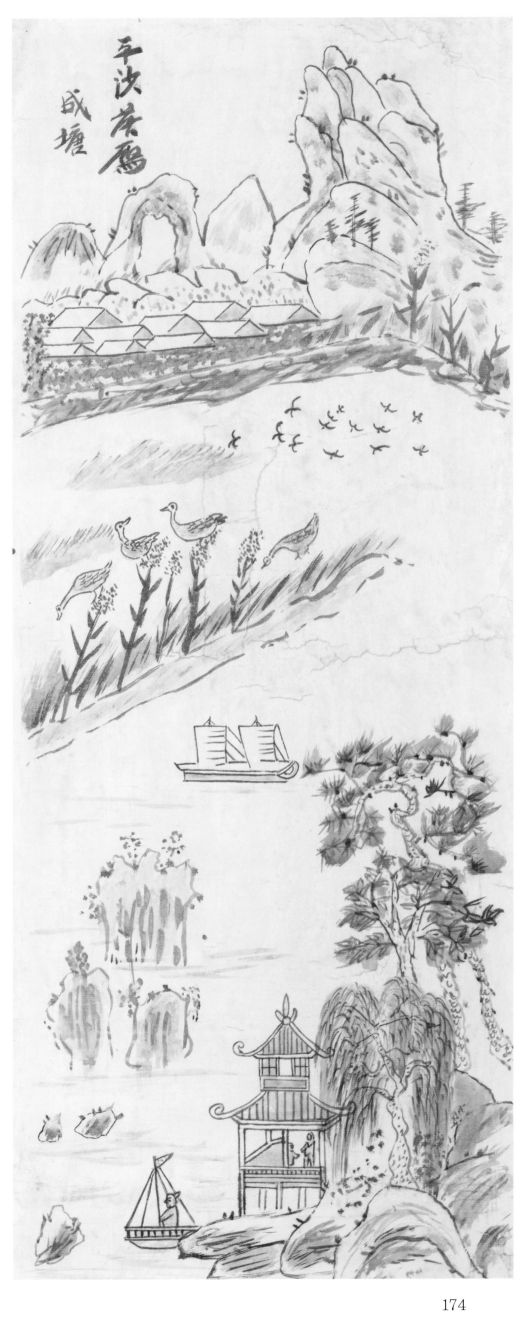

圖152 · 산수도 · 山水圖
30.5×80 · 지본

174

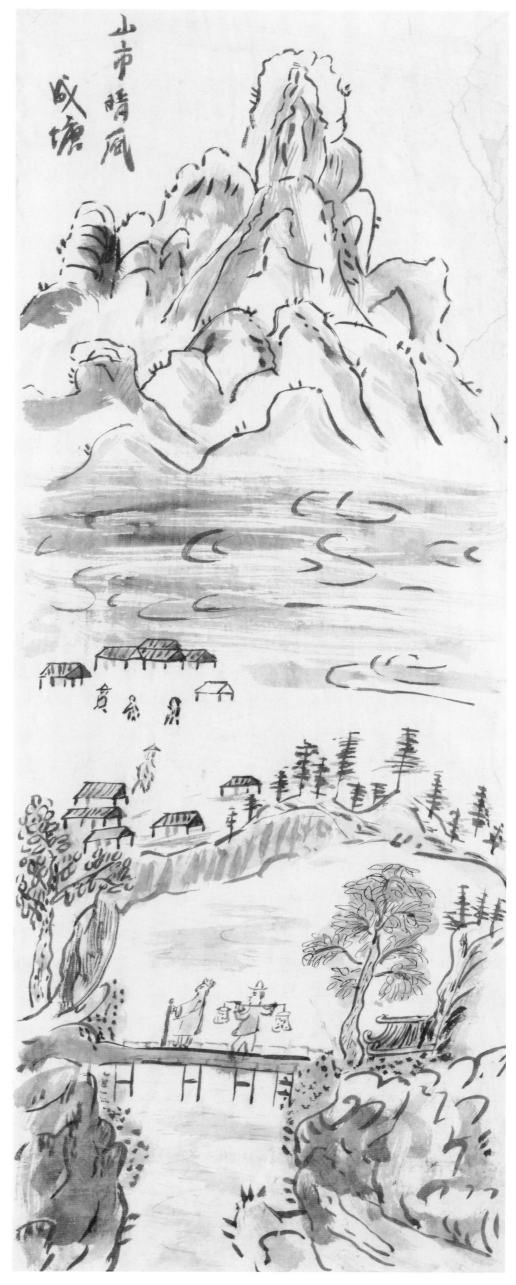

圖153 · 산수도 · 山水圖
30.5×80 · 지본

175

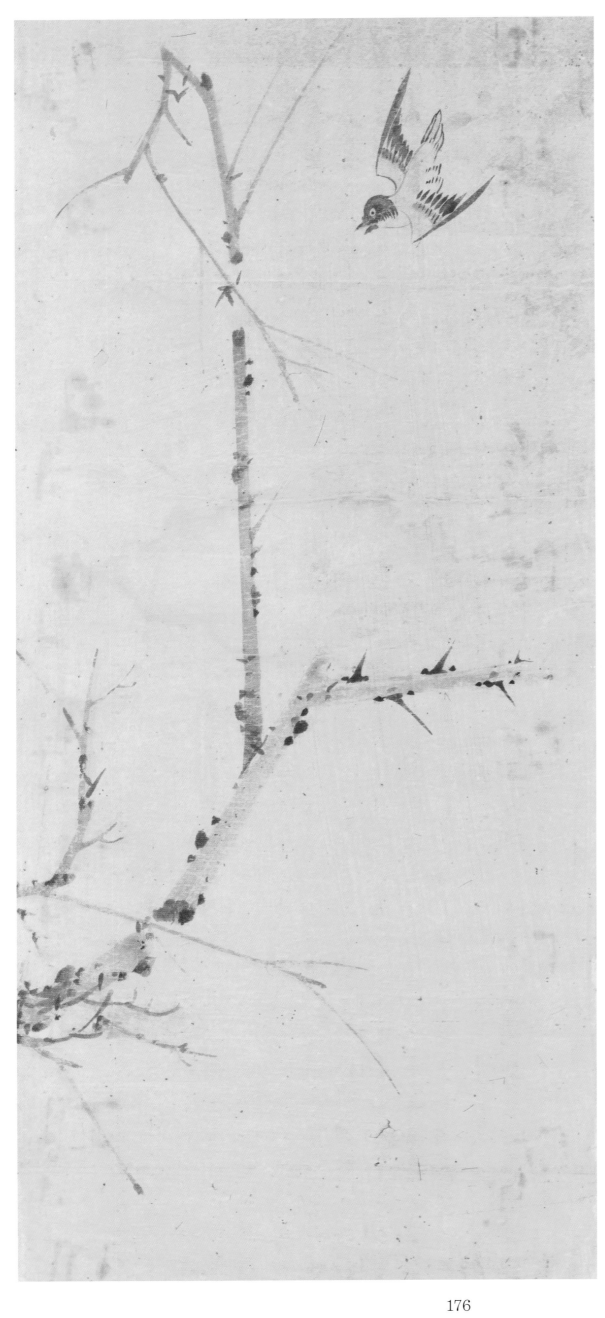

圖154 · 화조도 · 花鳥圖
31×95 · 지본

176

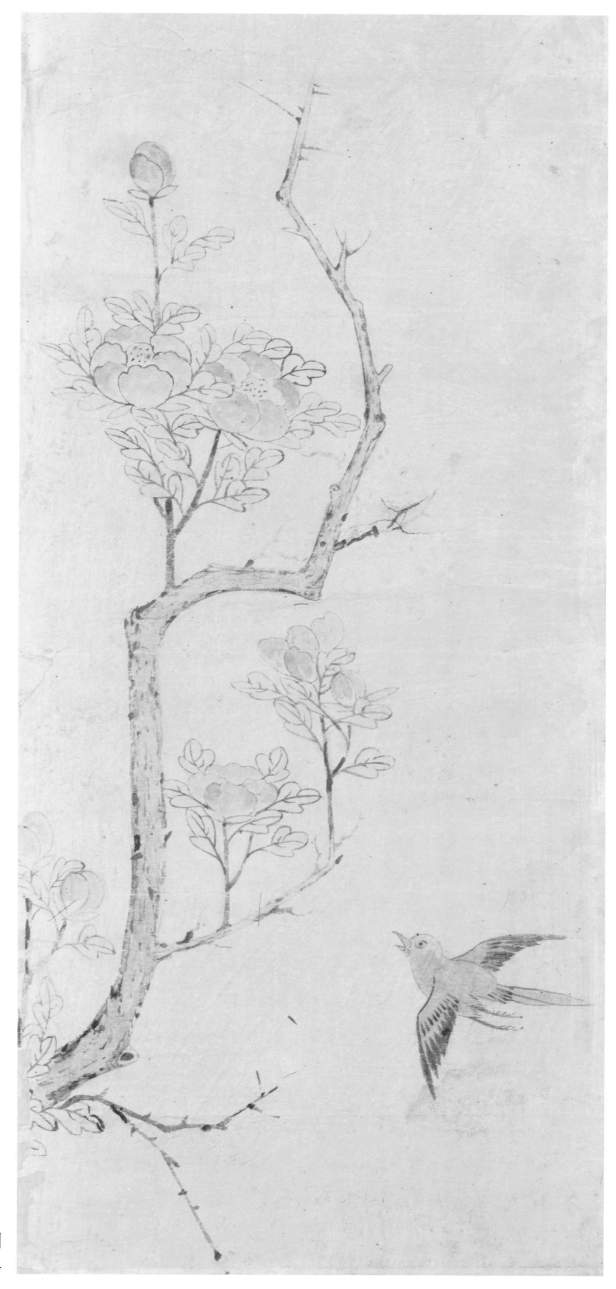

圖155 · 화조도 · 花鳥圖
31×95 · 지본

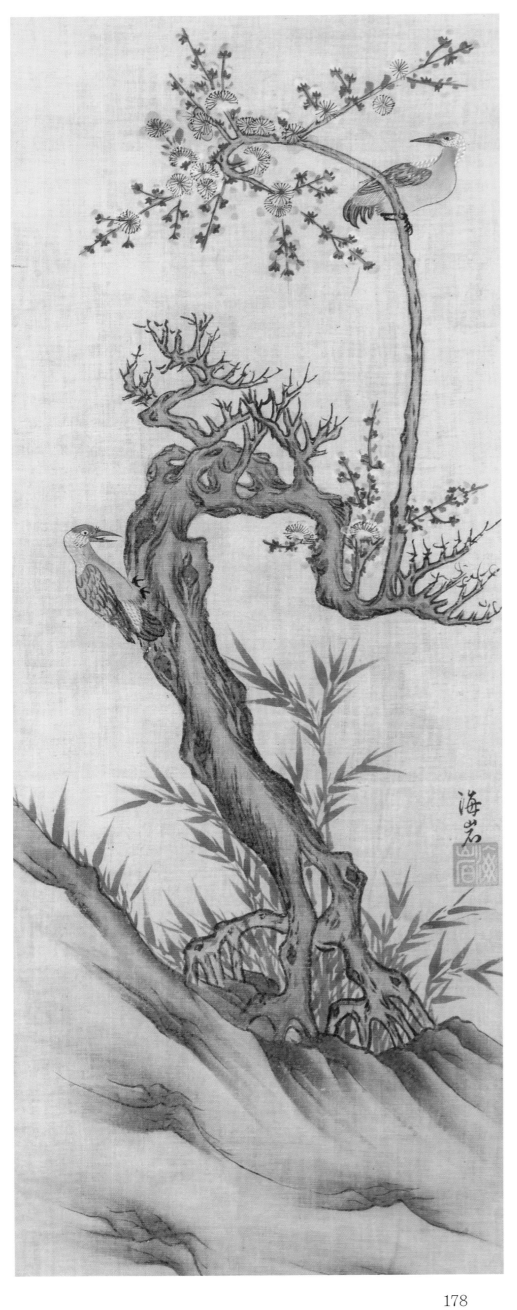

圖156 · 모란도 · 牡丹圖
27×85 · 비단

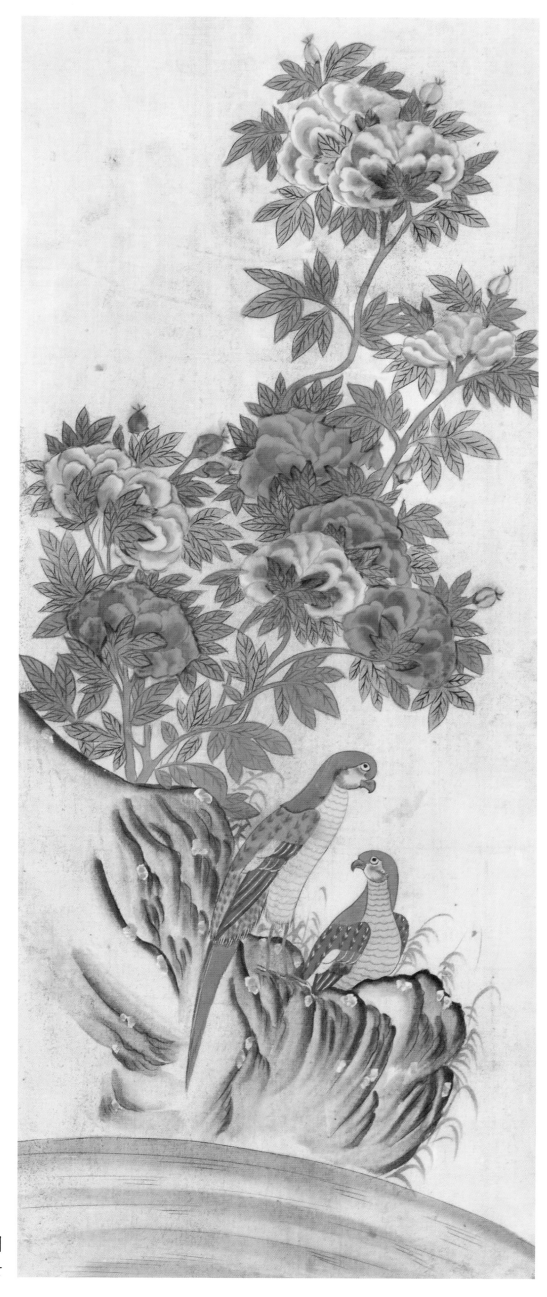

圖157 · 연화도 · 蓮花圖
27×85 · 비단

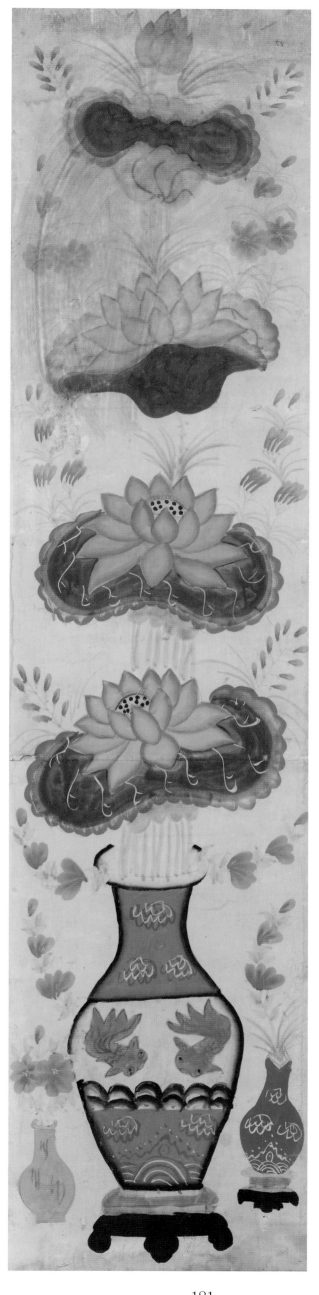

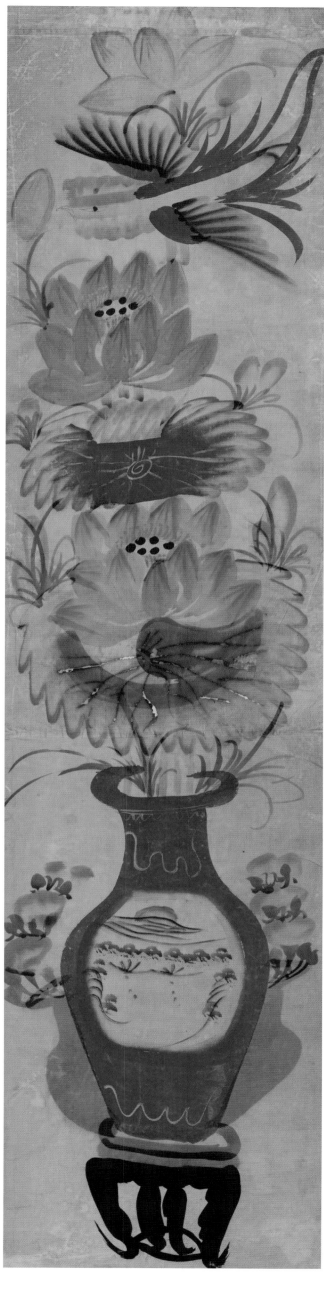

圖158 · 화조도 · 花鳥圖
34.5×151 · 지본

圖159 · 화조도 · 花鳥圖
34.5×151 · 지본

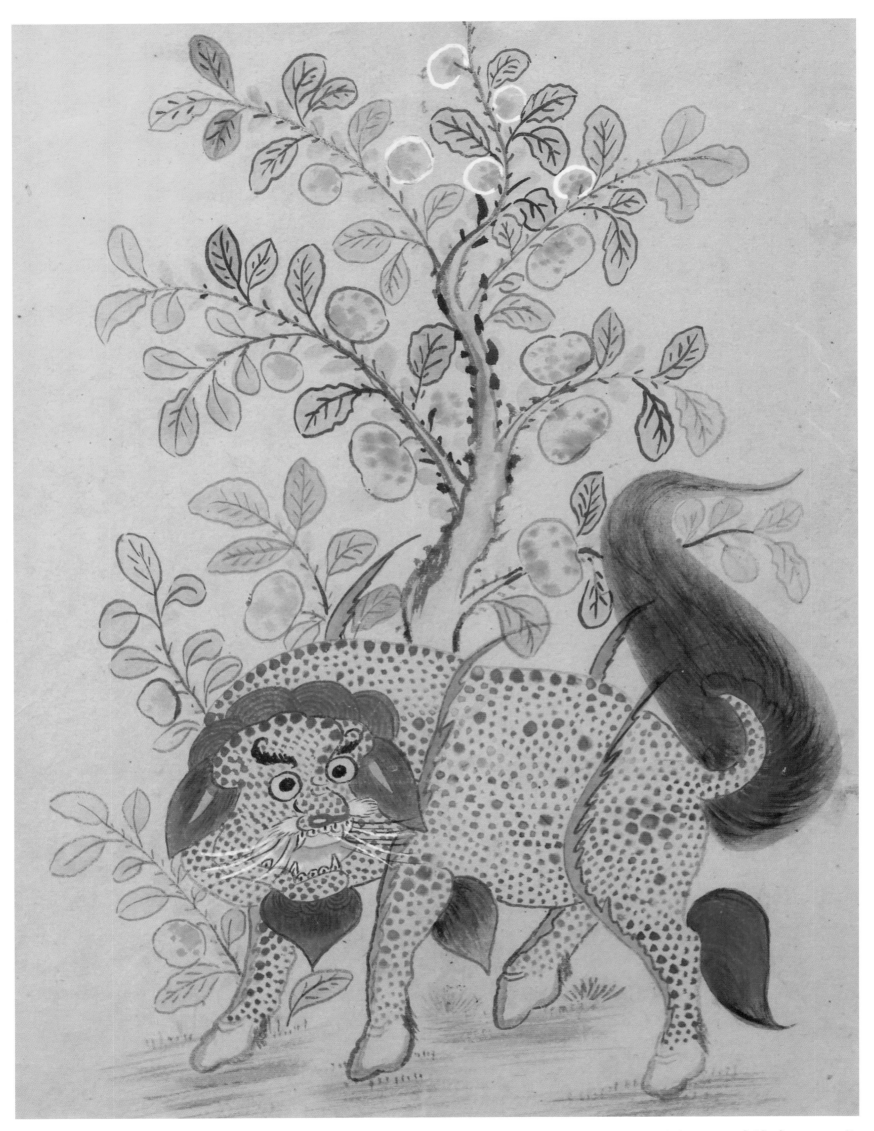

圖160 · 사불상 · 四不像
30×41 · 지본

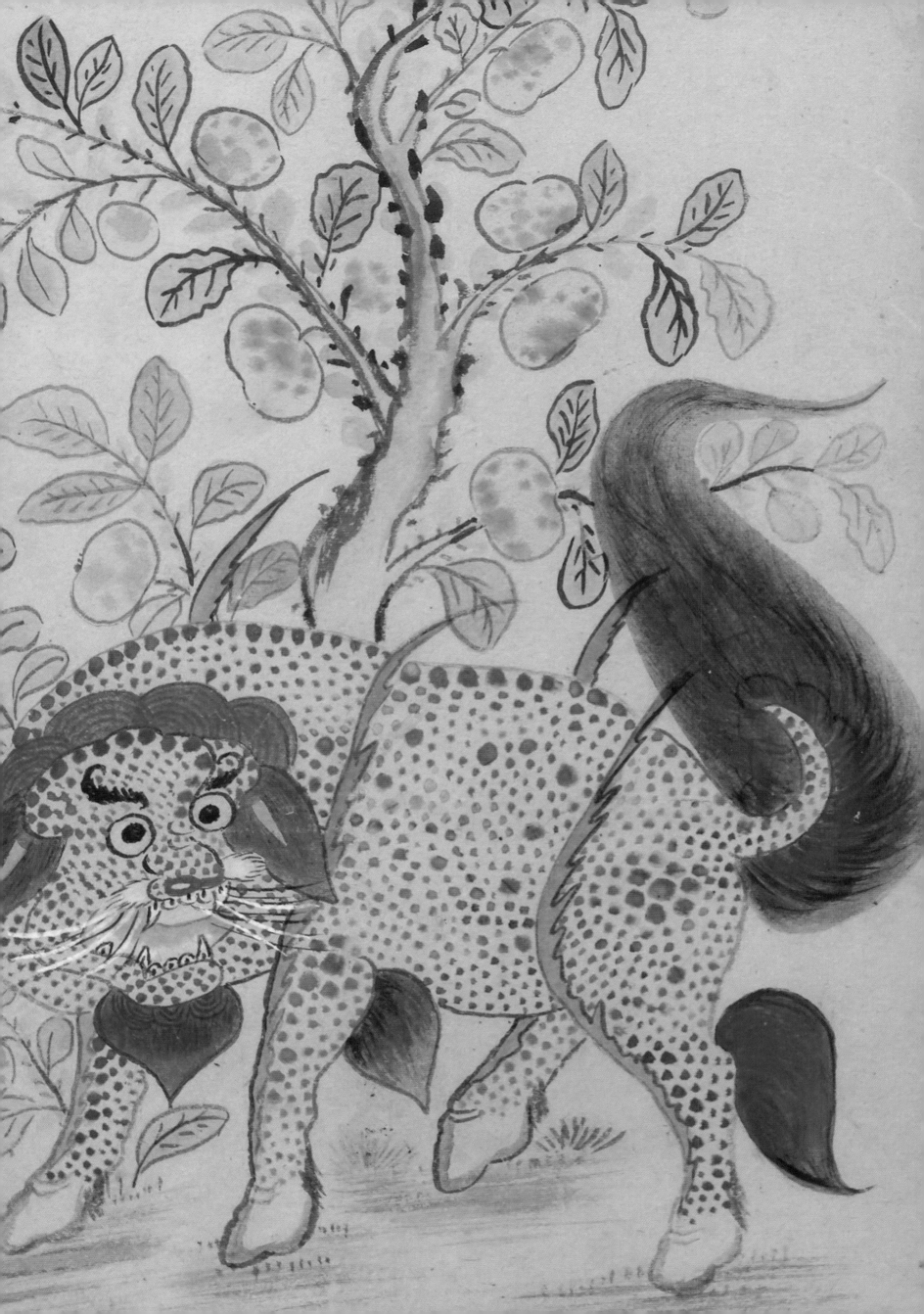

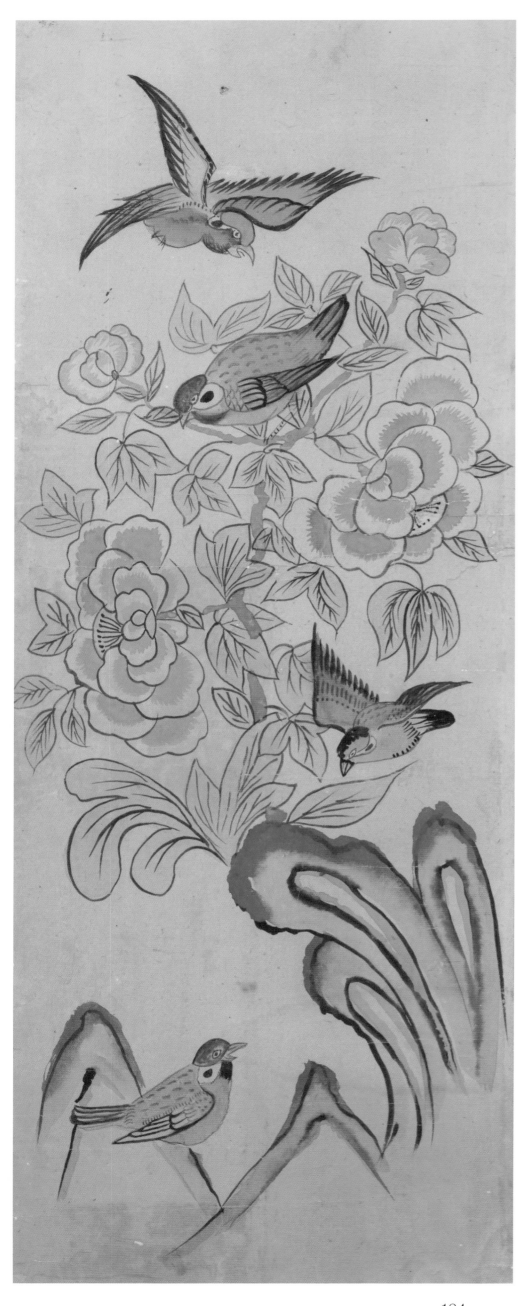

圖161・화조도・花鳥圖
27.5×79・지본

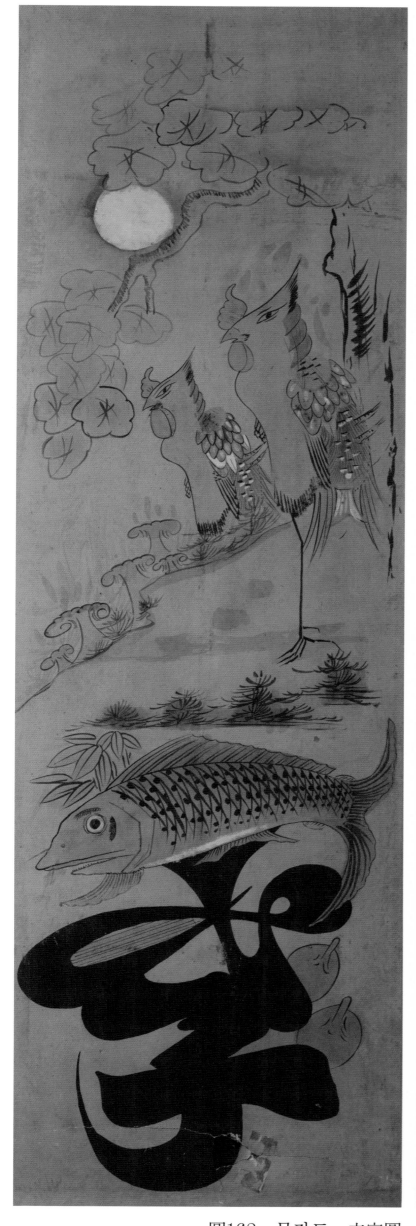

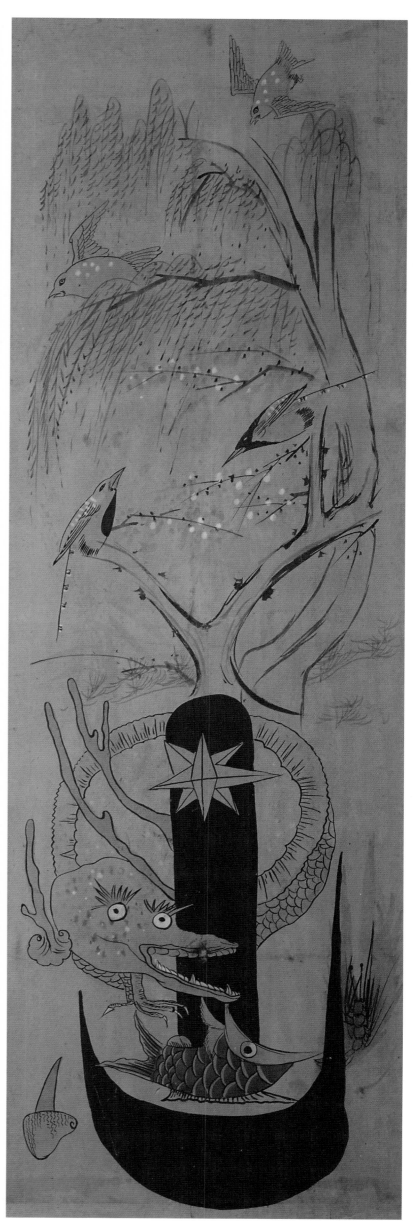

圖162·문자도·文字圖
33×107·지본

圖163·문자도·文字圖
33×107·지본

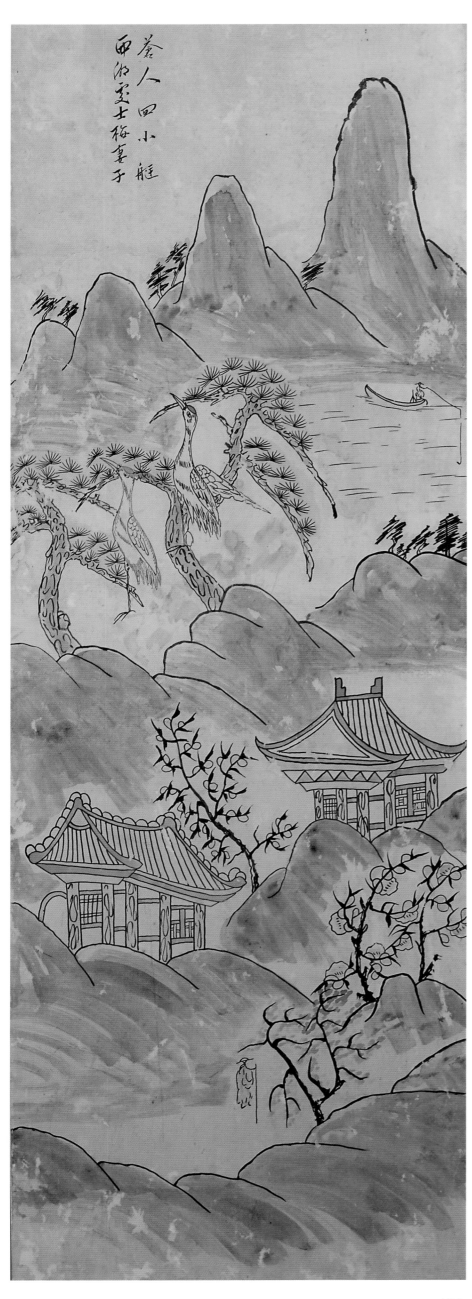

산과 물을 소재로 풍경을 묘사한 그림이다. 채색은 담채로
서 기암괴석 사이에 정자들이 그려져 있고, 산아래에 마을
로 보이는 풍경도 그려져있다.

圖164 · 산수도 · 山水圖
35×107 · 지본

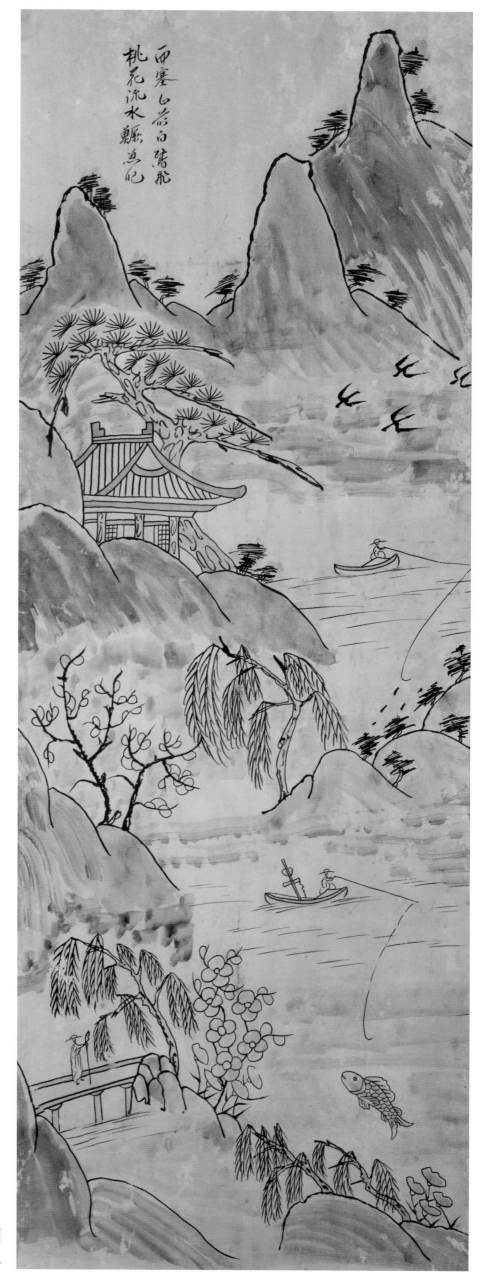

圖165 · 산수도 · 山水圖
35×107 · 지본

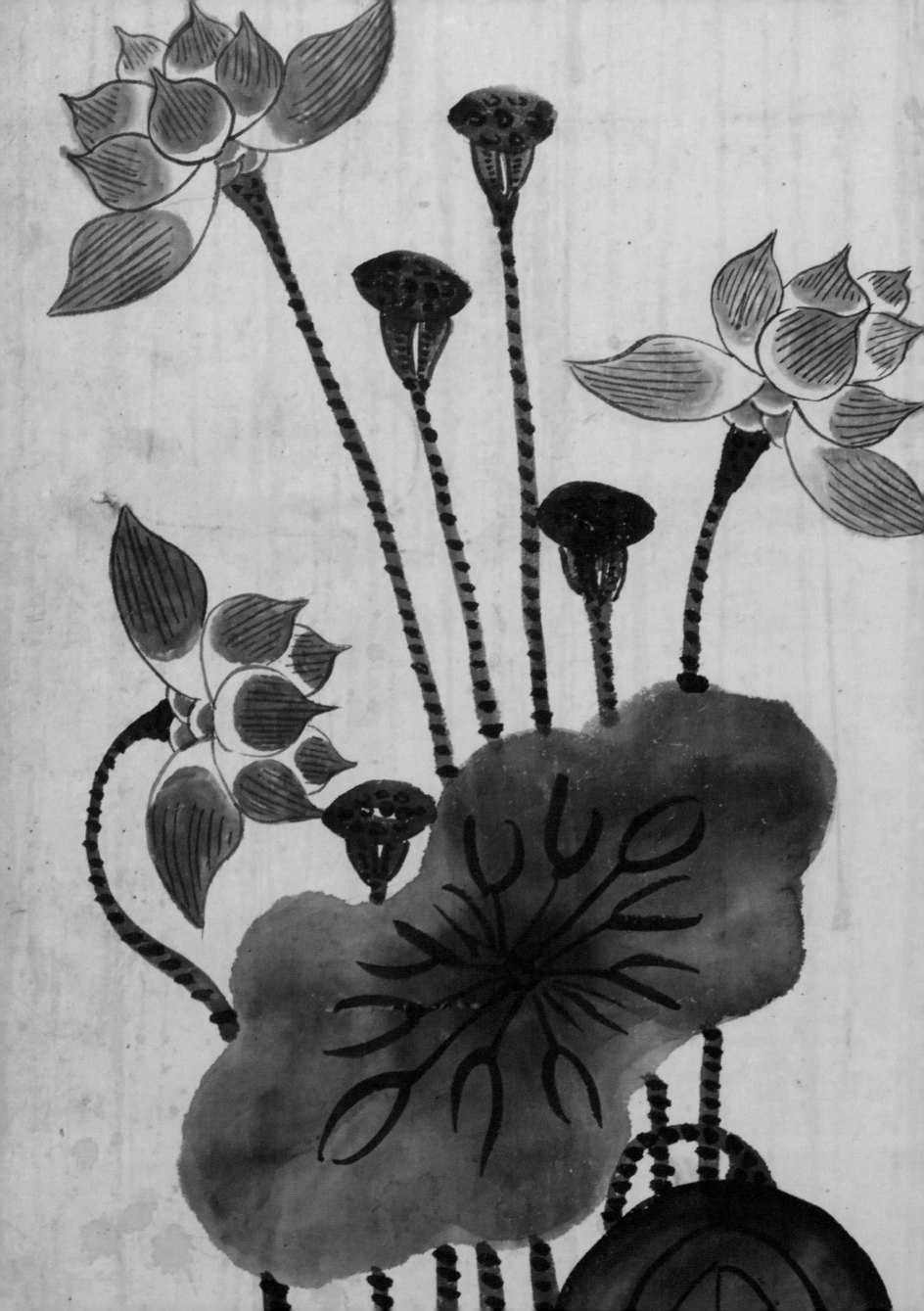

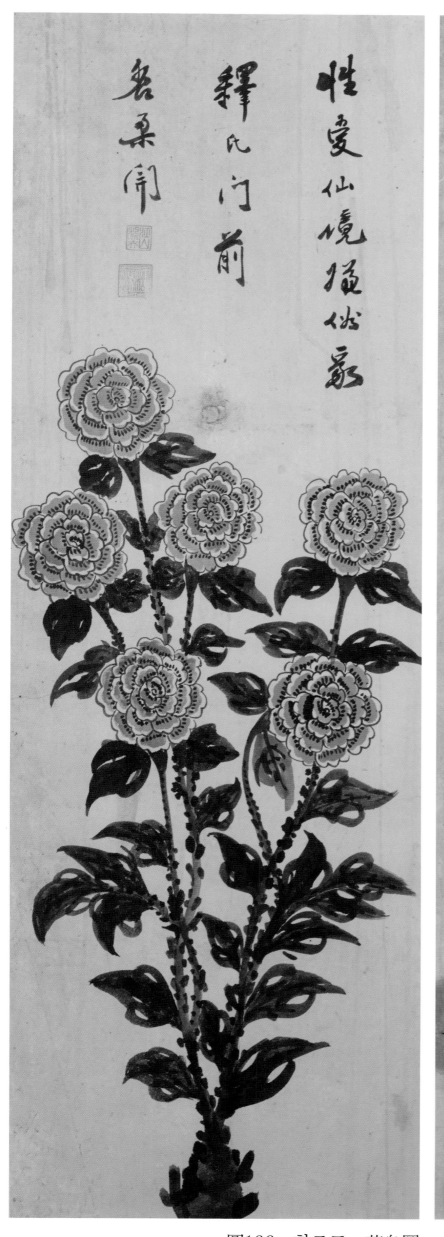

性愛仙境猶似家
釋氏門前喜柔開
苕菜園

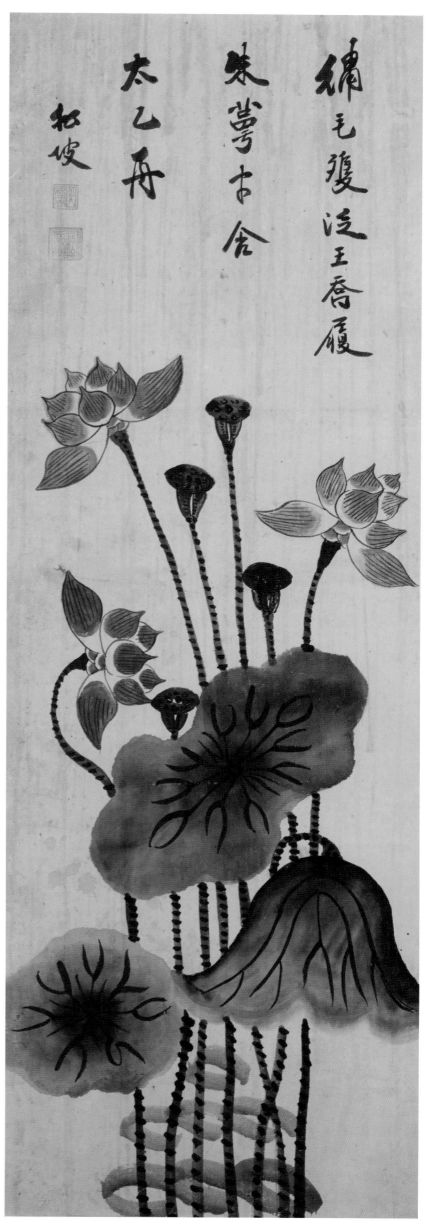

縛毛復泛王唇履
朱萼古含
太乙舟
松坡

圖166 · 화조도 · 花鳥圖
31×97 · 지본

圖167 · 화조도 · 花鳥圖
31×97 · 지본

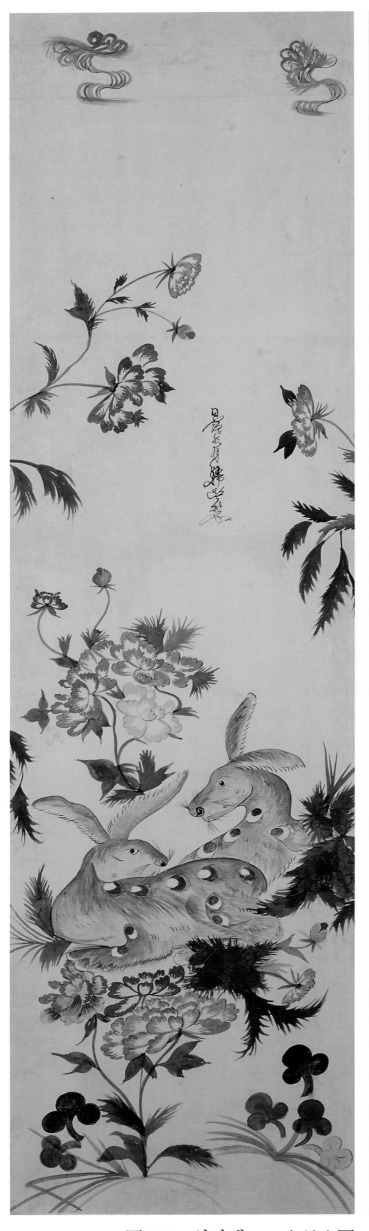

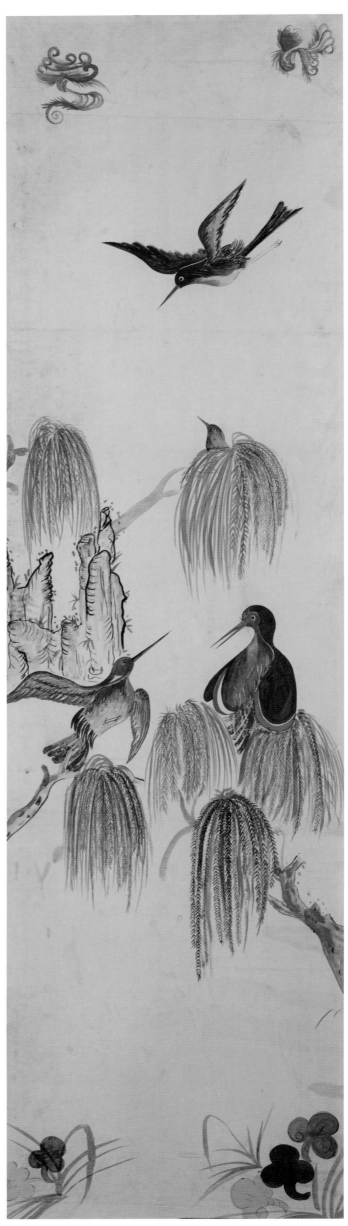

圖168 · 십장생도 · 十長生圖

30×110 · 지본

圖169 · 화조도 · 花鳥圖

30×110 · 지본

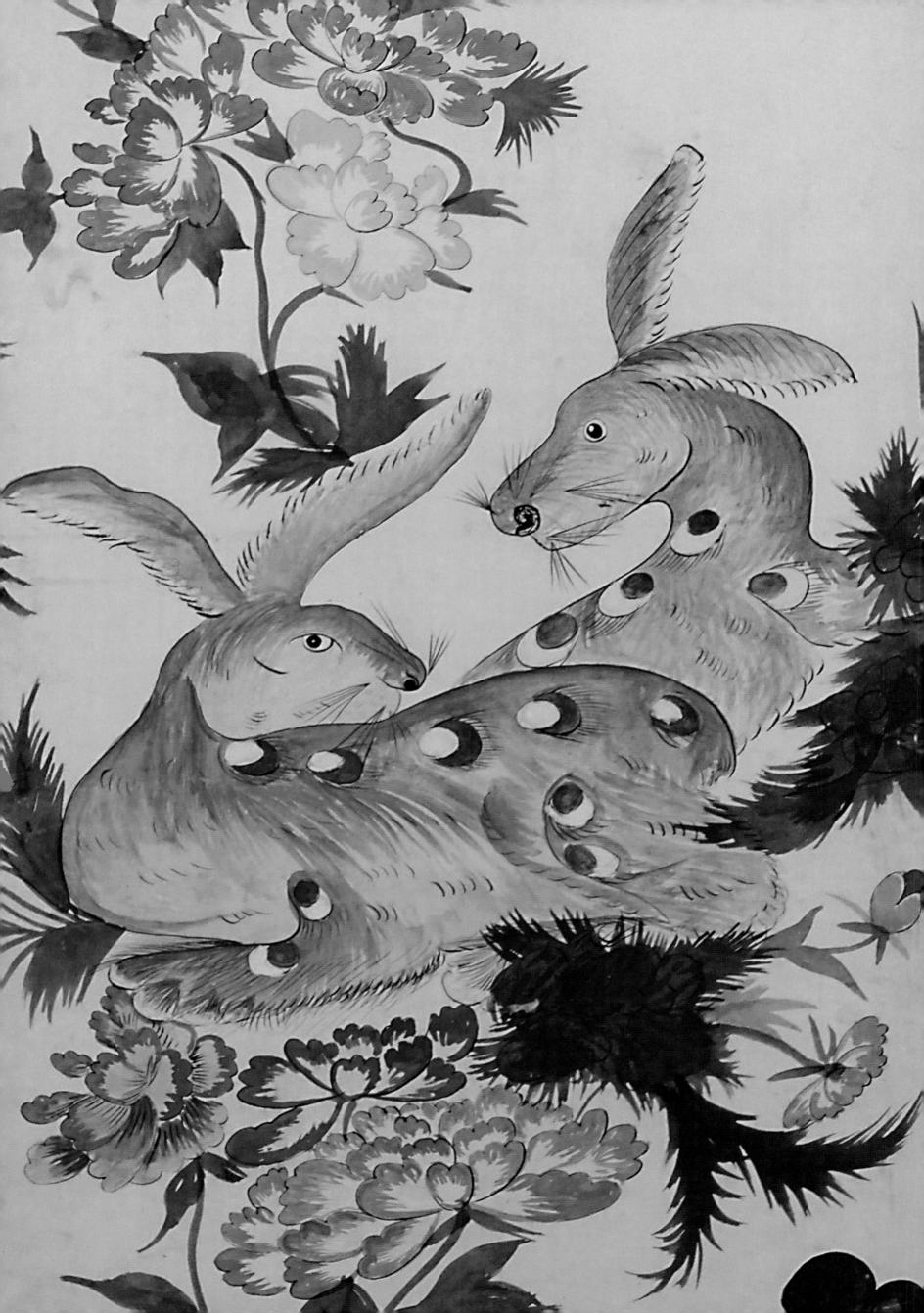

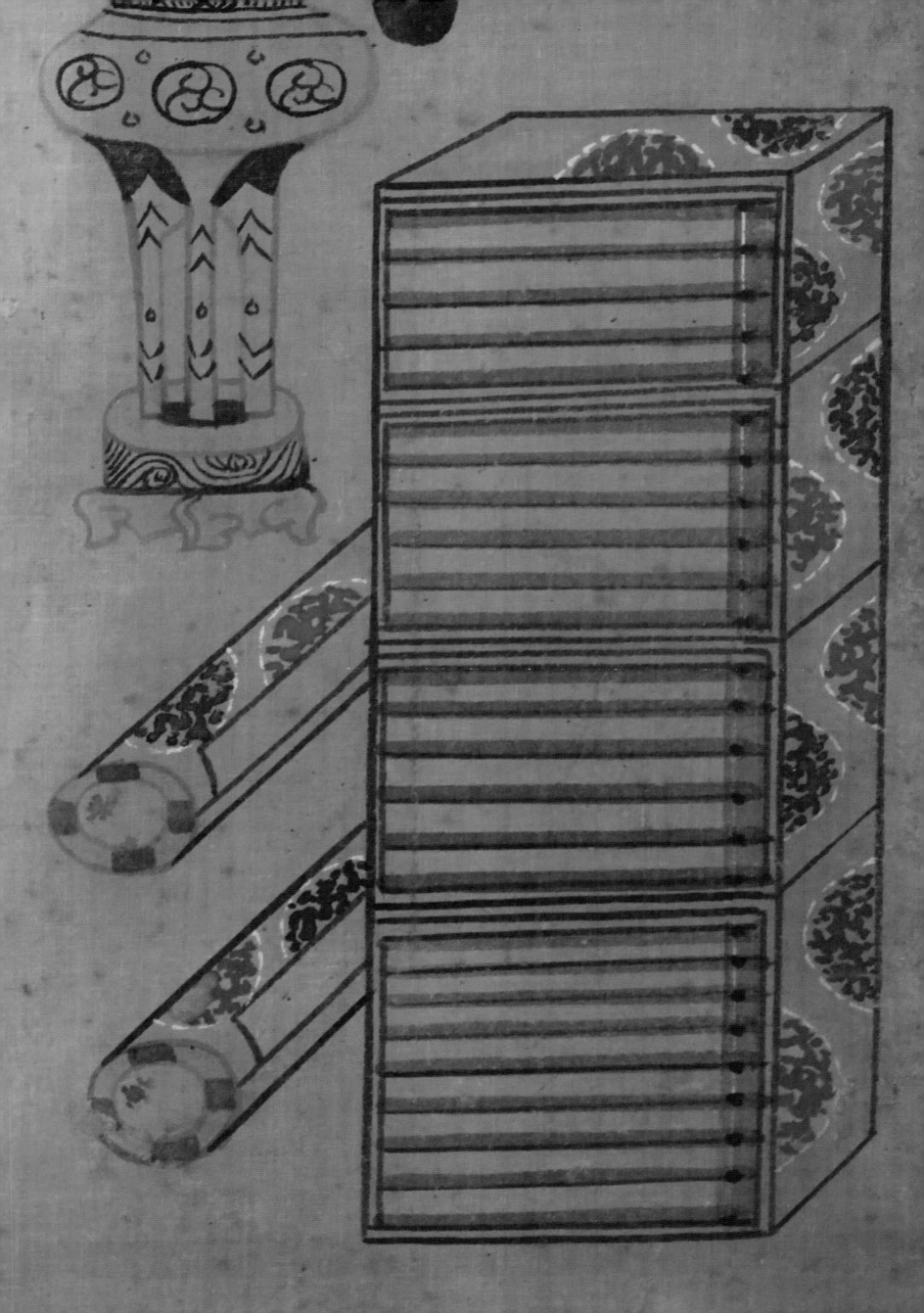

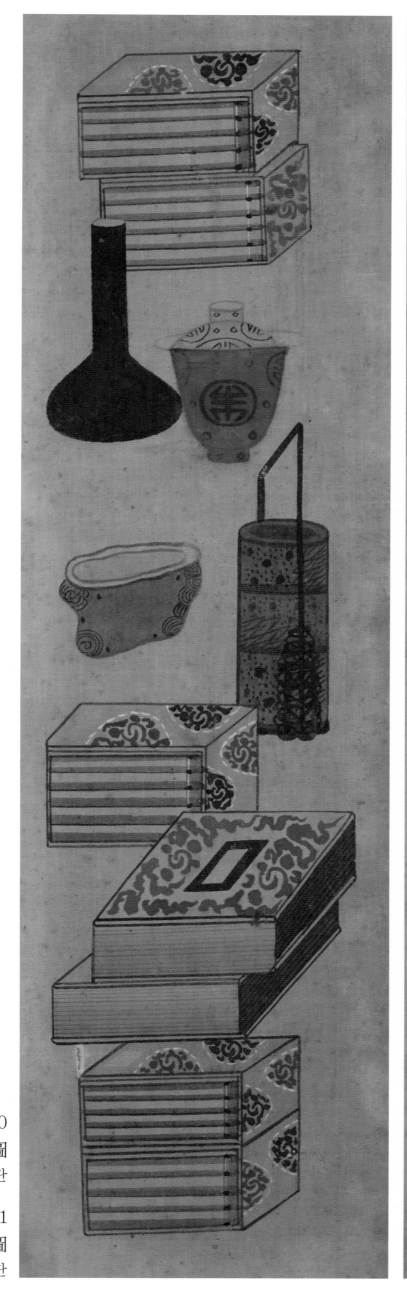

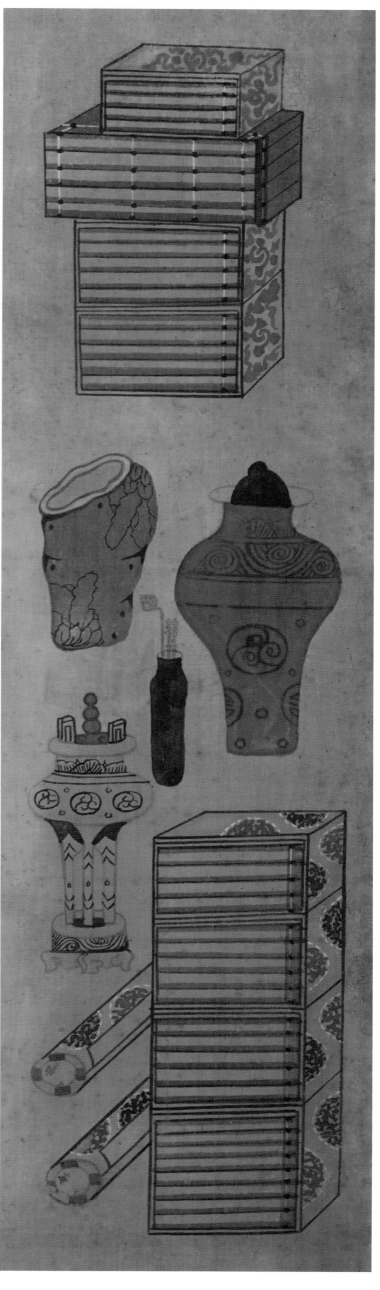

圖170
책가도 · 册架圖
35×99 · 비단

圖171
책가도 · 册架圖
35×99 · 비단

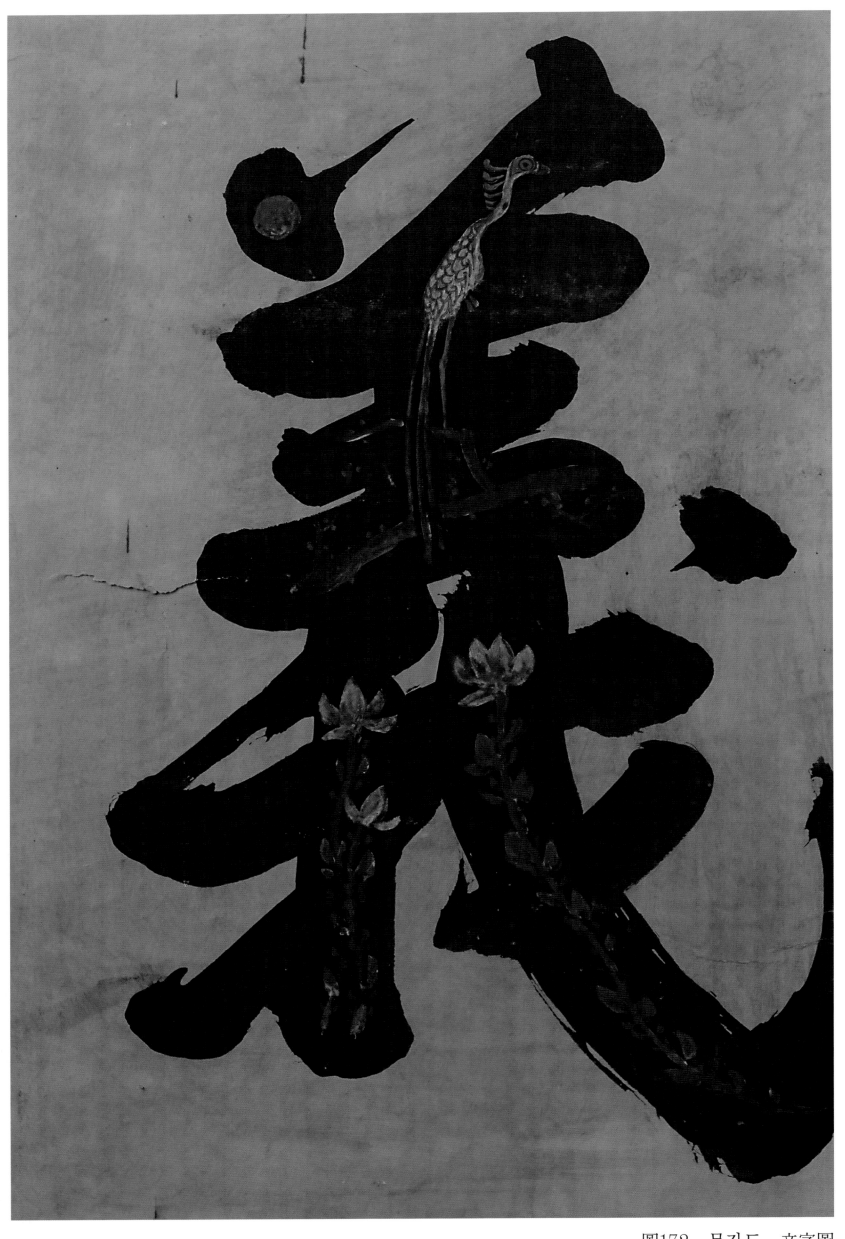

圖172 · 문자도 · 文字圖
28×50 · 지본

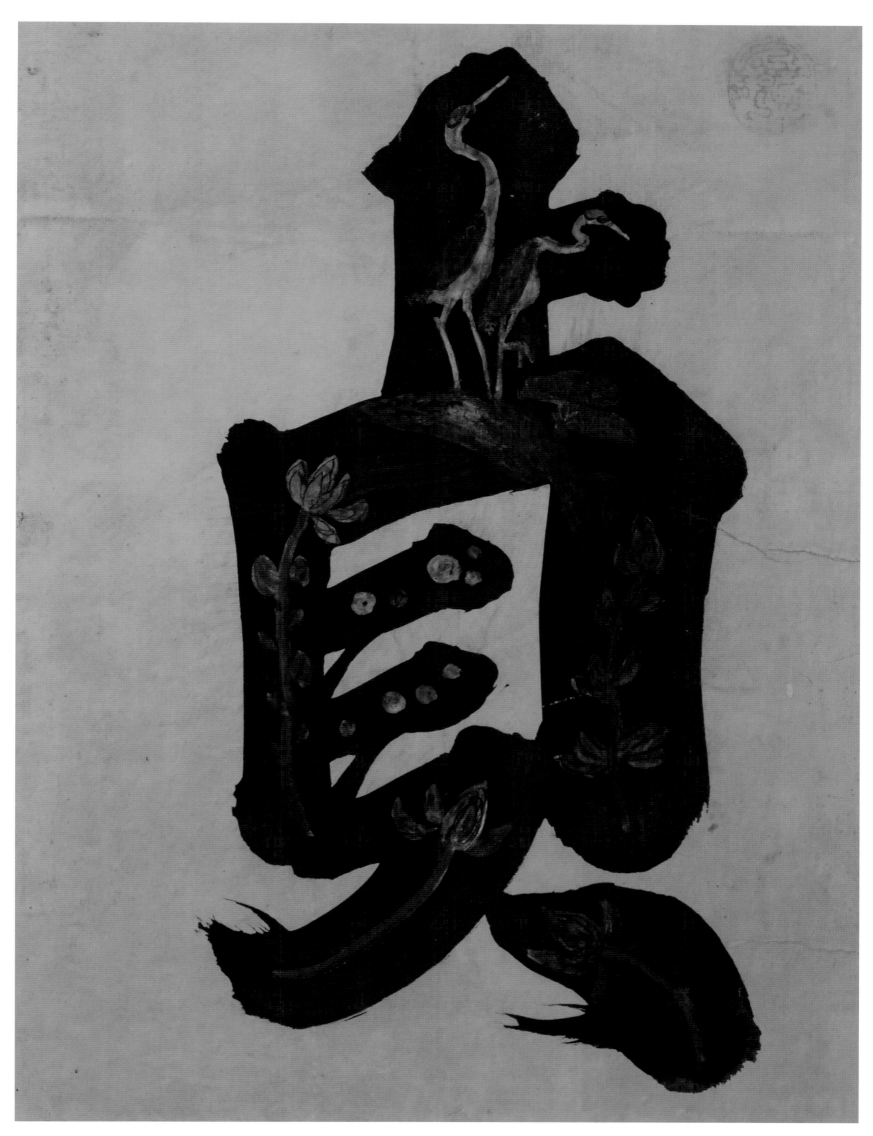

圖173 · 문자도 · 文字圖
28×50 · 지본

195

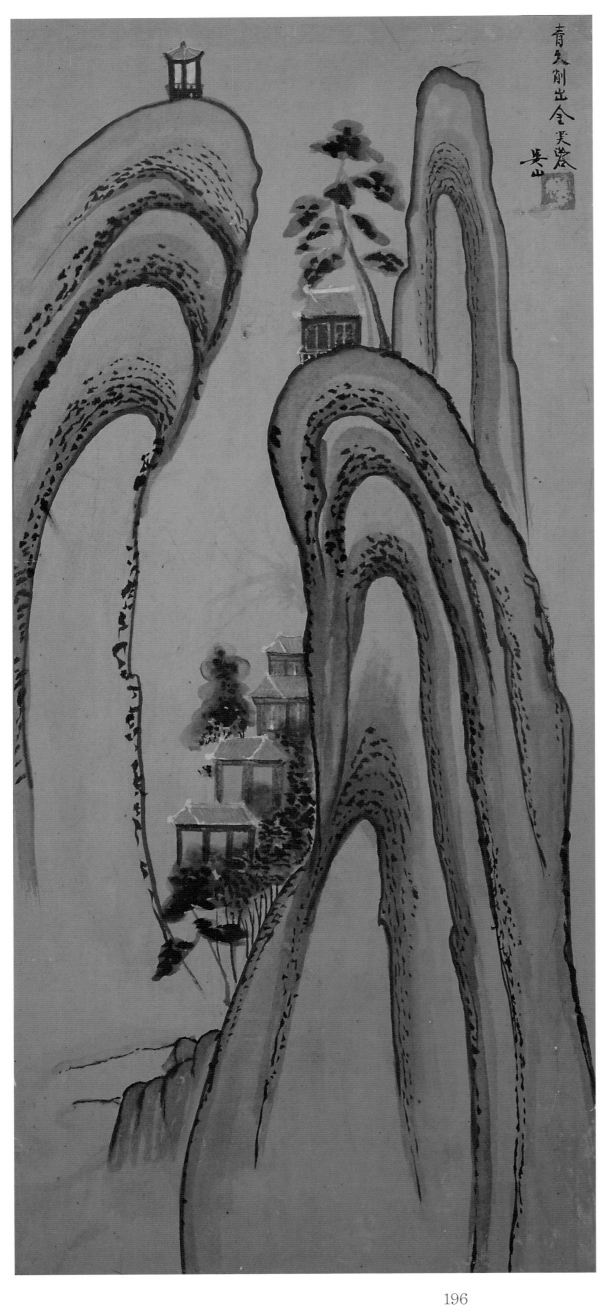

青冬削出金芙蓉
吳山

圖174 · 산수도 · 山水圖
46×103 · 지본

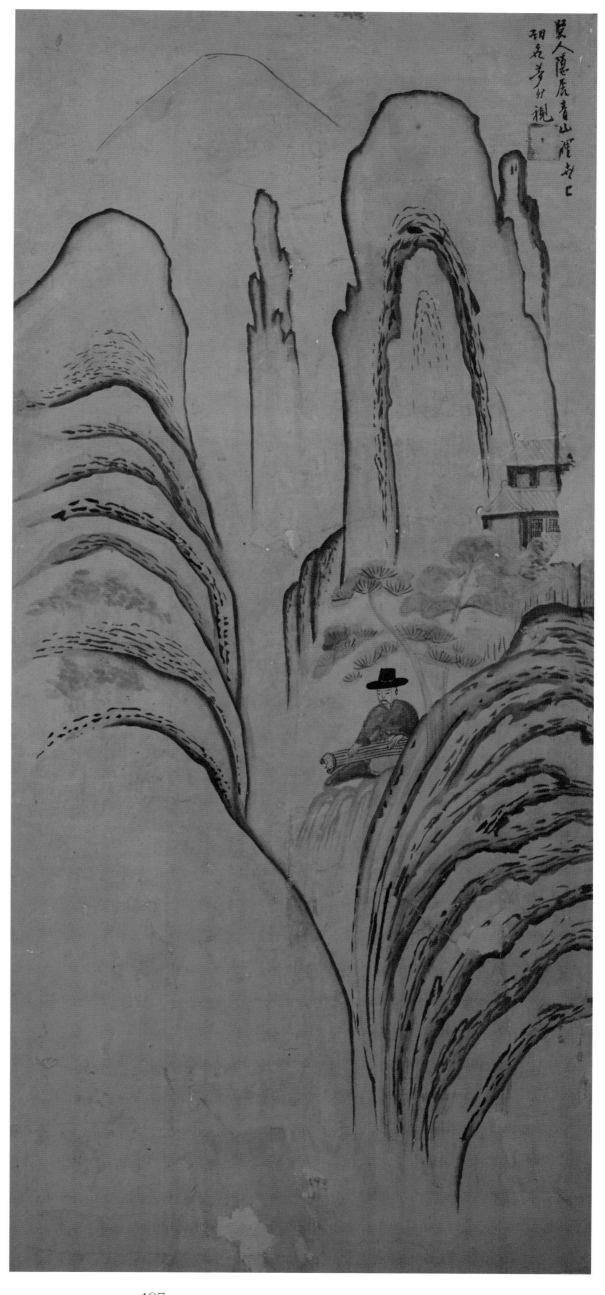

圖175 · 산수도 · 山水圖
46×103 · 지본

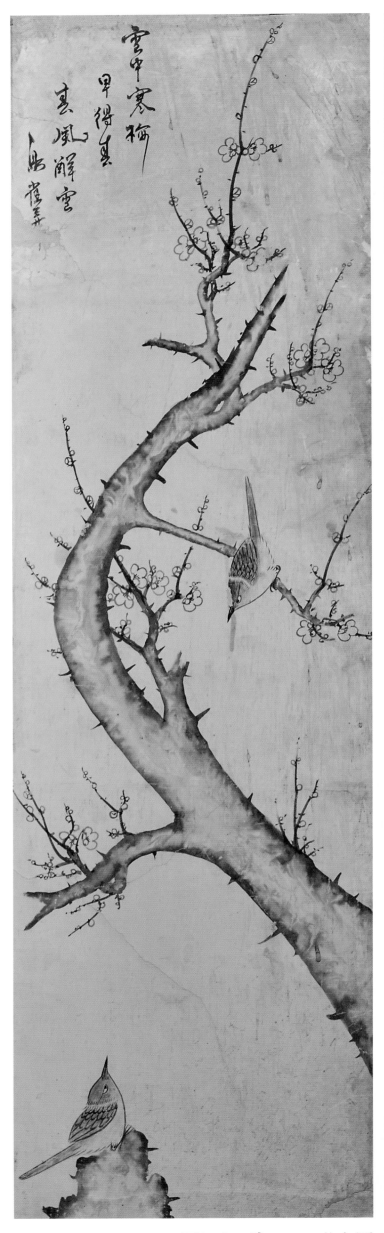

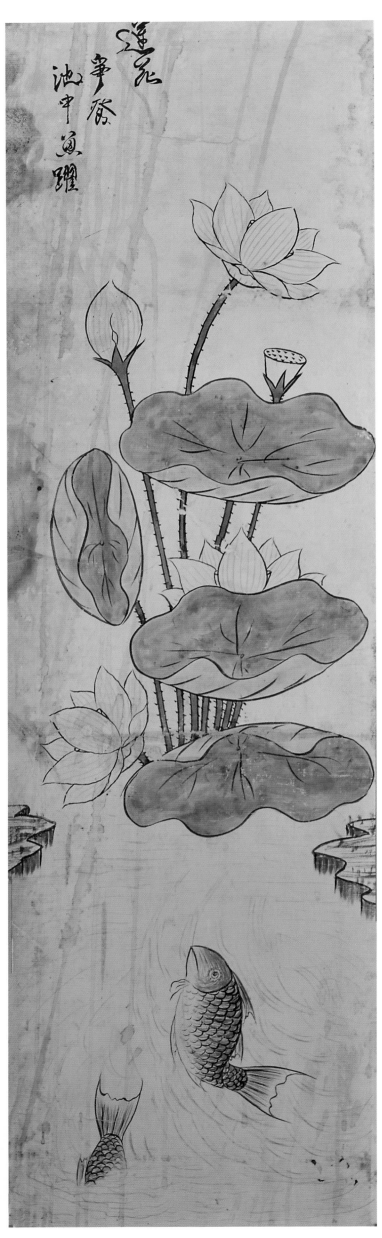

圖176 · 화조도 · 花鳥圖
31×108 · 지본

圖177 · 화조도 · 花鳥圖
31×108 · 지본

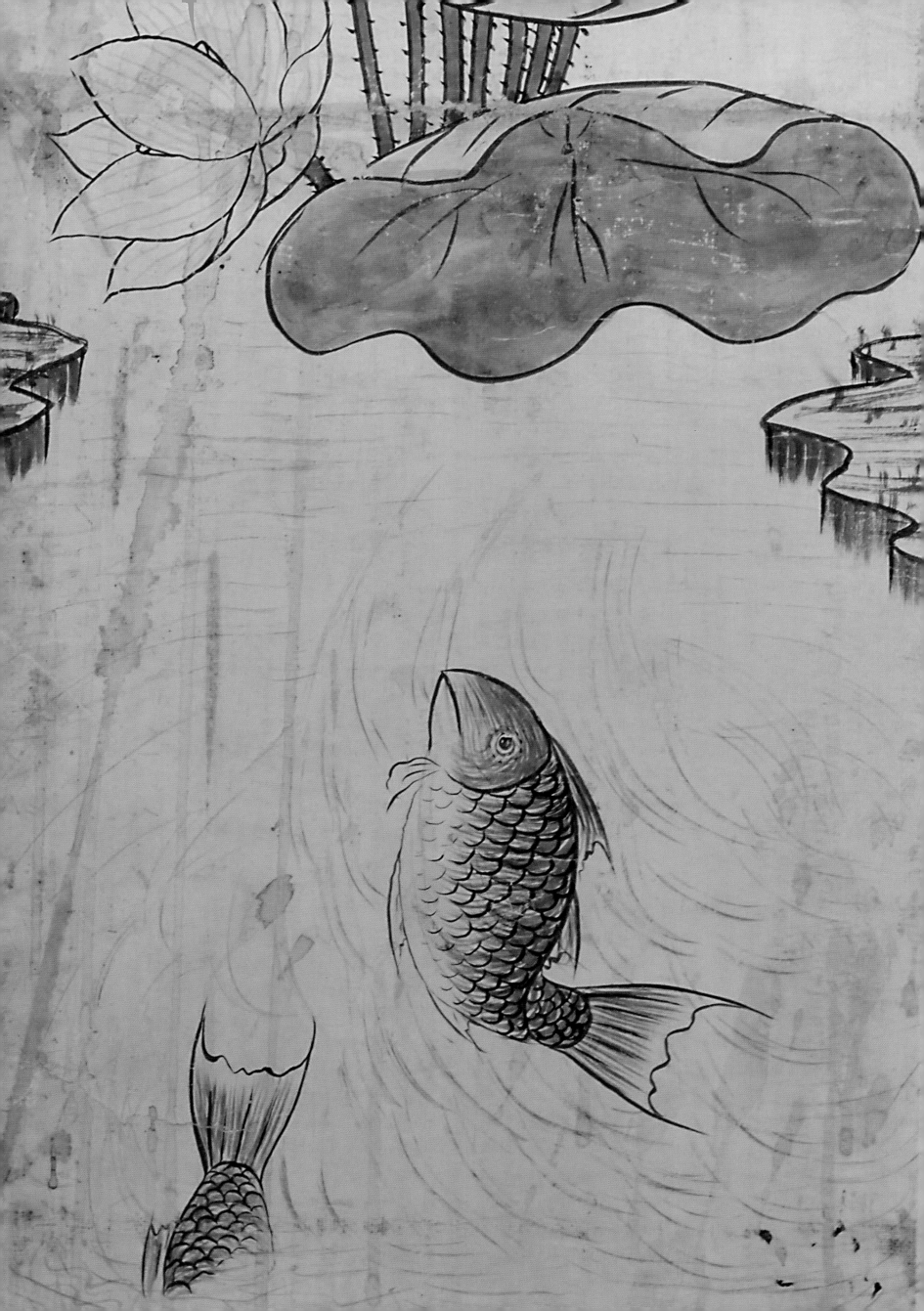

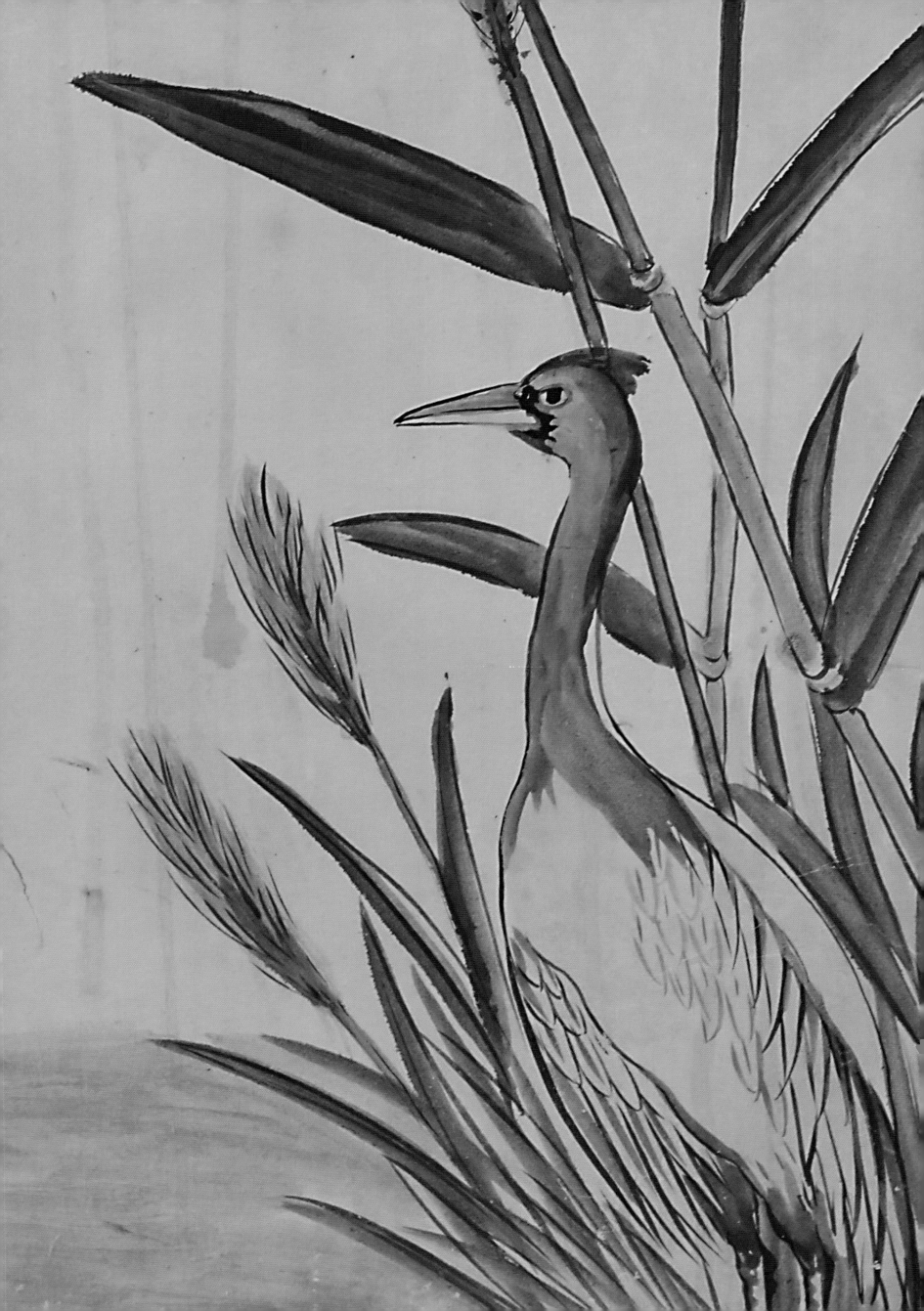

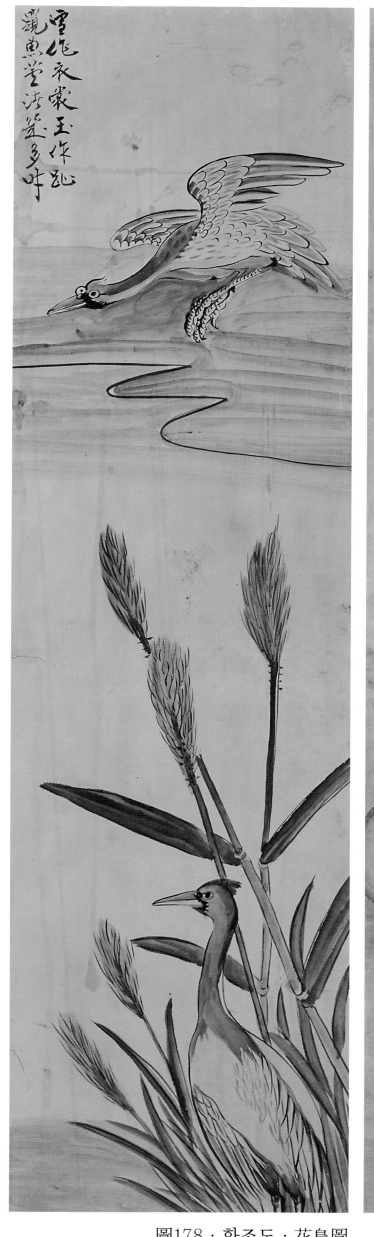

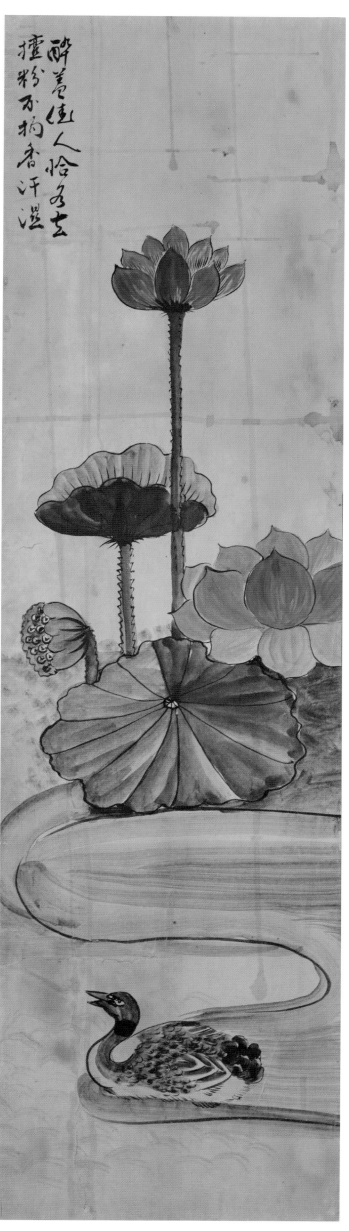

圖178 · 화조도 · 花鳥圖
26×96 · 지본

圖179 · 연화도 · 蓮花圖
26×96 · 지본

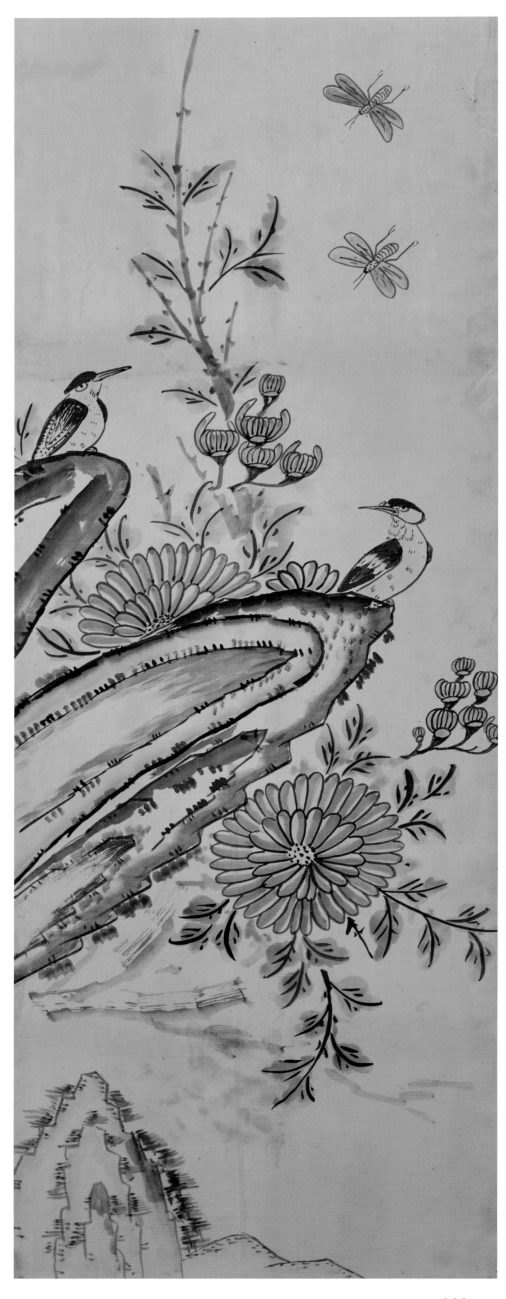

圖180 · 화조도 · 花鳥圖
34×101 · 지본

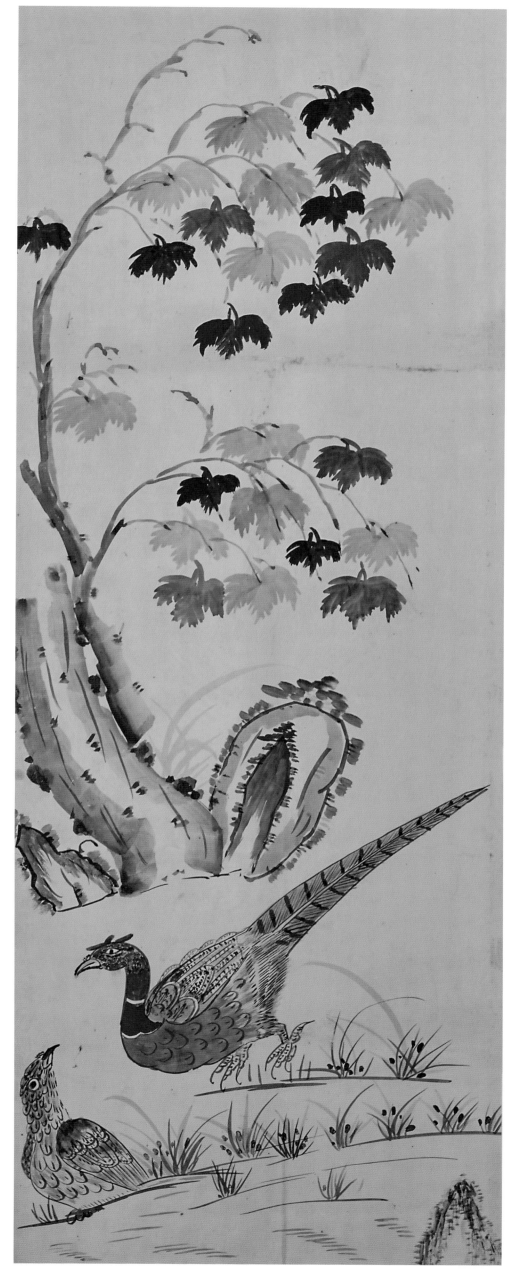

圖181·화조도·花鳥圖

34×101·지본

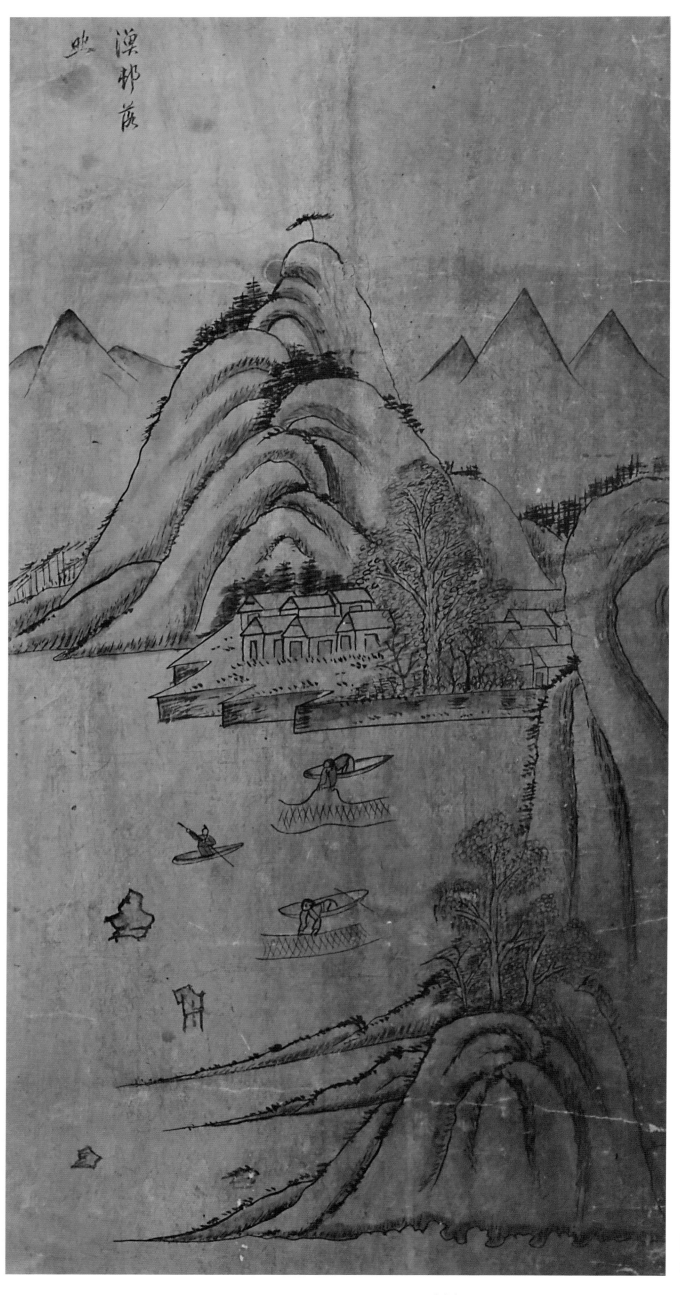

圖182 · 산수도 · 山水圖
34 × 80 · 지본

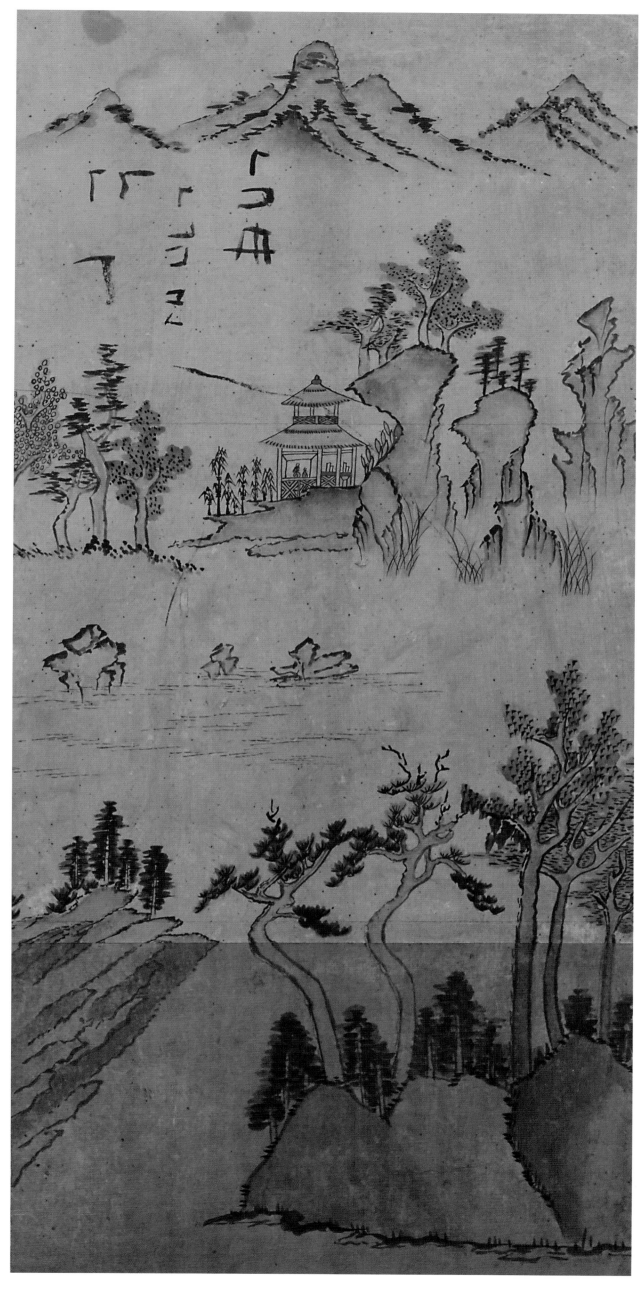

圖183 · 산수도 · 山水圖
34×80 · 지본

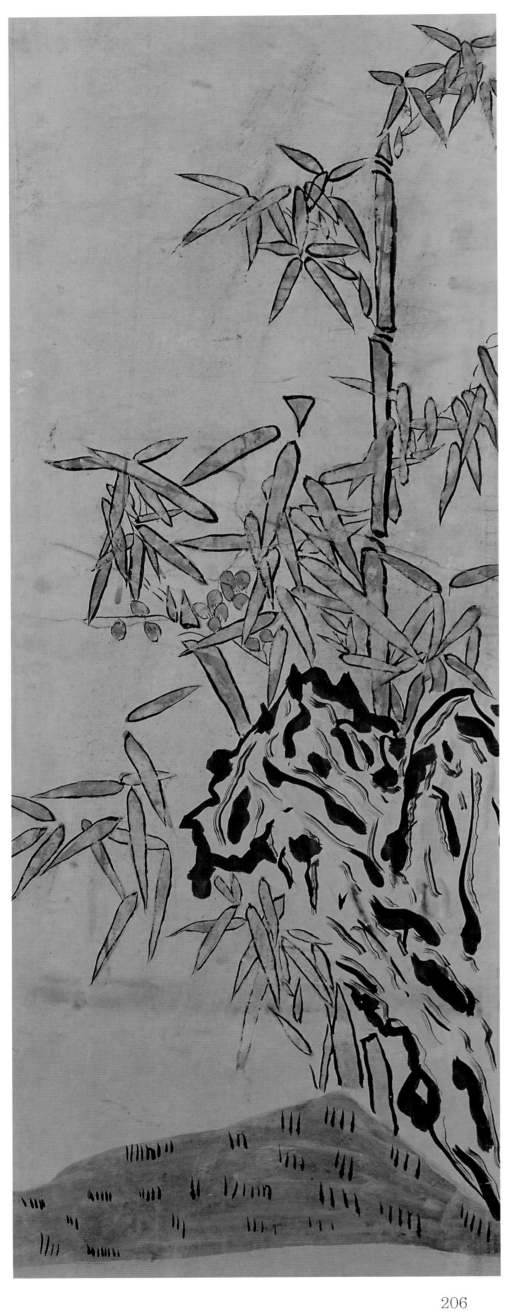

圖184 · 화조도 · 花鳥圖
33×92 · 지본

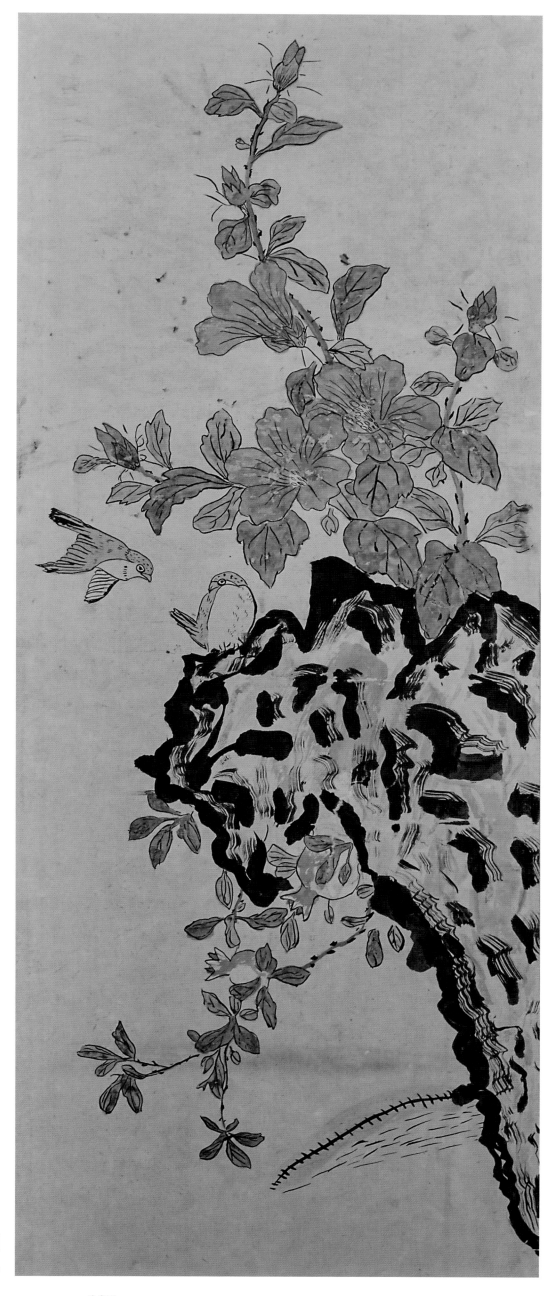

圖185 · 화조도 · 花鳥圖
33×92 · 지본

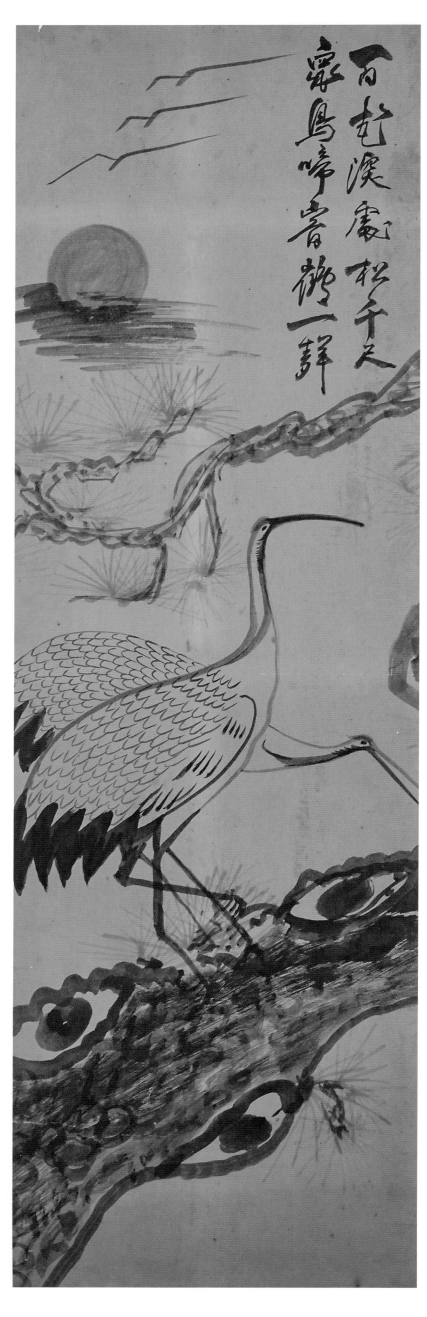

圖186 · 송학도 · 松鶴圖

33×102 · 지본

굵은 소나무 줄기가 한 쪽으로 누운듯 굽었다가 다시 반대로 굽
어서 위로 솟았다. 구름사이로 해가 떠있고 학 두마리가 소나무
위에 서있다. 학과 소나무는 장수의 상징이다.

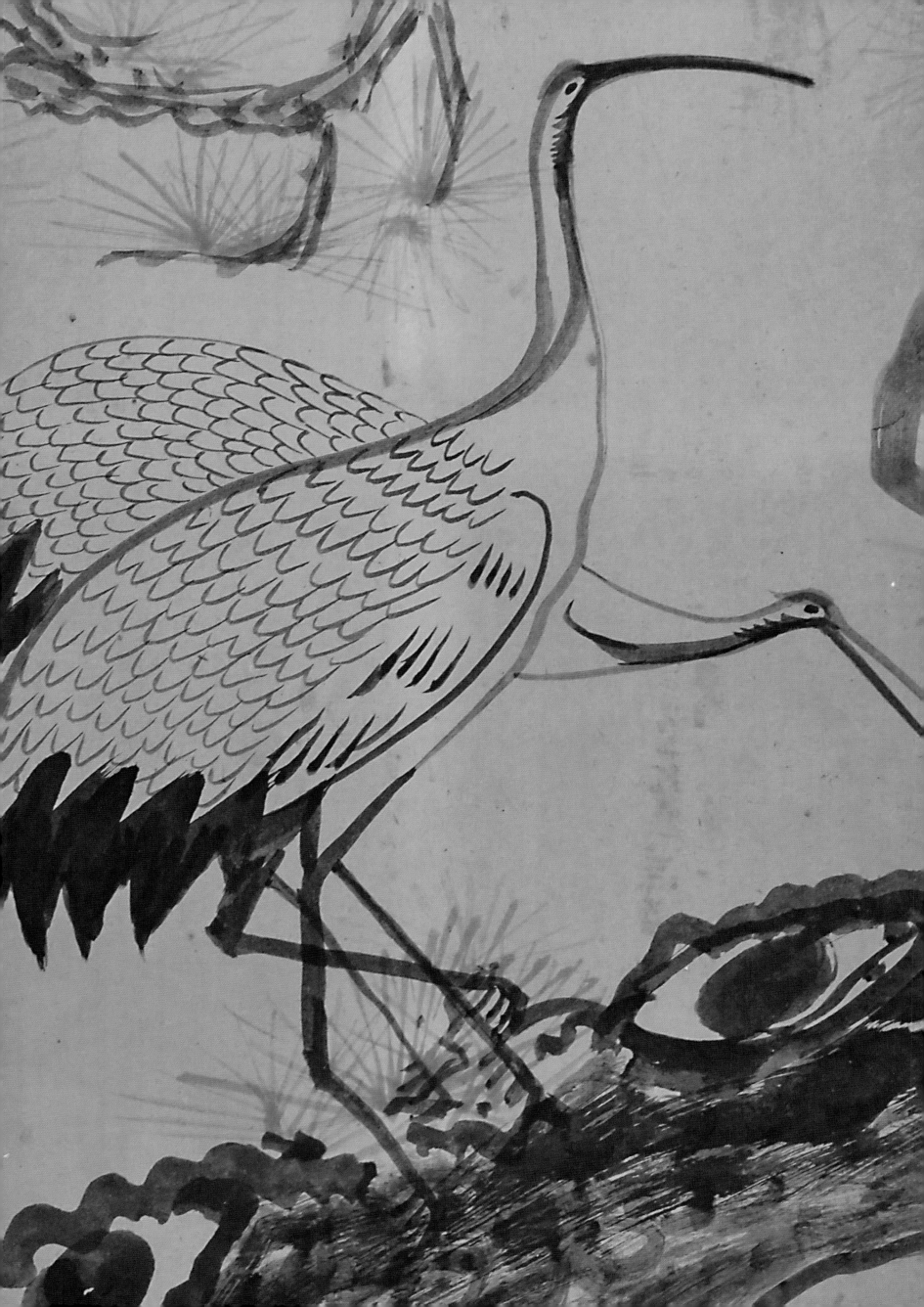

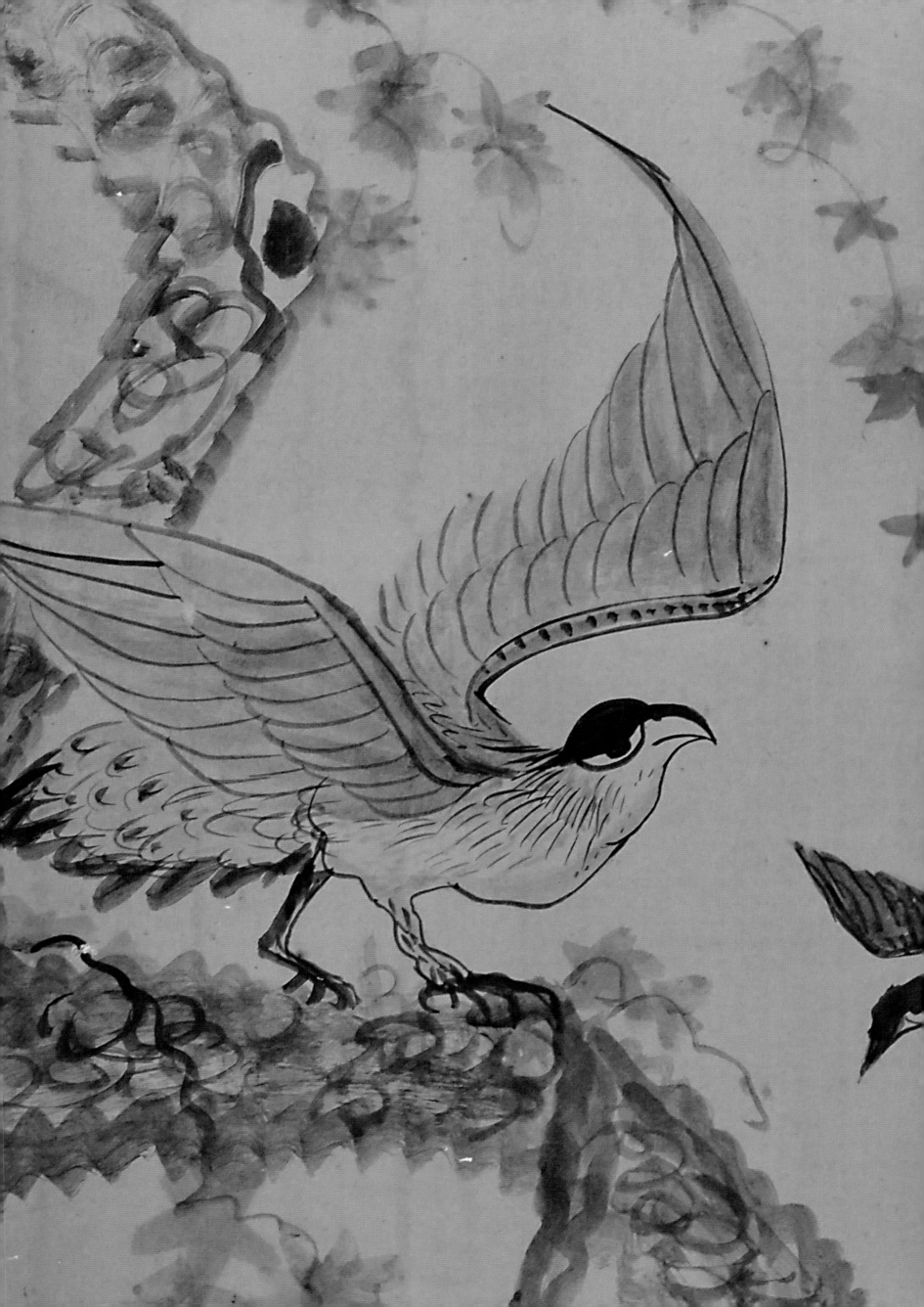

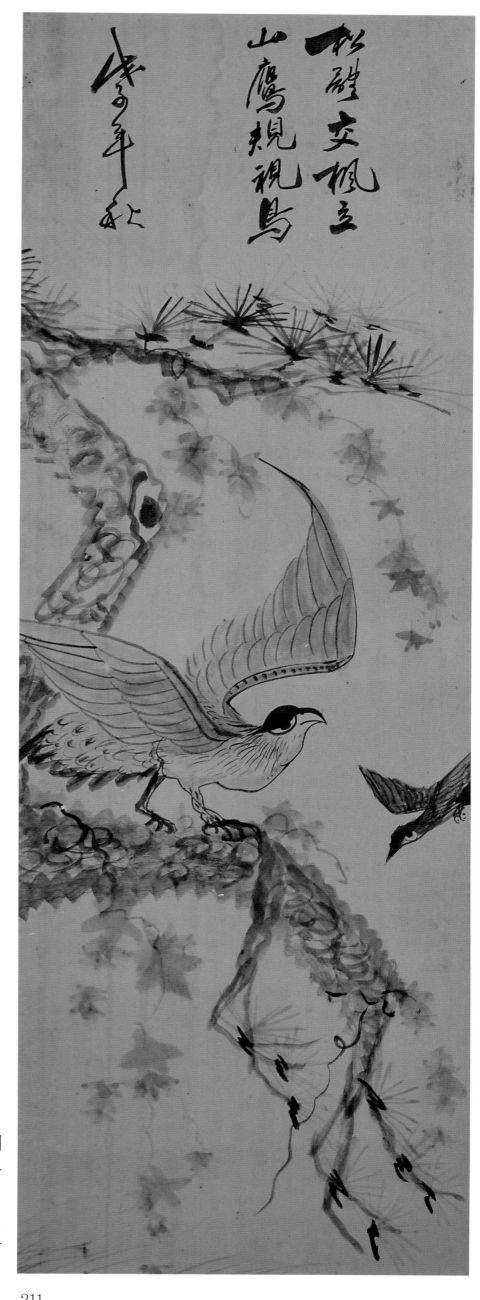

圖187 · 화조도 · 花鳥圖

33×102 · 지본

매의 날카로운 생김새가 세련되게 표현되었다.
매는 삼재-화재,수재,풍재 부적으로 쓰이며 벽사
의 의미가 담겨있는 그림이다.

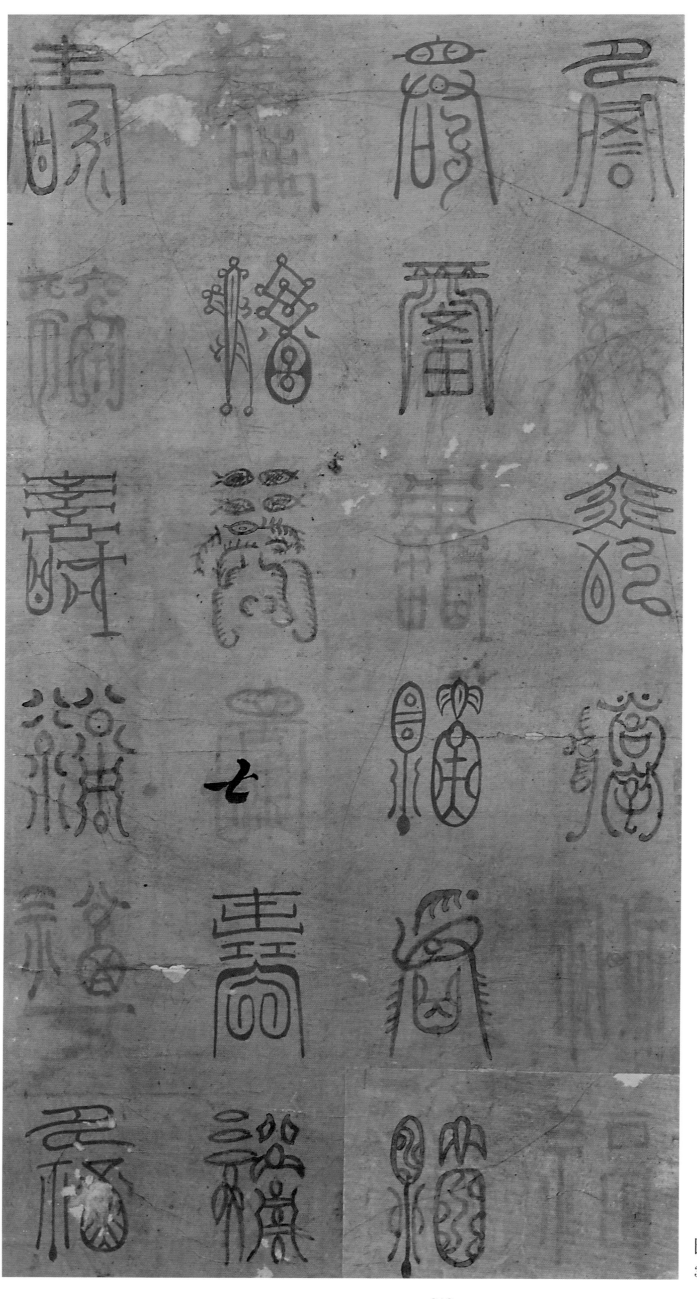

圖188・문자도・文字圖
35×71・지본

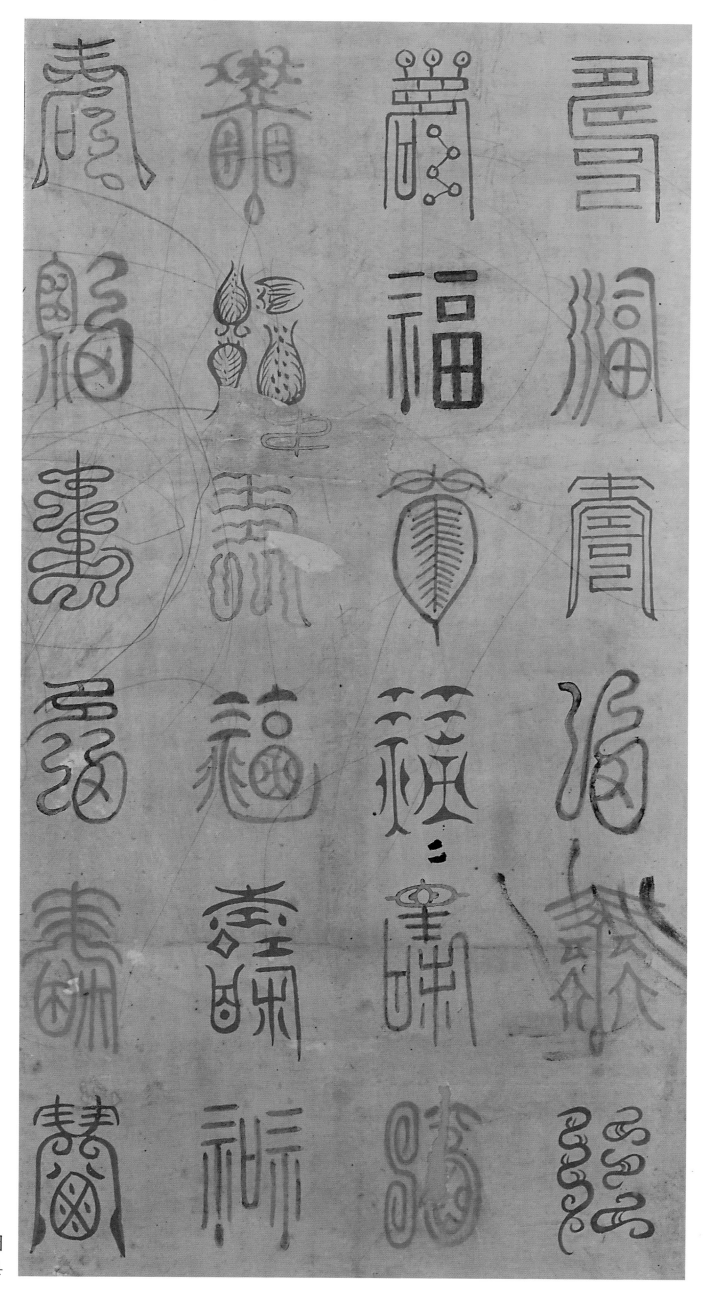

圖189·문자도·文字圖
35×71·지본

213

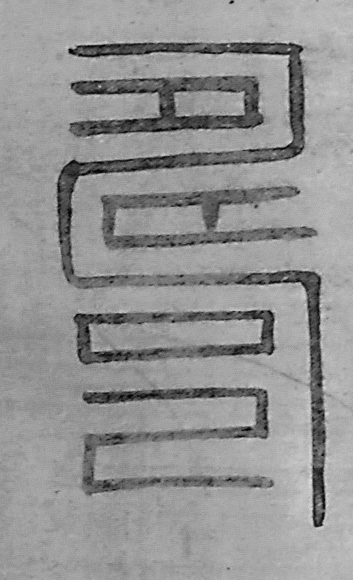 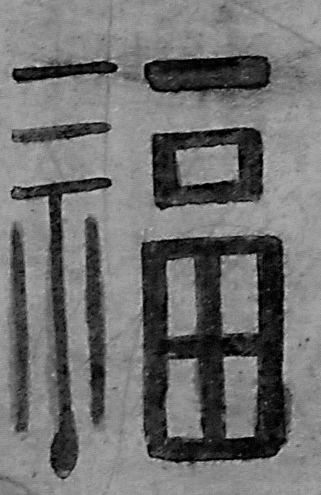 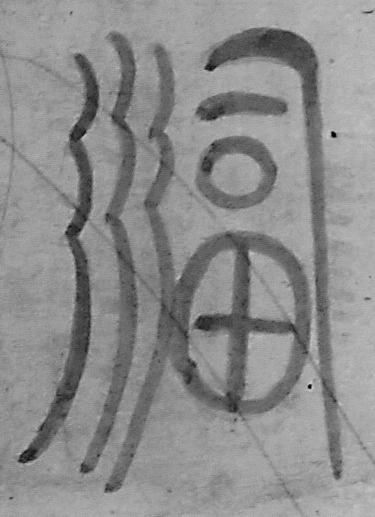

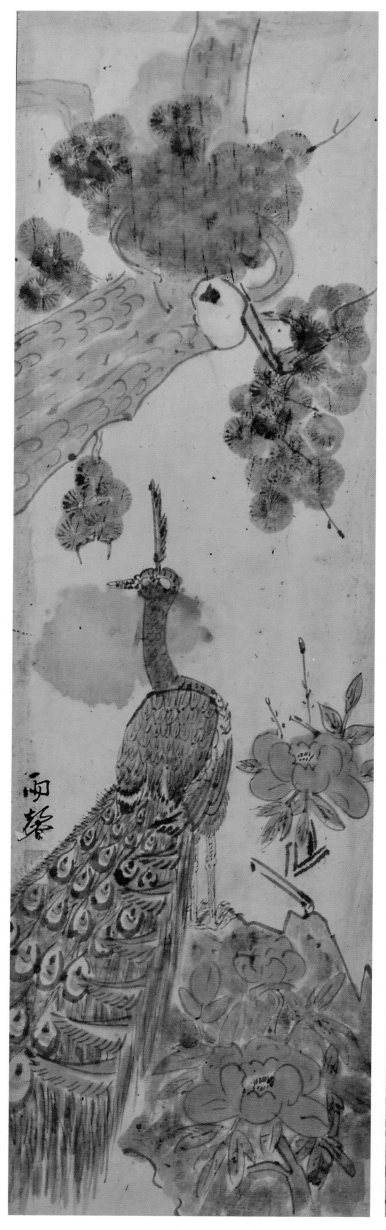

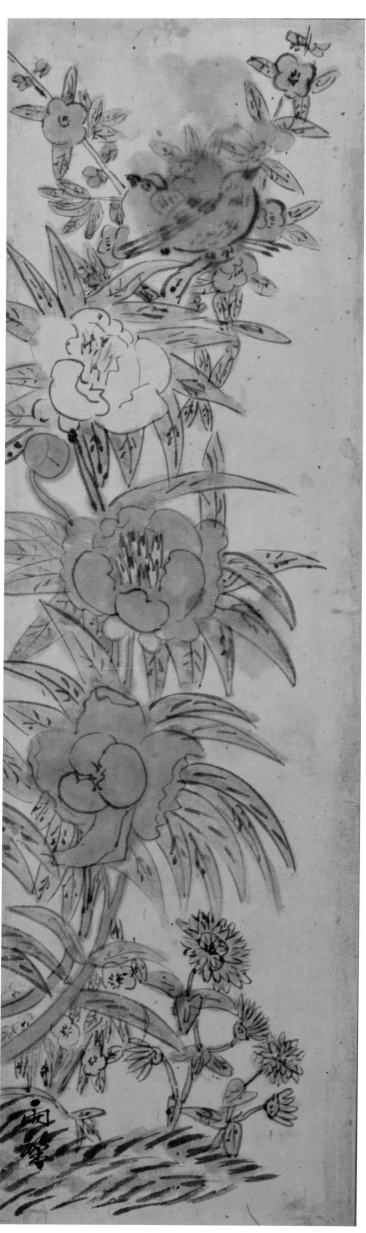

圖190 · 화조도 · 花鳥圖
28×95 · 지본

圖191 · 화조도 · 花鳥圖
28×95 · 지본

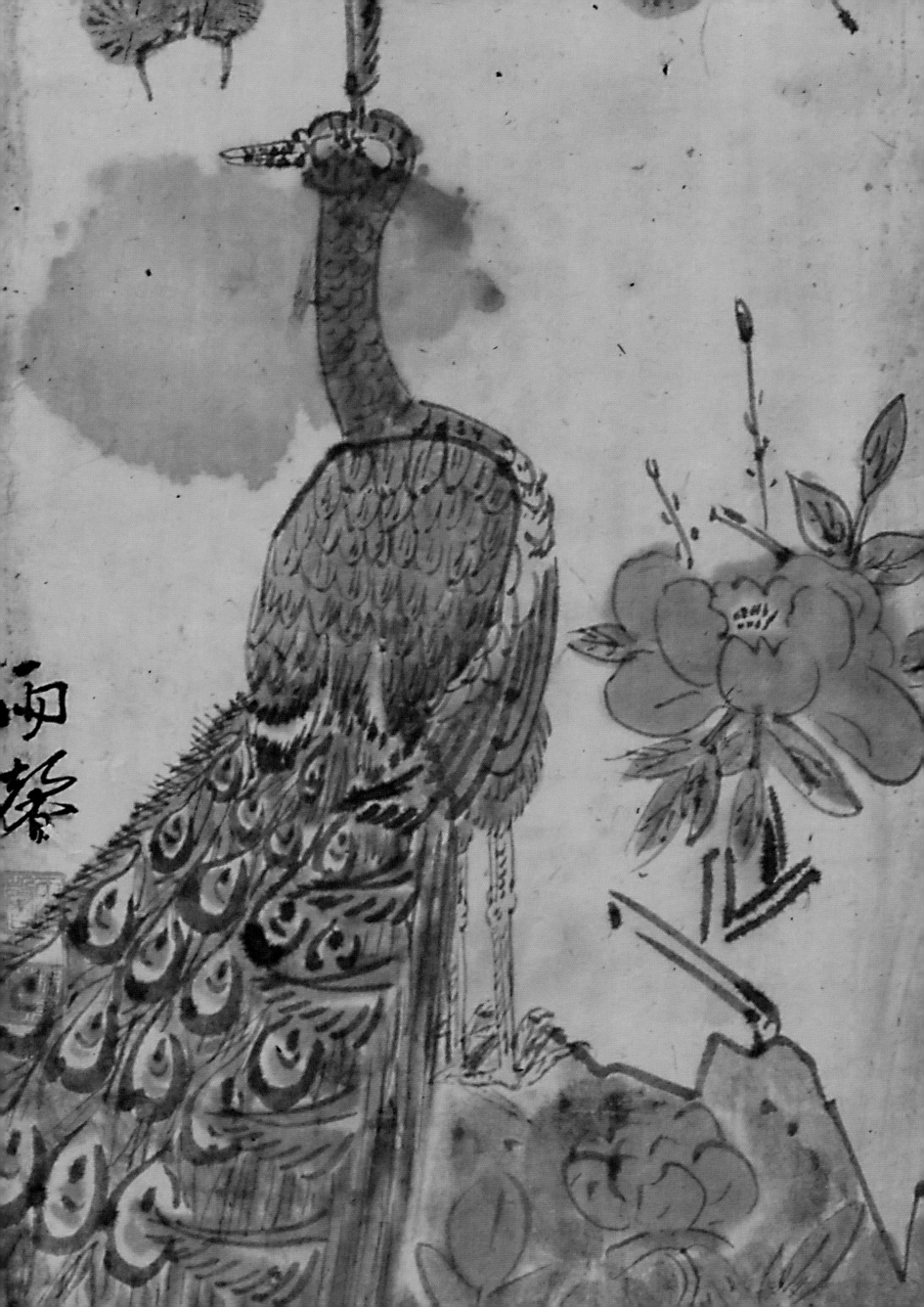

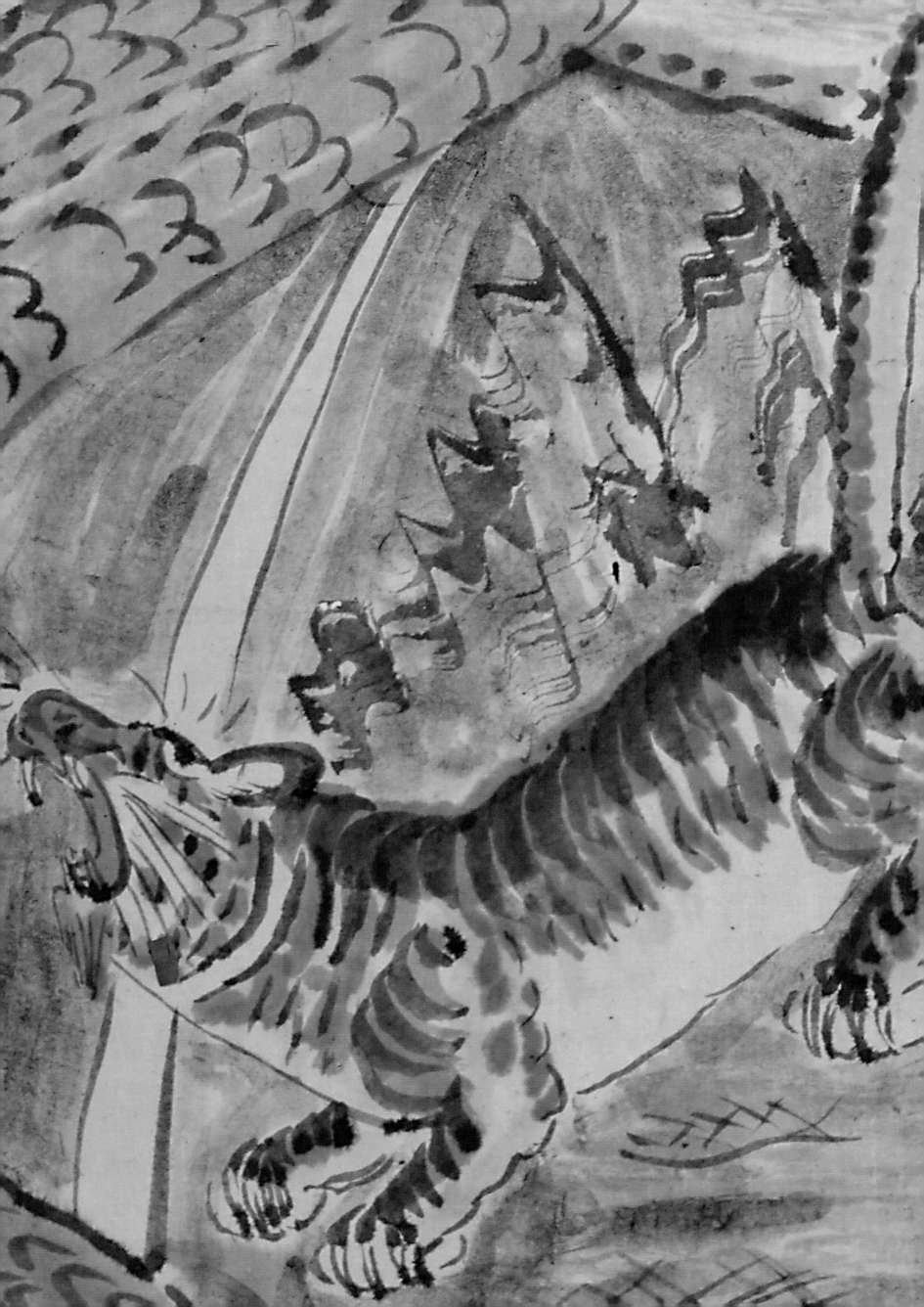

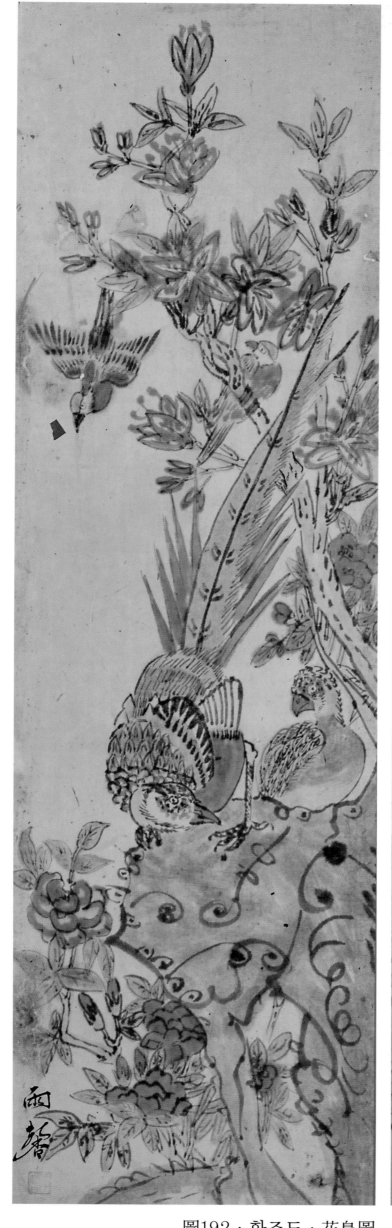

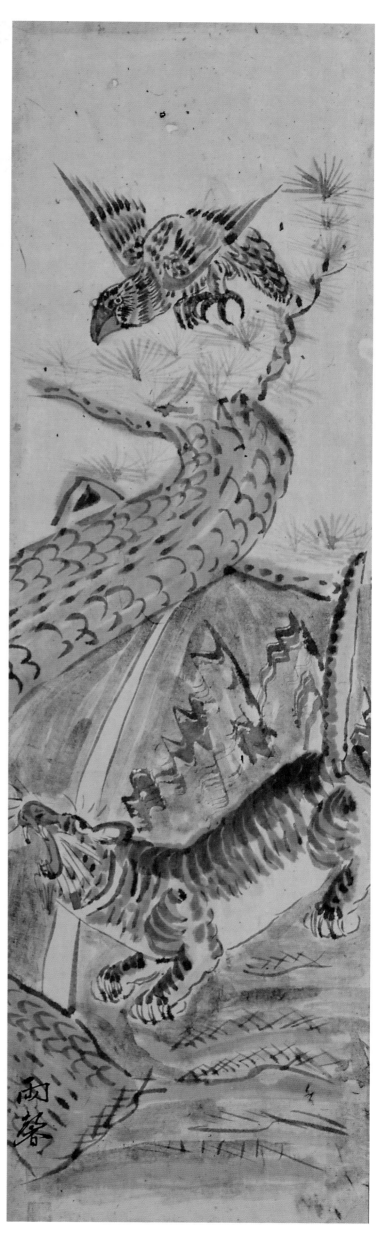

圖192 · 화조도 · 花鳥圖
28×95 · 지본

圖193 · 호랑이 · 虎
28×95 · 지본

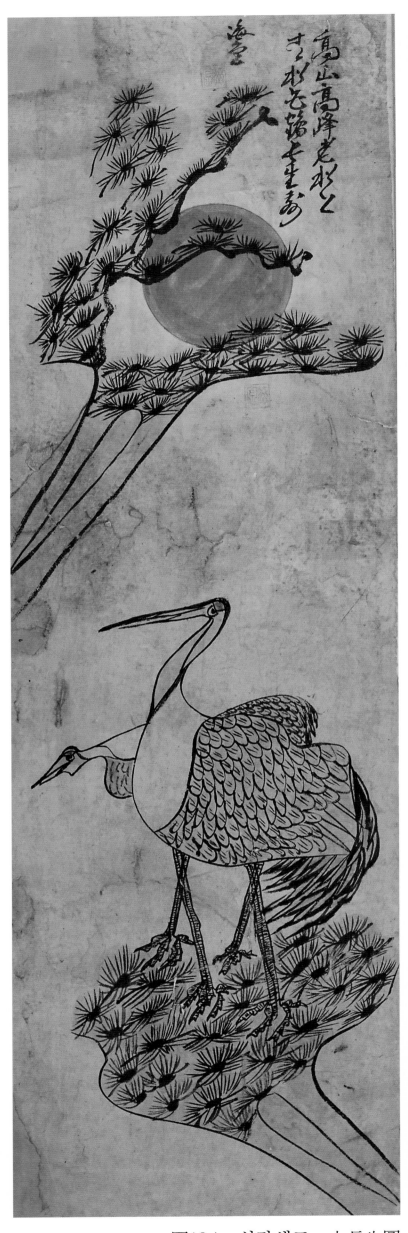

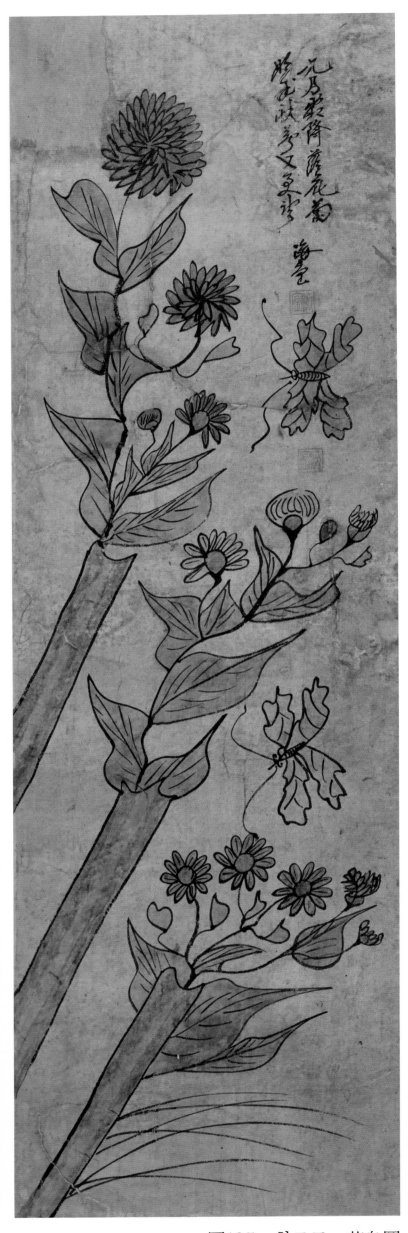

圖194 · 십장생도 · 十長生圖
29×92 · 지본

圖195 · 화조도 · 花鳥圖
29×92 · 지본

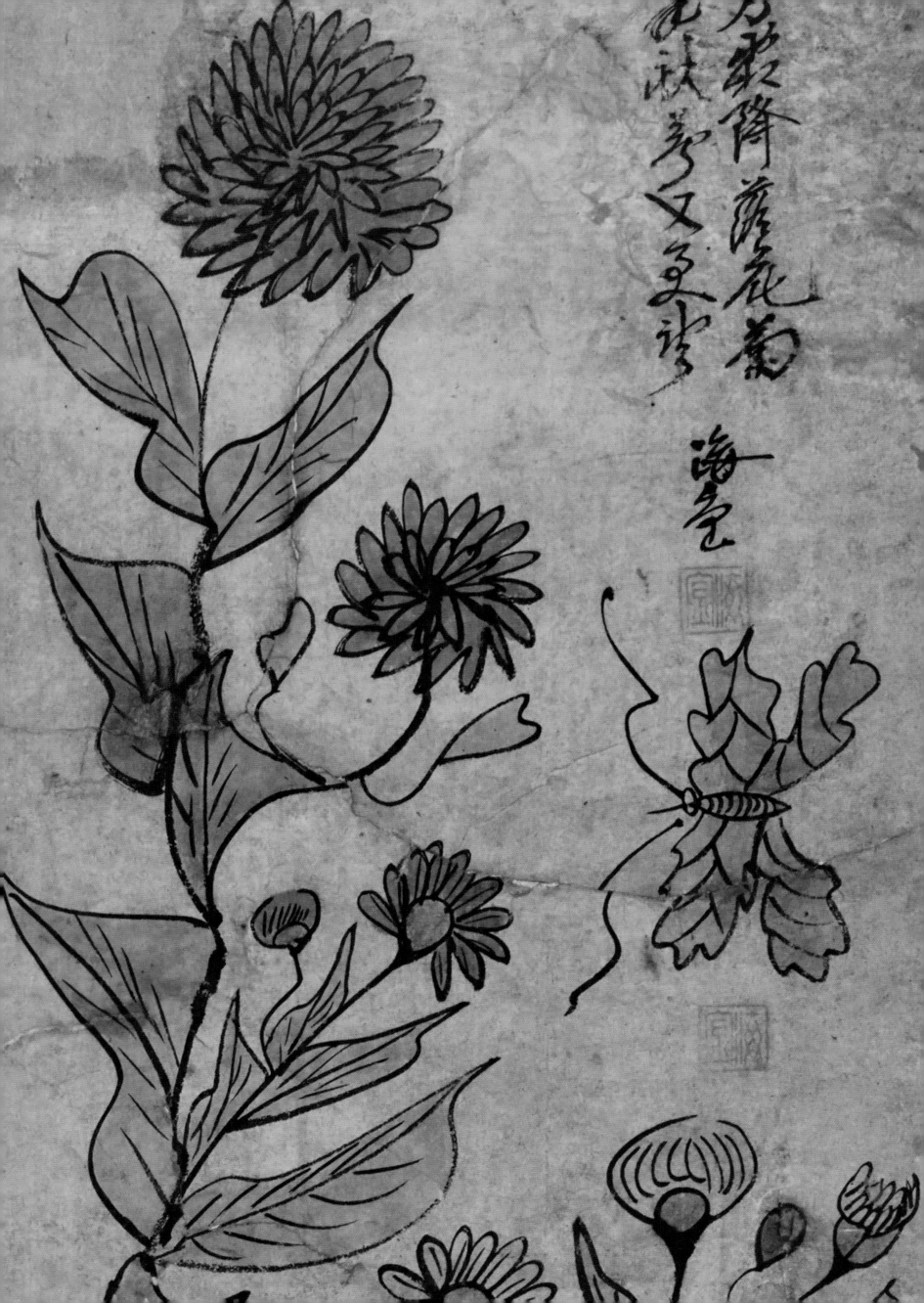

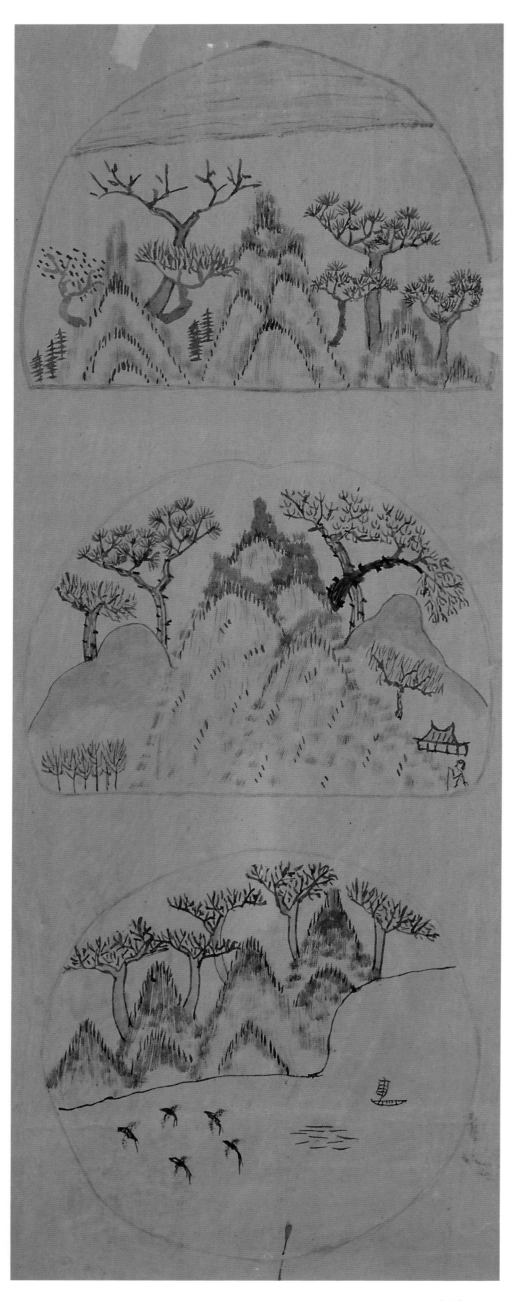

작게 그린 각 종이의 그림들의 모아 꾸민 병풍 그림이다. 그림에 내용에는 산수가 주가 된다.

圖196 · 산수도 · 山水圖
32×90 · 지본

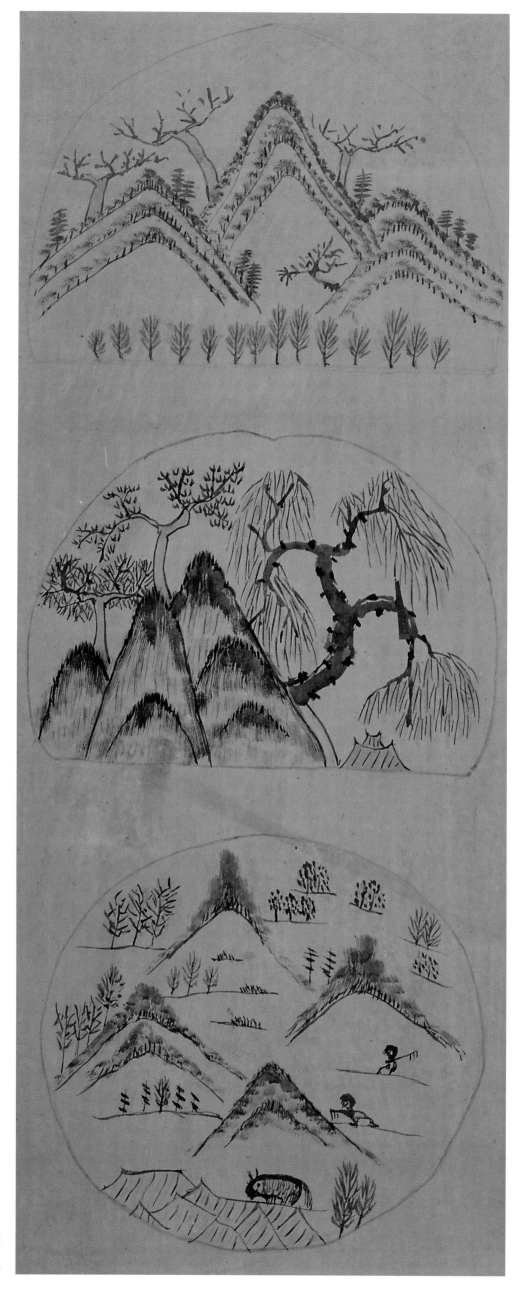

圖197 · 산수도 · 山水圖
32×90 · 지본

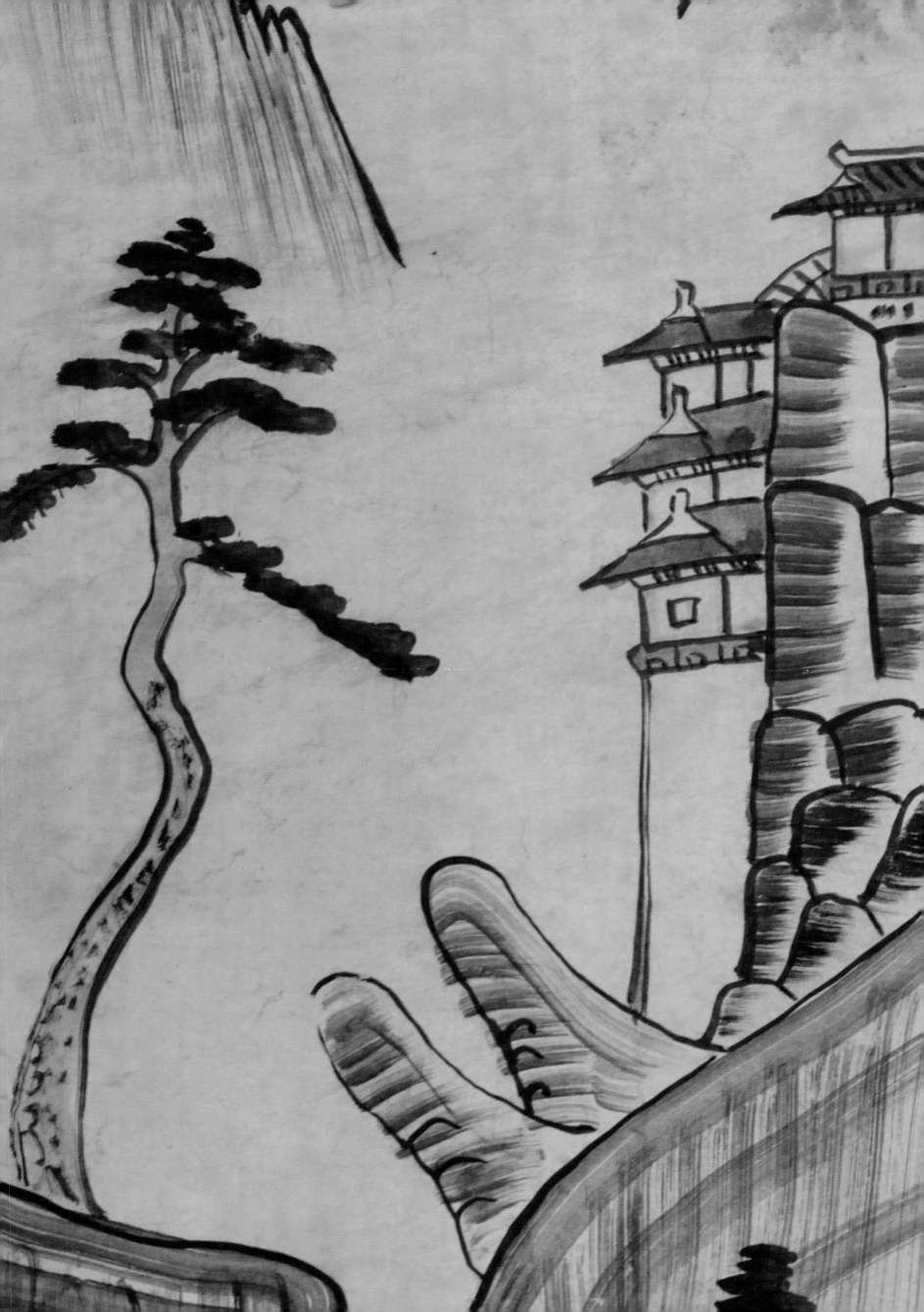

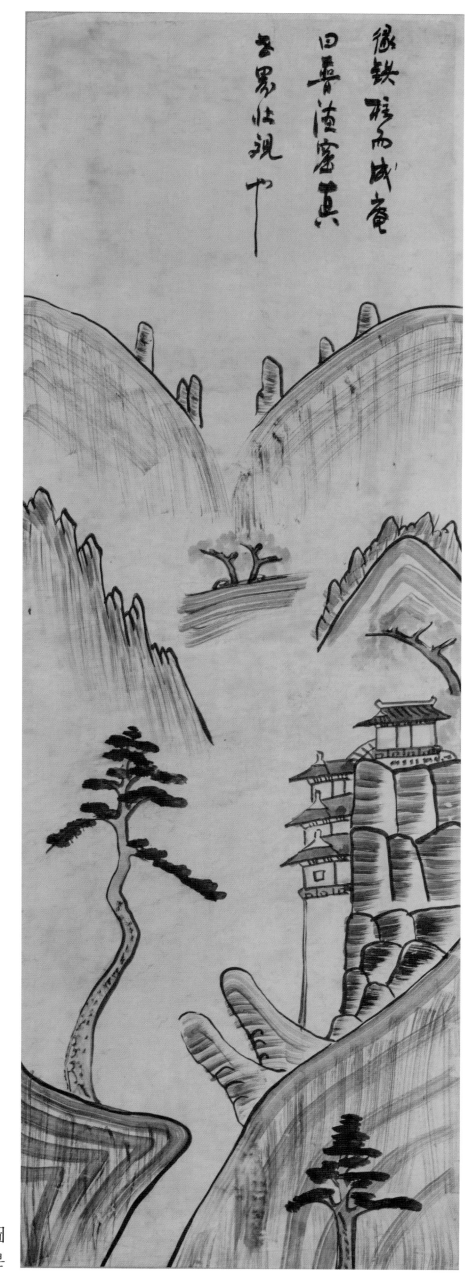

圖198 · 산수도 · 山水圖

26×77 · 지본

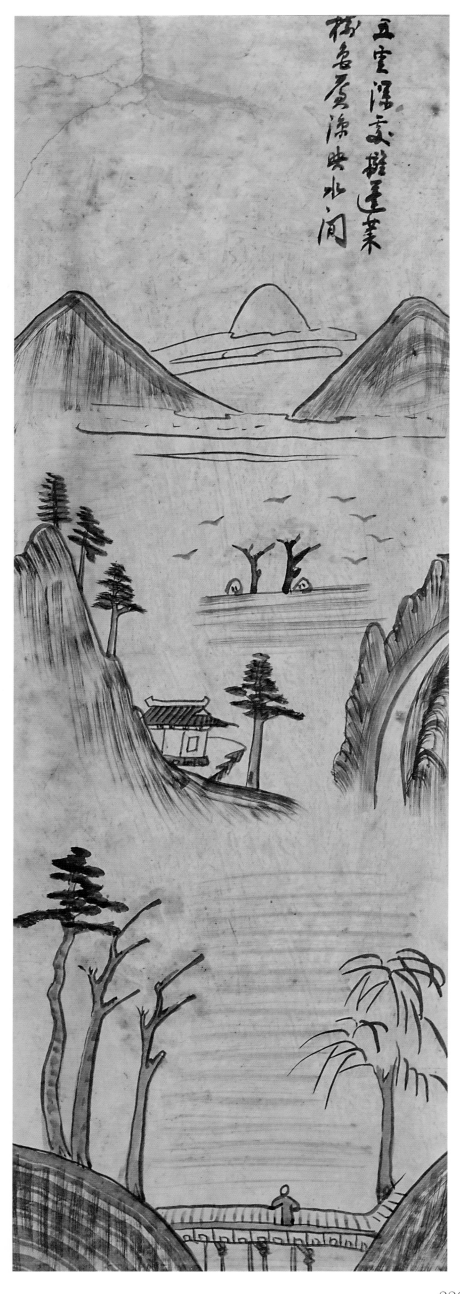

五雲深處雜煙嵐
梅舍屋深映水間

圖199 · 산수도 · 山水圖
26×77 · 지본

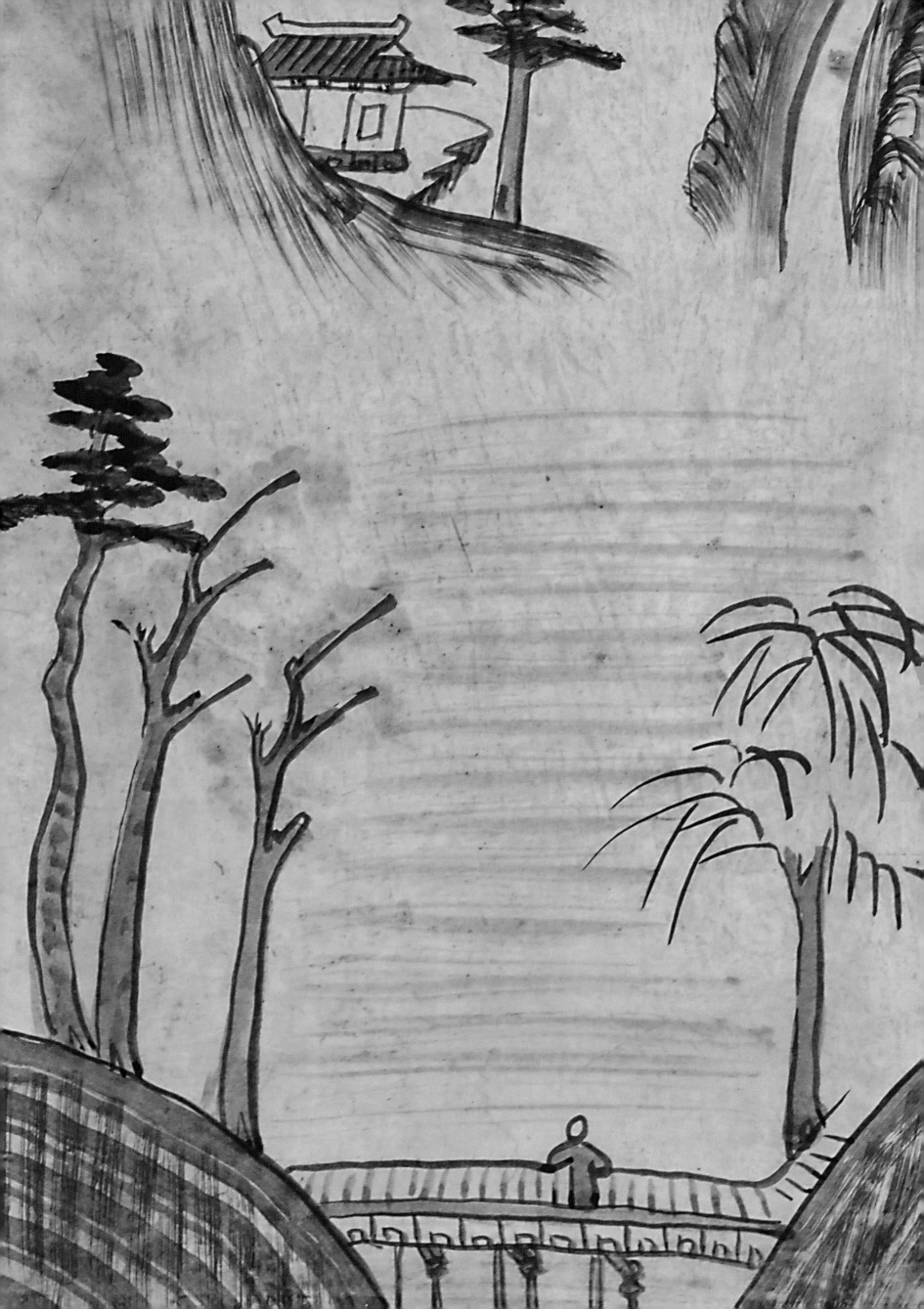

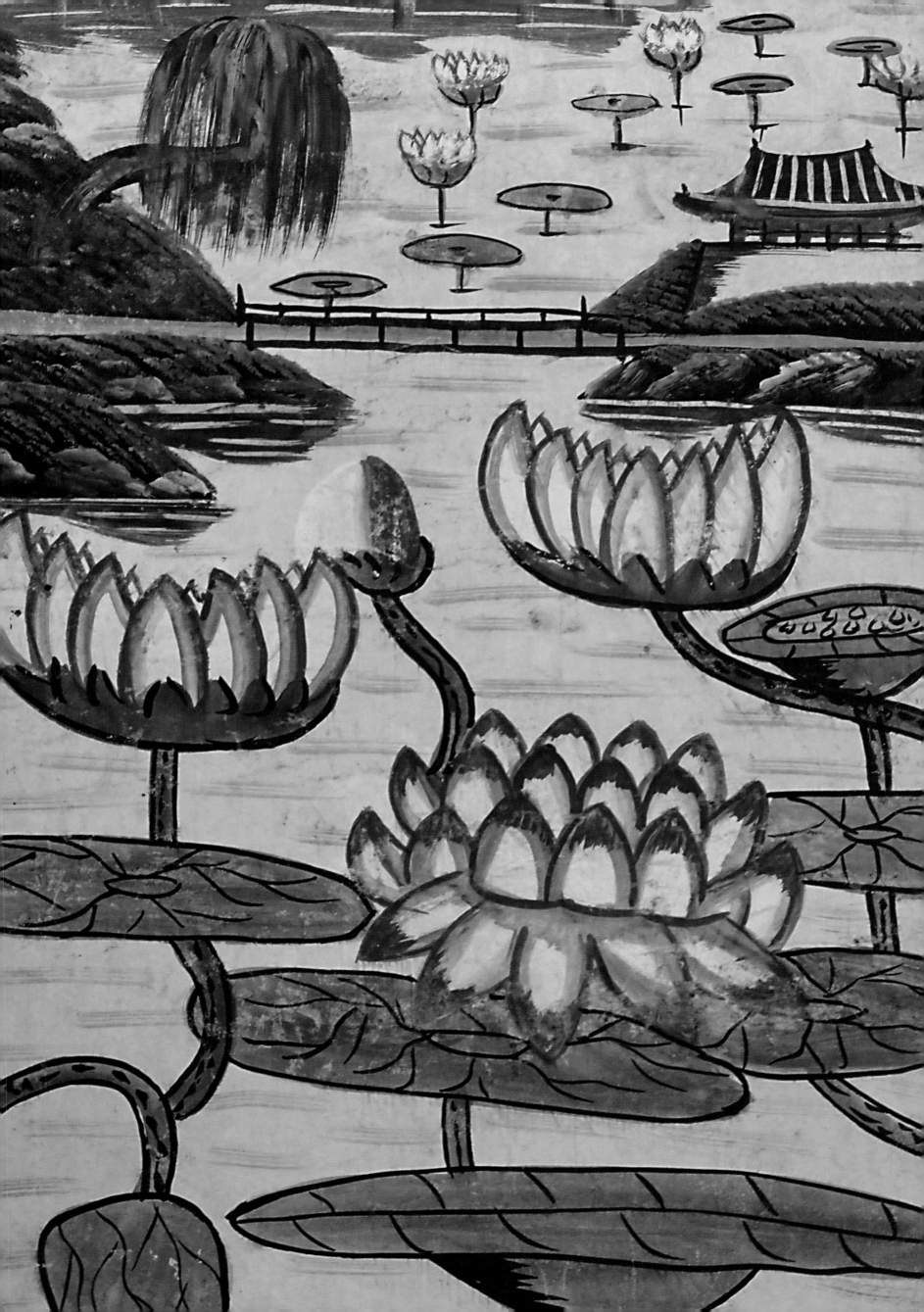

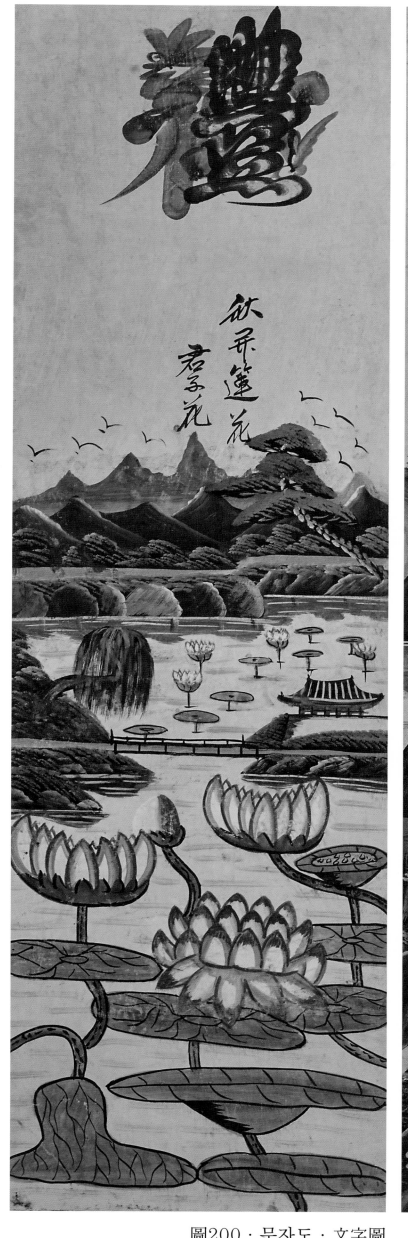

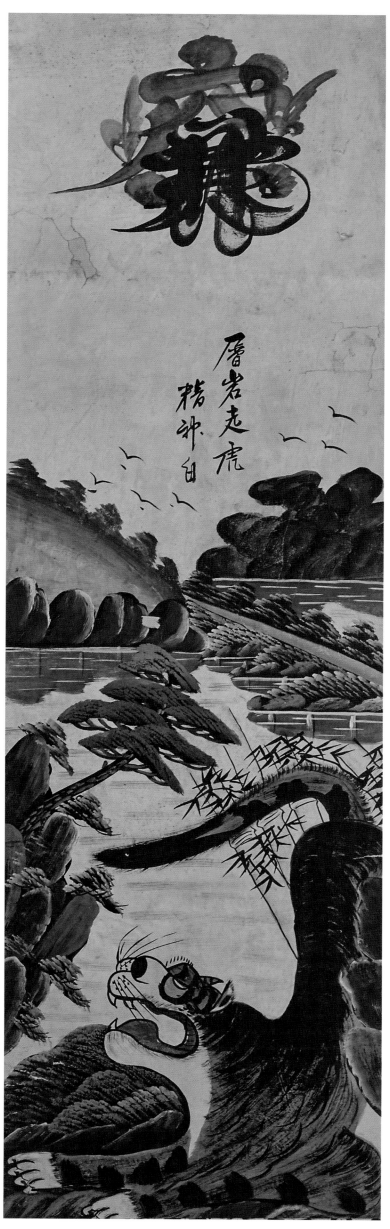

圖200 · 문자도 · 文字圖
32×108 · 지본

圖201 · 문자도 · 文字圖
32×108 · 지본

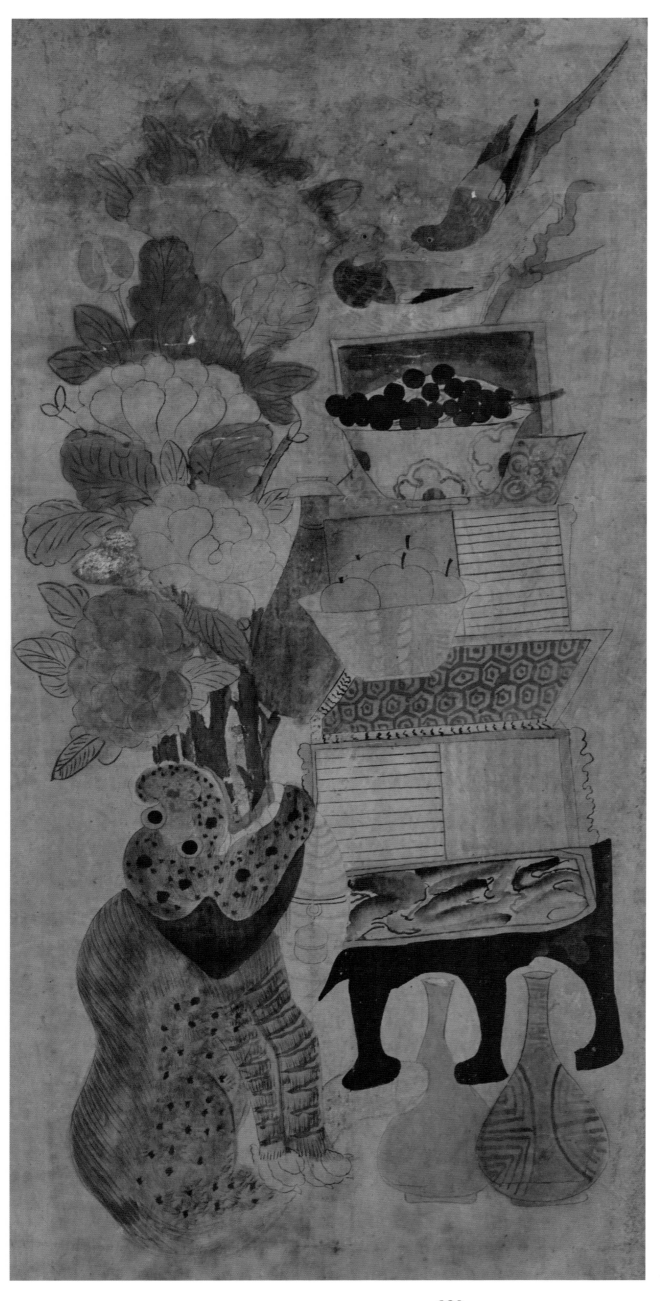

圖202 · 책가도 · 冊架圖
35×76 · 지본

230

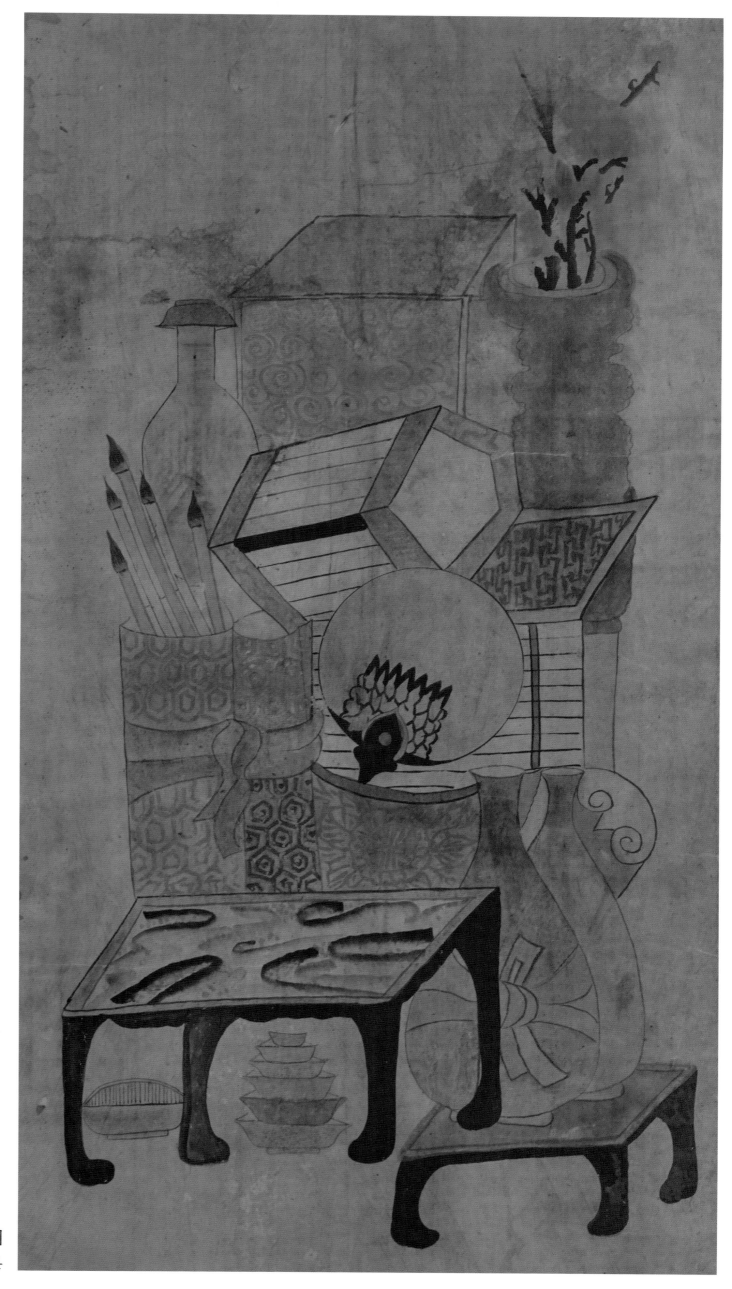

圖203 · 책가도 · 冊架圖
35×76 · 지본

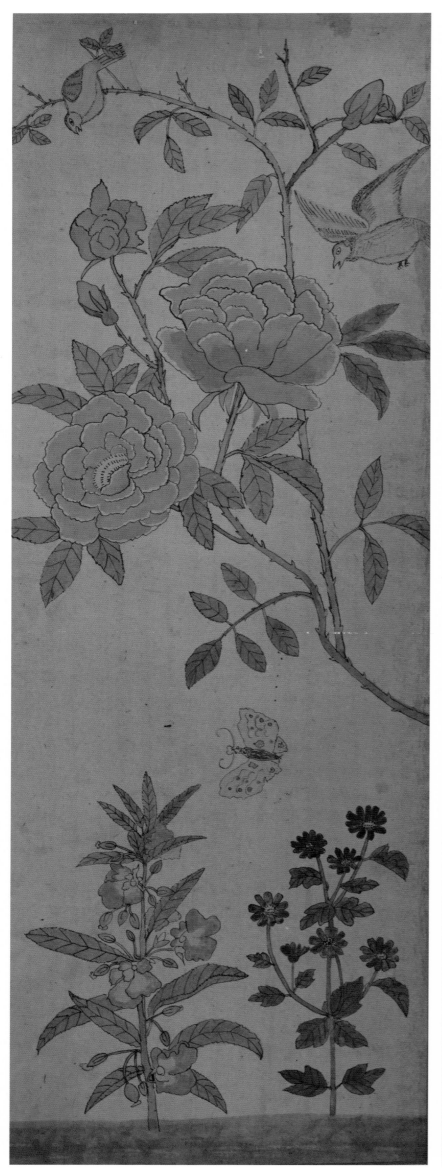

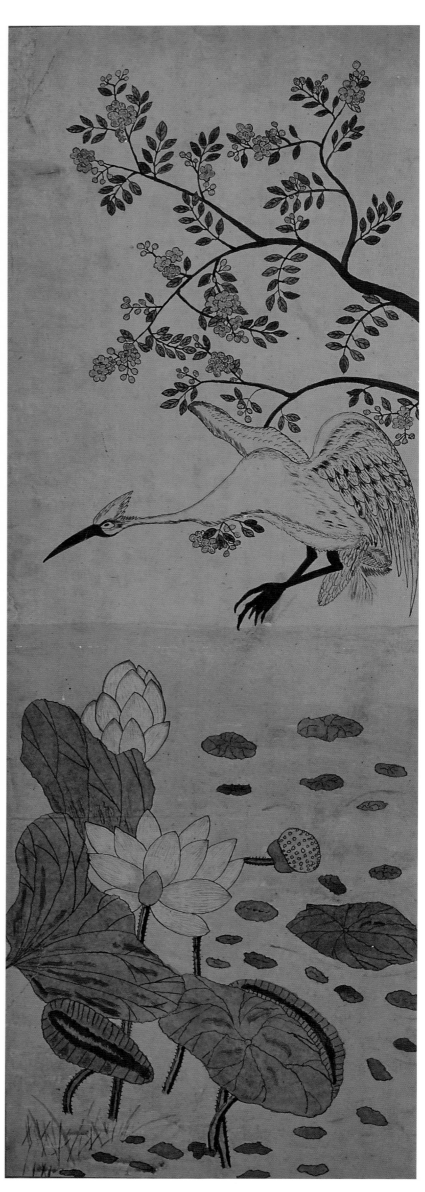

圖204·화조도·花鳥圖

25×74·지본

圖205·화조도·花鳥圖

25×74·지본

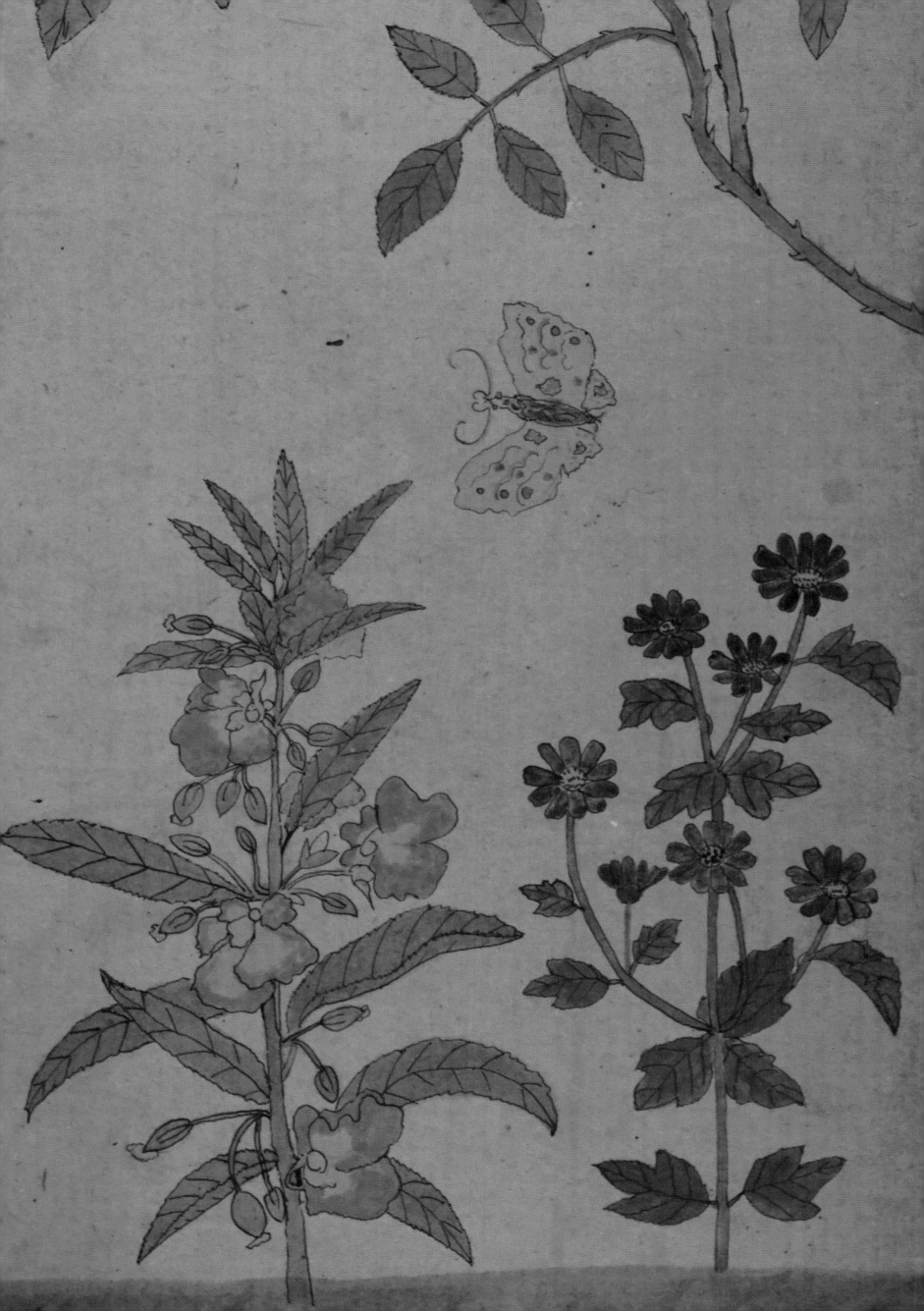

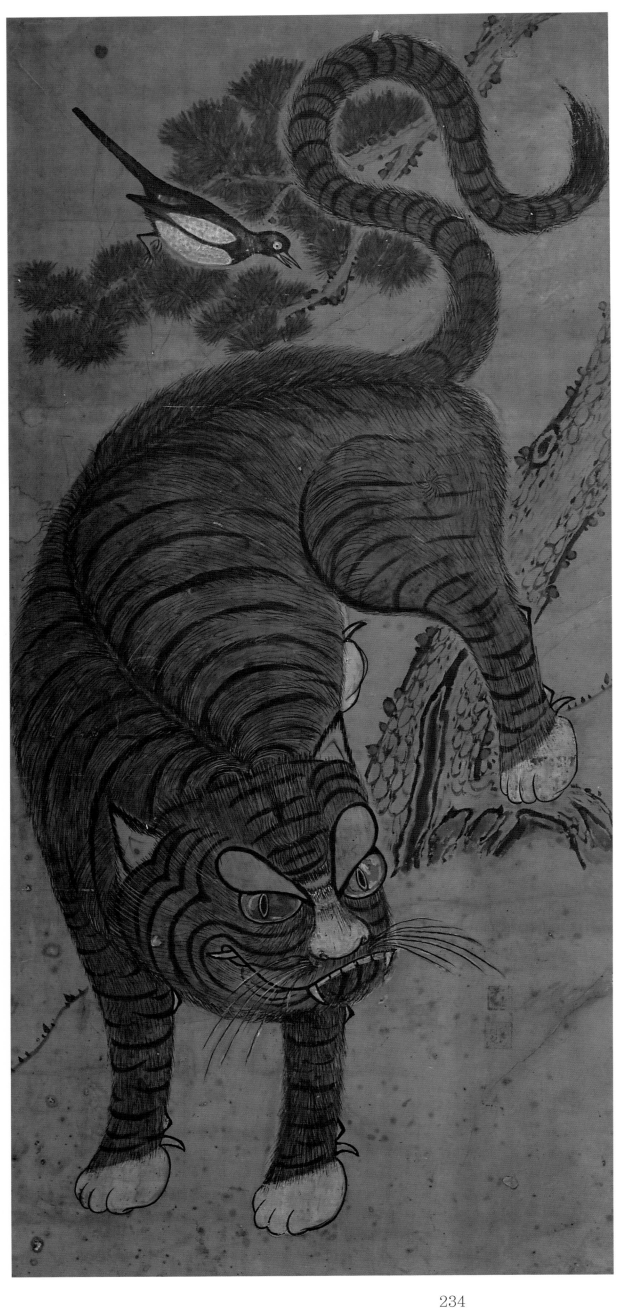

圖206・호랑이・虎

50×110・지본

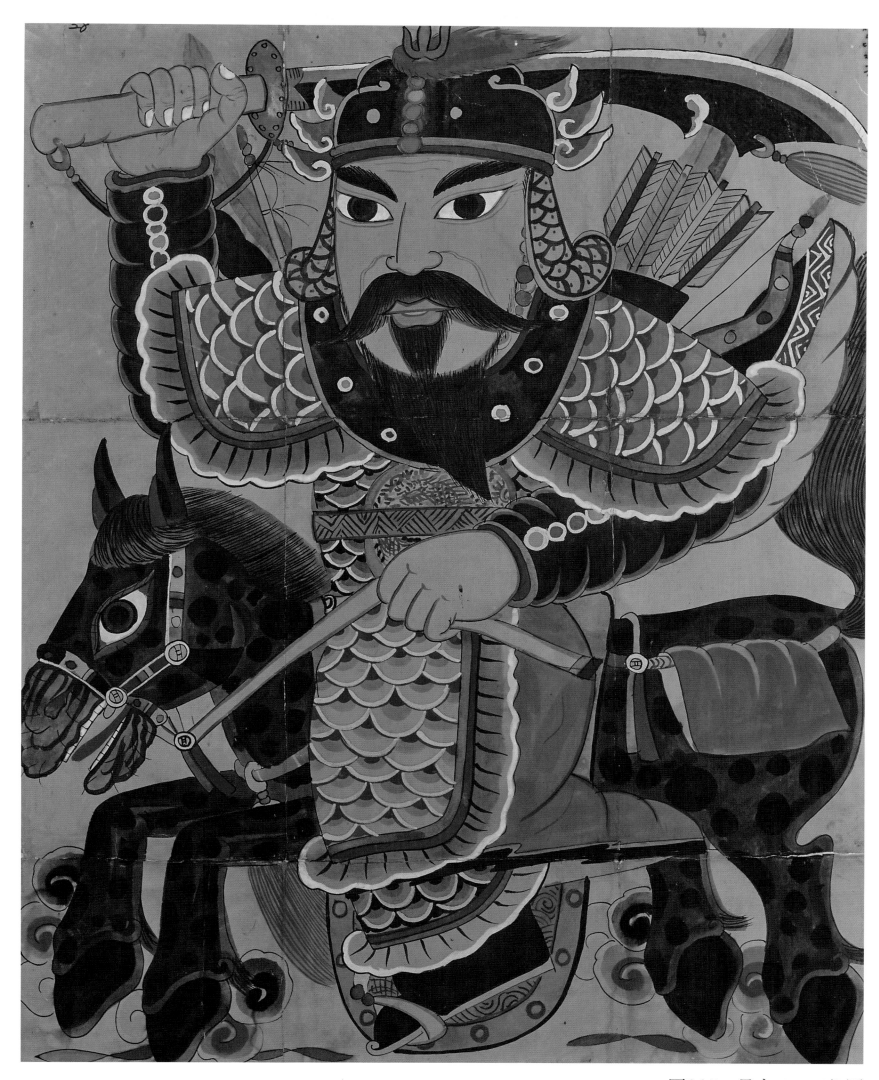

圖207・무속도・巫俗圖
78×98・지본

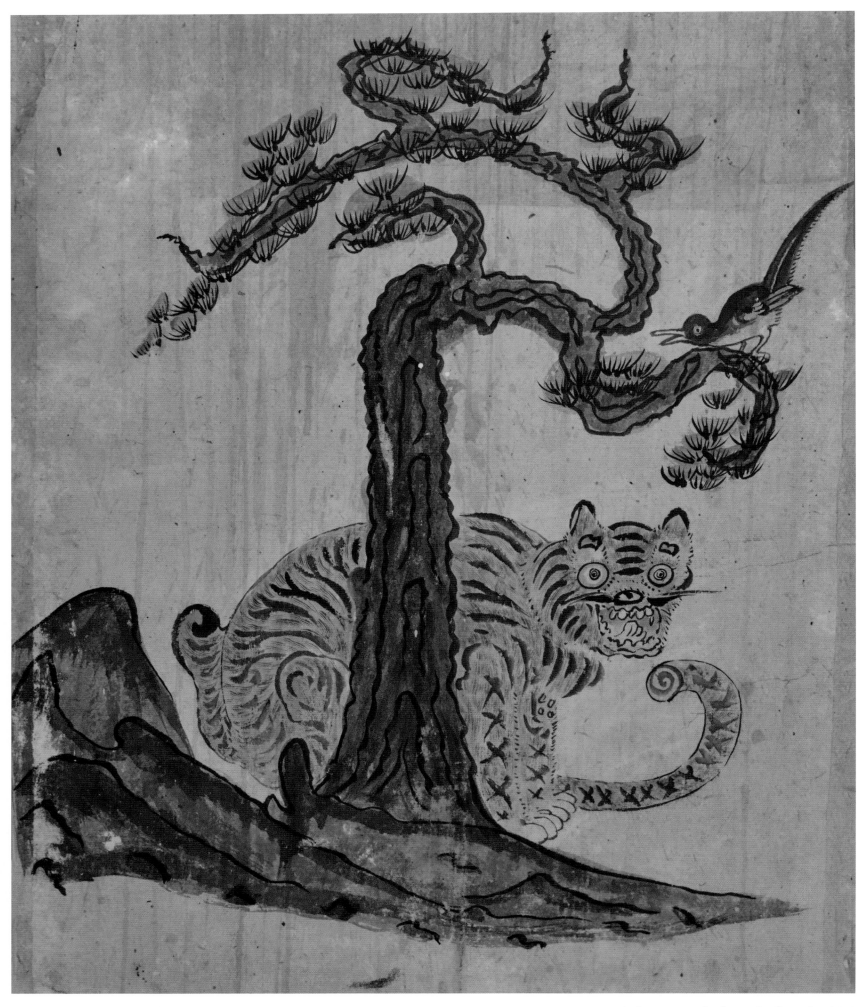

圖208 · 까치호랑이 · 虎鵲圖
47×76 · 지본

호랑이의 얼굴은 사납게 표현되어 있지만 다소곳이 모은 발과
함박 웃음을 짓는 입에서 온순함을 느낄 수 있다.
나뭇가지의 까치가 떨어질 듯 불안하게 보인다.

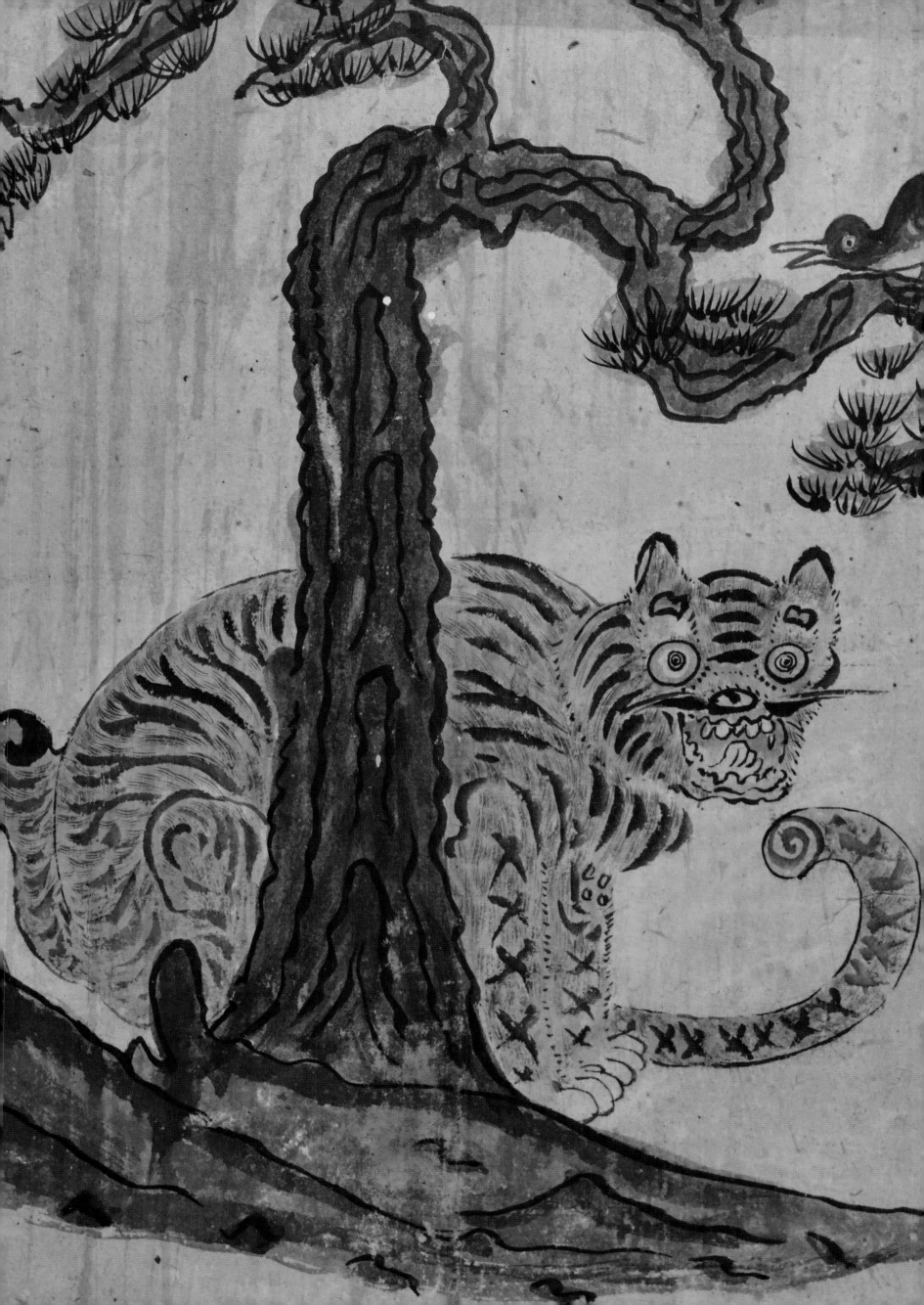

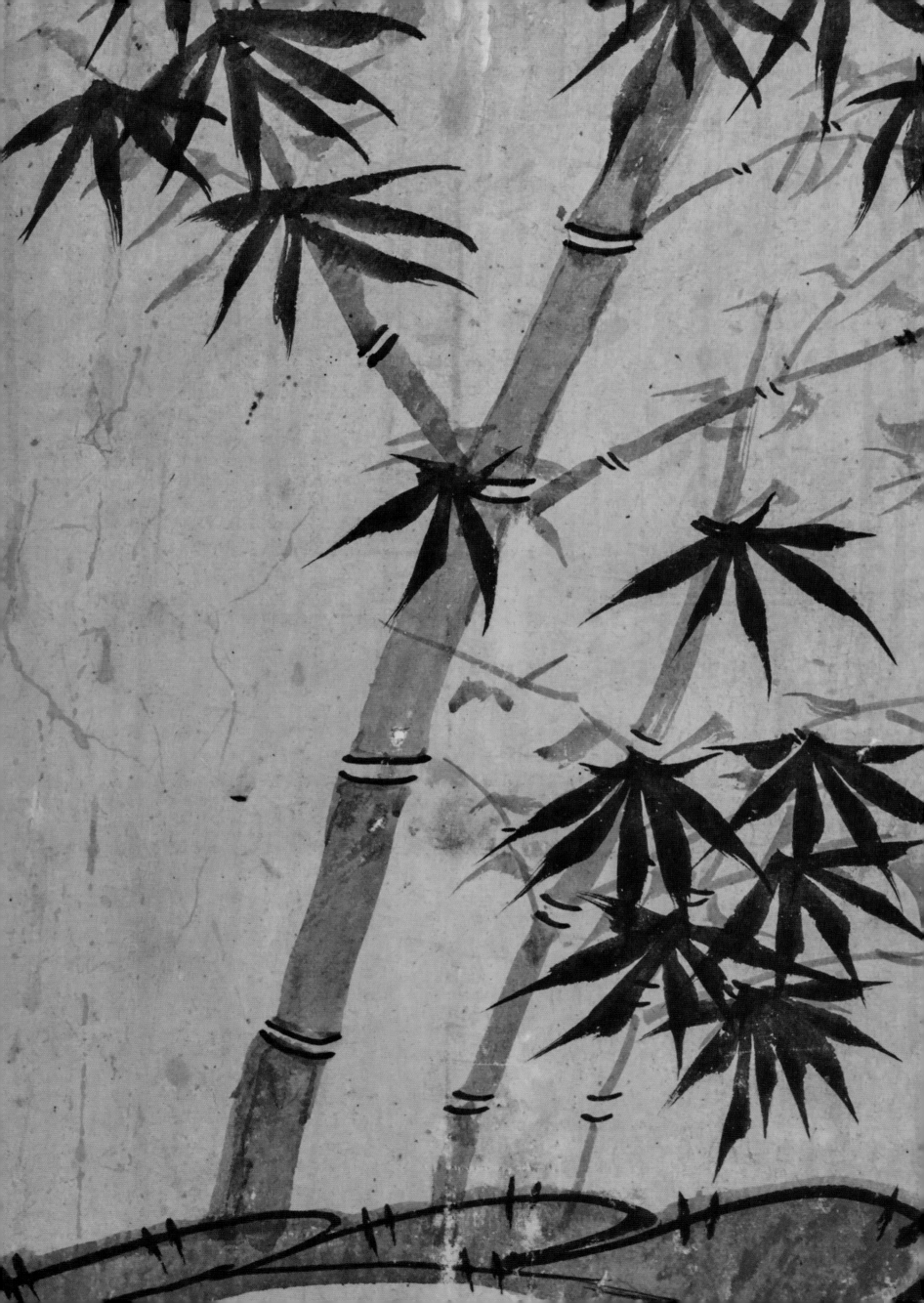

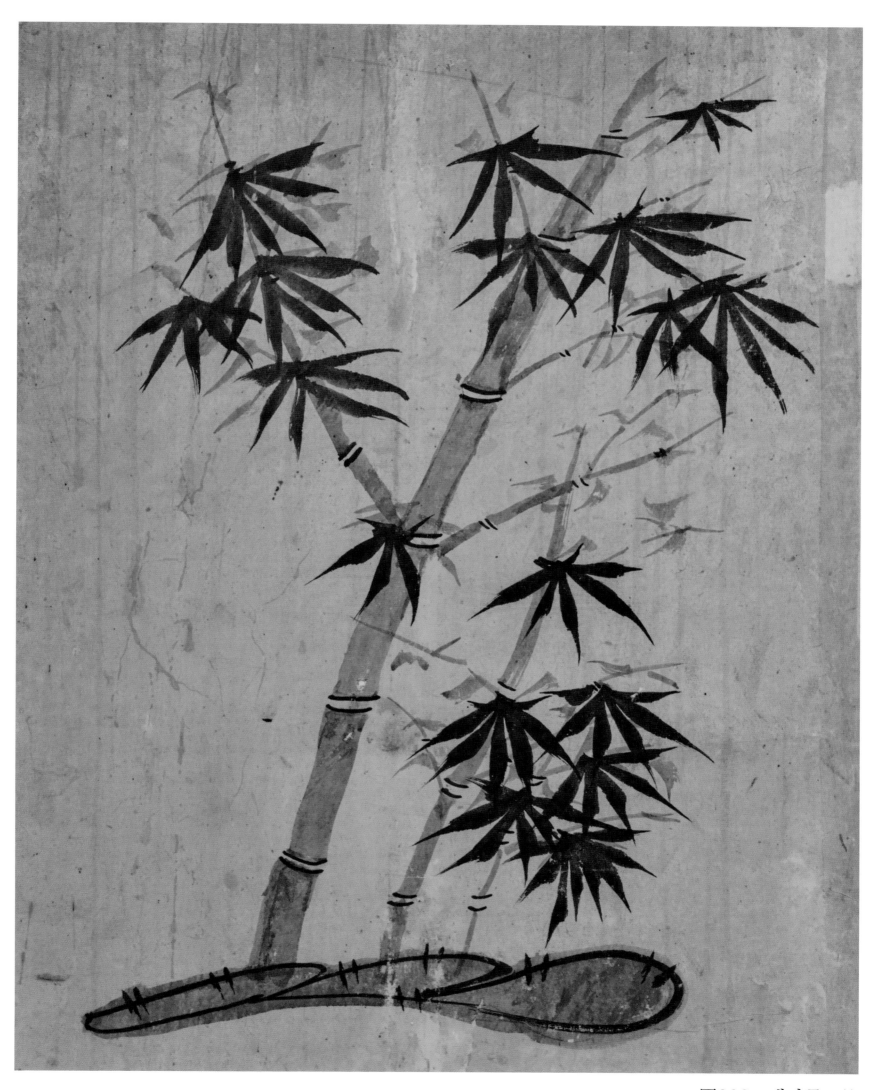

圖209 · 대나무 · 竹
47×76 · 지본

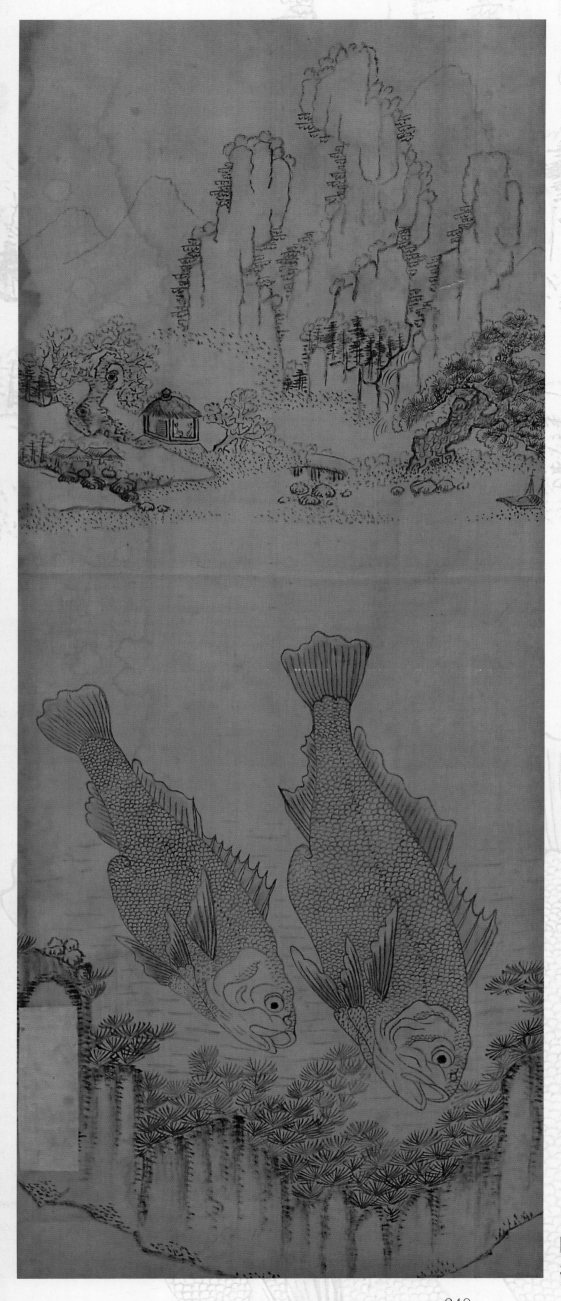

圖210 · 어해도 · 魚蟹圖
33×90 · 지본

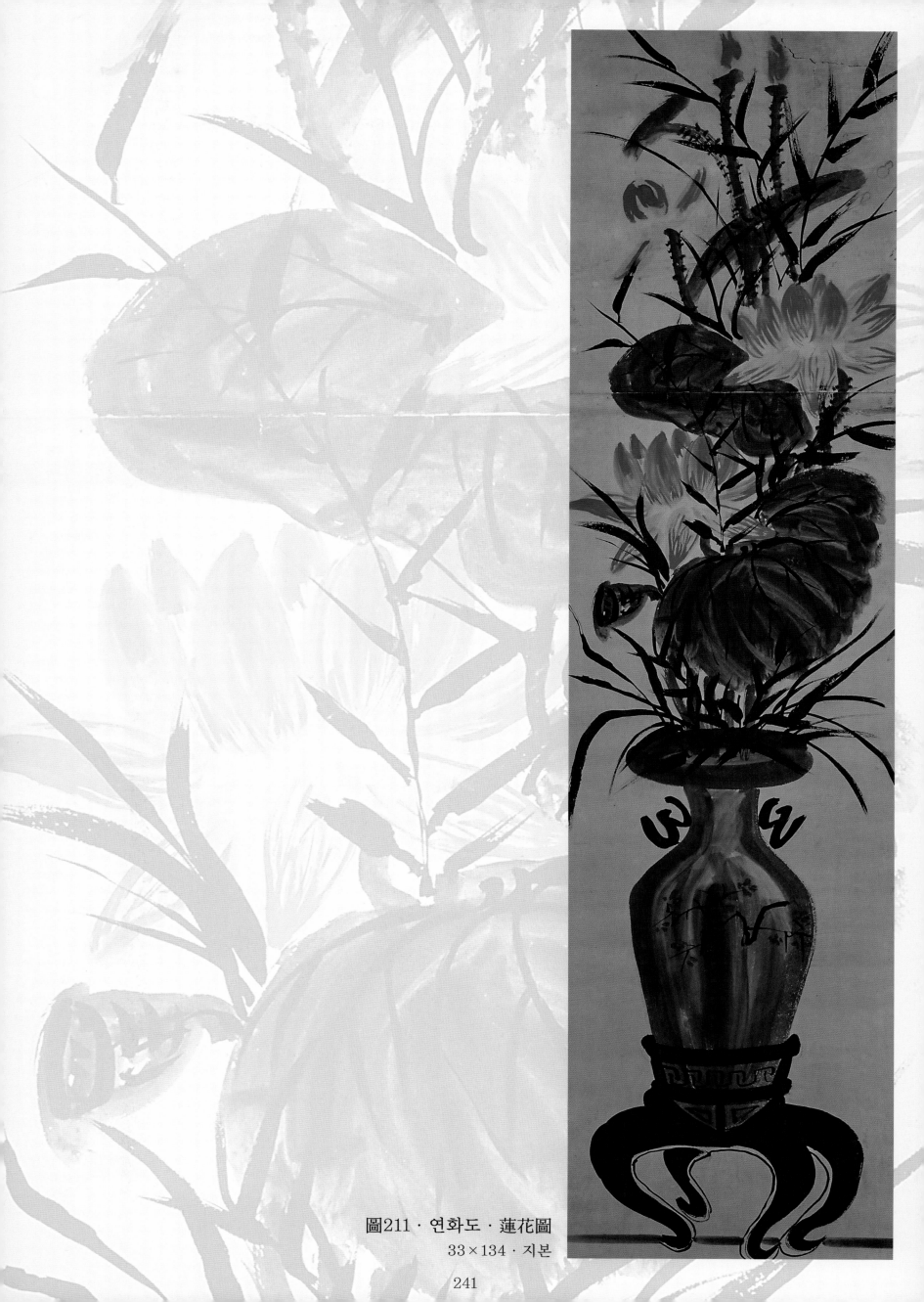

圖211・연화도・蓮花圖

33×134・지본

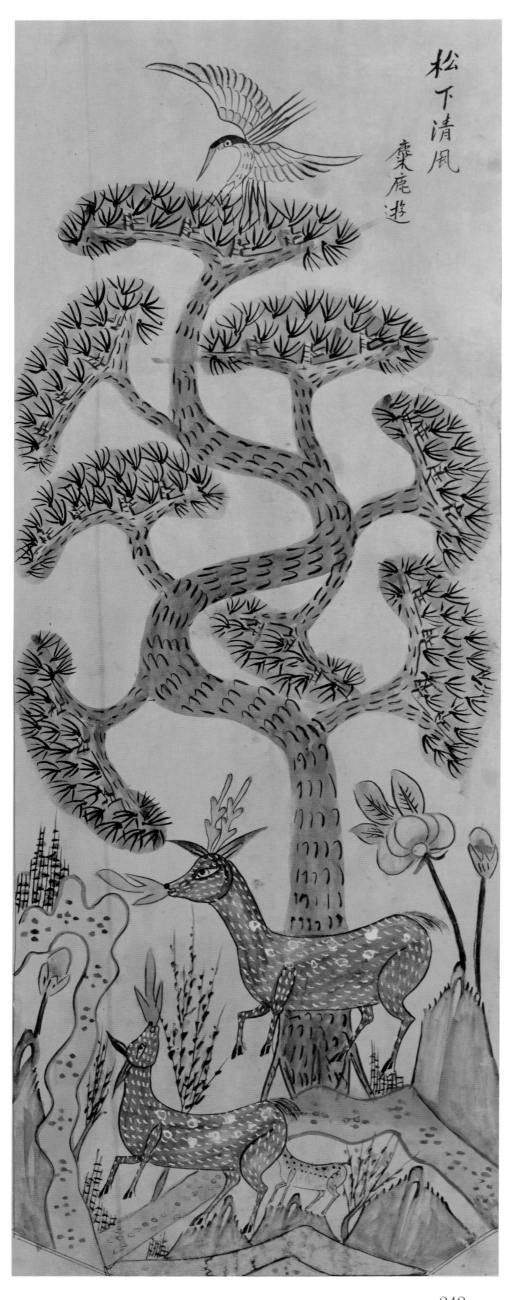

圖212 · 십장생도 · 十長生圖

31×85 · 지본

소나무, 사슴을 소재로한 장생도의 그림이다. 소나무 밑에 두 사슴이 불로초를 입에 물고 위아래로 서로 마주보고 있다.

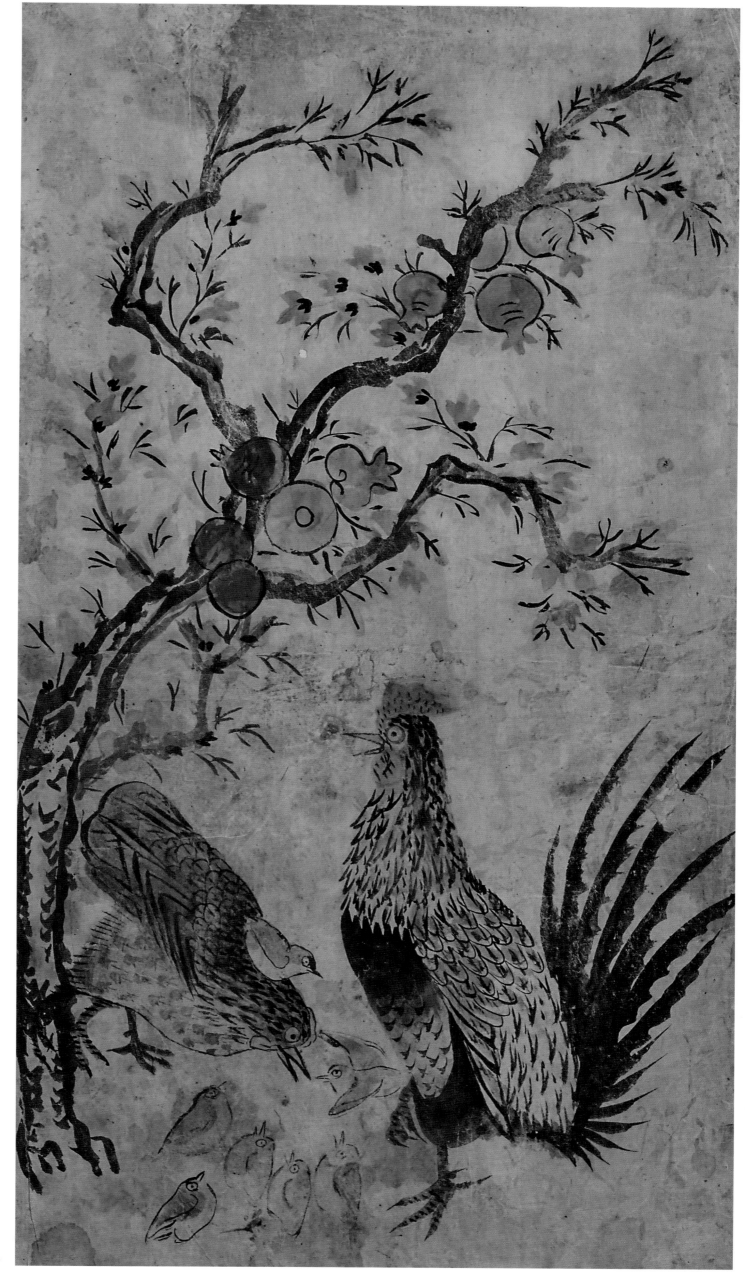

圖213
닭그림 · 鷄圖
41×80 · 지본

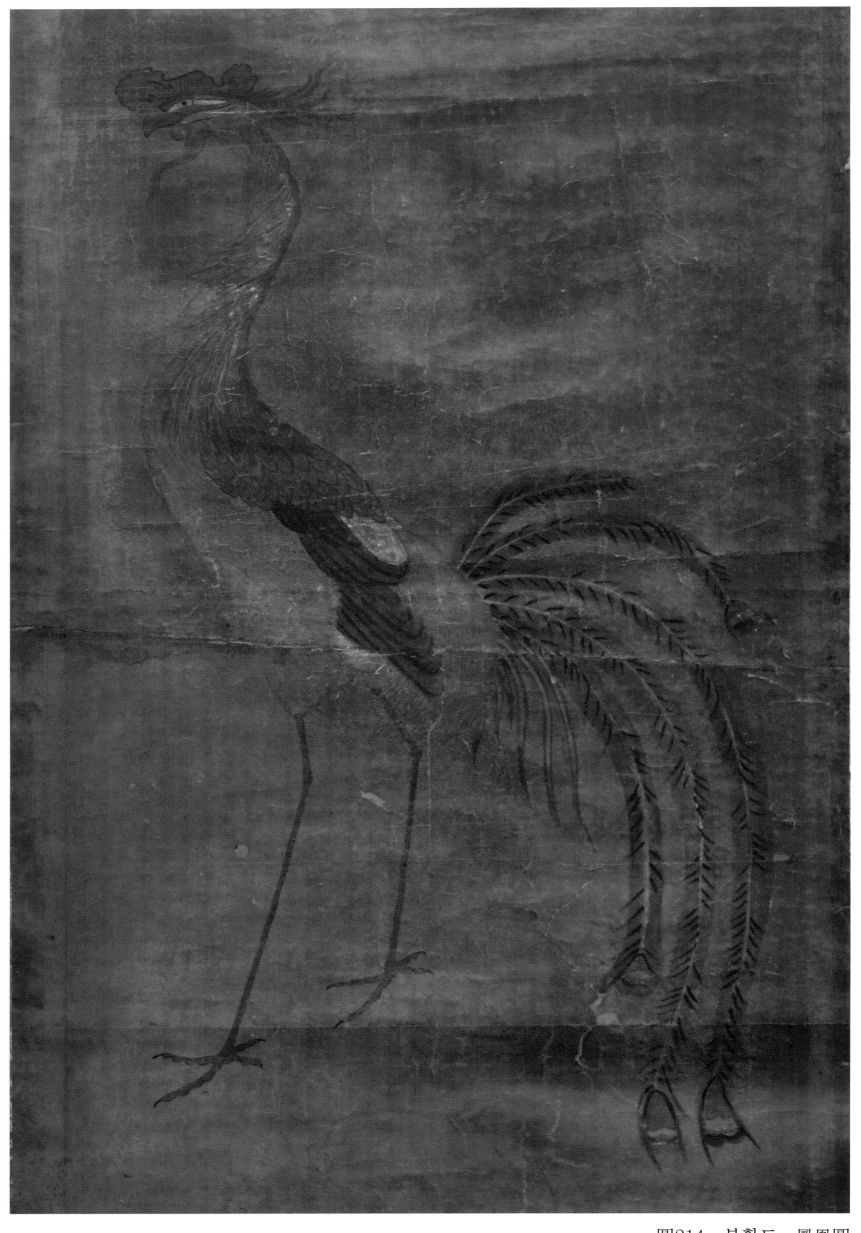

圖214 · 봉황도 · 鳳凰圖
00×00 · 지본

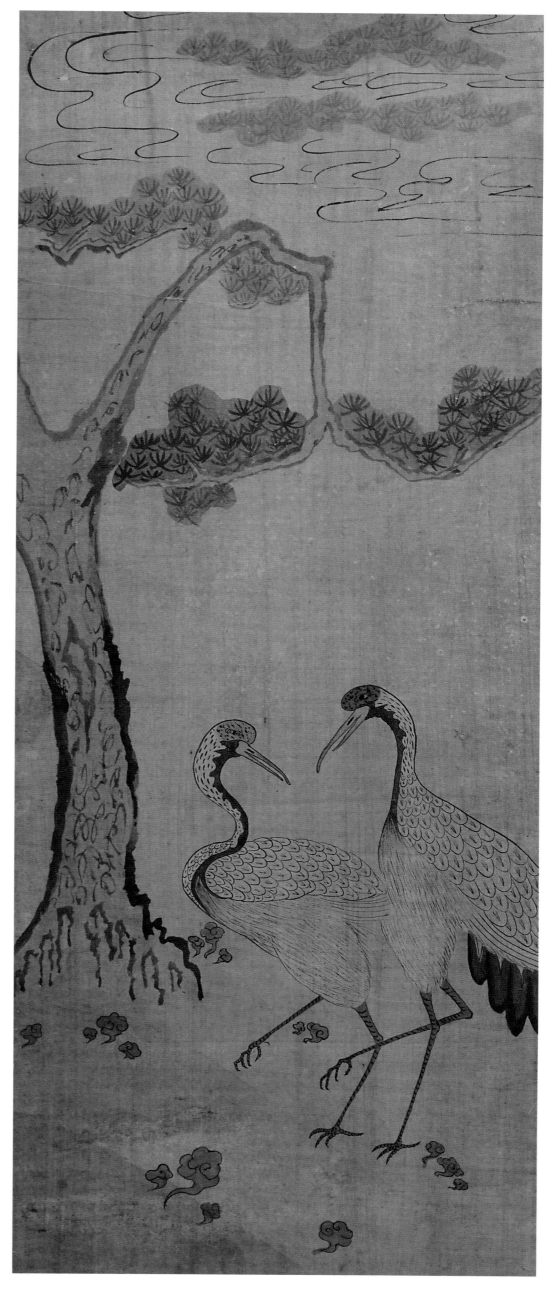

圖215・송학도・松鶴圖
30×81・비단

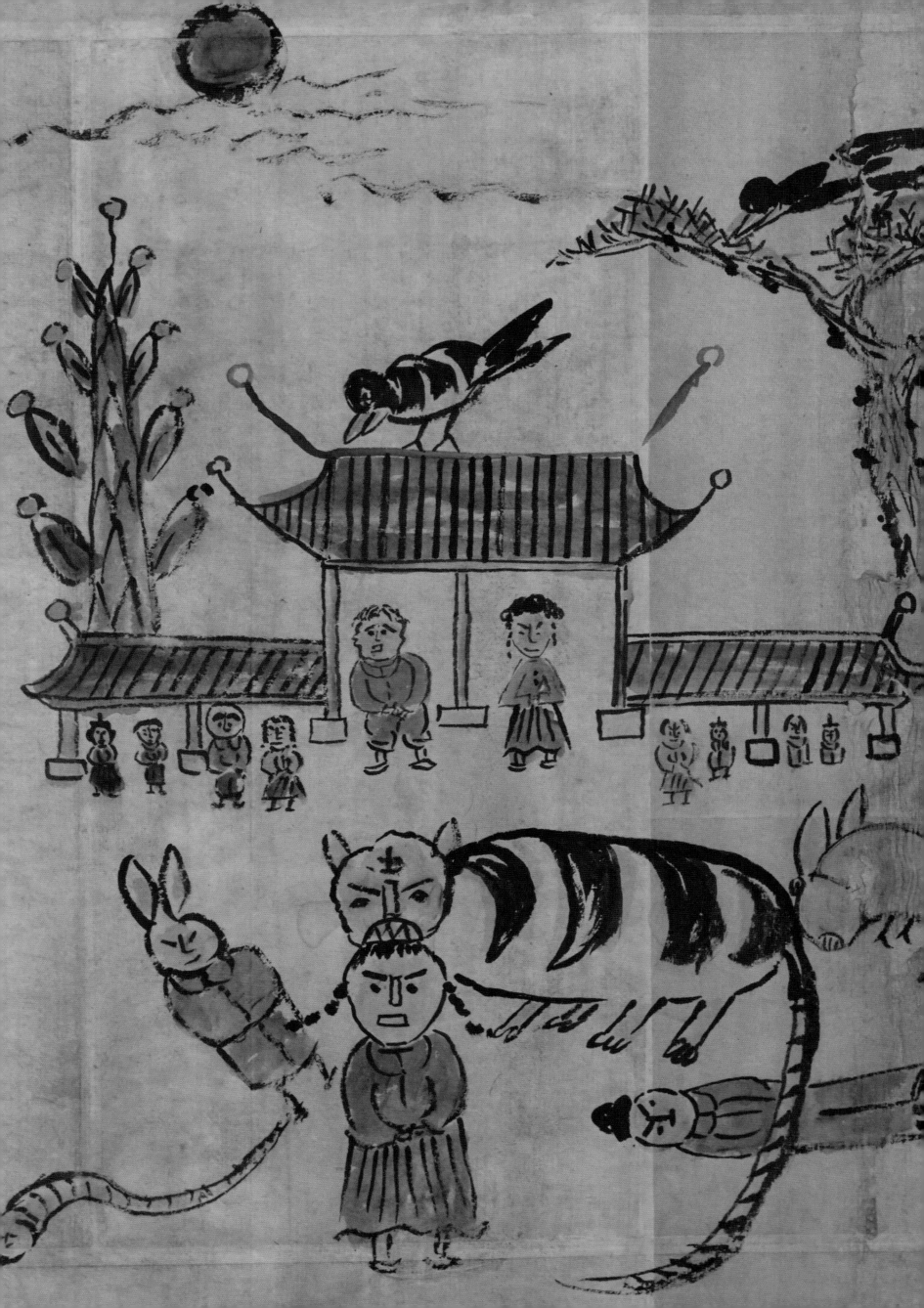

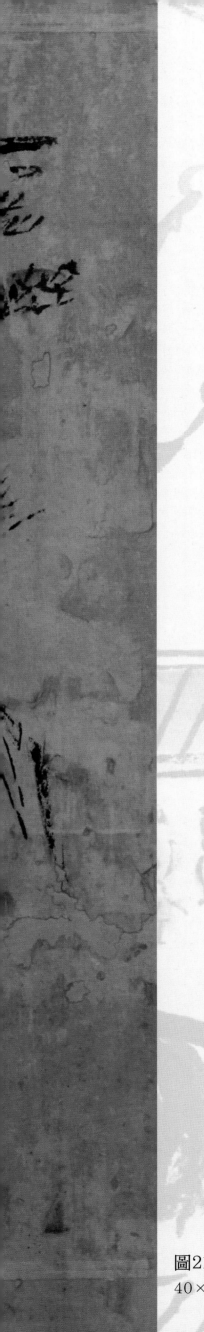

圖216 · 까치호랑이 · 虎鵲圖
40×52 · 지본

247

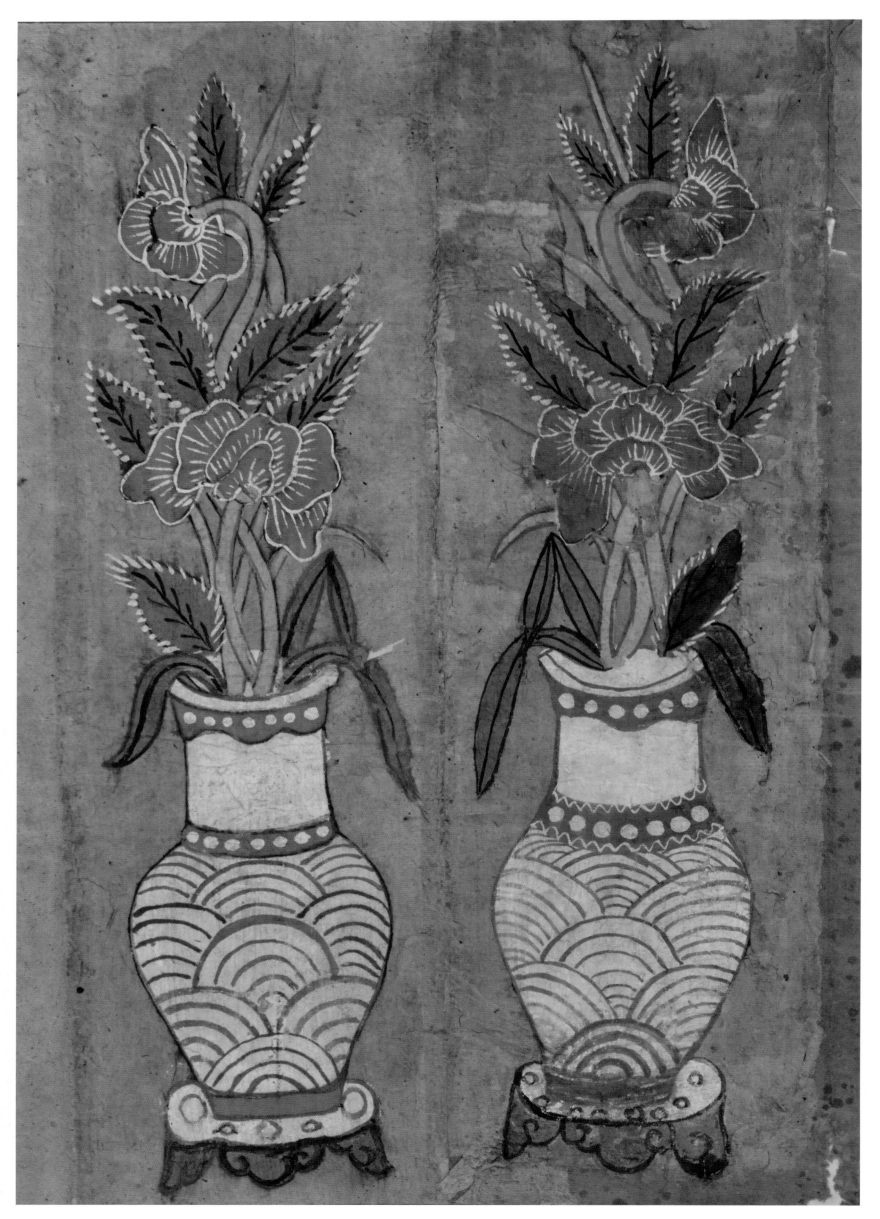

圖217 · 모란도 · 牡丹圖

23×33 · 지본

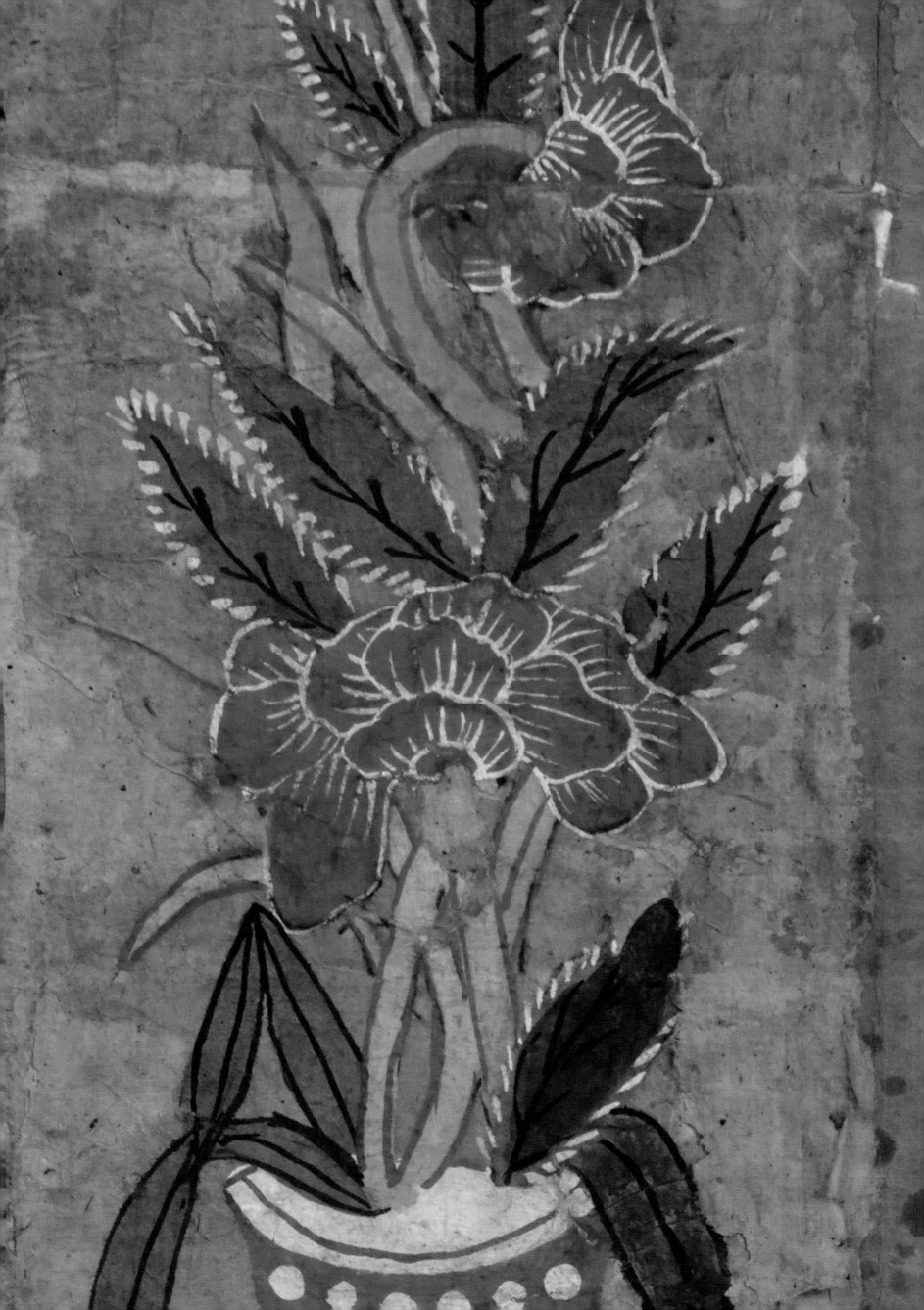

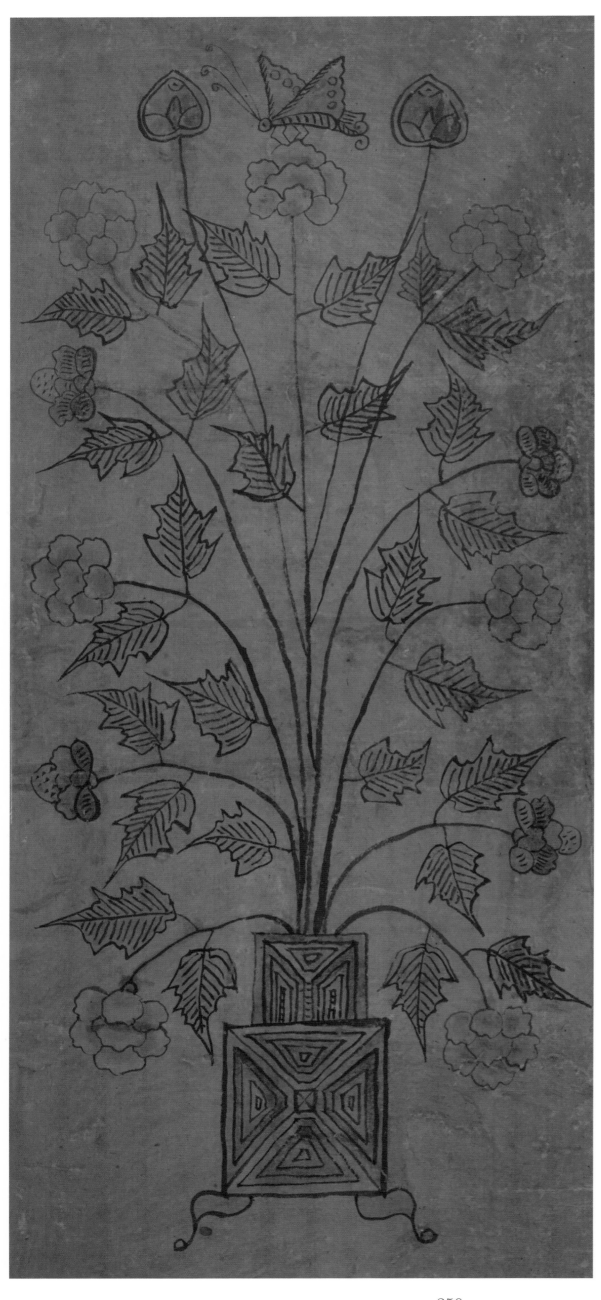

圖218 · 화조도 · 花鳥圖
29×81 · 지본

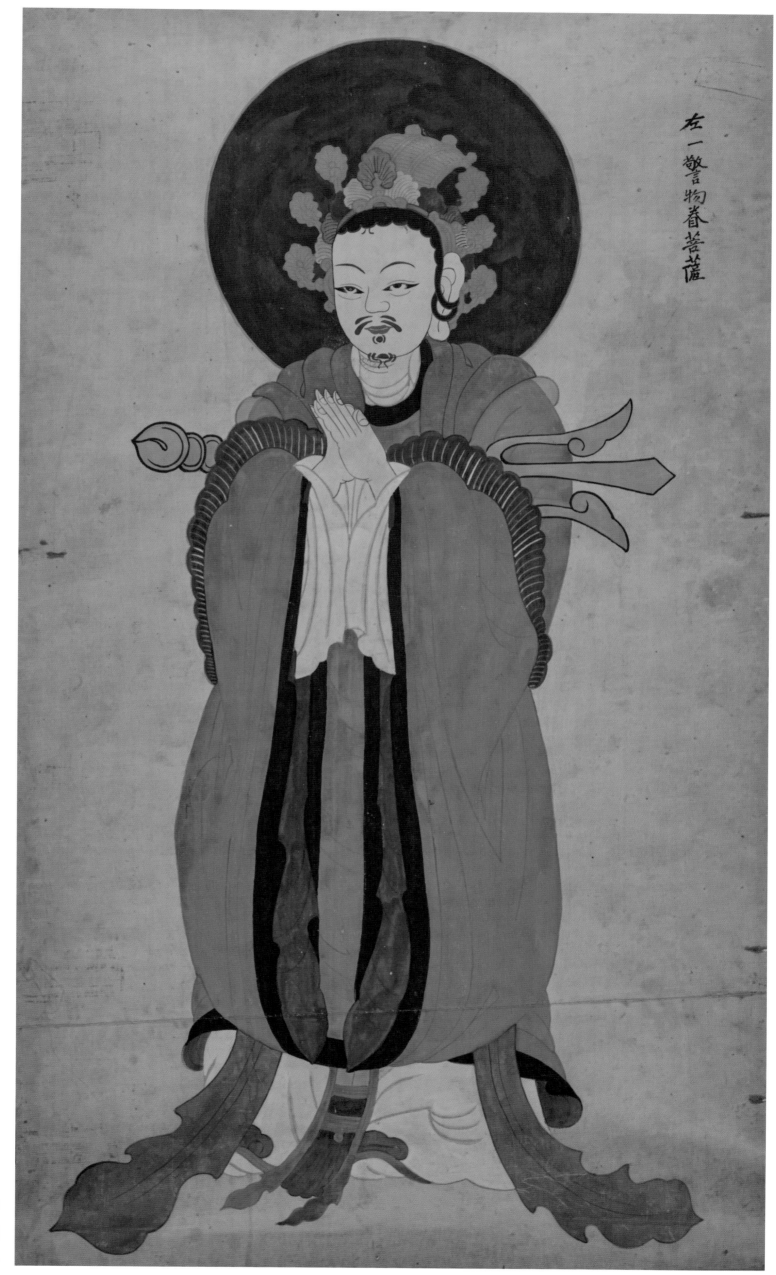

左一警物眷菩薩

圖219
불화・佛畵
53×97・지본

251

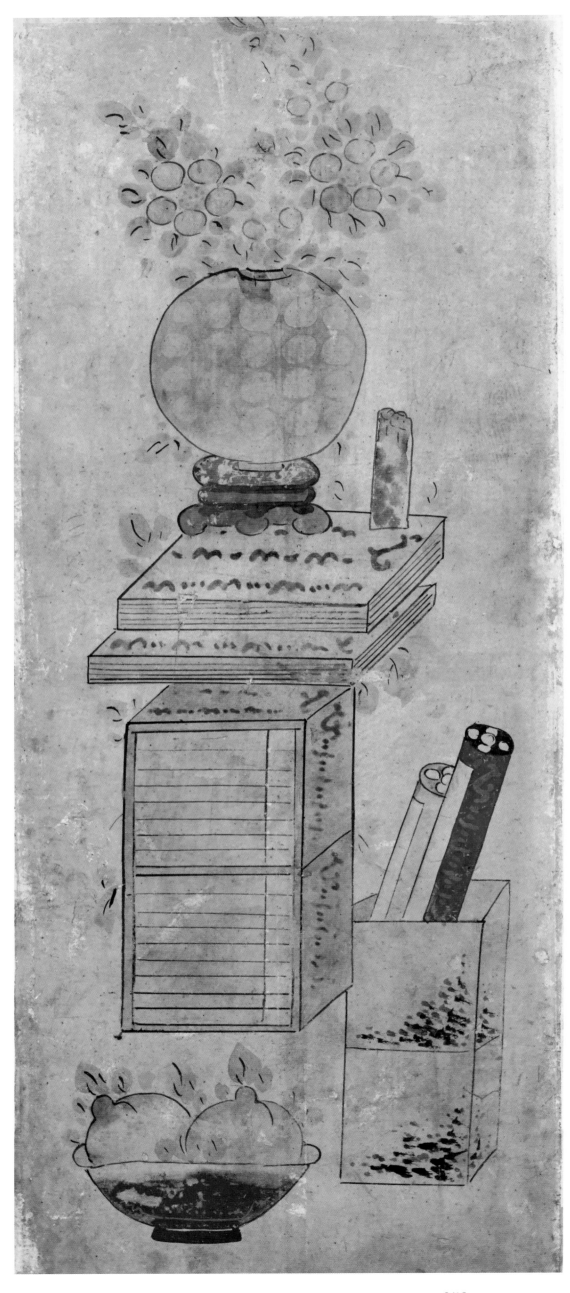

圖220 · 책가도 · 冊架圖
30×84 · 지본

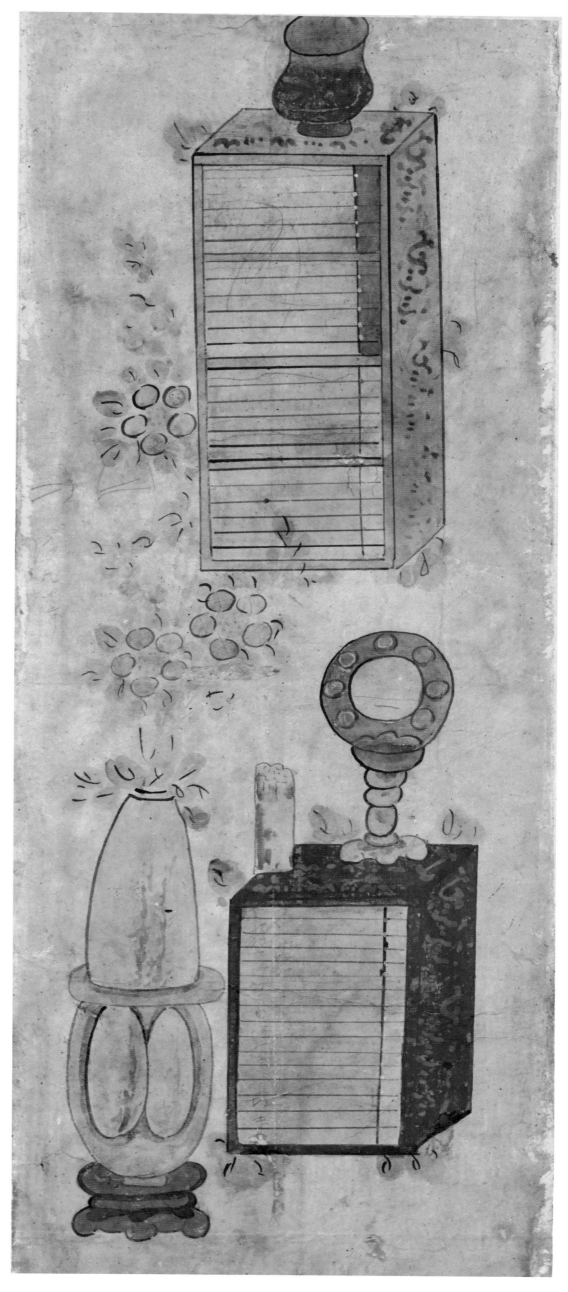

圖221 · 책가도 · 册架圖
30×84 · 지본

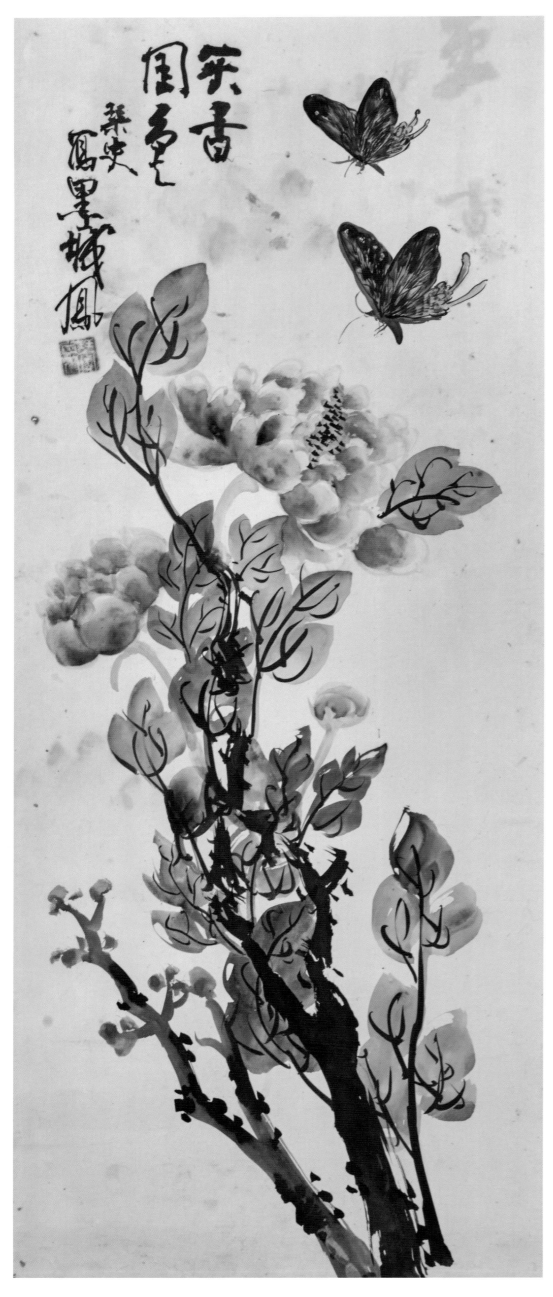

圖222 · 모란도 · 牡丹圖

38×106 · 지본

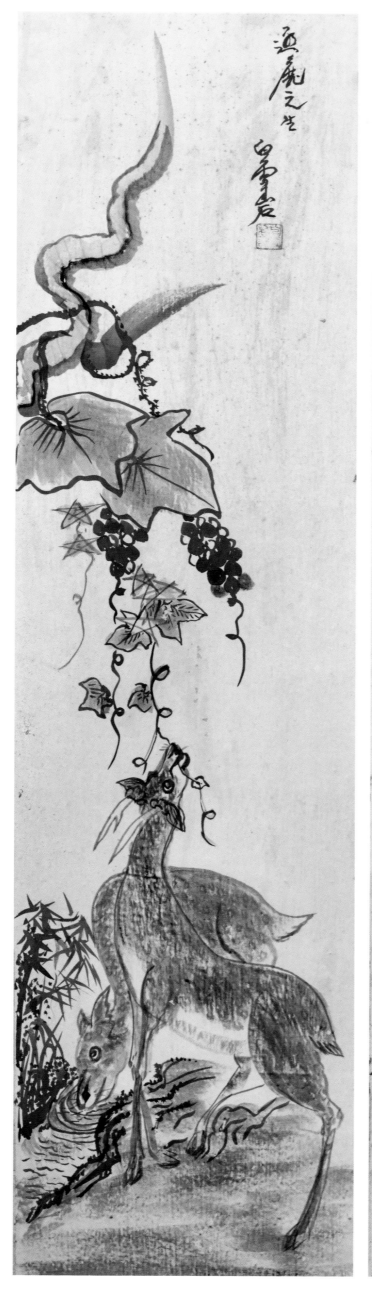

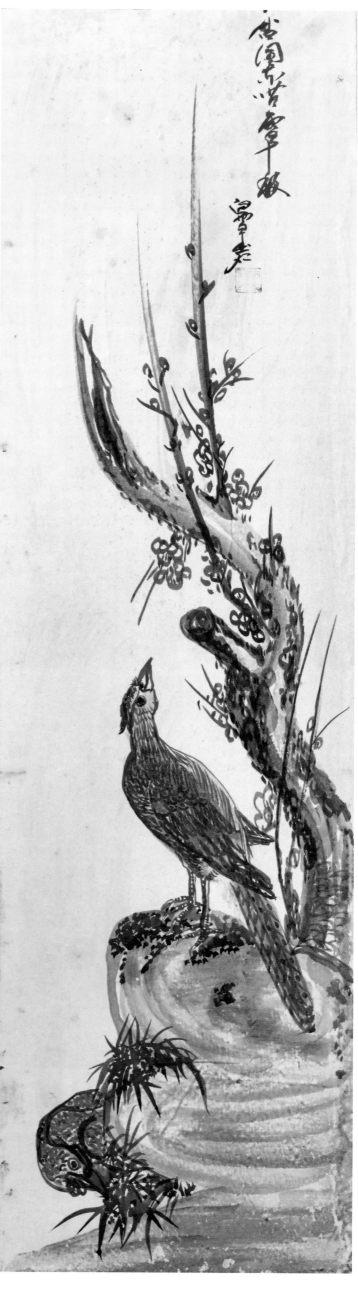

圖223
장생도 · 長生圖
28×104 · 지본

圖224
화조도 · 花鳥圖
28×104 · 지본

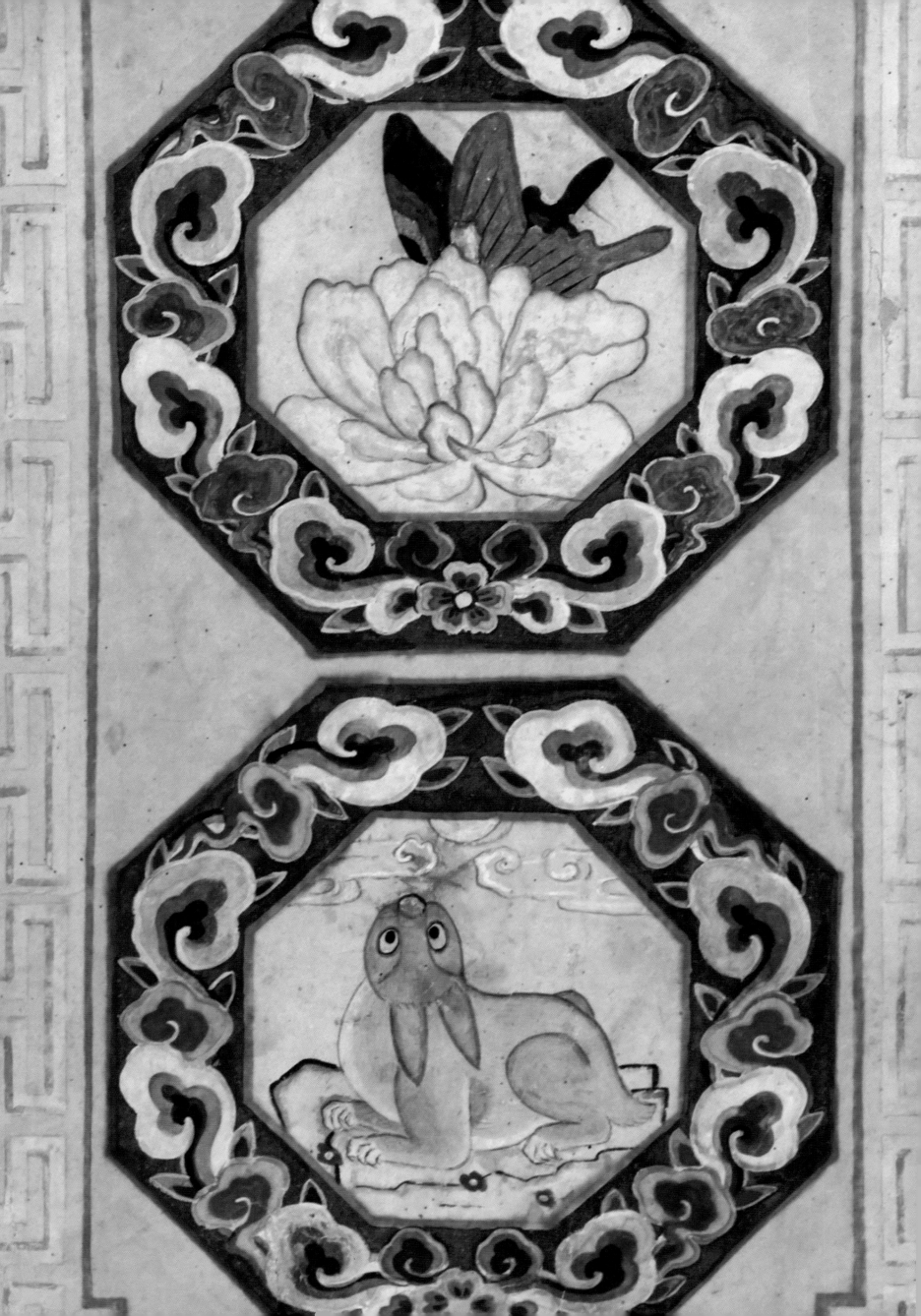

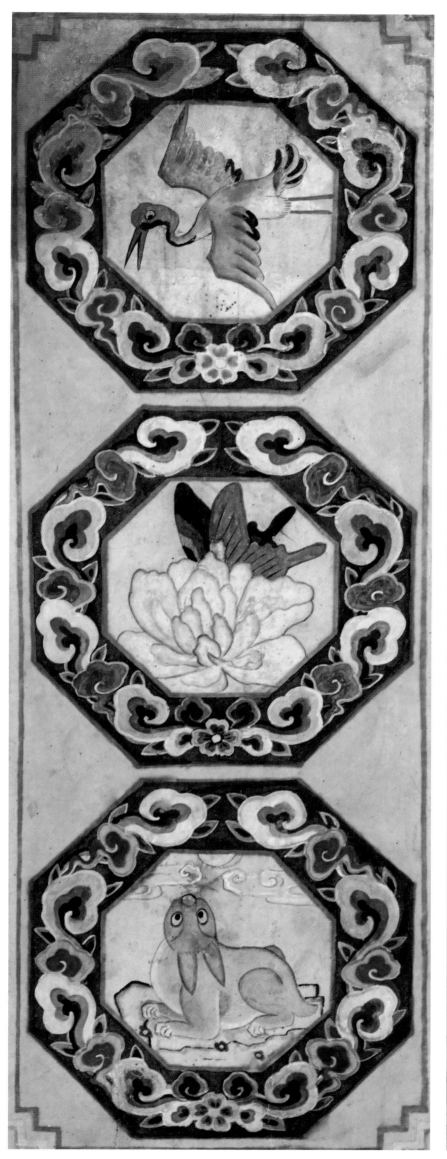

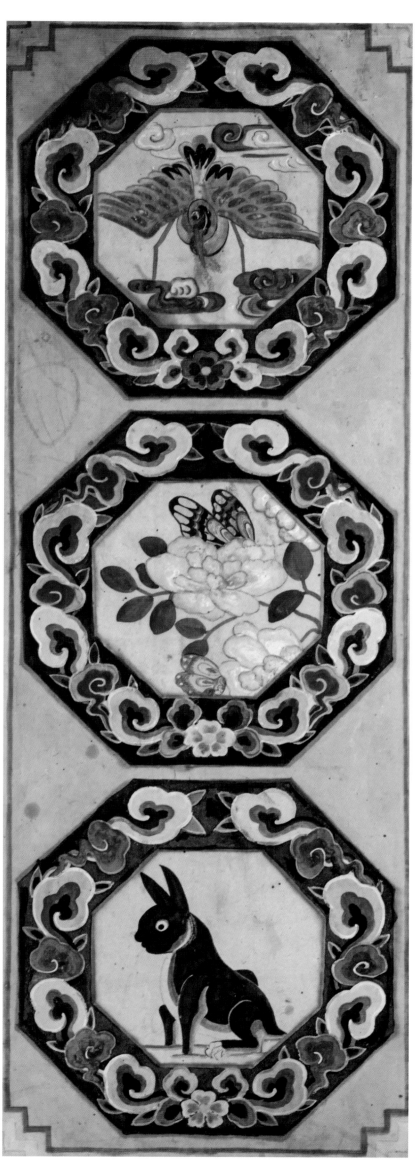

圖225 · 십장생도 · 十長生圖
31×75 · 지본

圖226 · 십장생도 · 十長生圖
31×75 · 지본

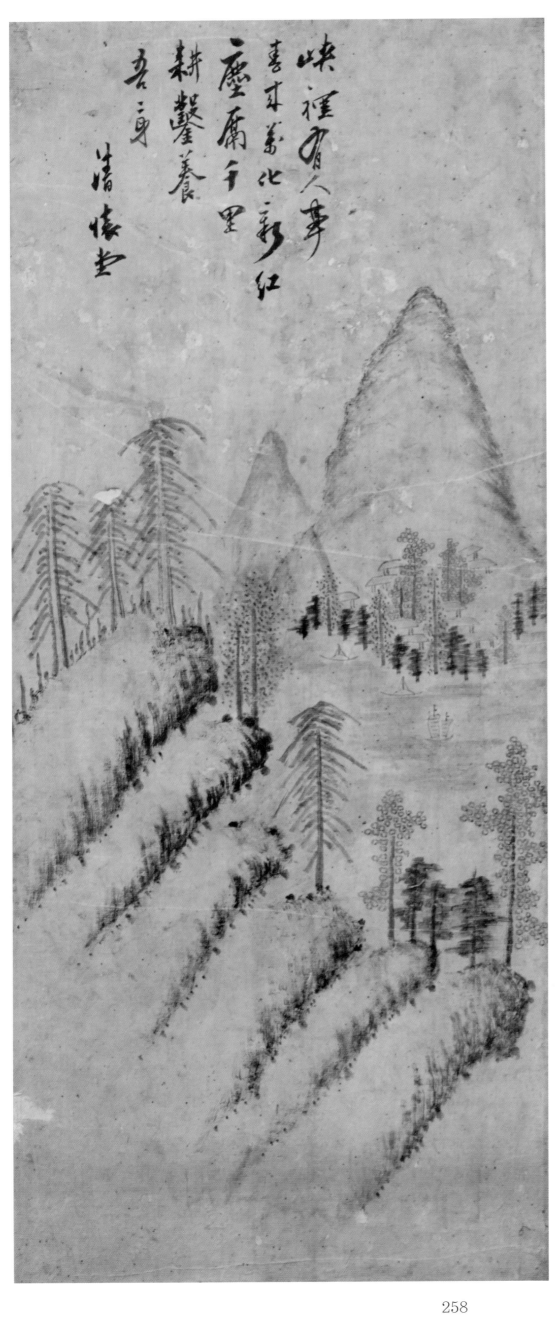

峽裡有人事
喜來菜化葉紅
一塵不扇千里
耕鑿養養
吾二身

清懷堂

圖227 · 산수도 · 山水圖
27×68 · 지본

258

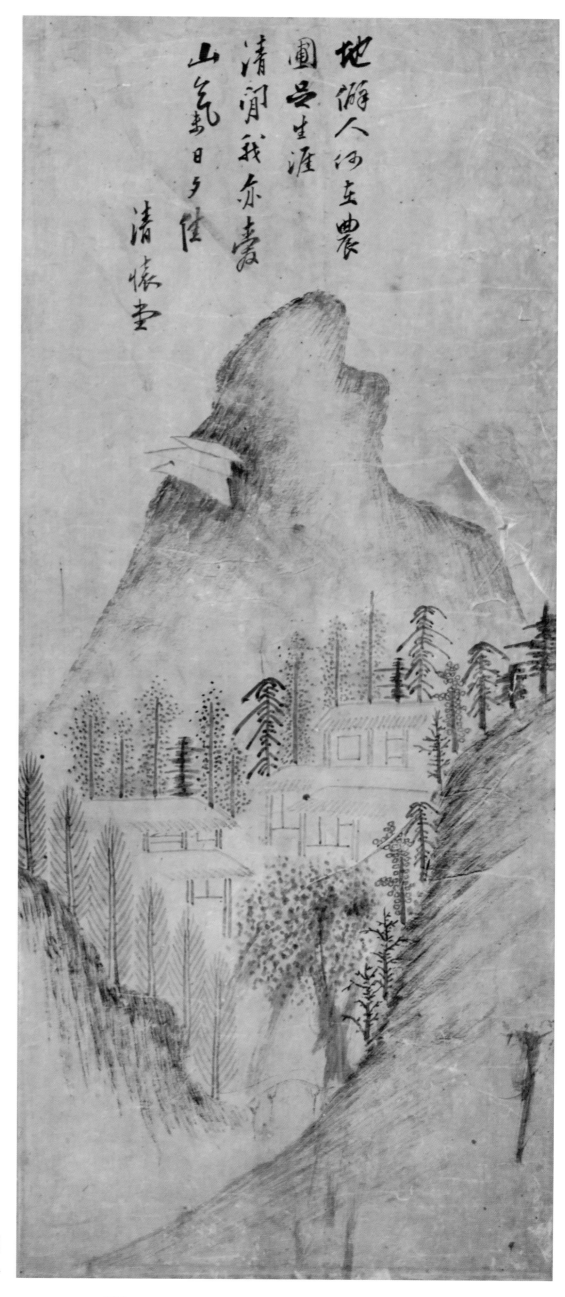

圖228・산수도・山水圖
27×68・지본

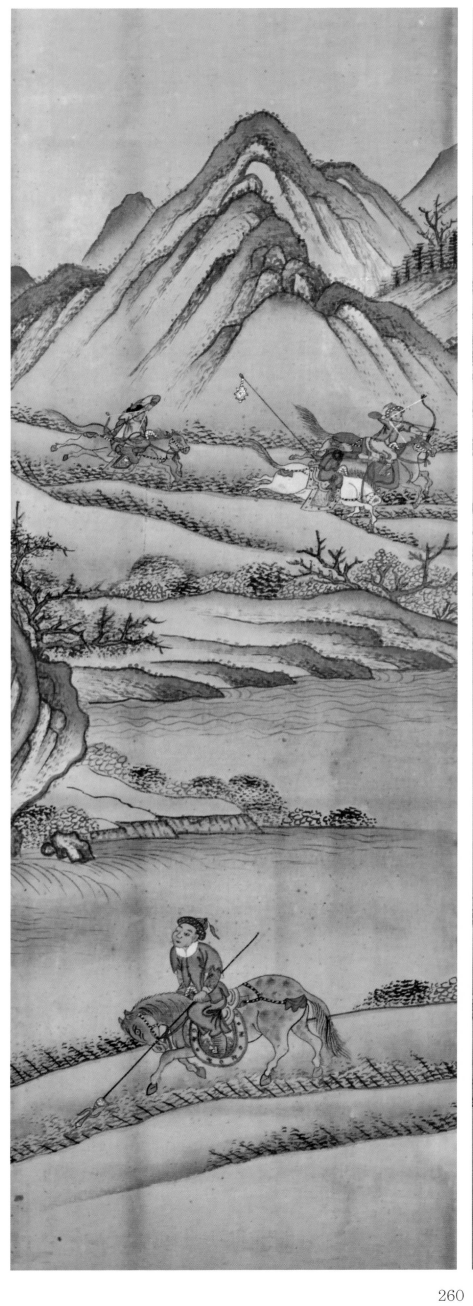
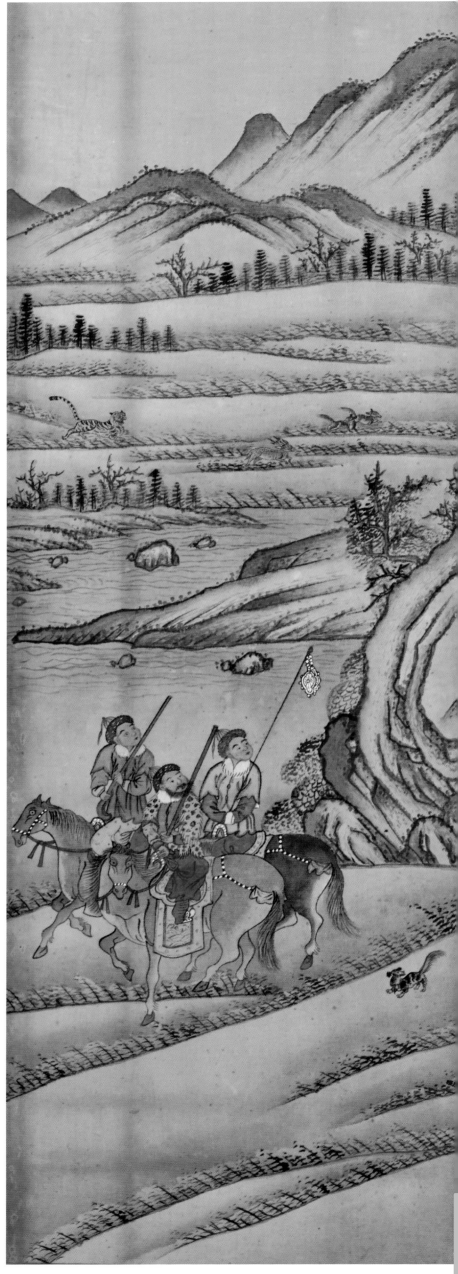

산야에서 짐승을 쫓아 사냥하는 광경을 그린 그림이다. 활을 쏘고
창을 휘둘러 사냥을 하는 모습에서 무사들의 용맹스러움이 잘 나
타난다.

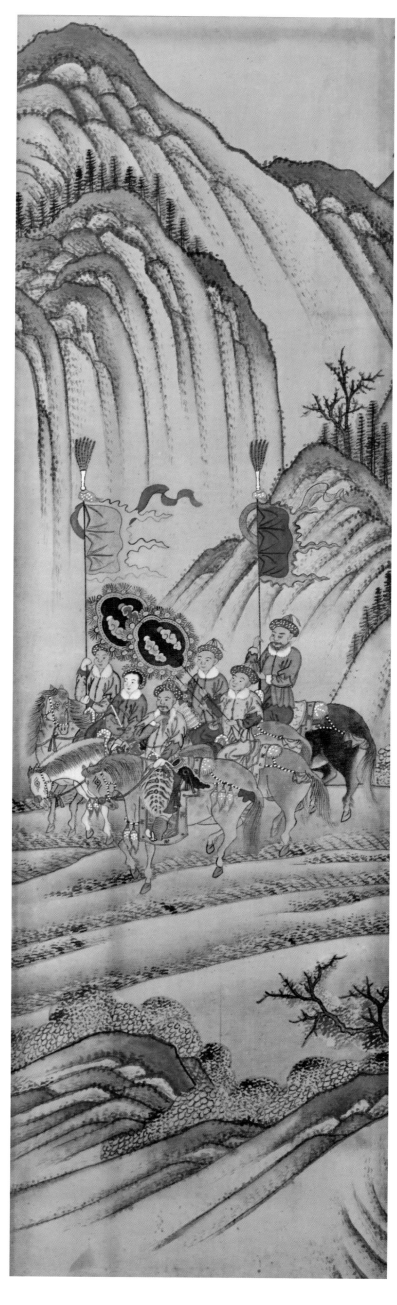

◀ 圖229 · 호렵도 · 胡獵圖
38×128 · 비단

◀ 圖230 · 호렵도 · 胡獵圖   圖231 · 호렵도 · 胡獵圖 ▶
38×128 · 비단   38×128 · 비단

261

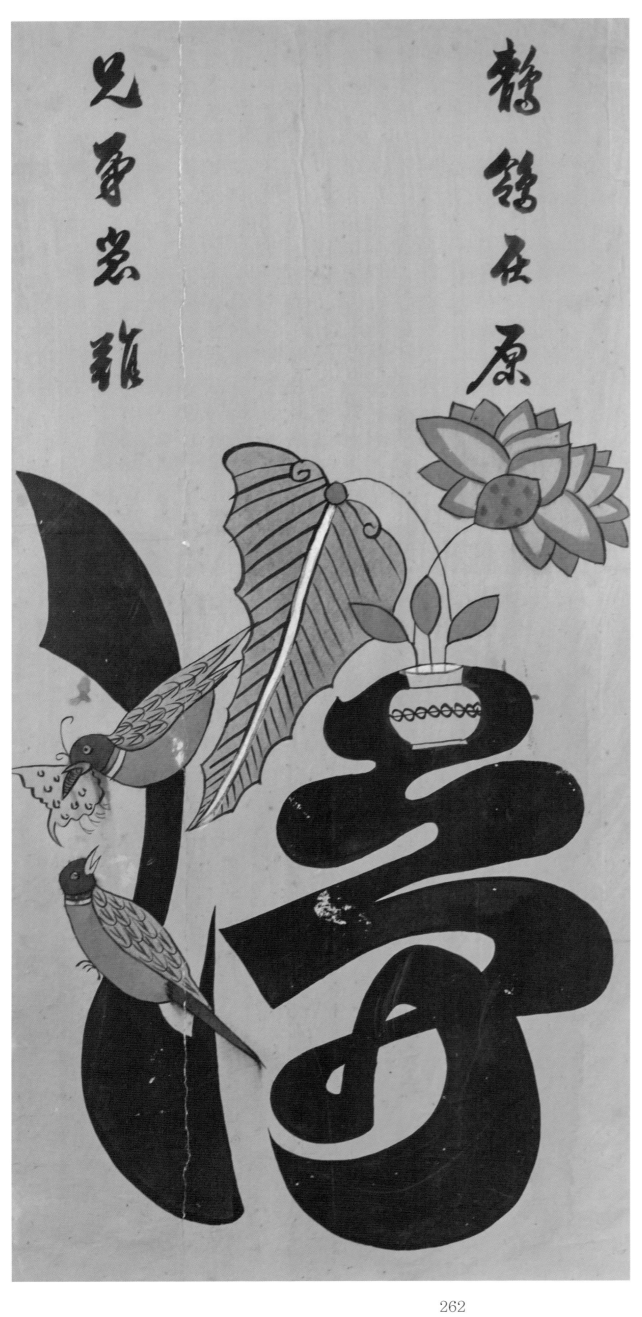

靜鶴在原
見爭㝛難

圖232 · 문자도 · 文字圖
31×98 · 지본

262

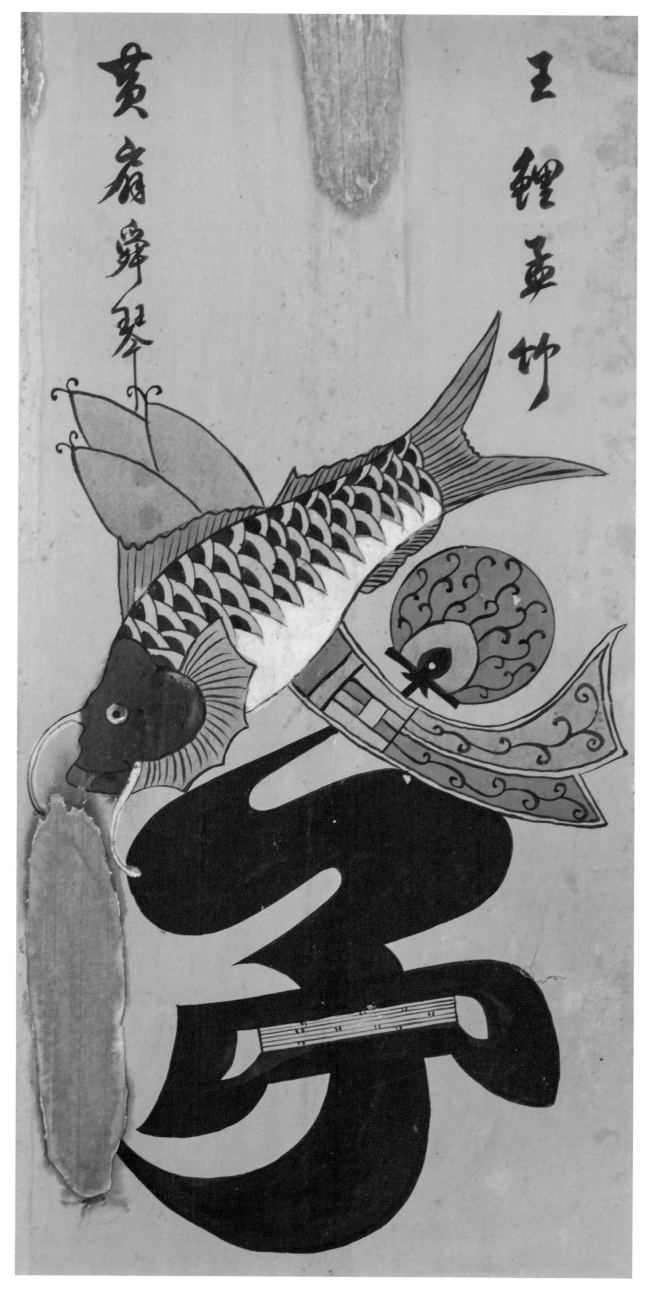

王鯉亞竹
黃眉舜琴

圖233 · 문자도 · 文字圖
31×98 · 지본

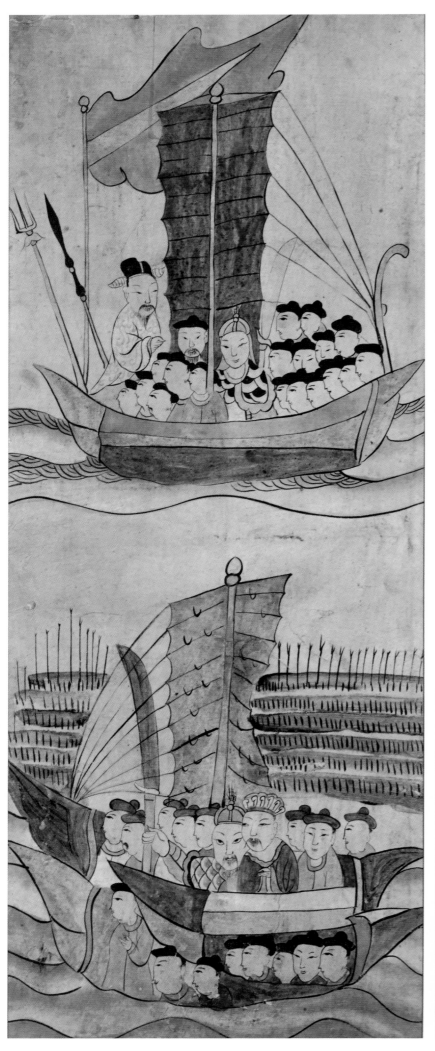

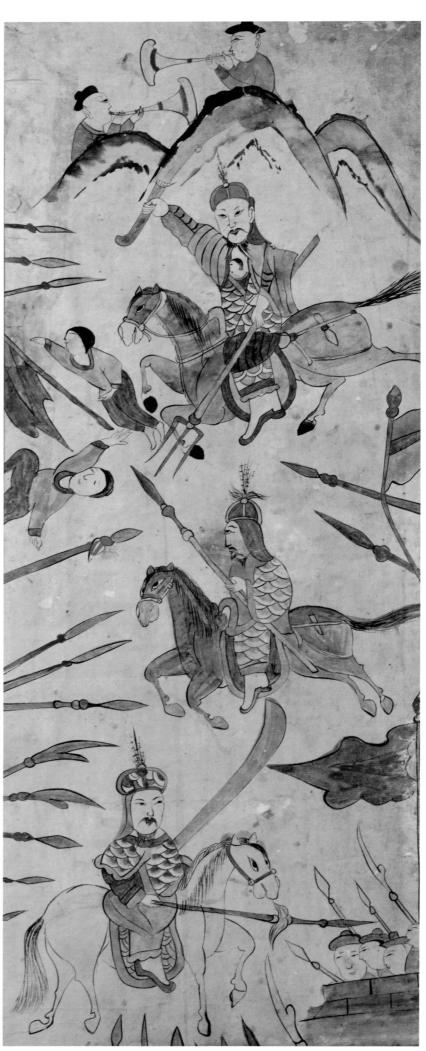

圖234 · 호렵도 · 胡獵圖
32×85 · 지본

圖235 · 호렵도 · 胡獵圖
32×85 · 지본

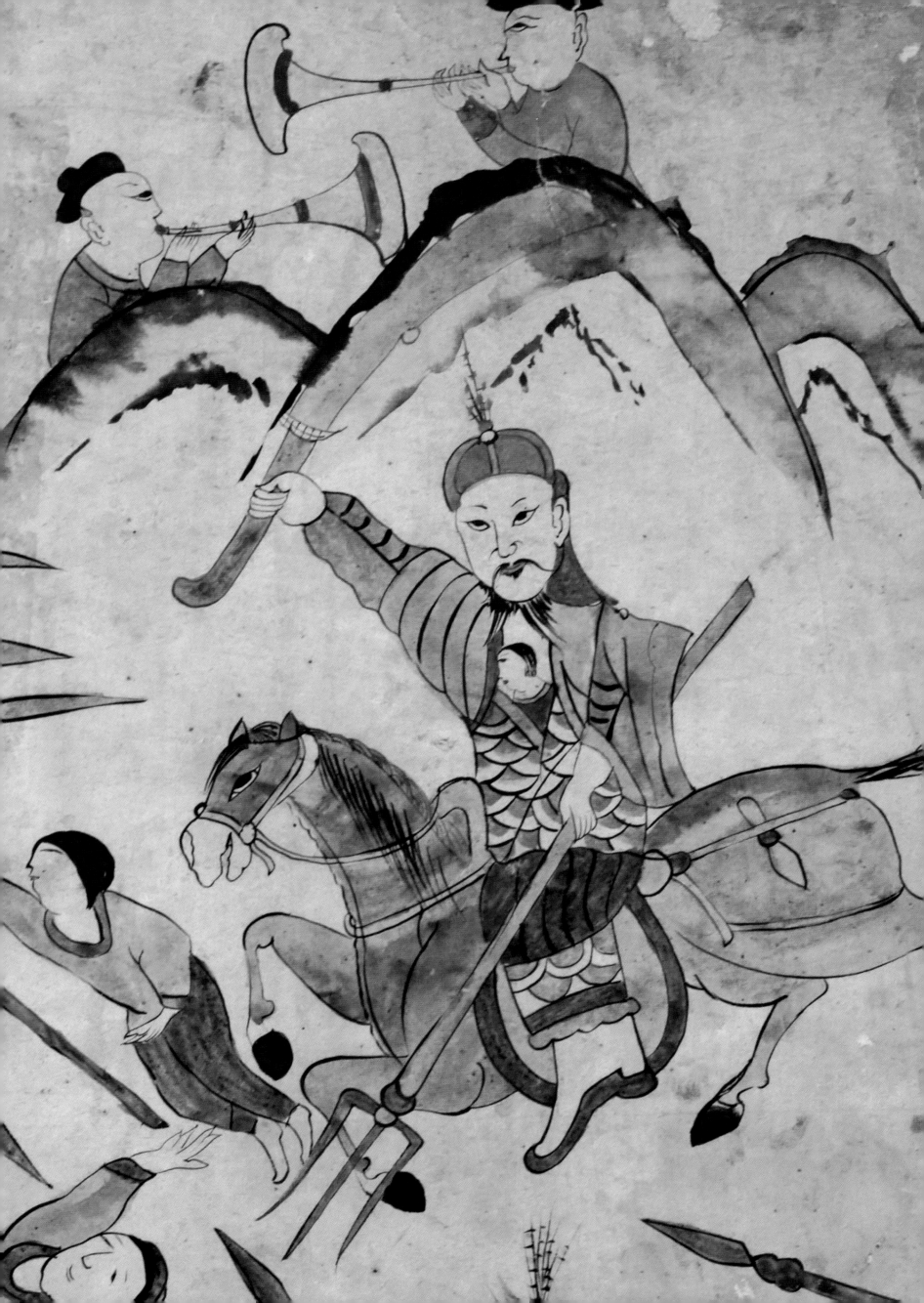

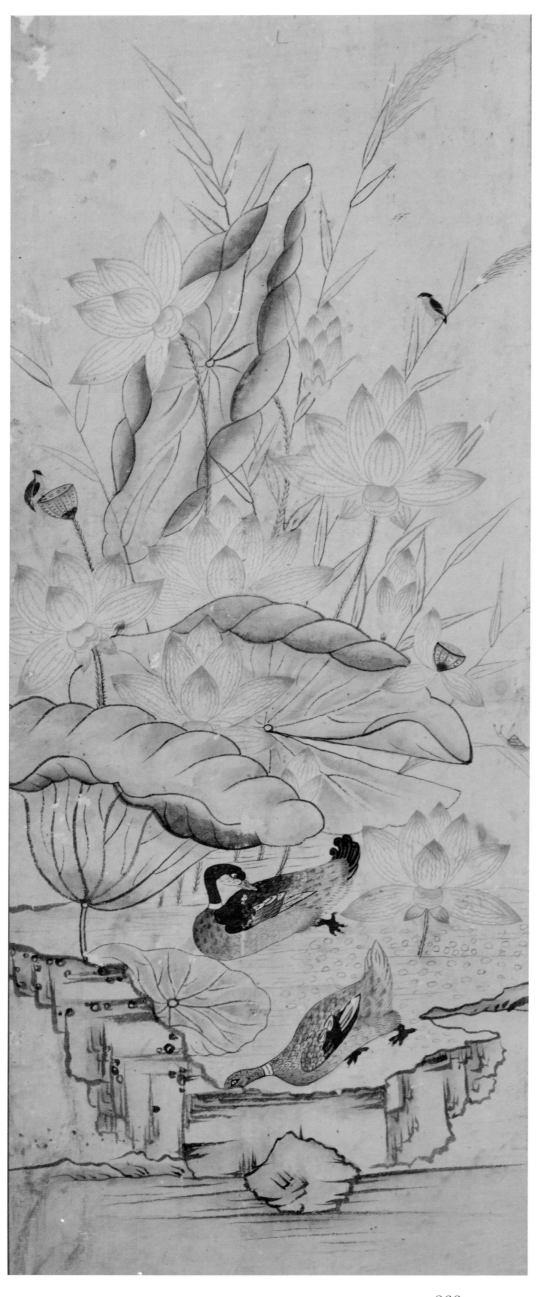

圖236 · 화조도 · 花鳥圖
32×86 · 지본

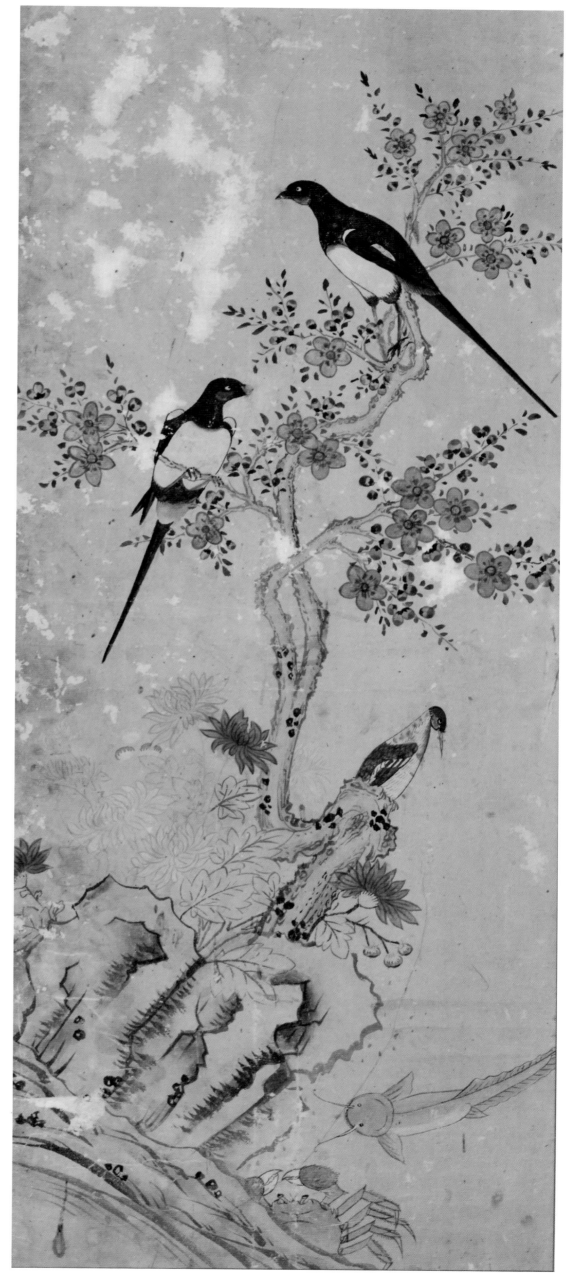

圖237 · 화조도 · 花鳥圖
32×86 · 지본

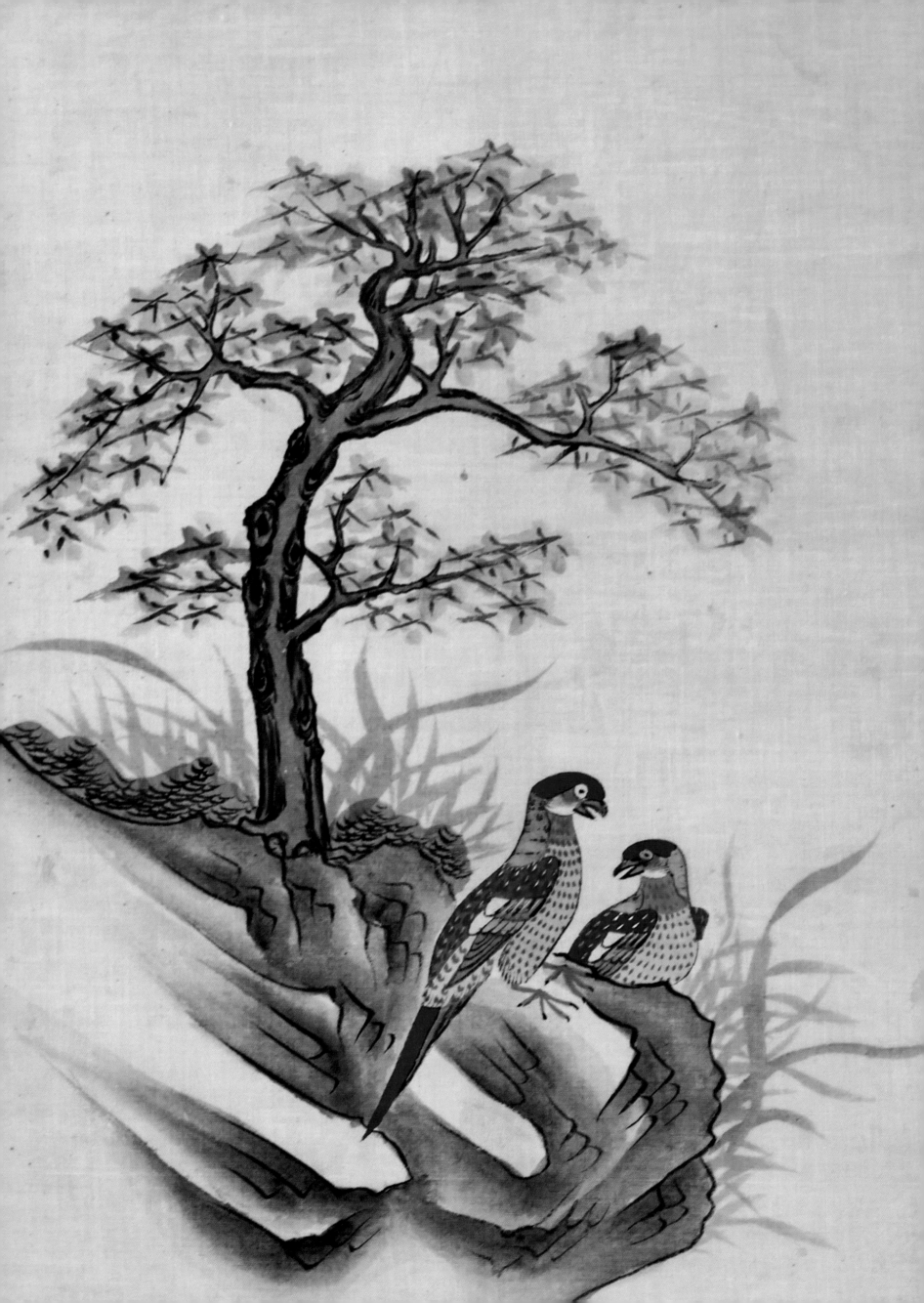

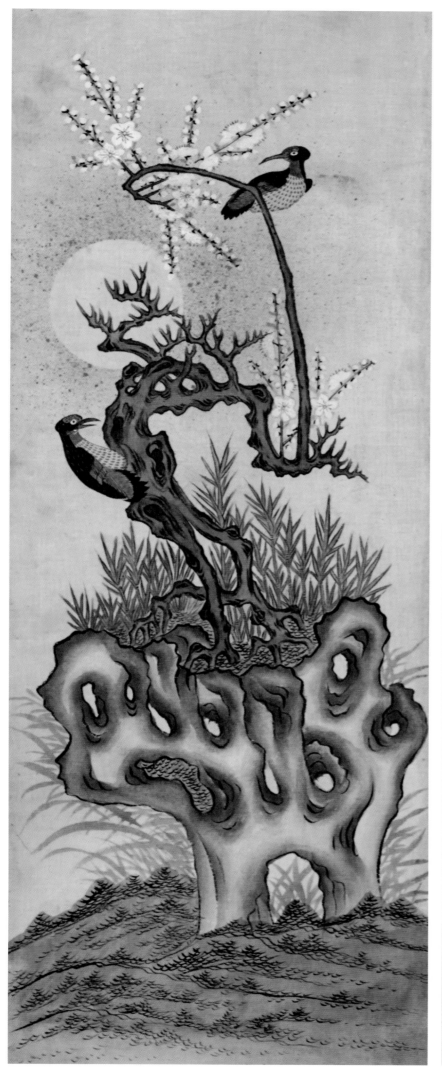

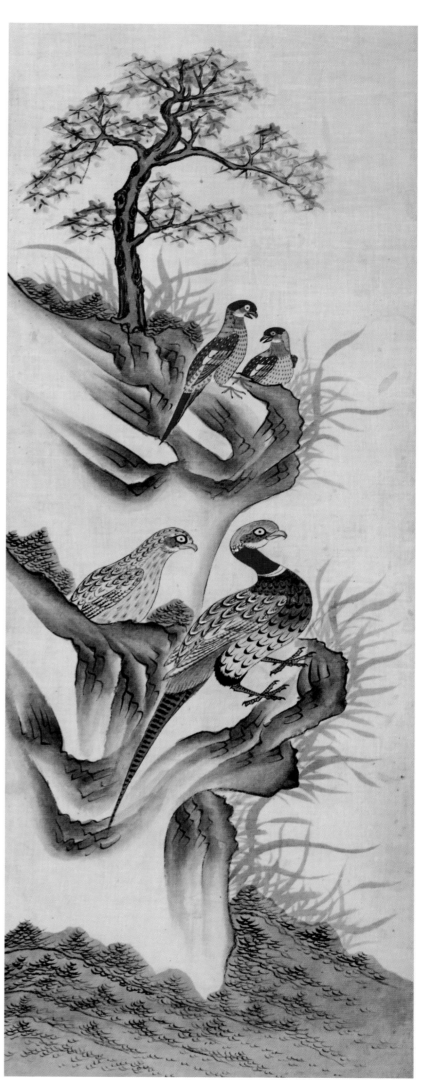

圖238 · 화조도 · 花鳥圖
31×87 · 비단

圖239 · 화조도 · 花鳥圖
31×87 · 비단

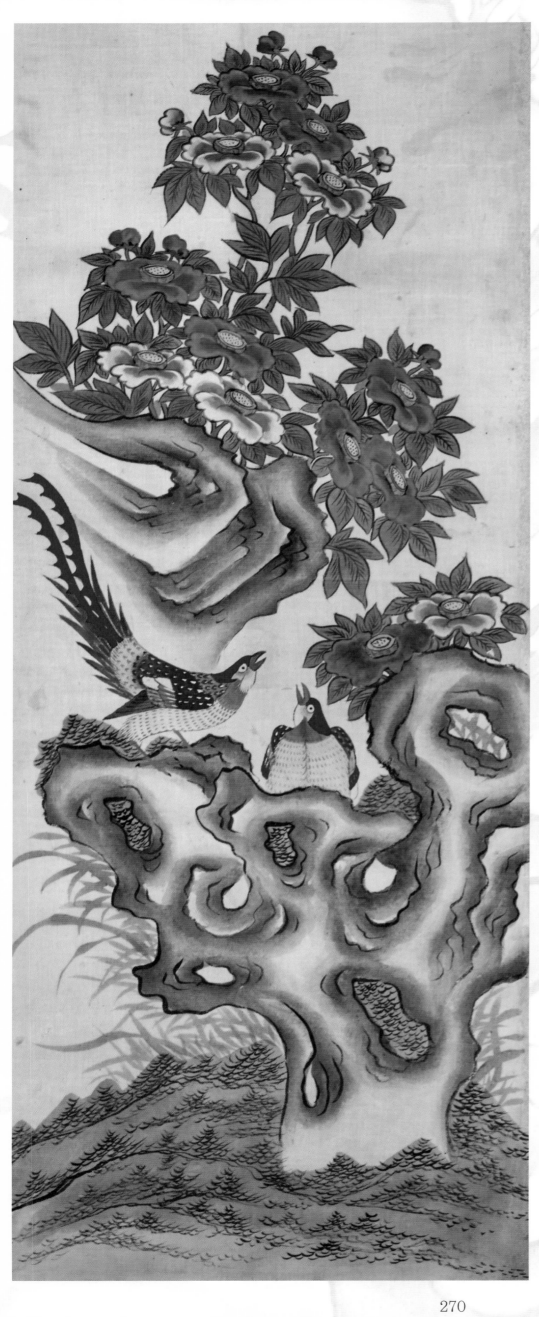

圖240 · 화조도 · 花鳥圖
31×87 · 비단

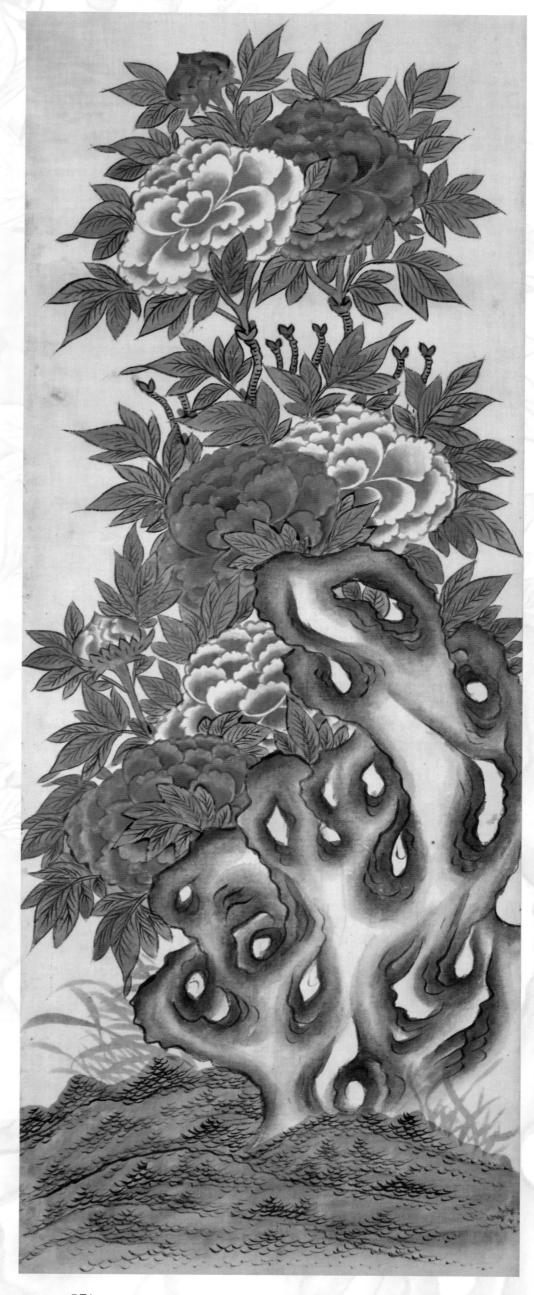

圖241・화조도・花鳥圖
31×87・비단

271

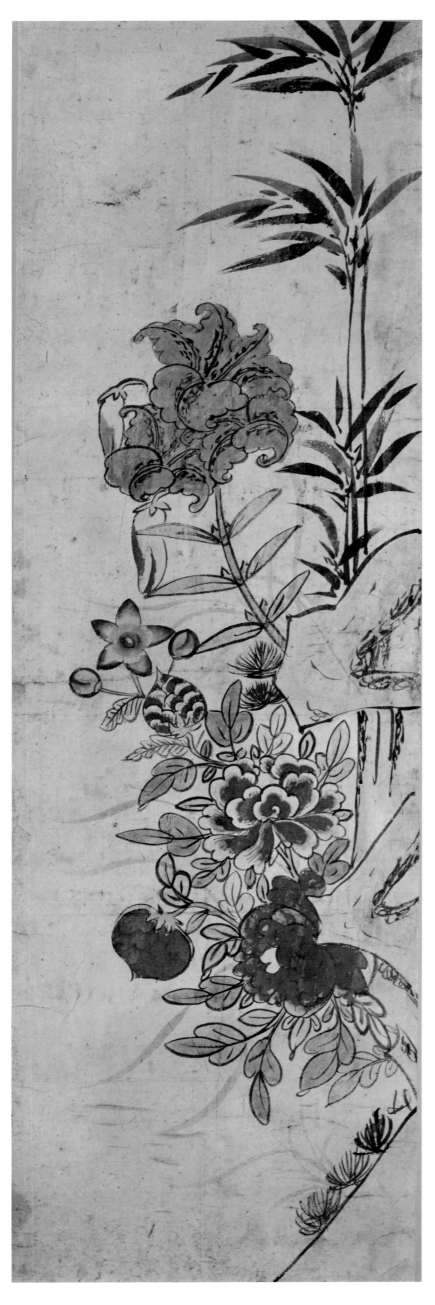

圖242 · 화조도 · 花鳥圖
34×110 · 지본

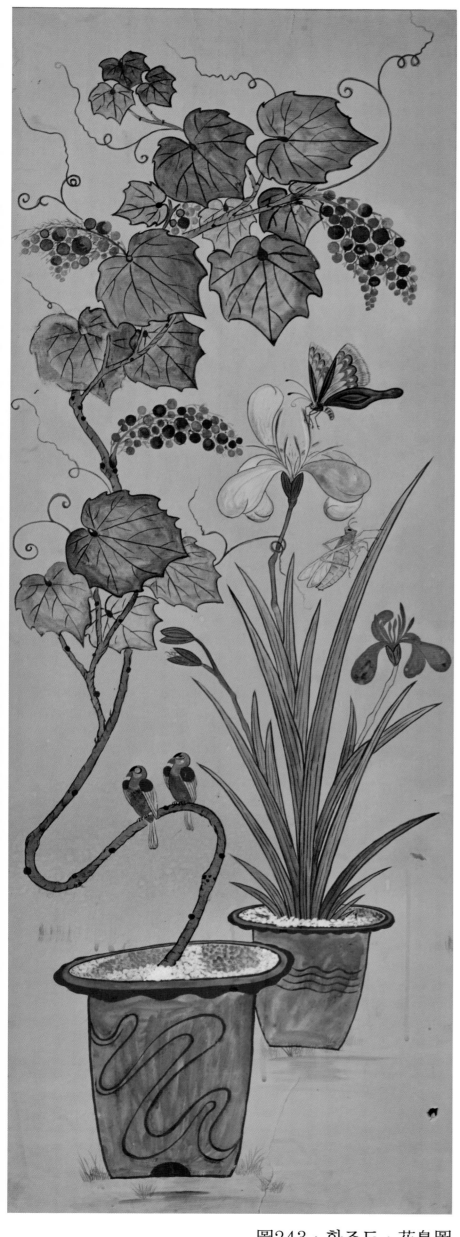

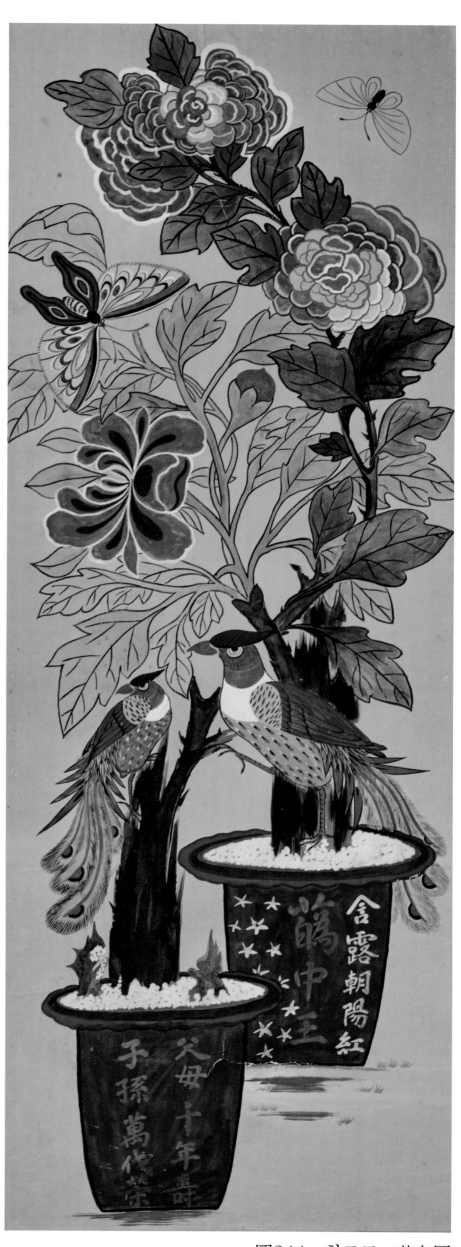

圖243 · 화조도 · 花鳥圖
38×108 · 지본

圖244 · 화조도 · 花鳥圖
38×108 · 지본

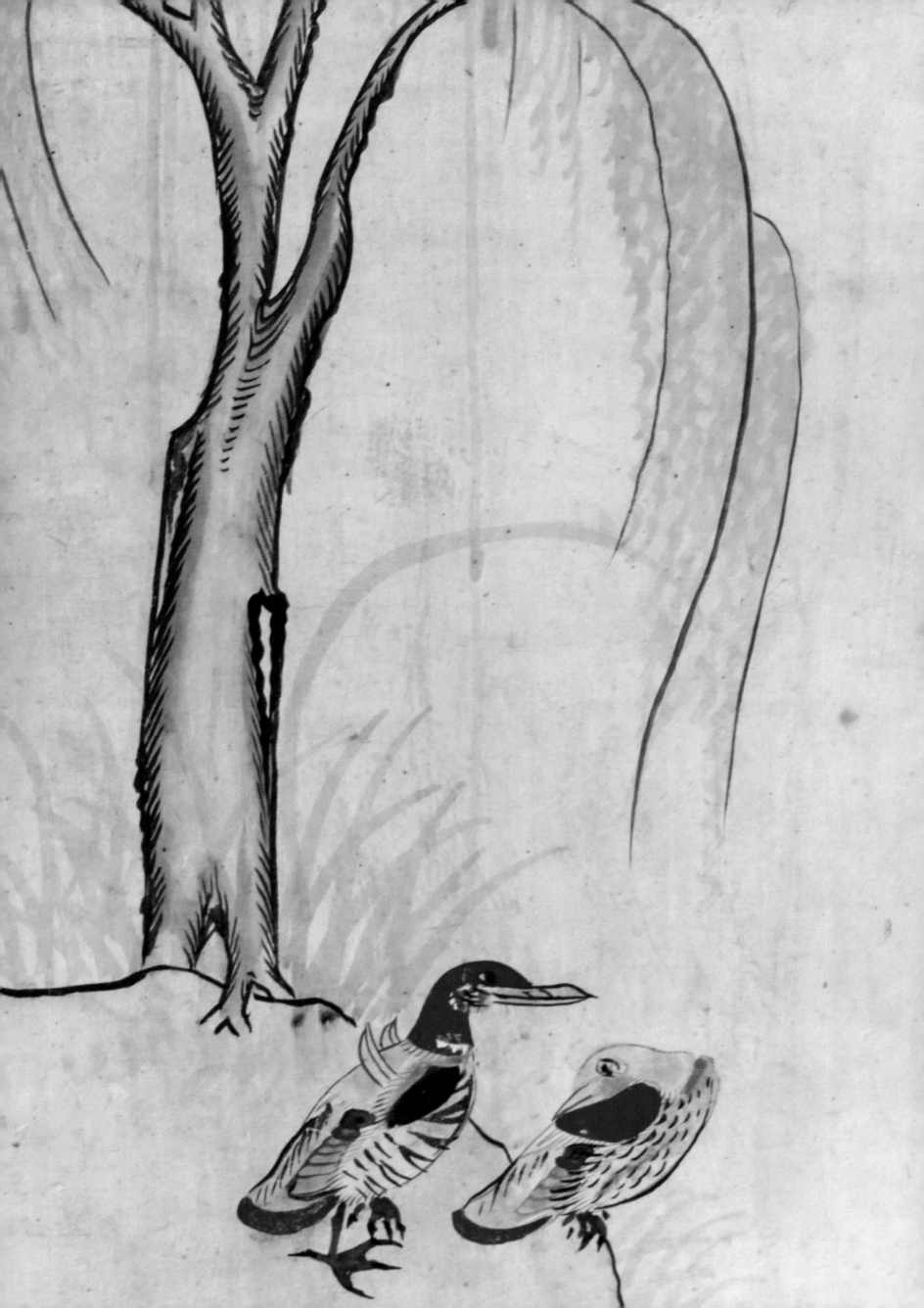

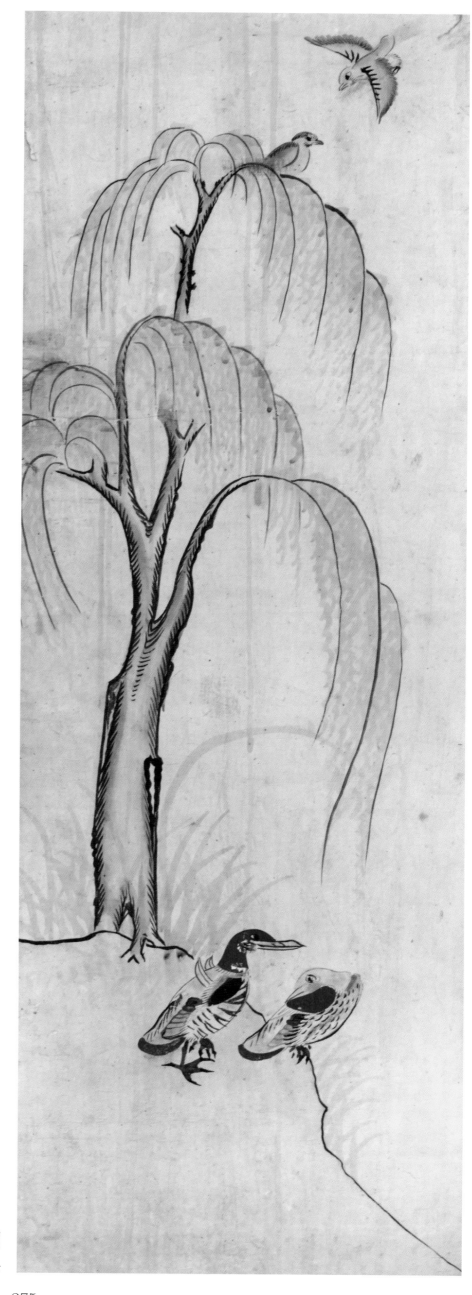

圖245 · 화조도 · 花鳥圖
30×92 · 지본

275

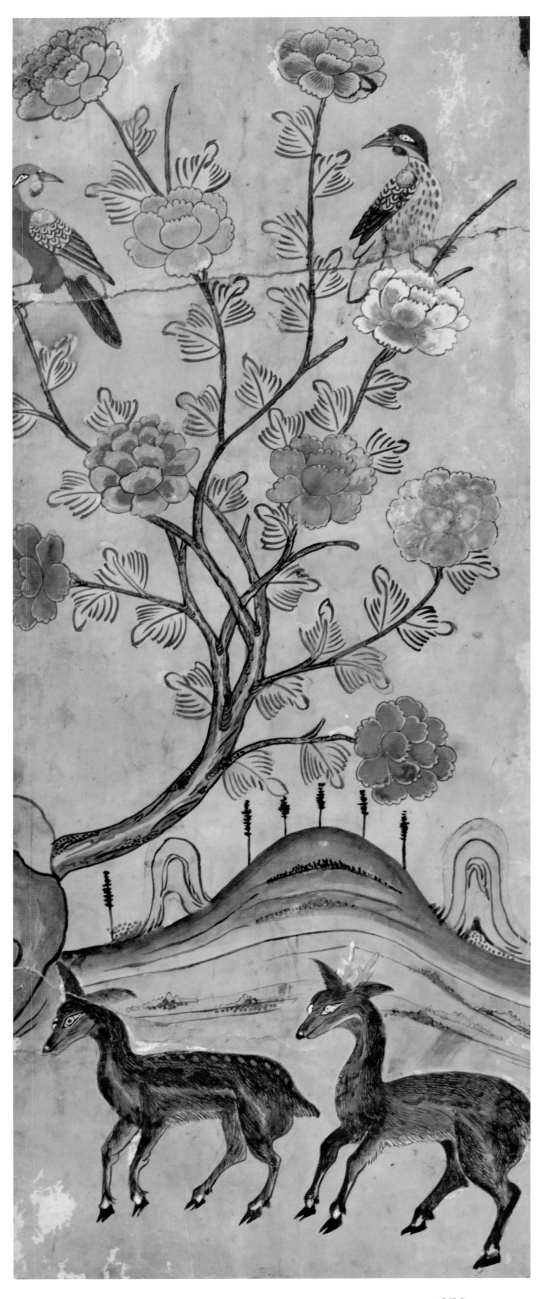

圖246 · 십장생도 · 十長生圖
32 × 89 · 지본

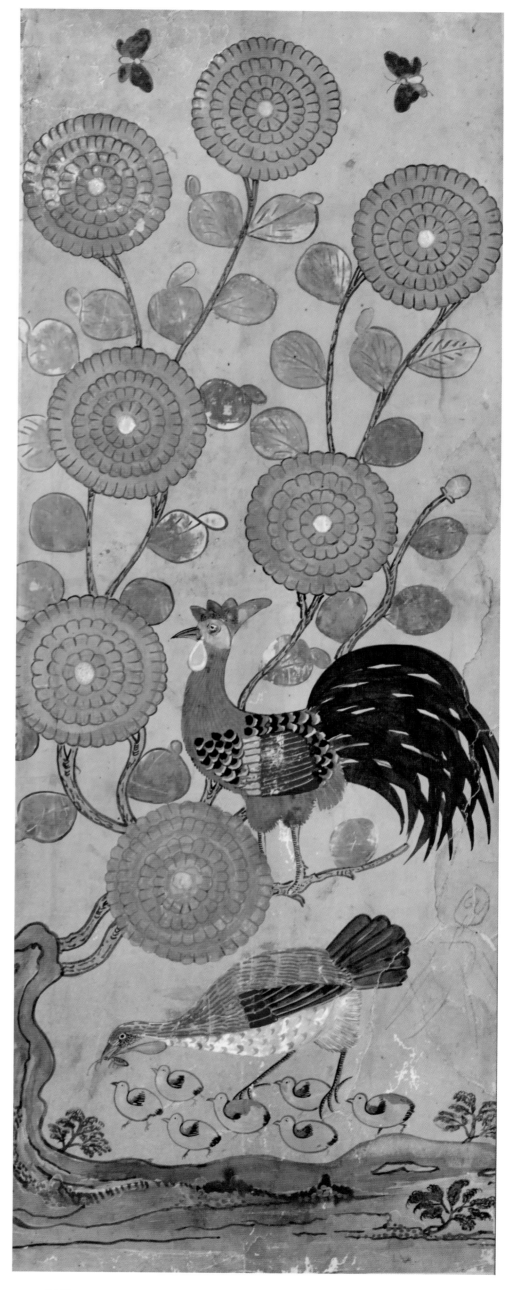

圖247・화조도・花鳥圖
32×89・지본

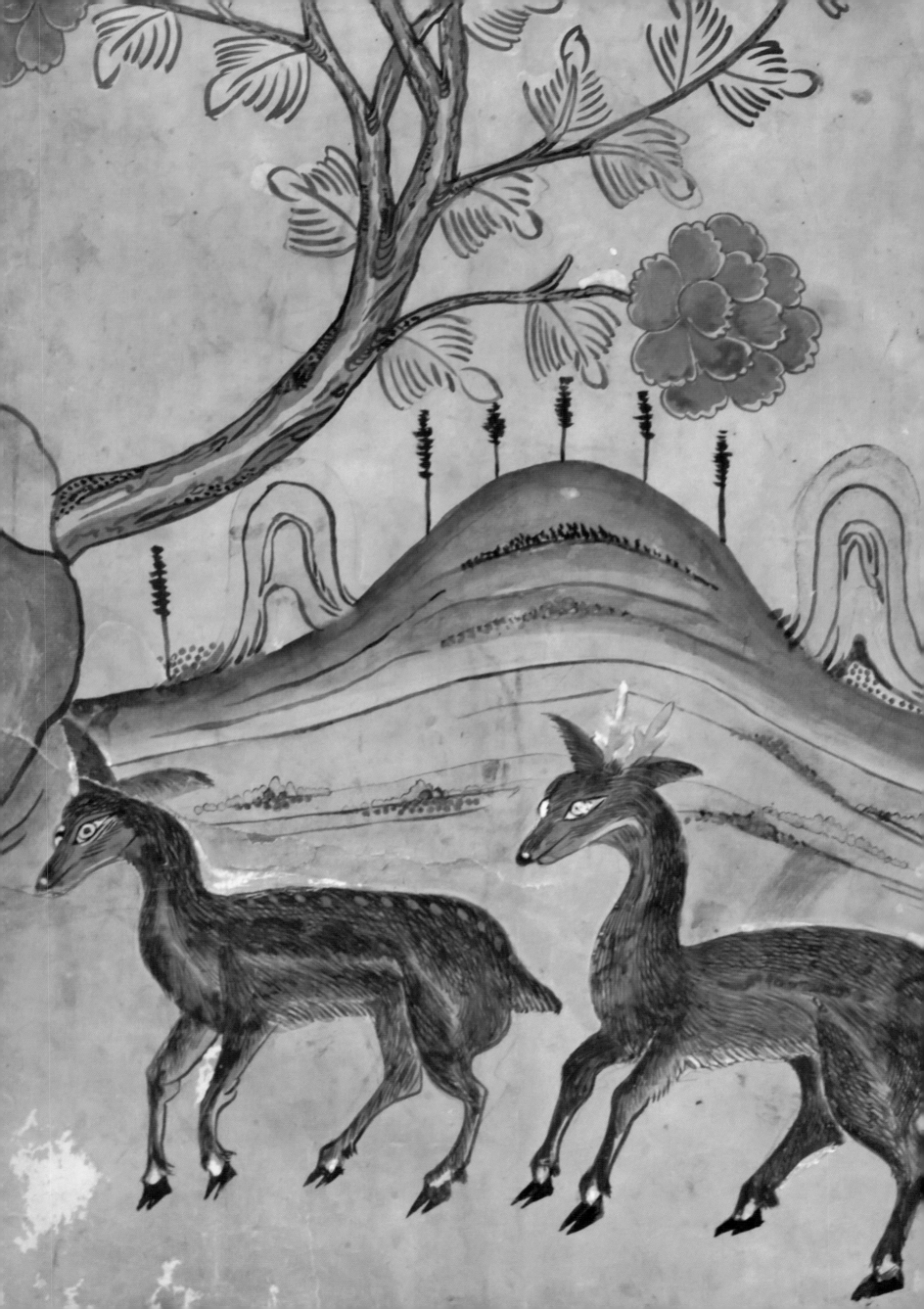

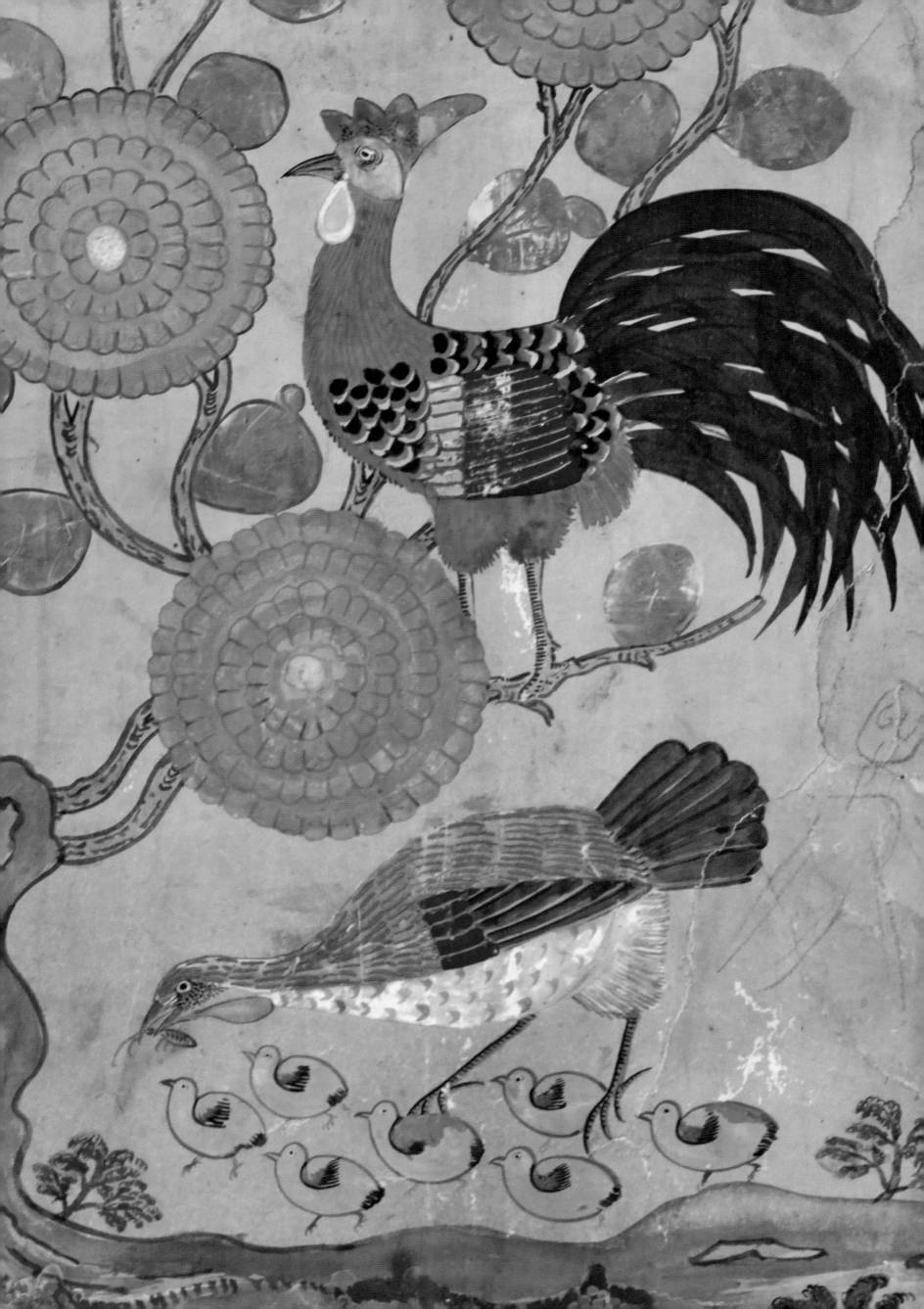

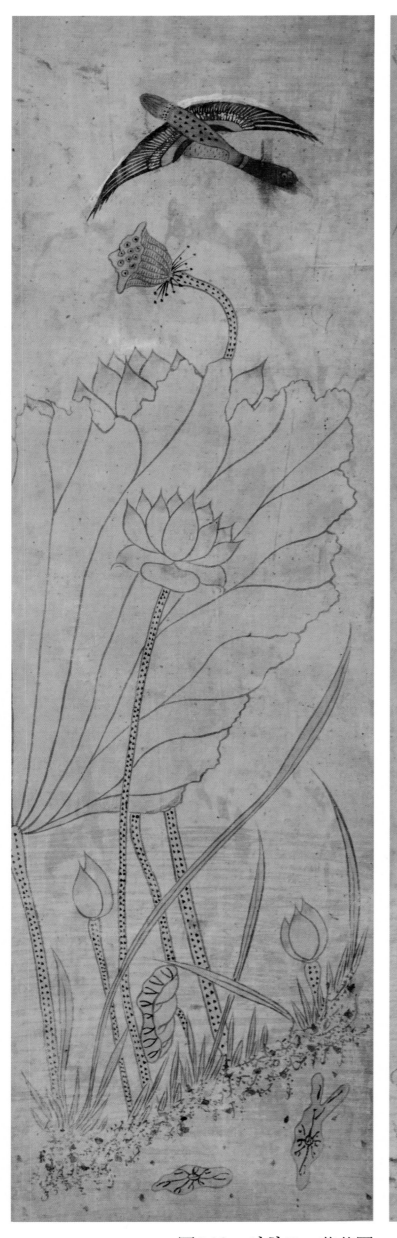

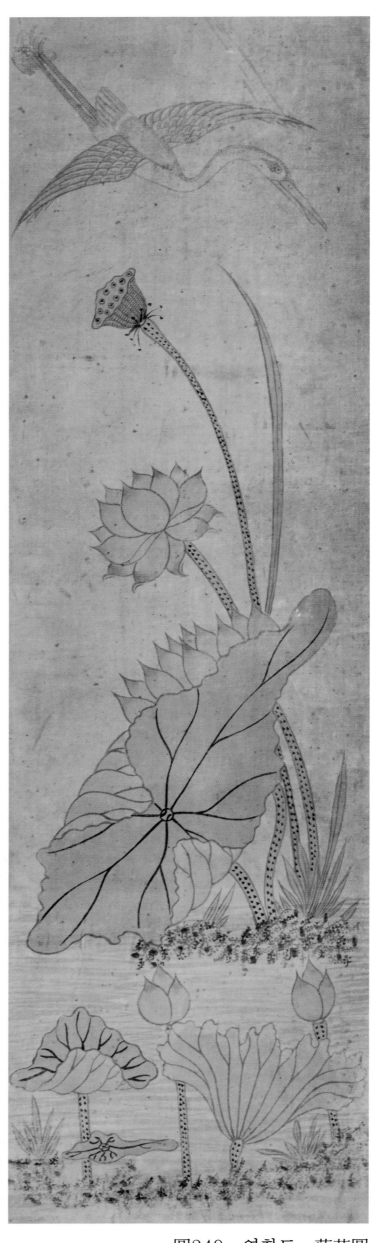

圖248 · 연화도 · 蓮花圖
29×105 · 비단

圖249 · 연화도 · 蓮花圖
29×105 · 비단

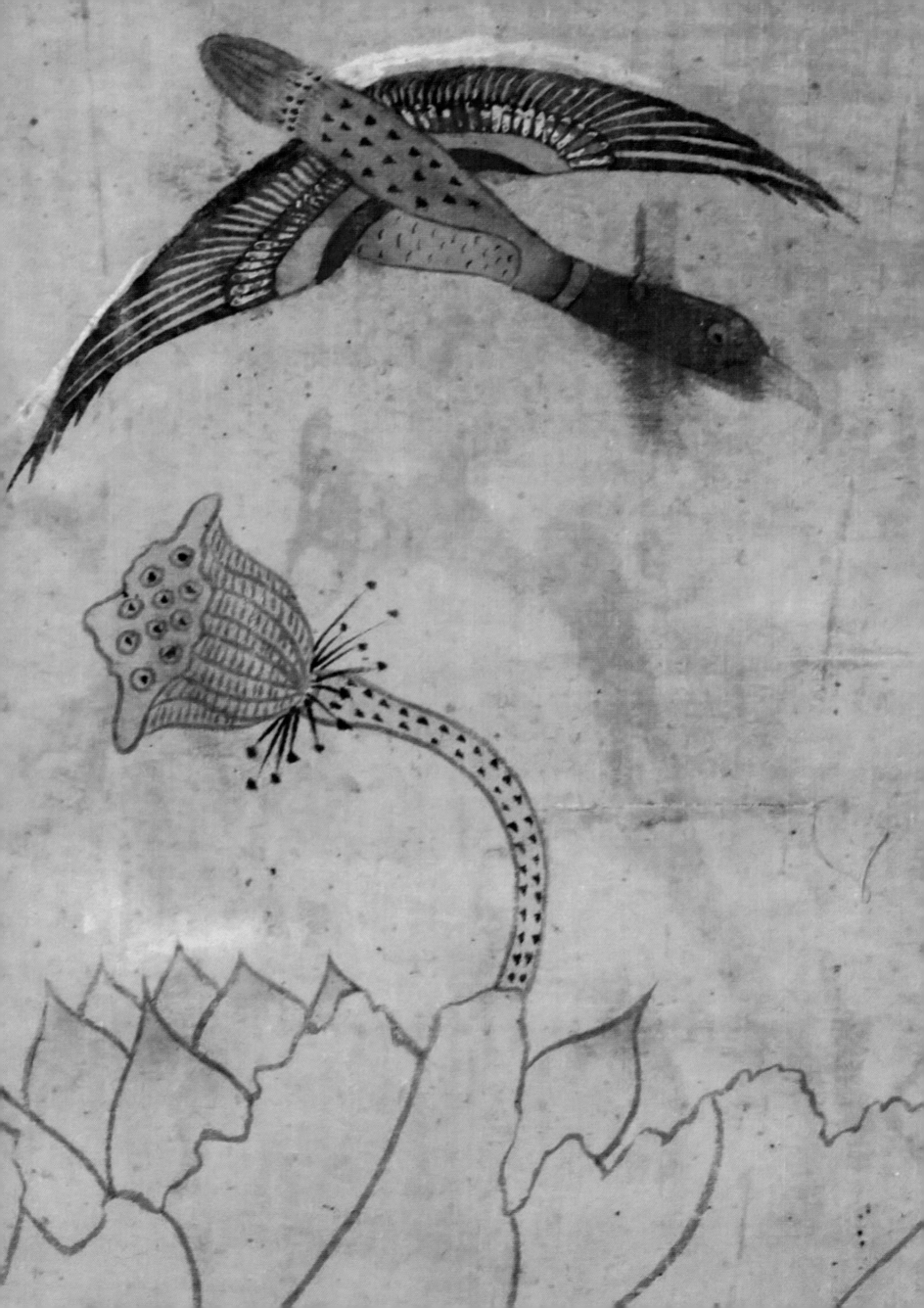

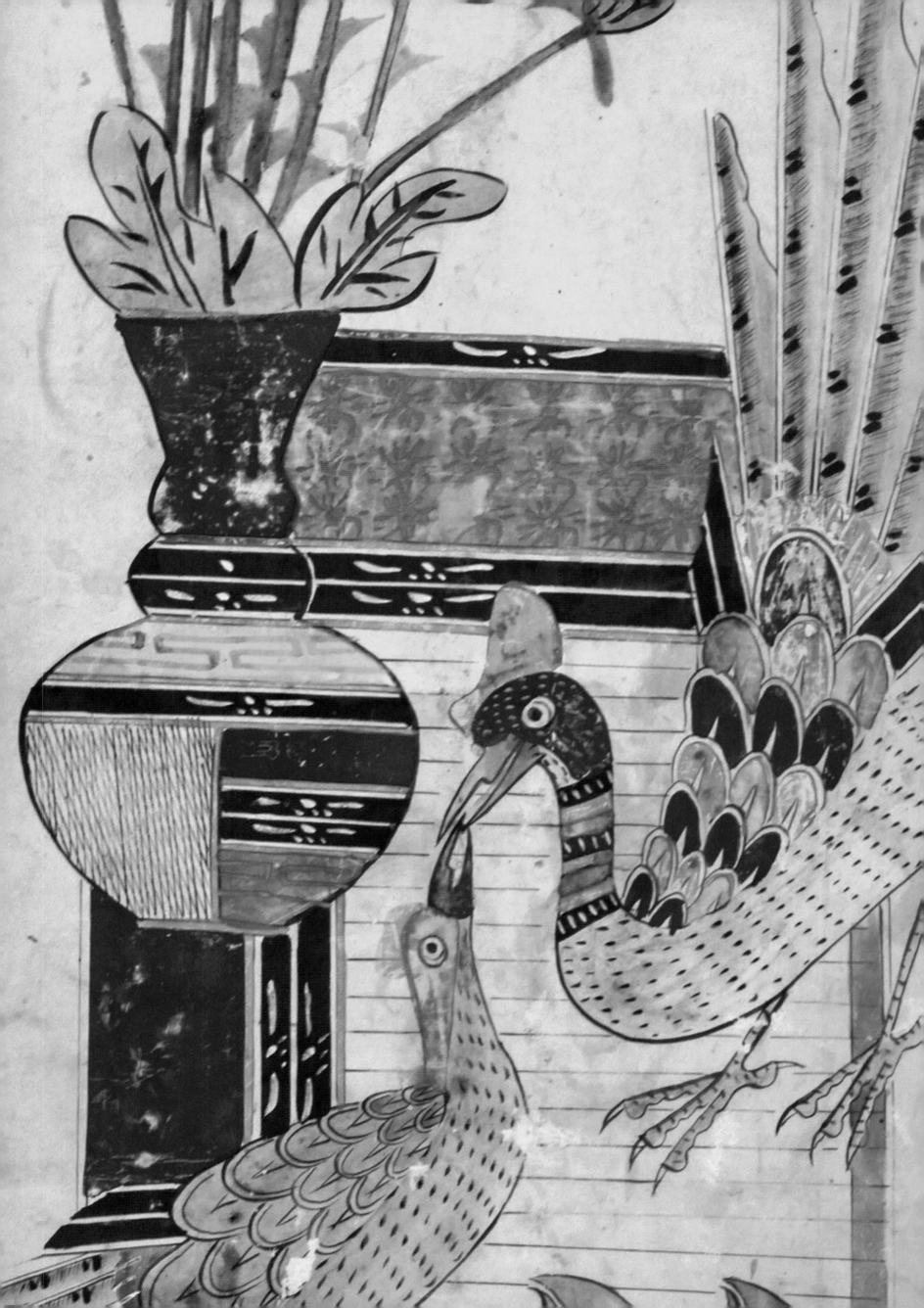

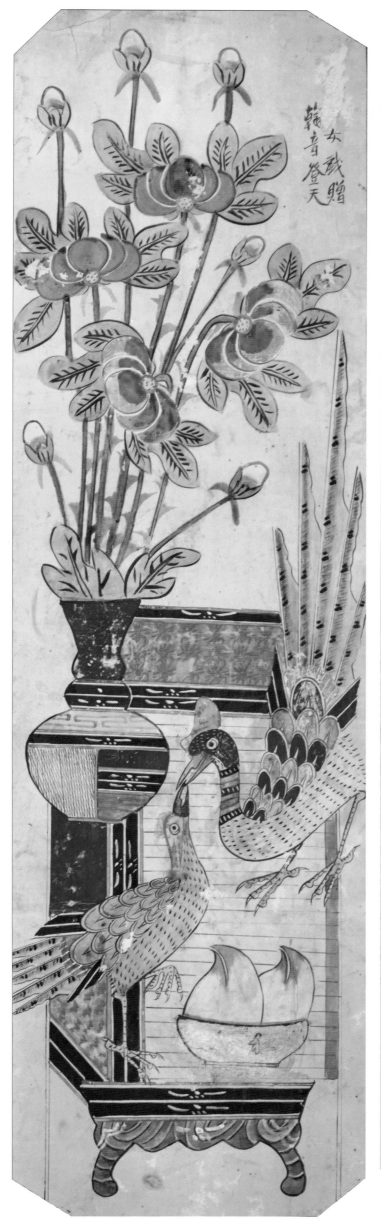

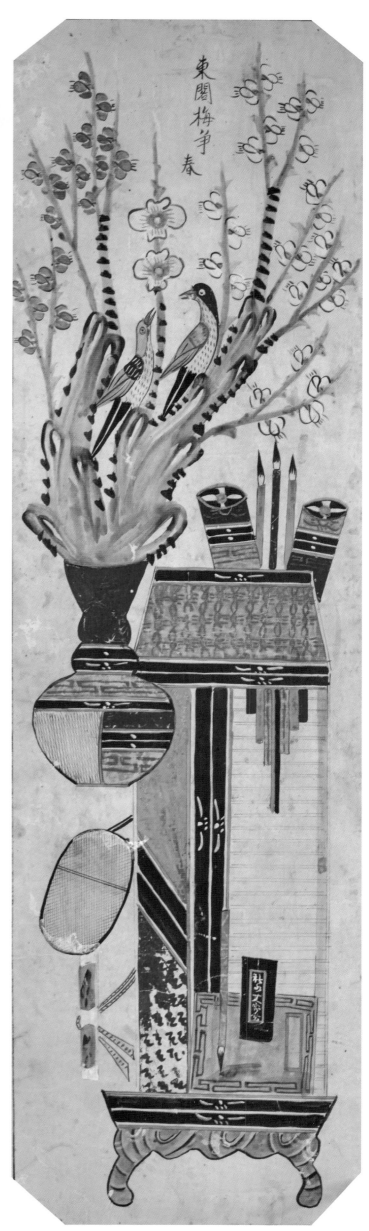

圖250 · 책가도 · 册架圖
30×92 · 지본

圖251 · 책가도 · 册架圖
30×92 · 지본

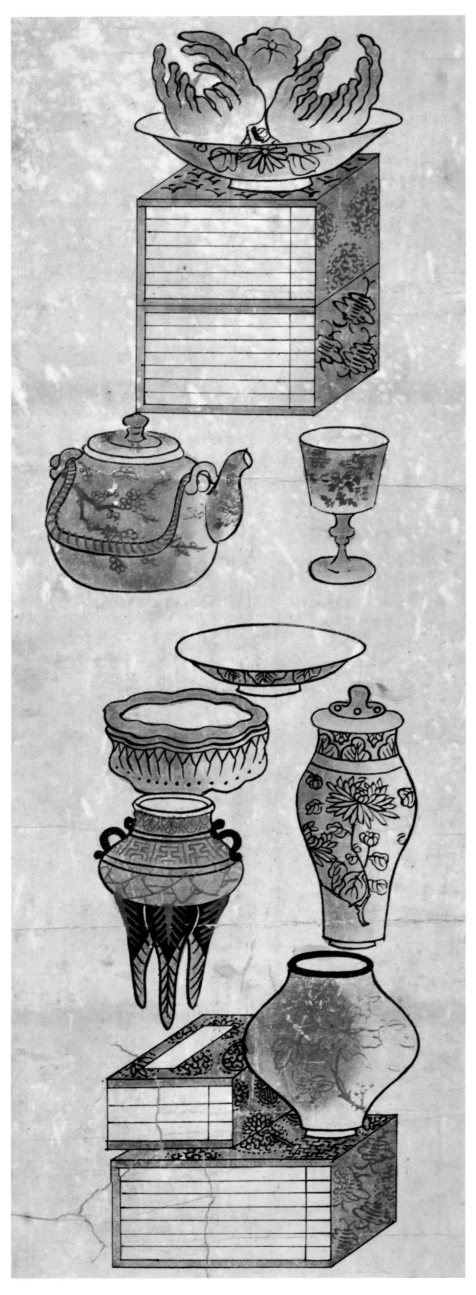

圖252 · 책가도 · 册架圖
31×102 · 지본

채색이 쓰여지지 않고 먹물로만 그린 책가도 그림이다. 책상자와 문방구를 비롯한 각종 기물들이 각자의 공간을 차지하고 있다. 미술의 원리를 무시한 이 구도는 민화에서만 볼 수 있다.

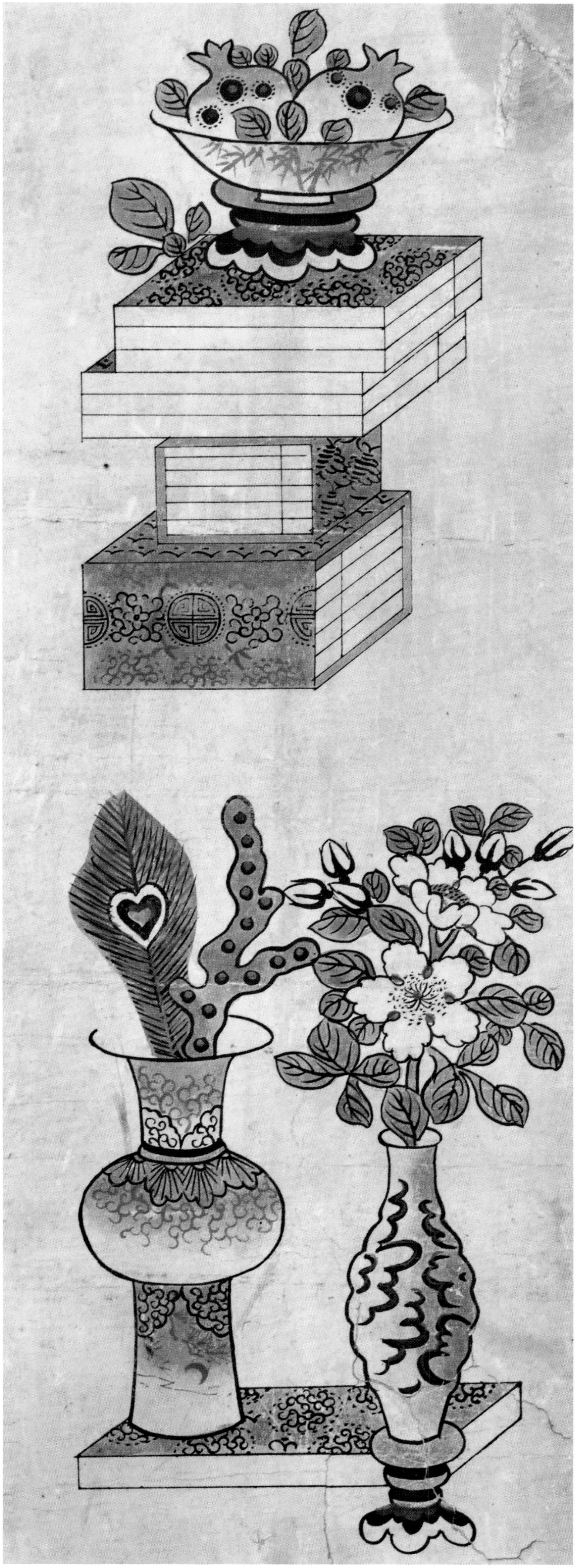

圖253 · 책가도 · 册架圖
31×102 · 지본

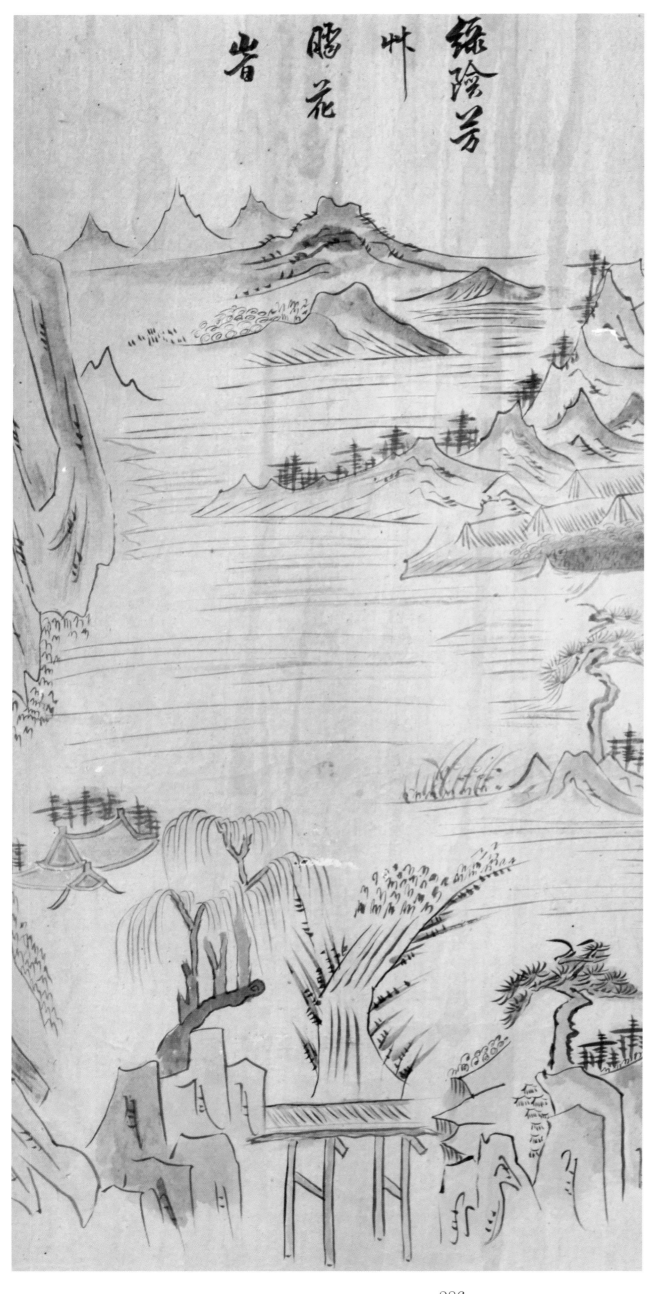

綠陰芳
州曨
花
岩

圖254 · 산수도 · 山水圖
35×90 · 지본

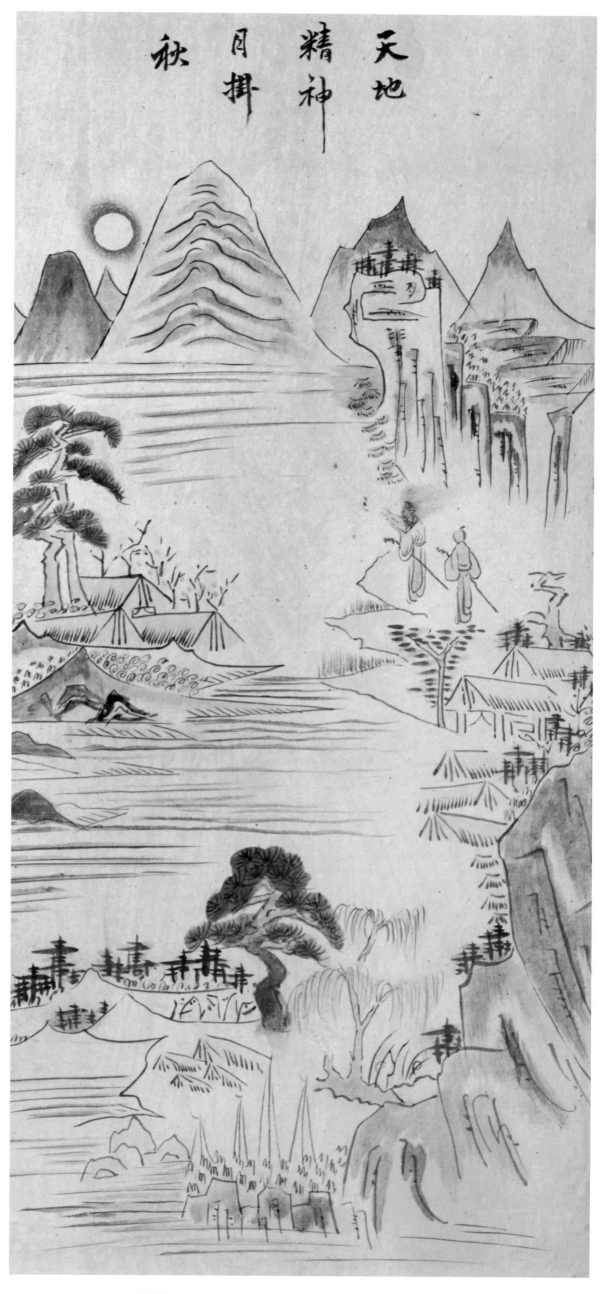

天地
精神
月掛
秋

圖255・산수도・山水圖
35×90・지본

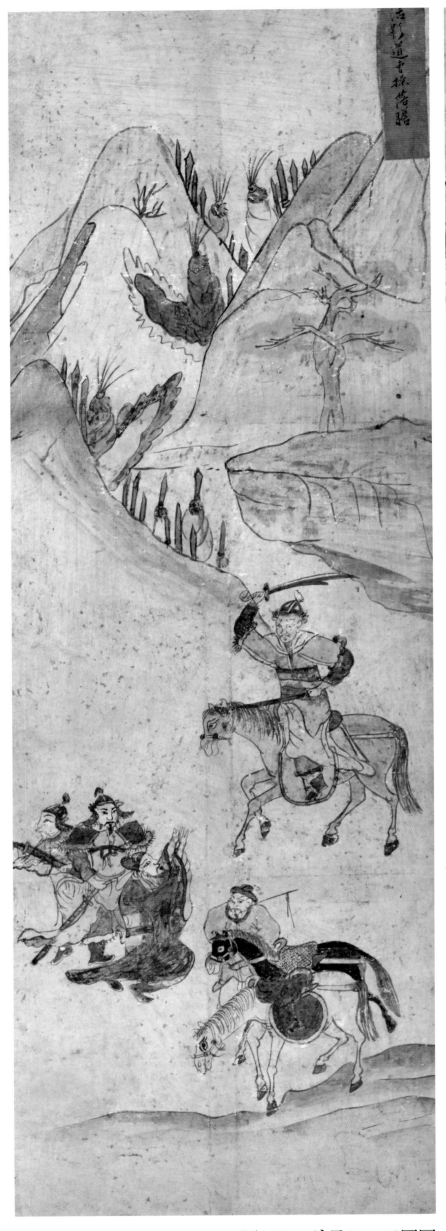

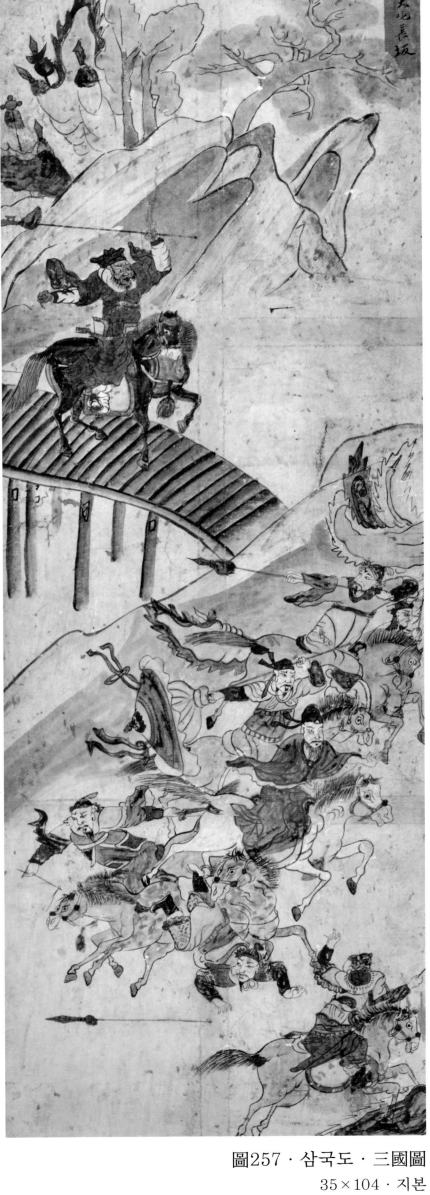

圖256 · 삼국도 · 三國圖
35×104 · 지본

圖257 · 삼국도 · 三國圖
35×104 · 지본

중국 명나라때 지은 역사소설인 삼국지의 내용을 축약하여
그린 그림이다. 삼국시대 배경으로 전쟁하는 모습을 주로
담고 있다.

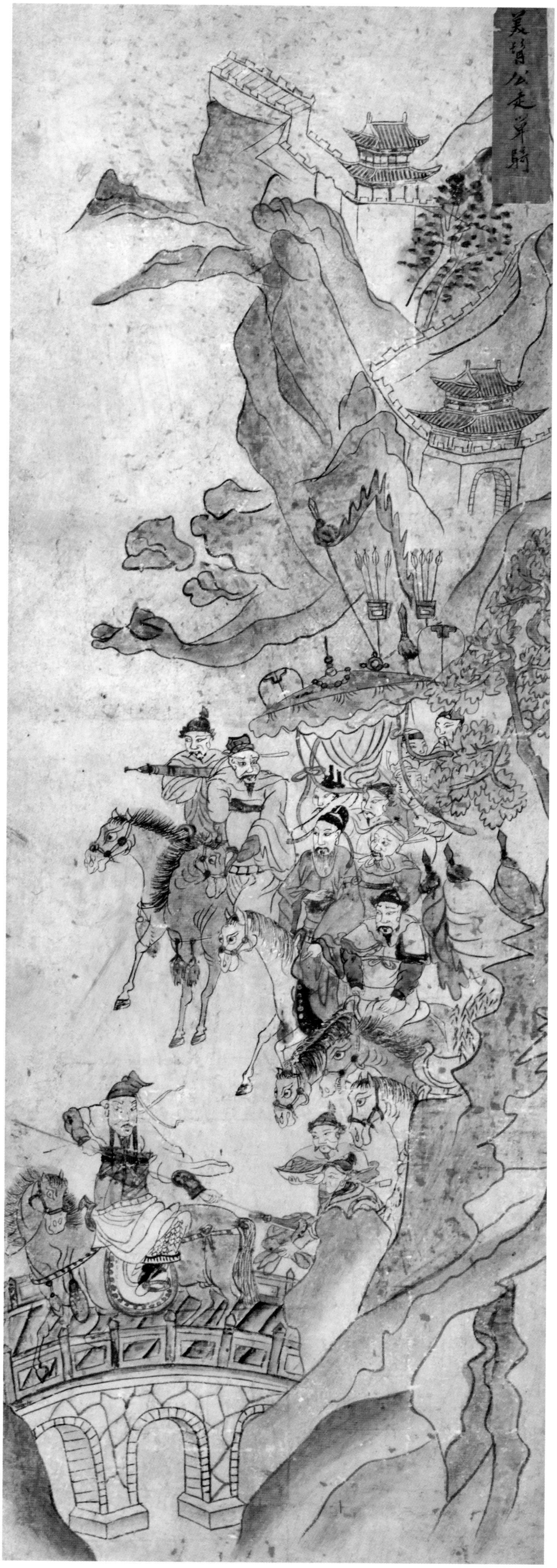

圖258 · 삼국도 · 三國圖
35×104 · 지본

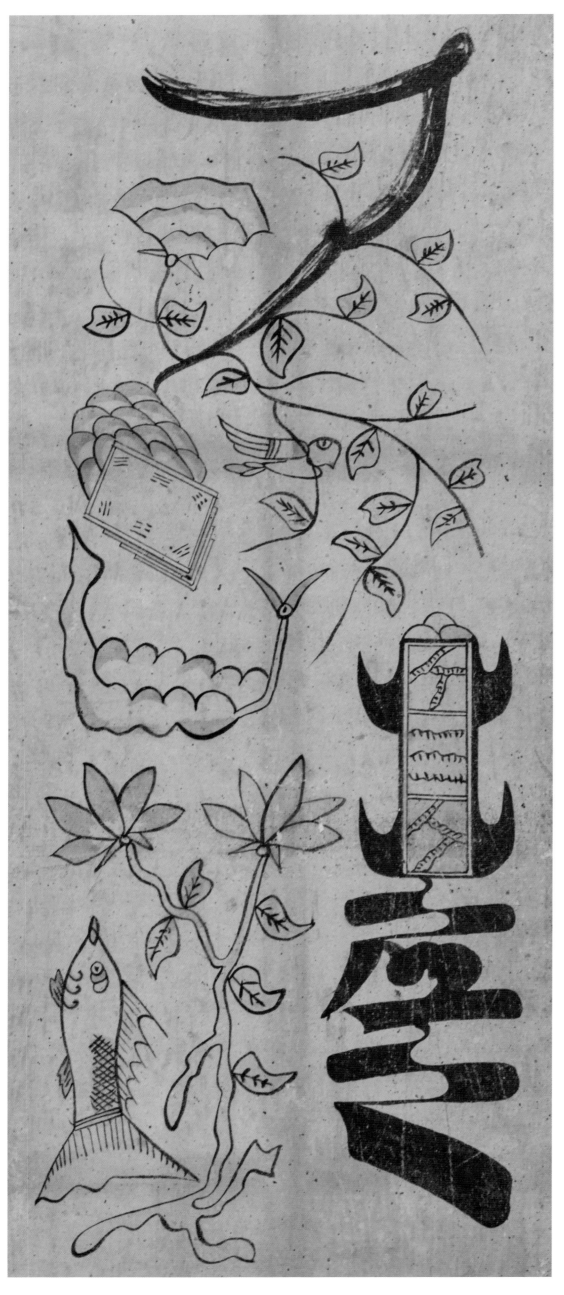

圖259 · 문자도 · 文字圖
31×80 · 지본

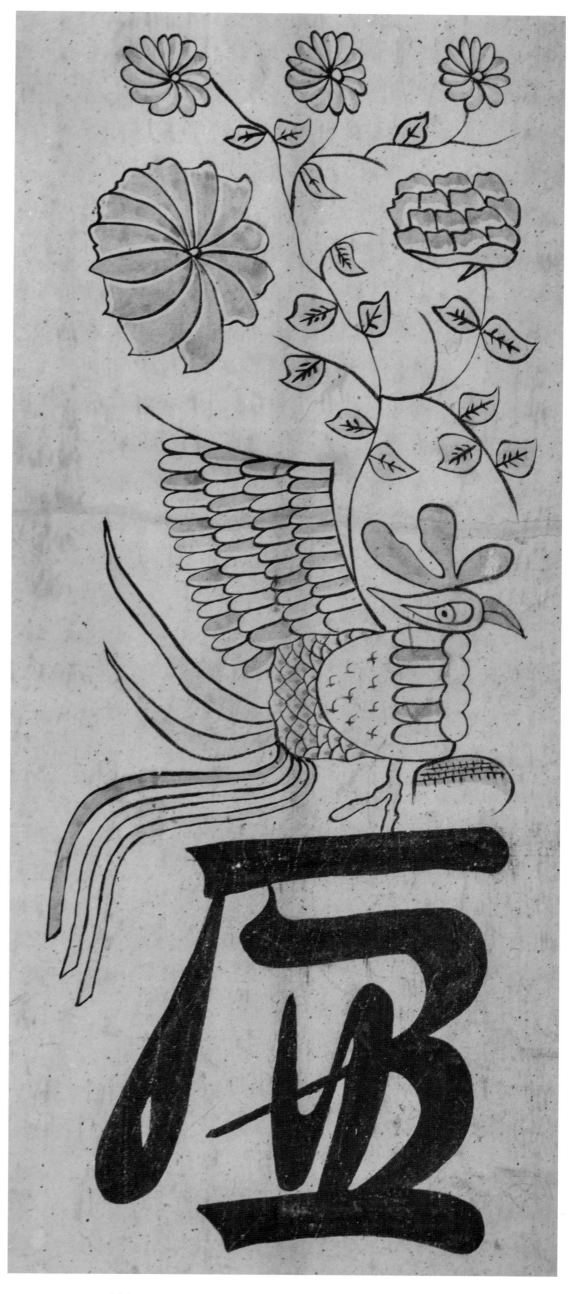

圖260 · 문자도 · 文字圖
31×80 · 지본

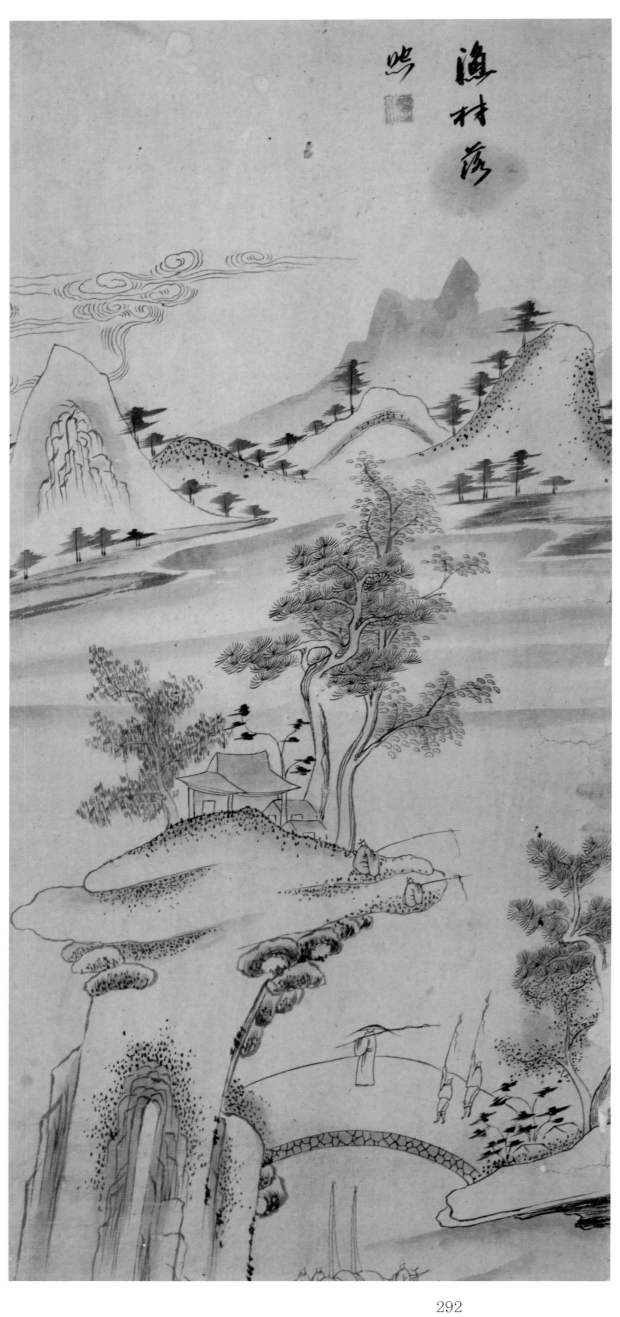

圖261 · 산수도 · 山水圖
30×65 · 지본

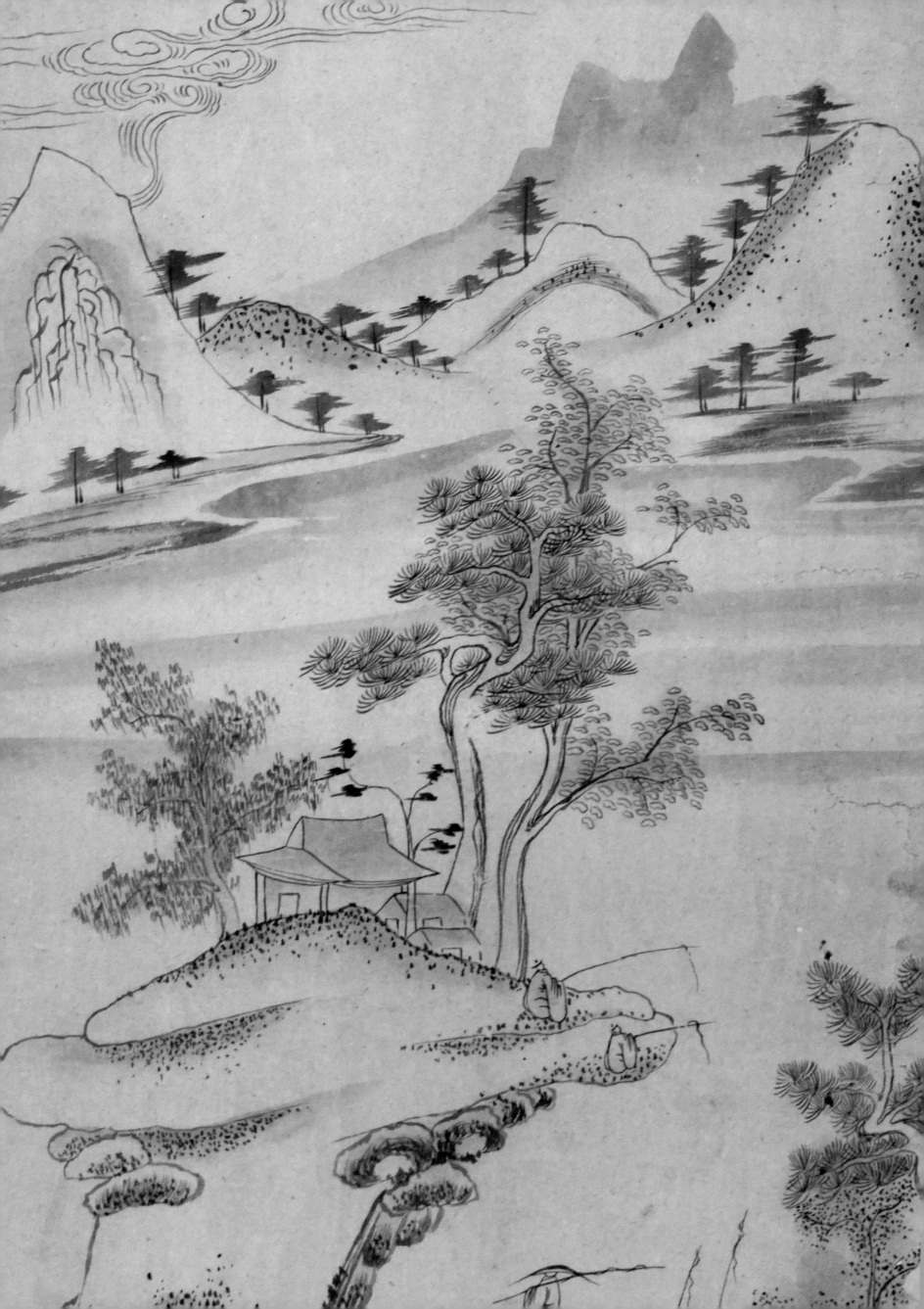

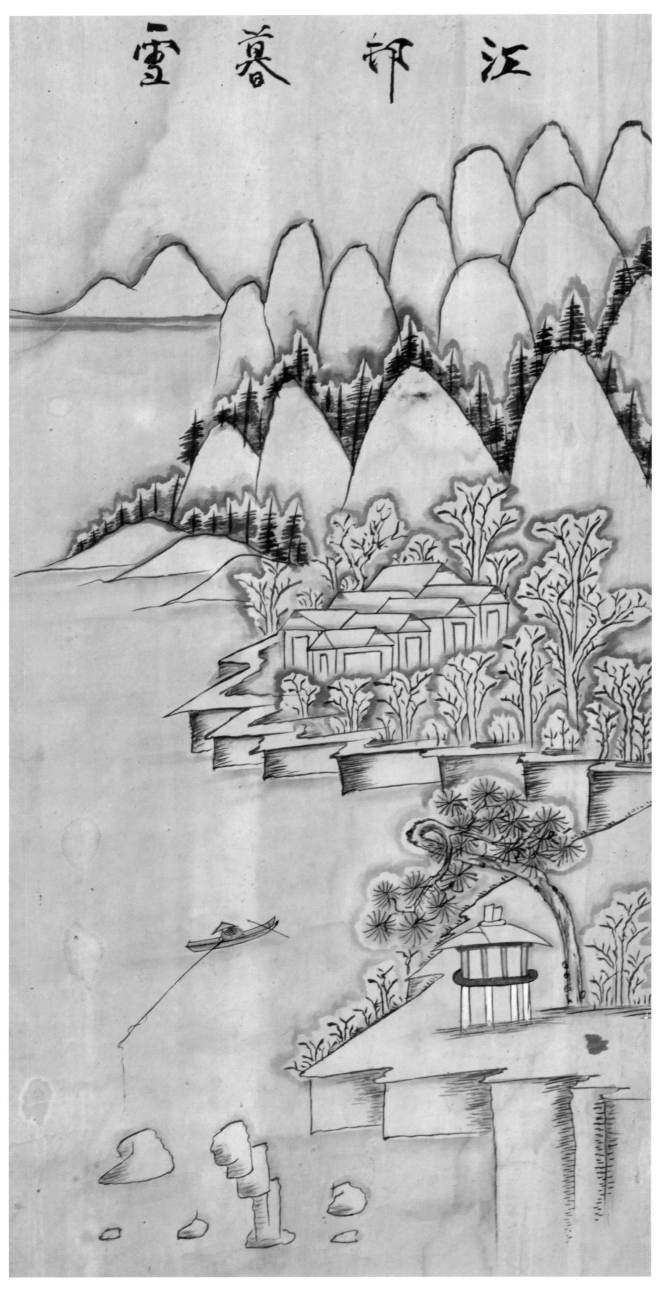

江邨暮雪

圖262 · 산수도 · 山水圖
34×77 · 지본

294

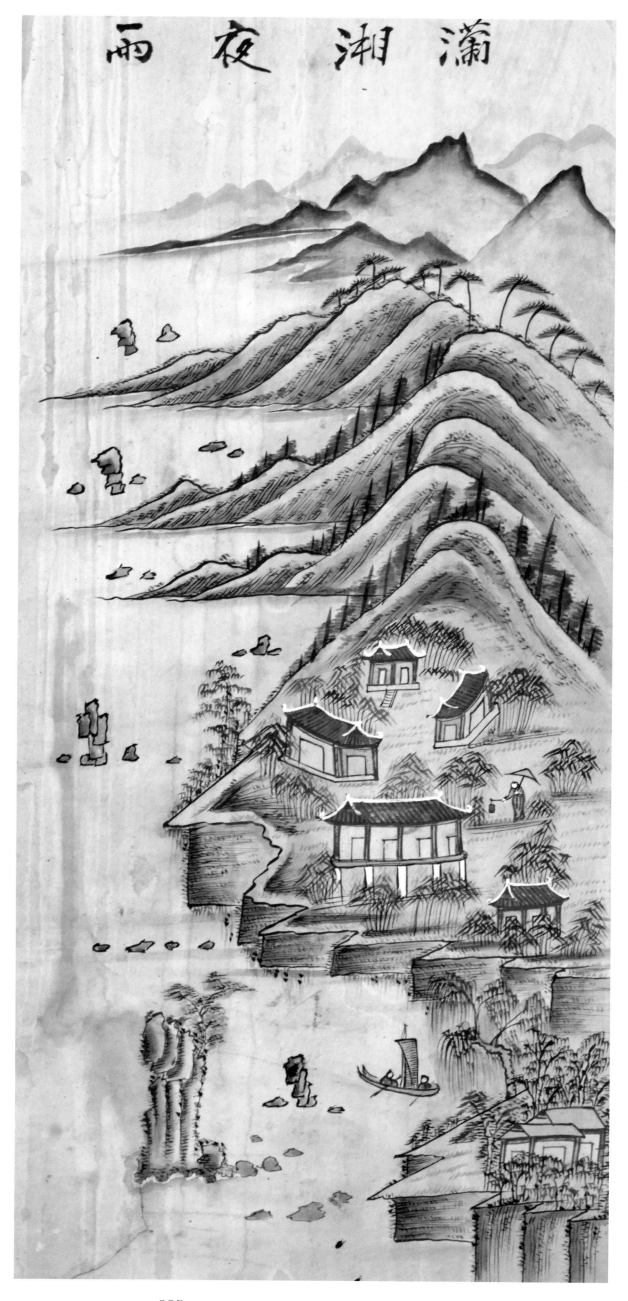

瀟湘夜雨

圖263 · 산수도 · 山水圖
34×77 · 지본

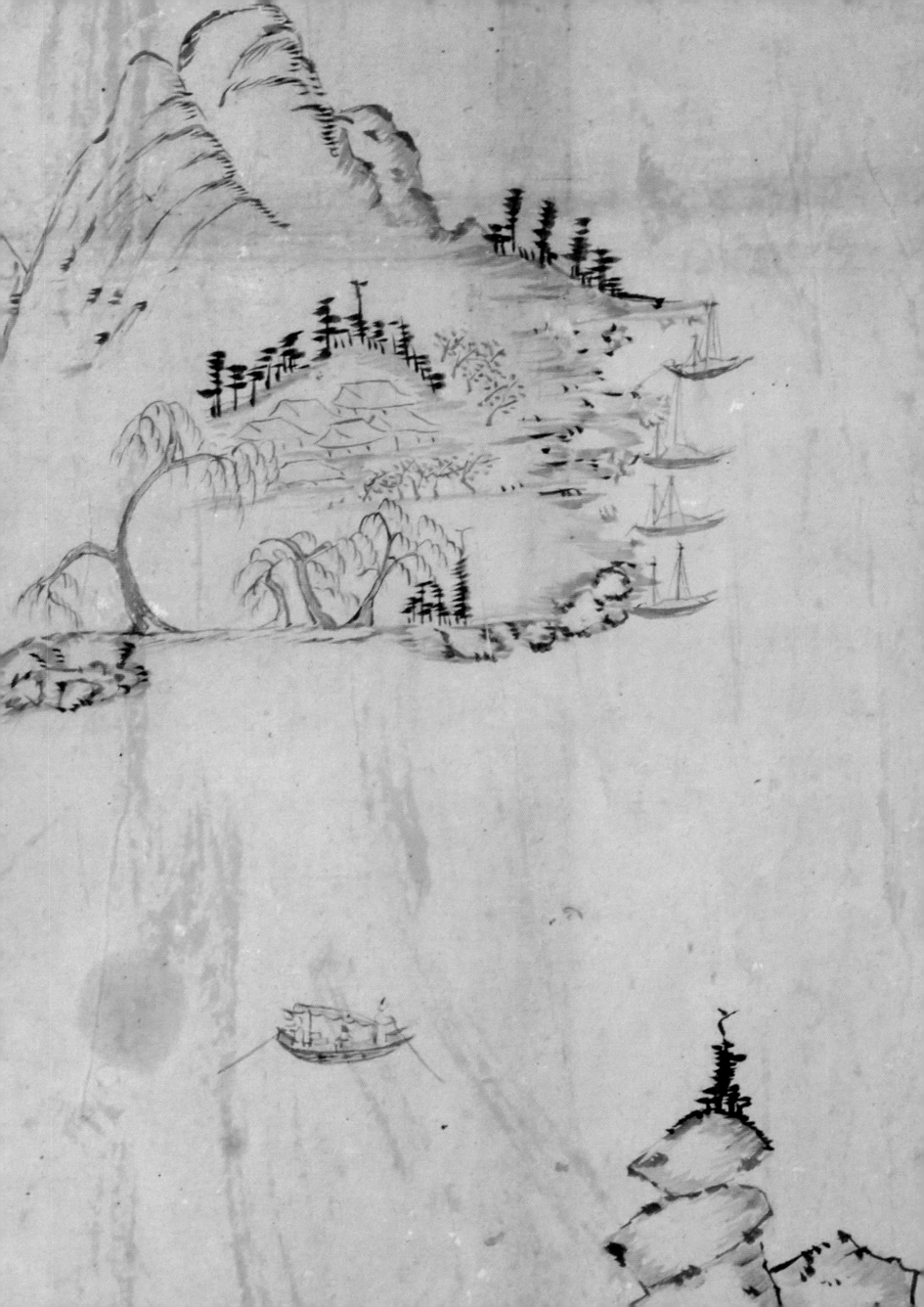

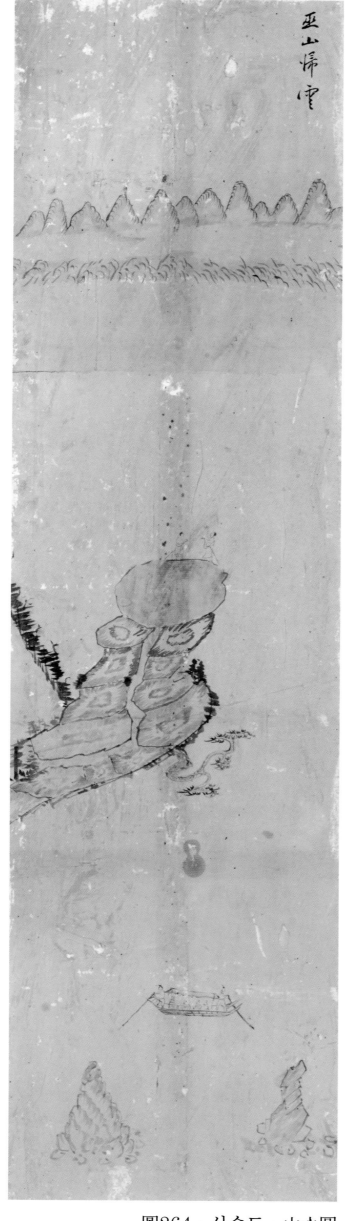

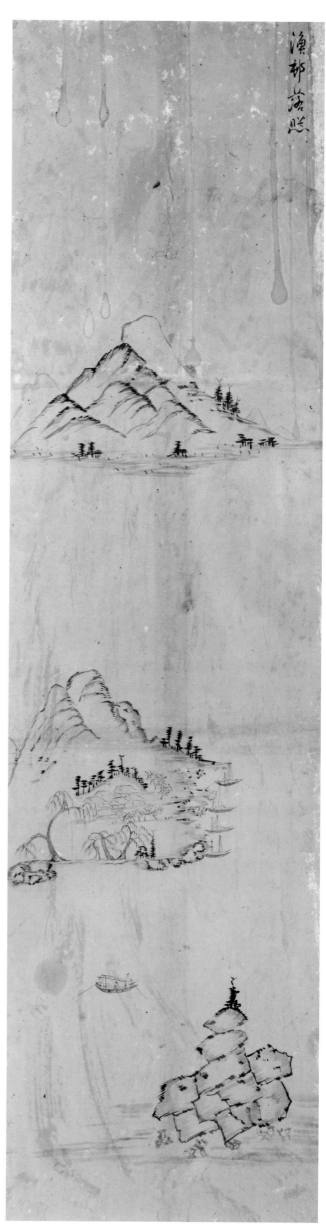

圖264 · 산수도 · 山水圖
40×142 · 지본

圖265 · 산수도 · 山水圖
40×142 · 지본

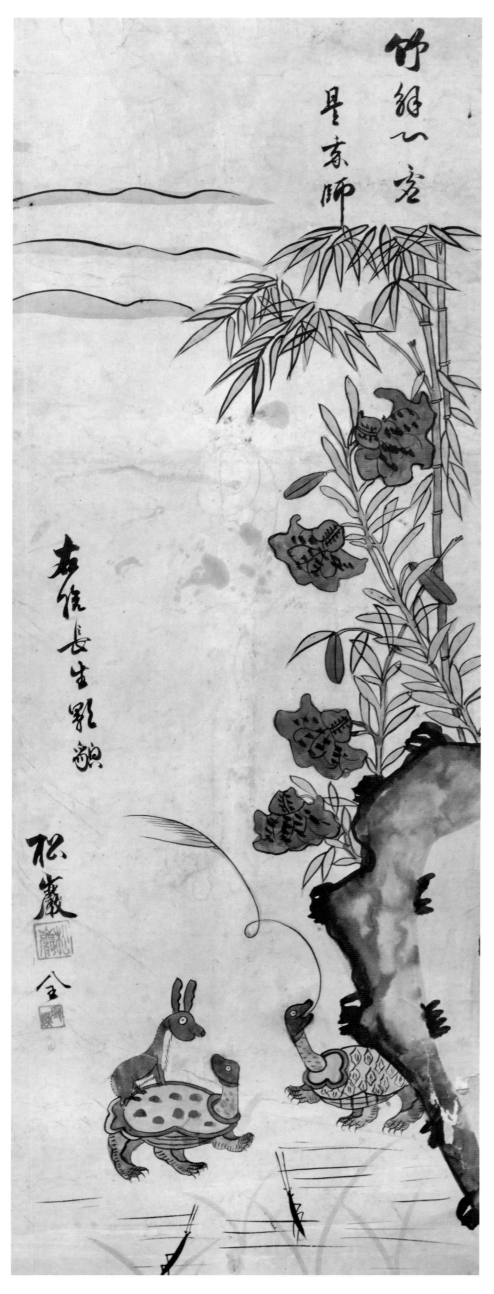

圖266 · 십장생도 · 十長生圖
37×102 · 지본

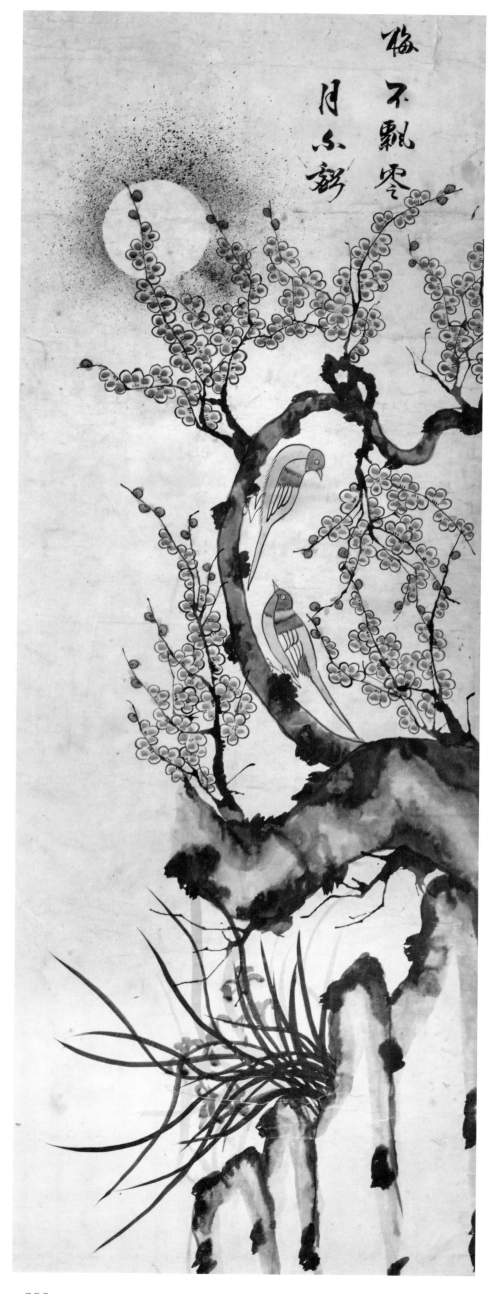

圖267 · 화조도 · 花鳥圖
37×102 · 지본

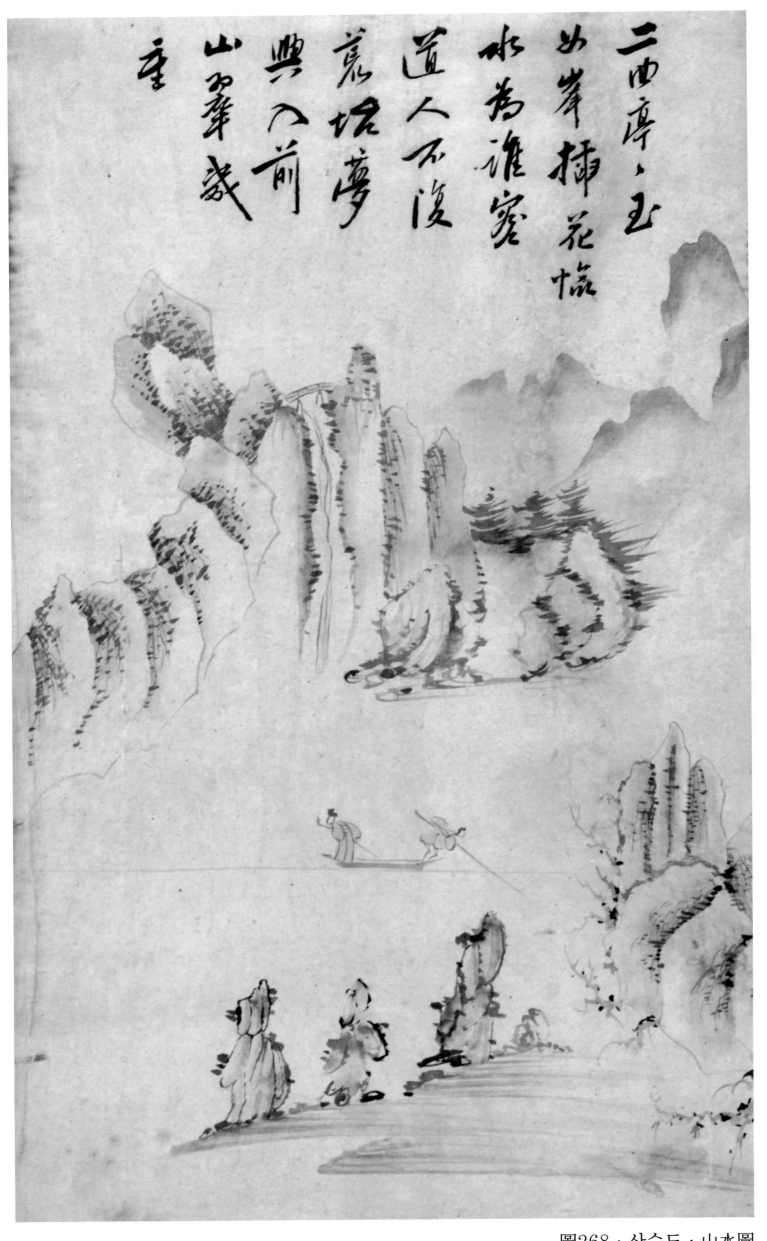

二酉亭上玉
如峯揷花嬬
水爲誰窘
道人不復
薦坮夢
興入前
山翠發
室

圖268・산수도・山水圖
26×46・지본

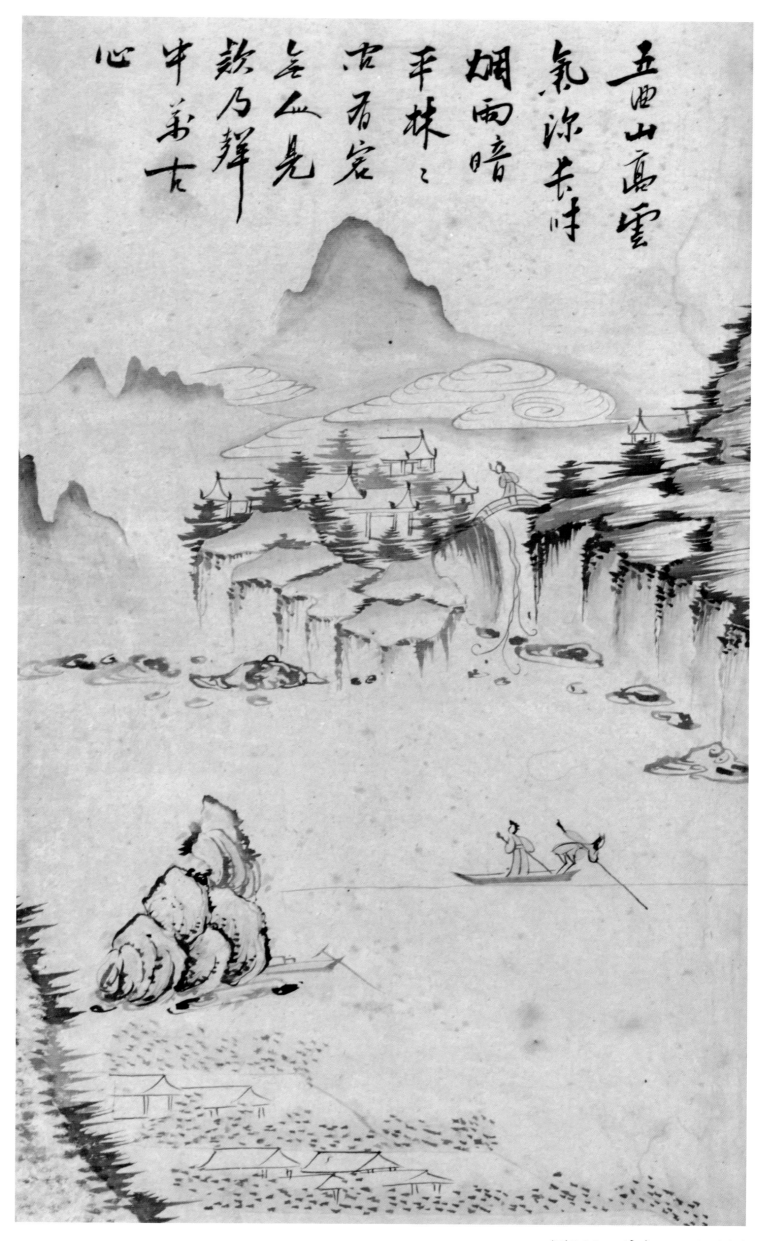

五曲山高雲
氣凉長時
烟雨暗
平林と
古看宕
无仙兒
欲乃鐸
中茅方
心

圖269・산수도・山水圖
26×46・지본

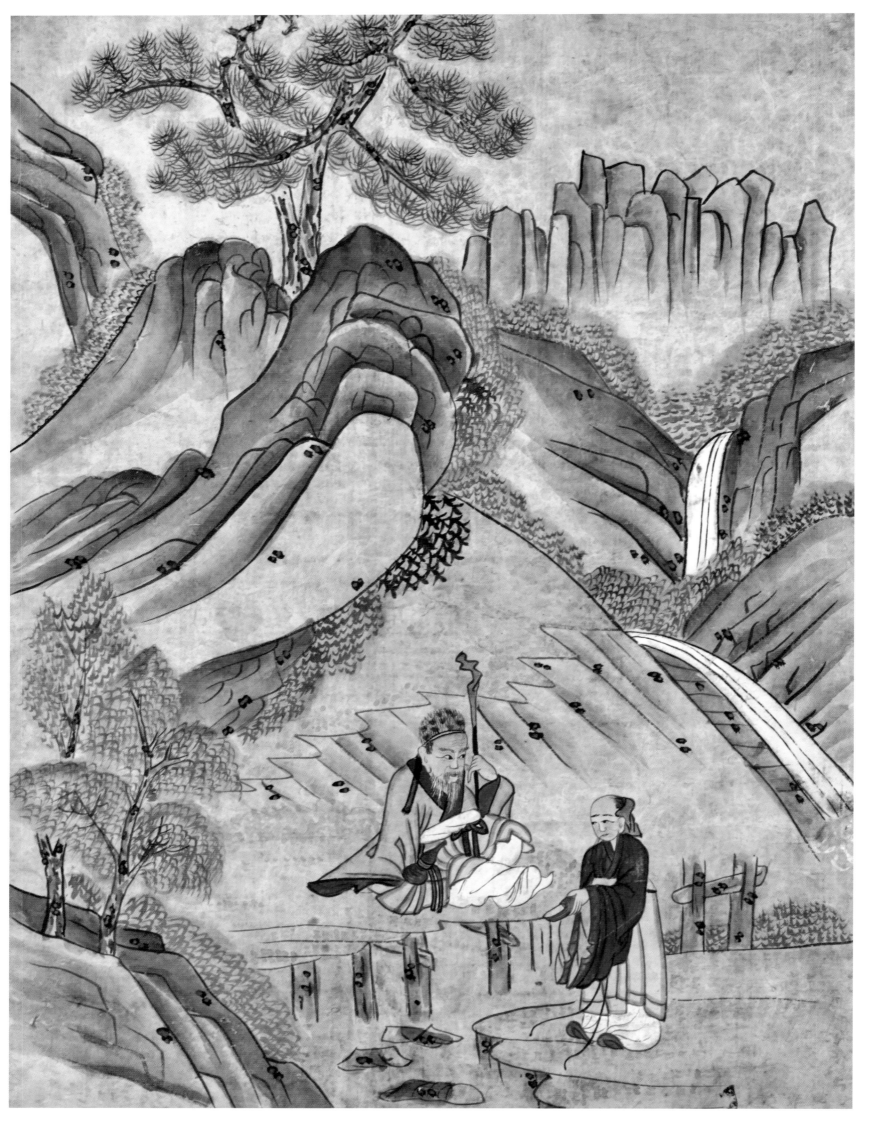

圖270 · 설화도 · 設話圖

38×51 · 지본

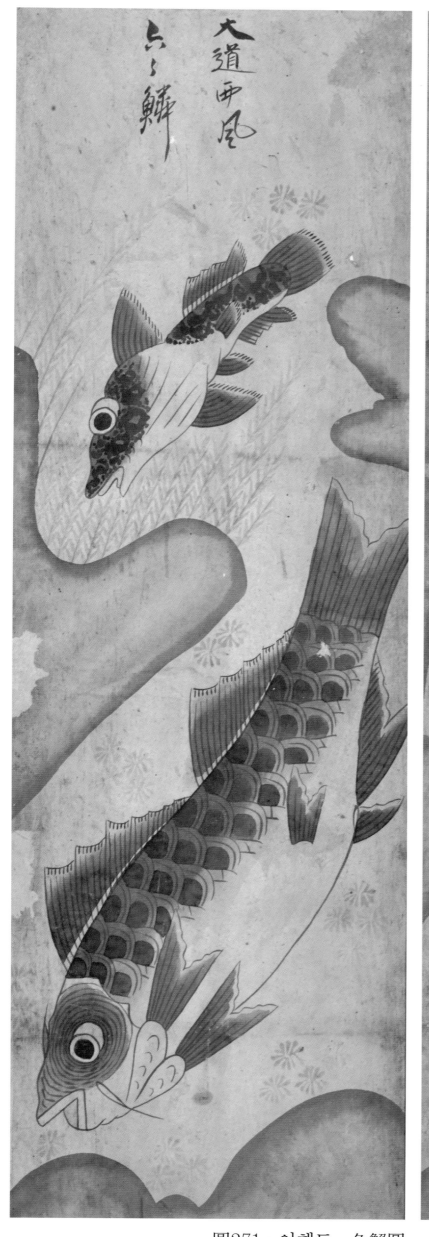

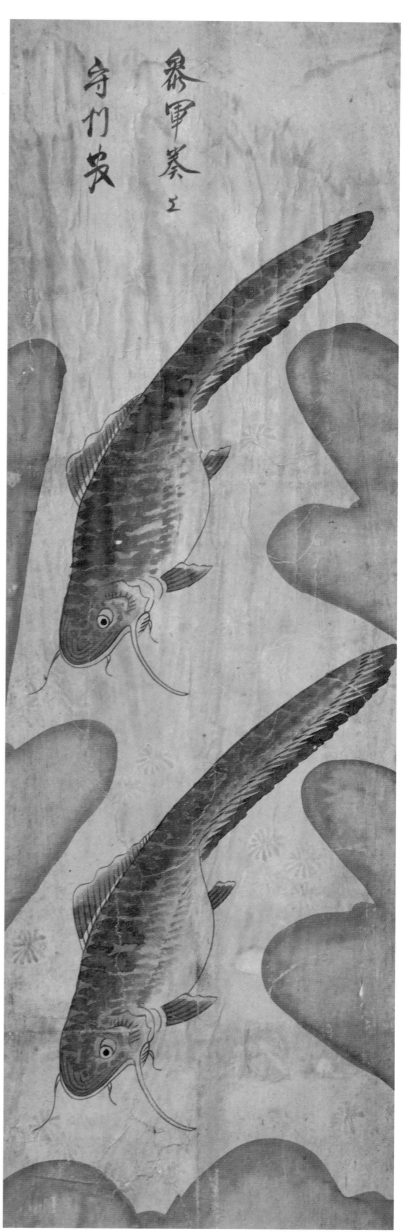

圖271 · 어해도 · 魚蟹圖
23×75 · 지본

圖272 · 어해도 · 魚蟹圖
23×75 · 지본

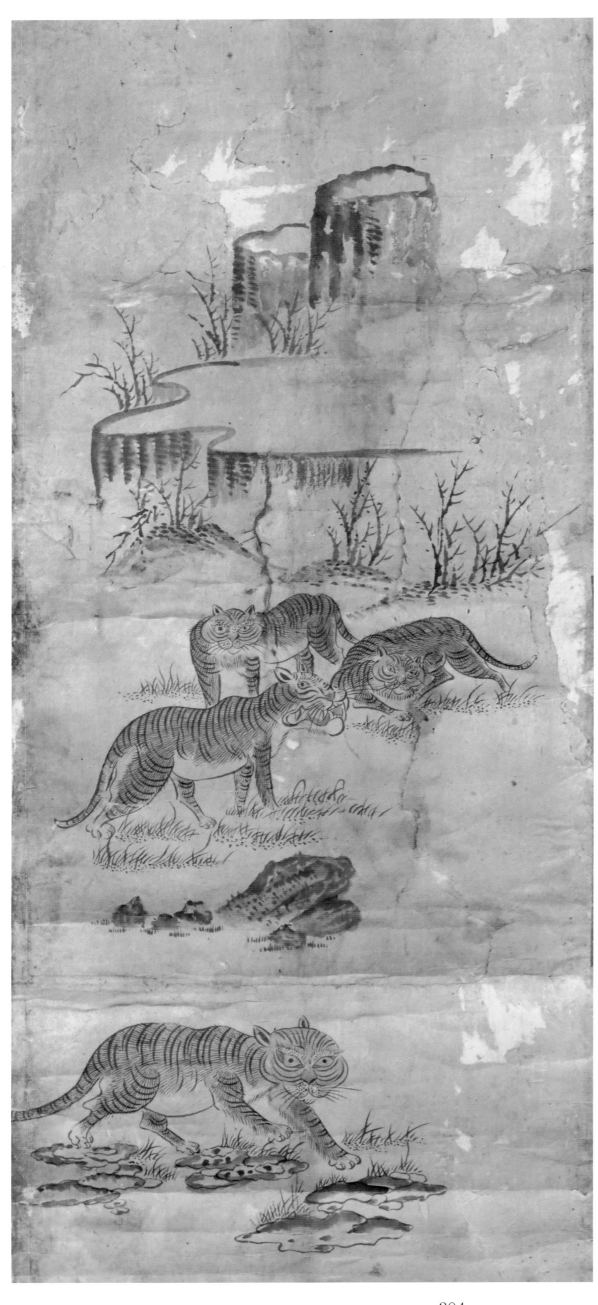

圖273 · 호랑이 · 虎
48×138 · 지본

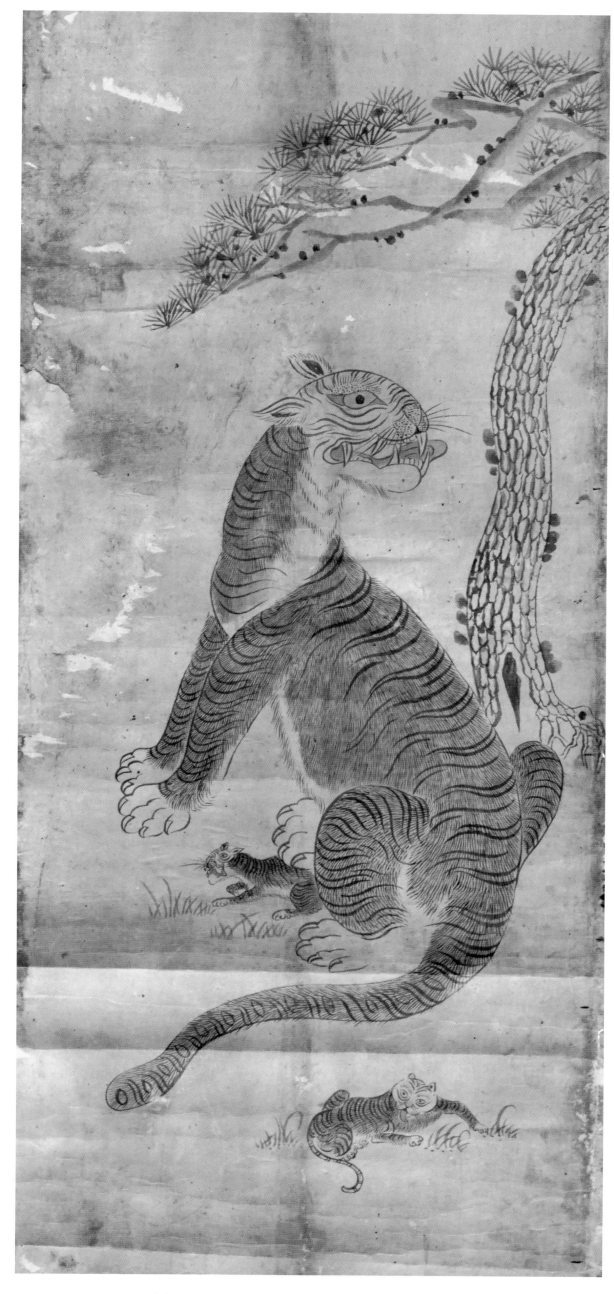

圖274 · 호랑이 · 虎
48×138 · 지본

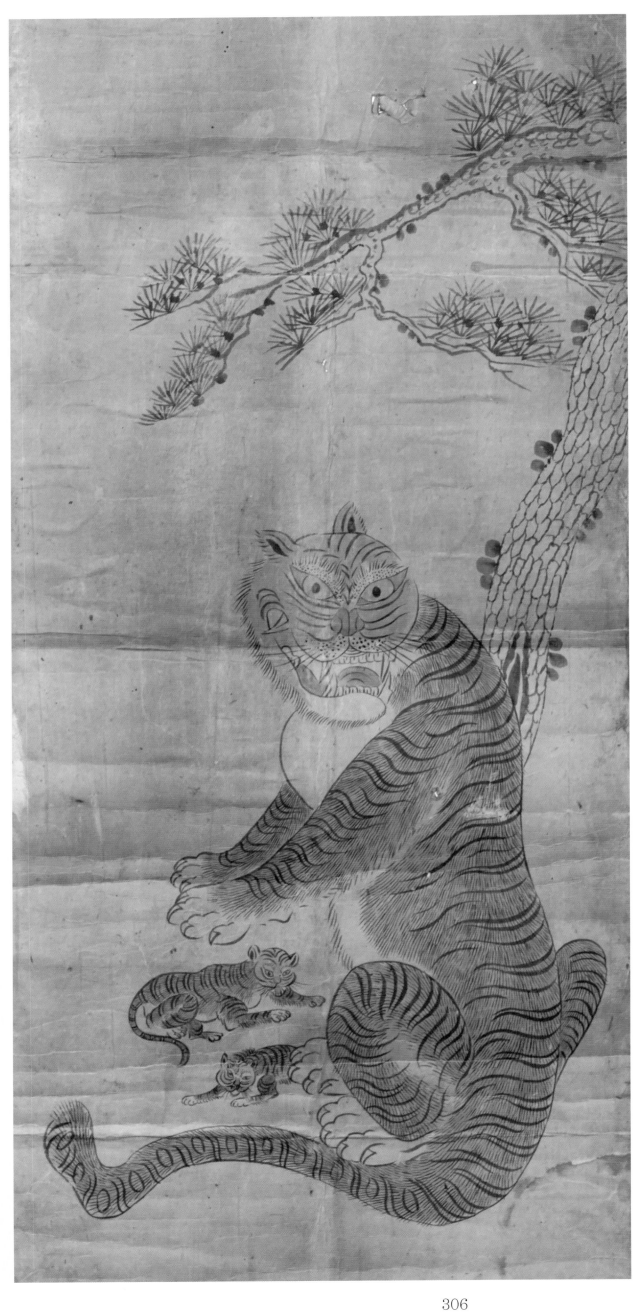

圖275 · 호랑이 · 虎

48×138 · 지본

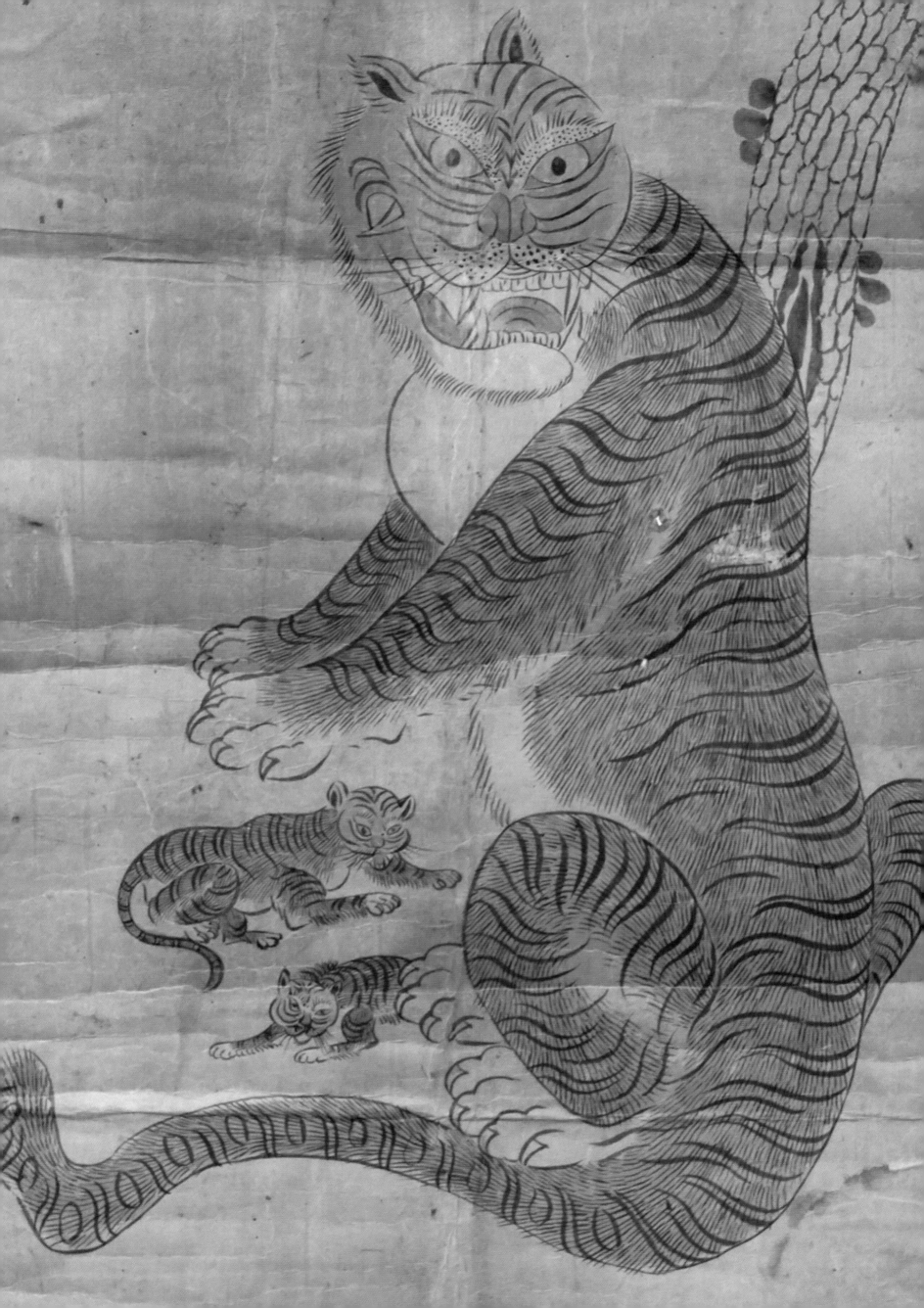

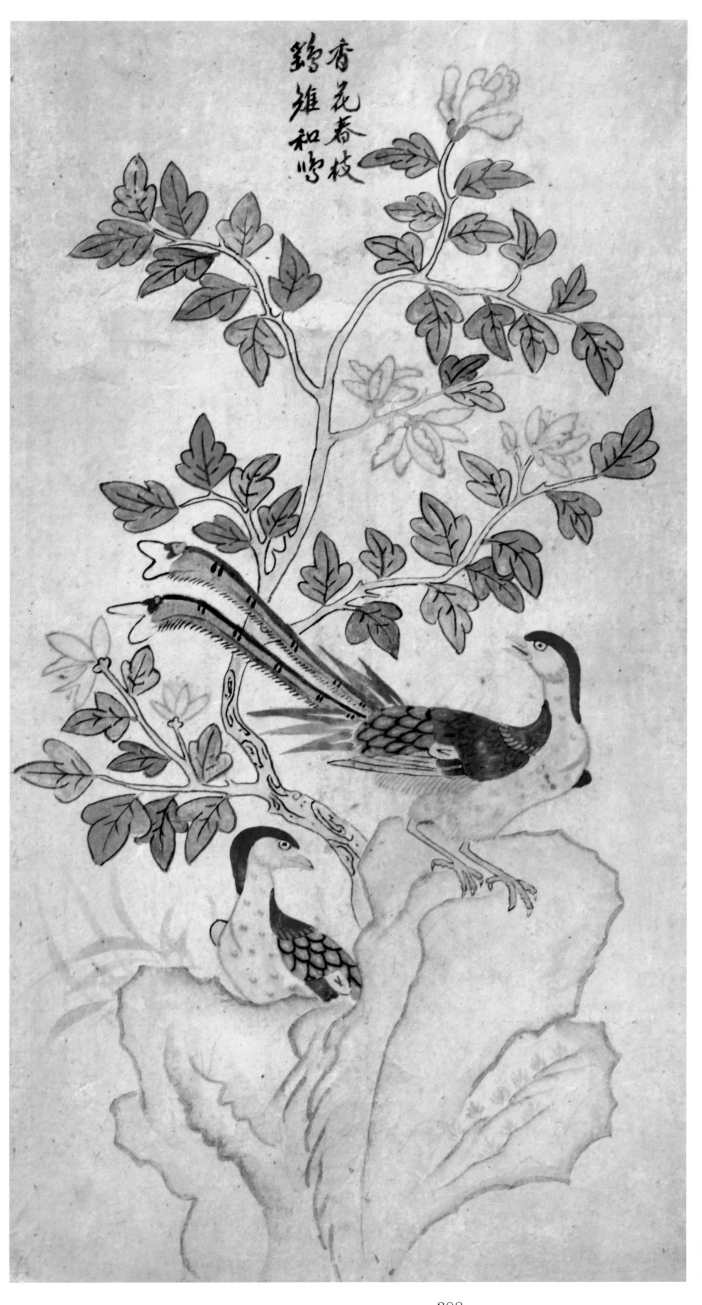

香花春枝
鶯雉和鳴

圖276 · 화조도 · 花鳥圖
32×61 · 지본

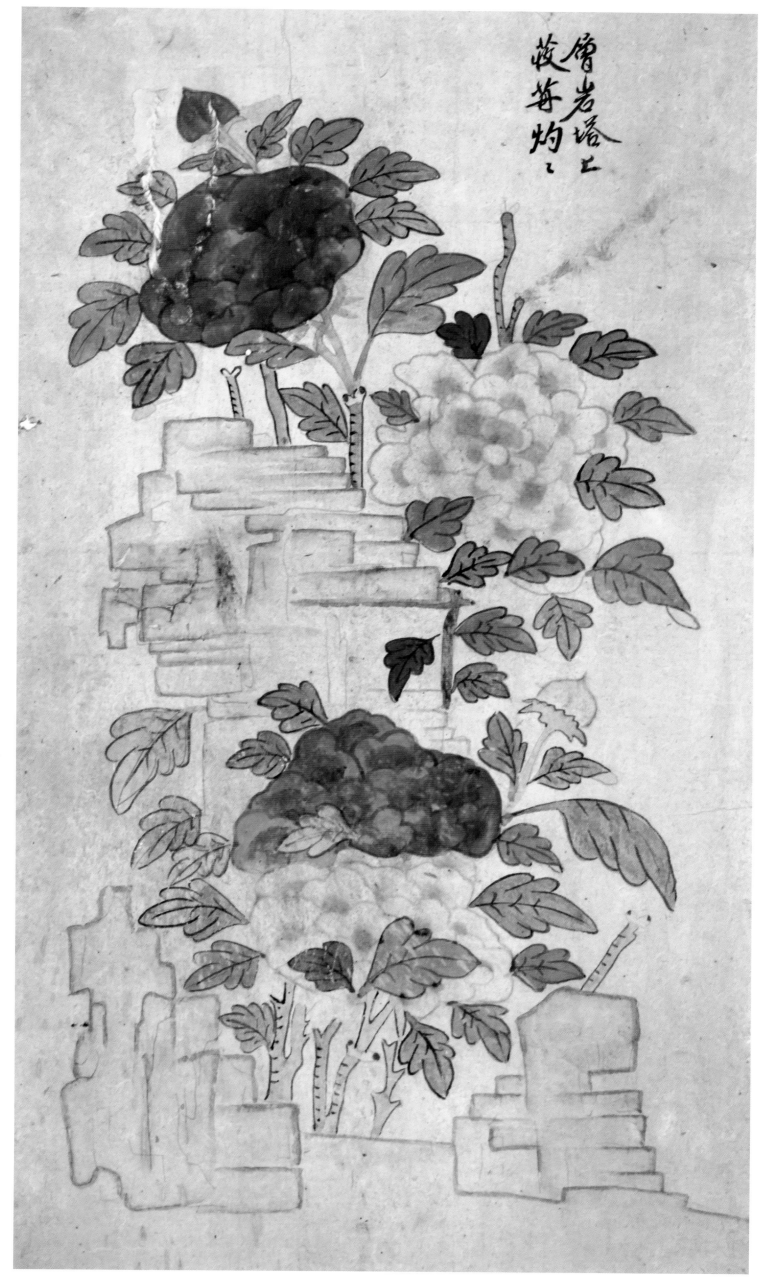

圖277
모란도 · 牡丹圖
32×61 · 지본

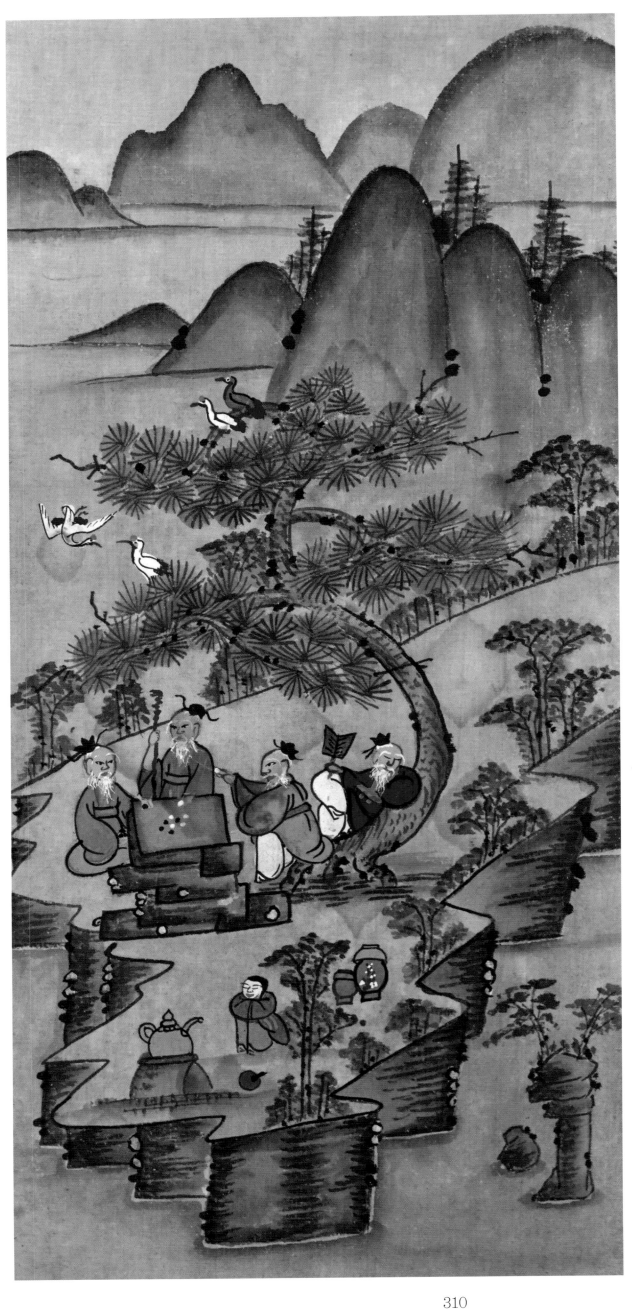

圖278・설화도・設話圖
29×83・비단

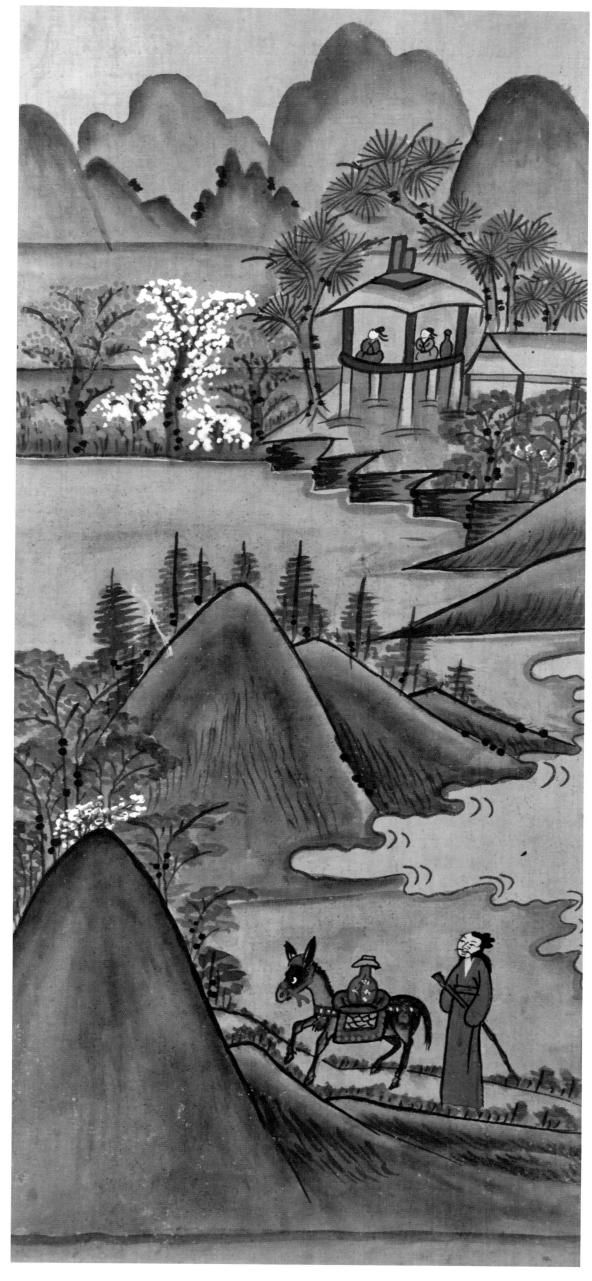

圖279 · 설화도 · 設話圖
29×83 · 비단

311

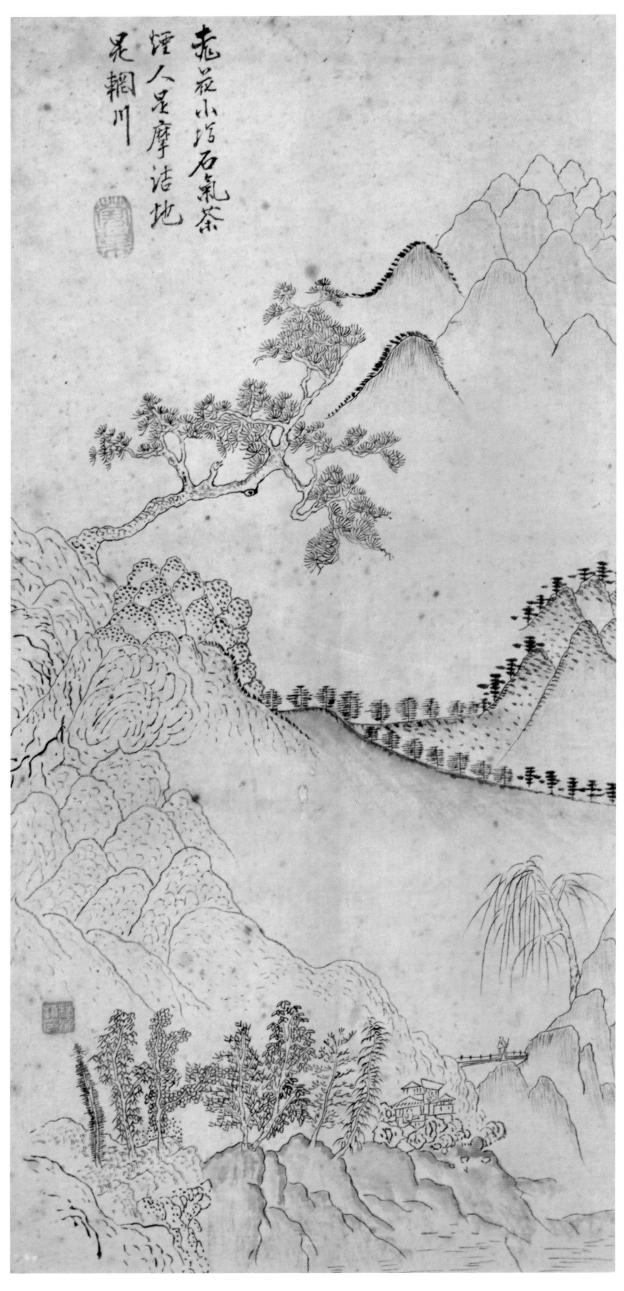

老萊小塔石氣茶
煙人星摩詰地
兒輞川

圖280 · 산수도 · 山水圖
30×66 · 지본

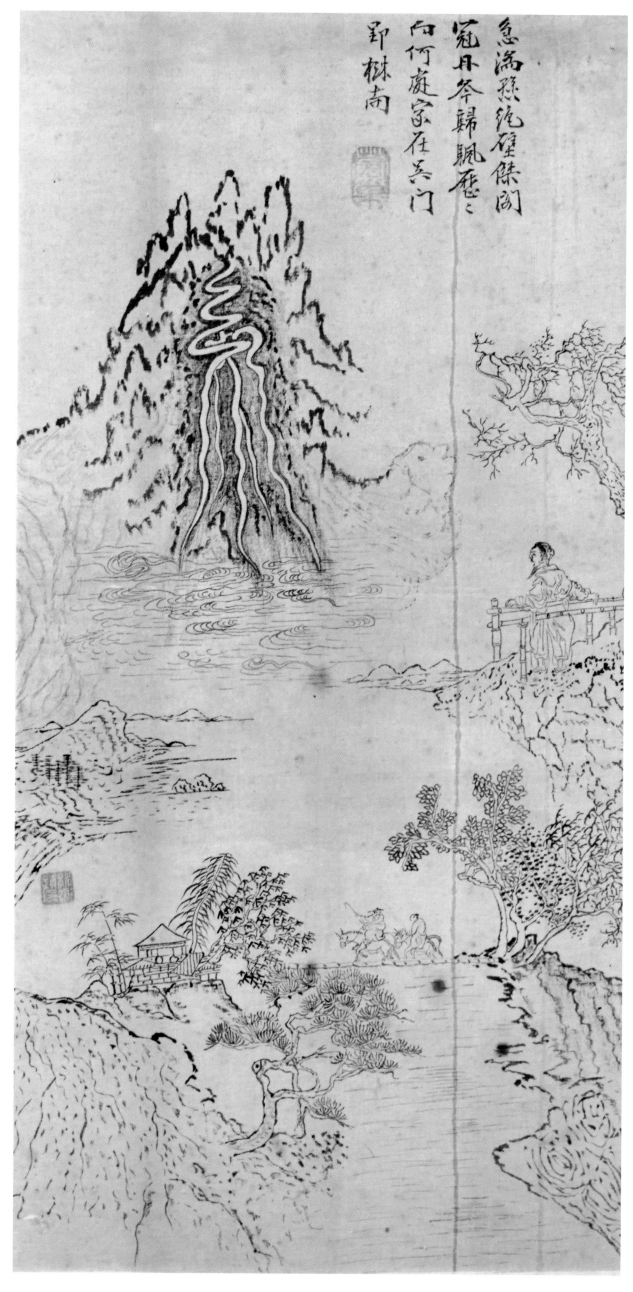

急流綿碓隘餘間
冠月冬歸颿飛々
向何處家在吳門
印林南

圖281・산수도・山水圖
30×66・지본

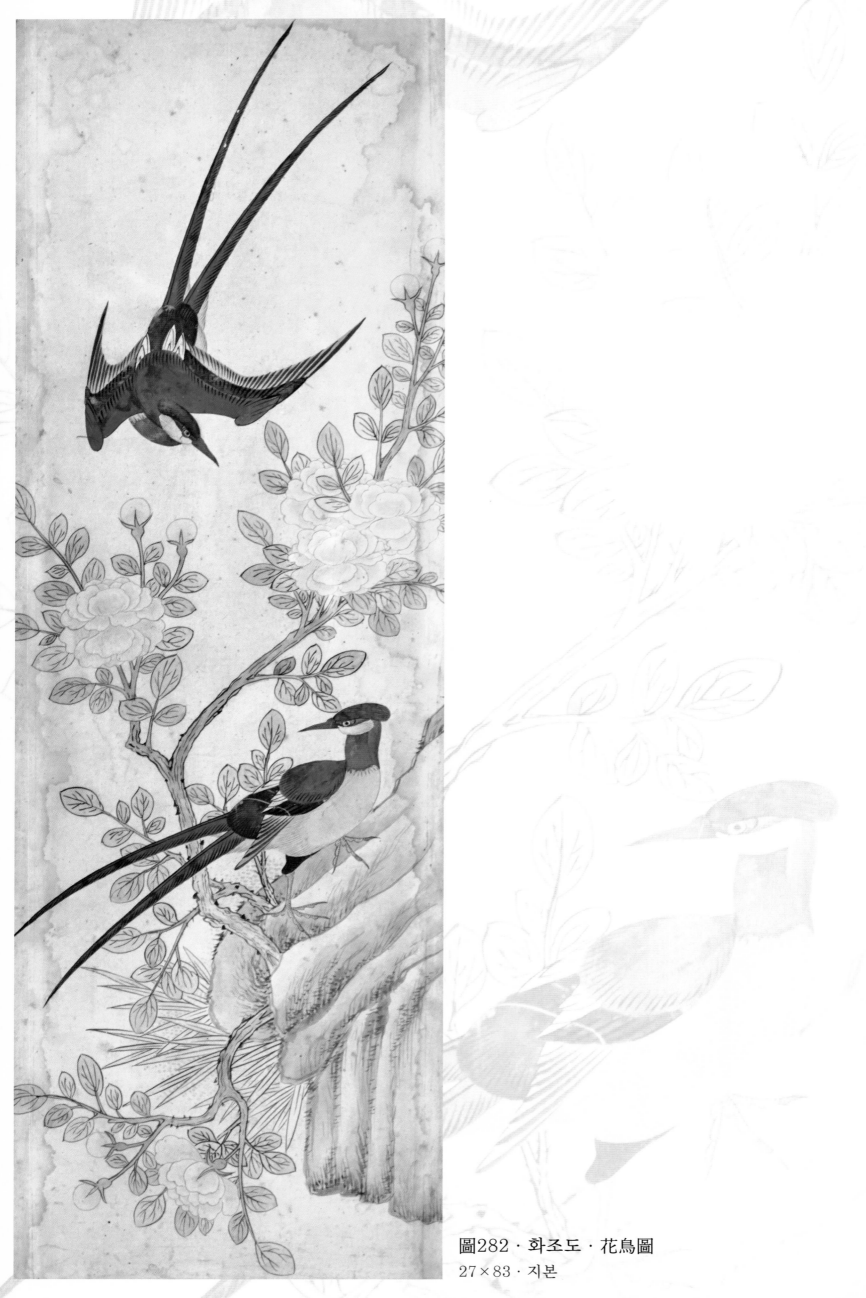

圖282 · 화조도 · 花鳥圖
27×83 · 지본

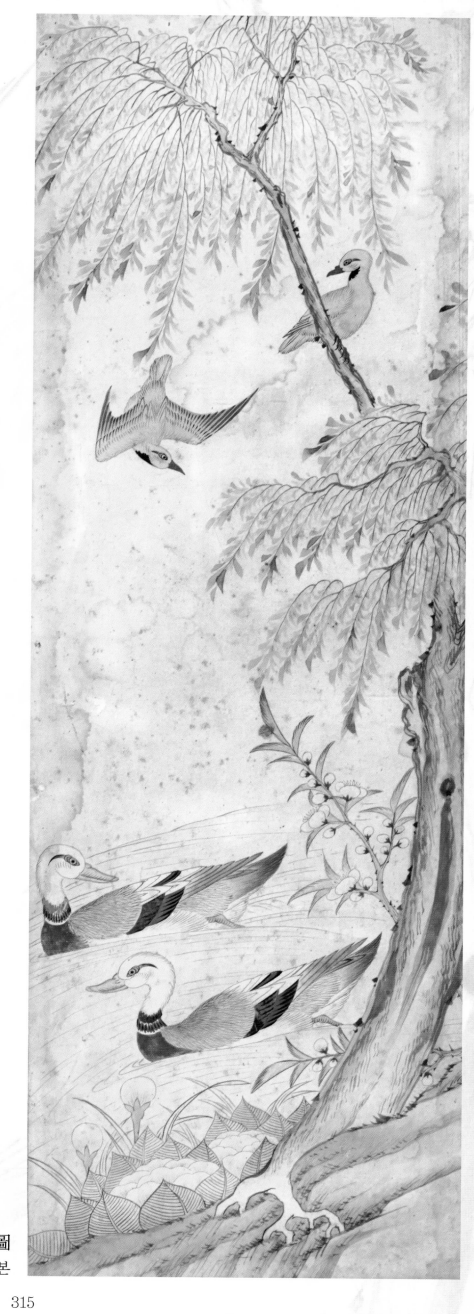

圖283 · 화조도 · 花鳥圖

27×83 · 지본

315

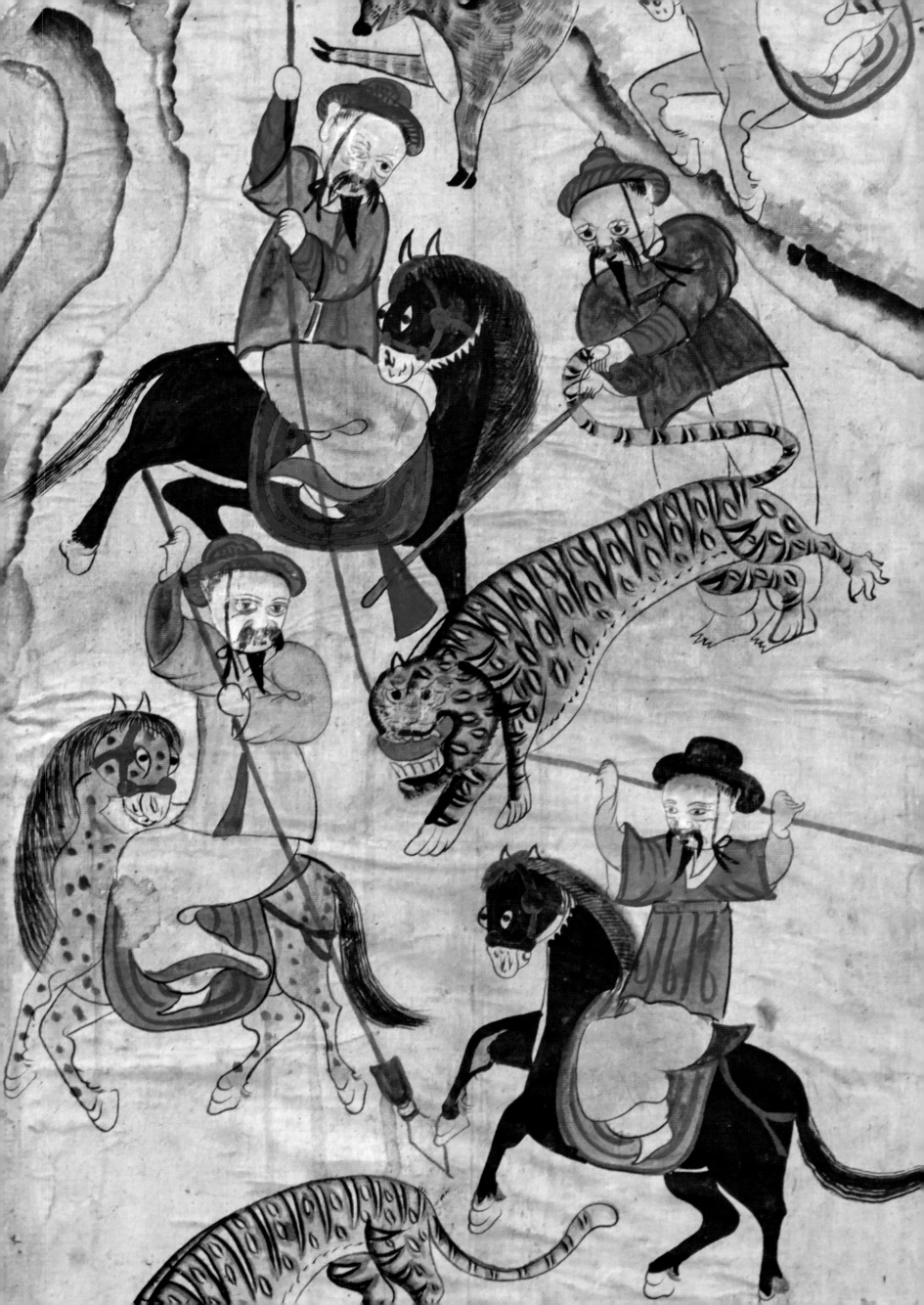

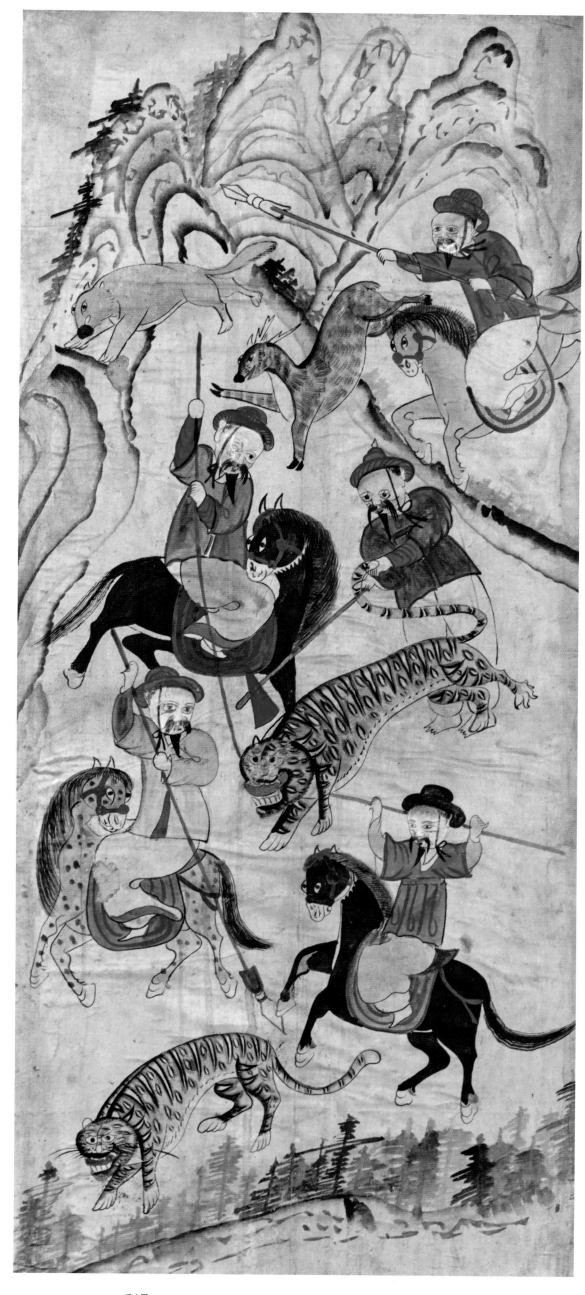

圖284・호렵도・胡獵圖
38×87・비단

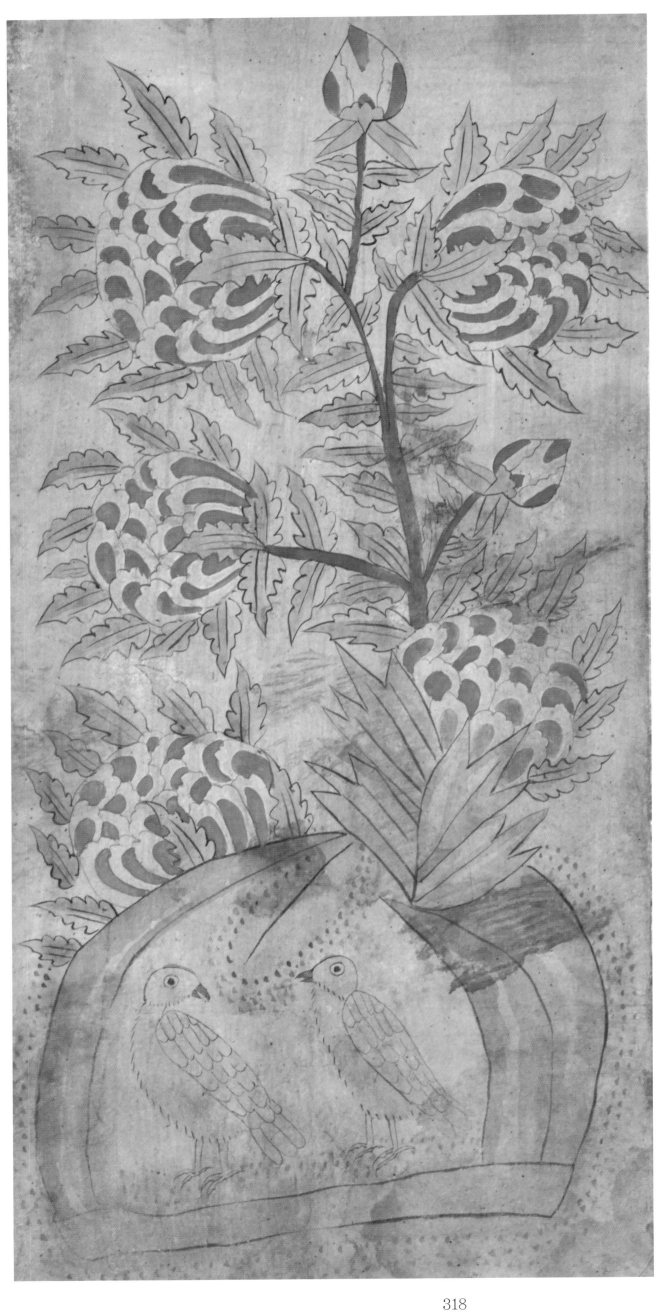

圖285 · 모란도 · 牡丹圖
38×85 · 지본

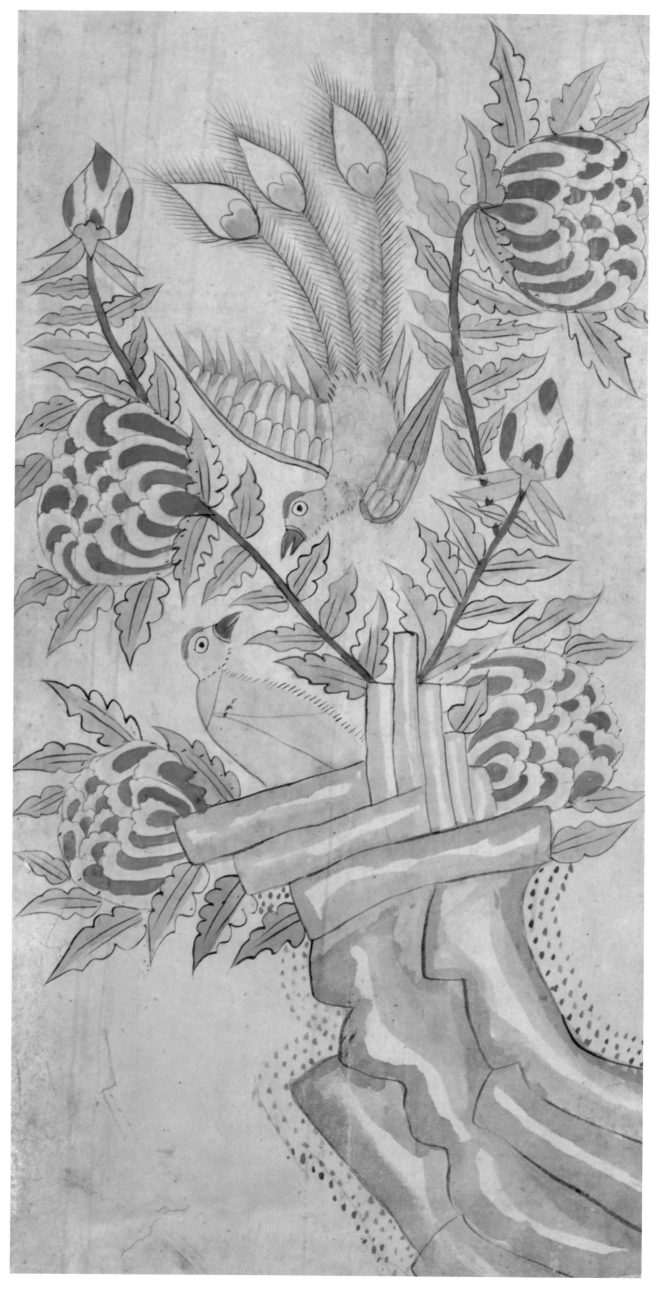

圖286 · 모란도 · 牡丹圖
38×85 · 지본

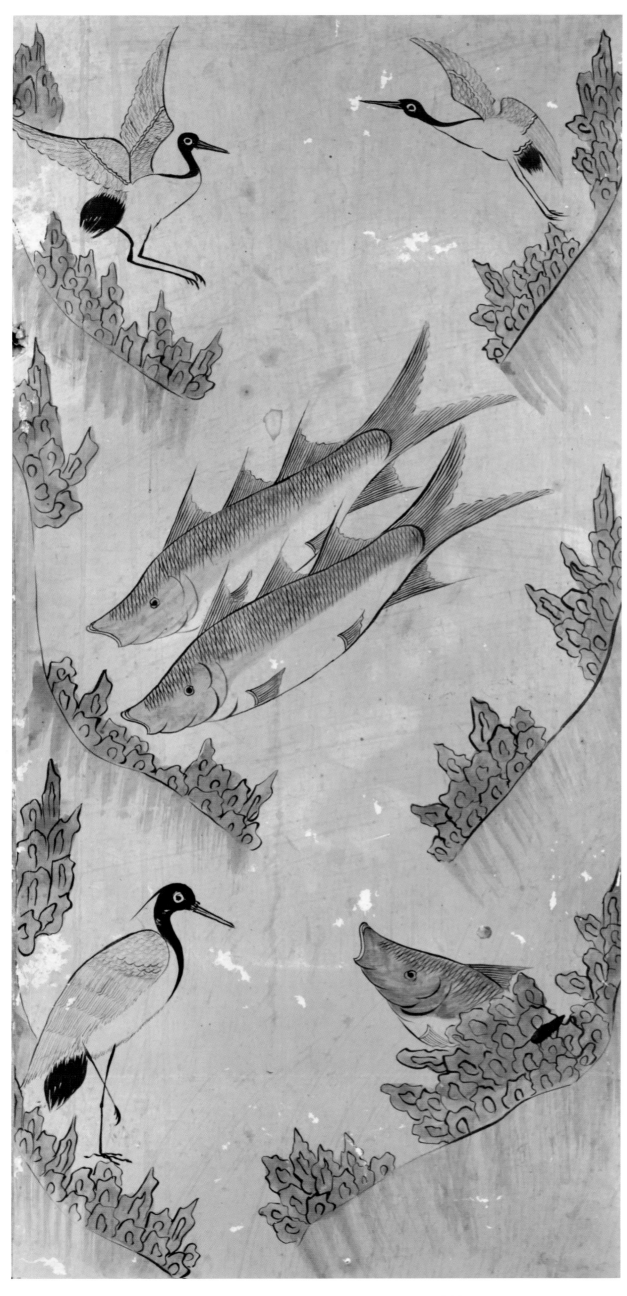

圖287 · 어해도 · 魚蟹圖
37×87 · 지본

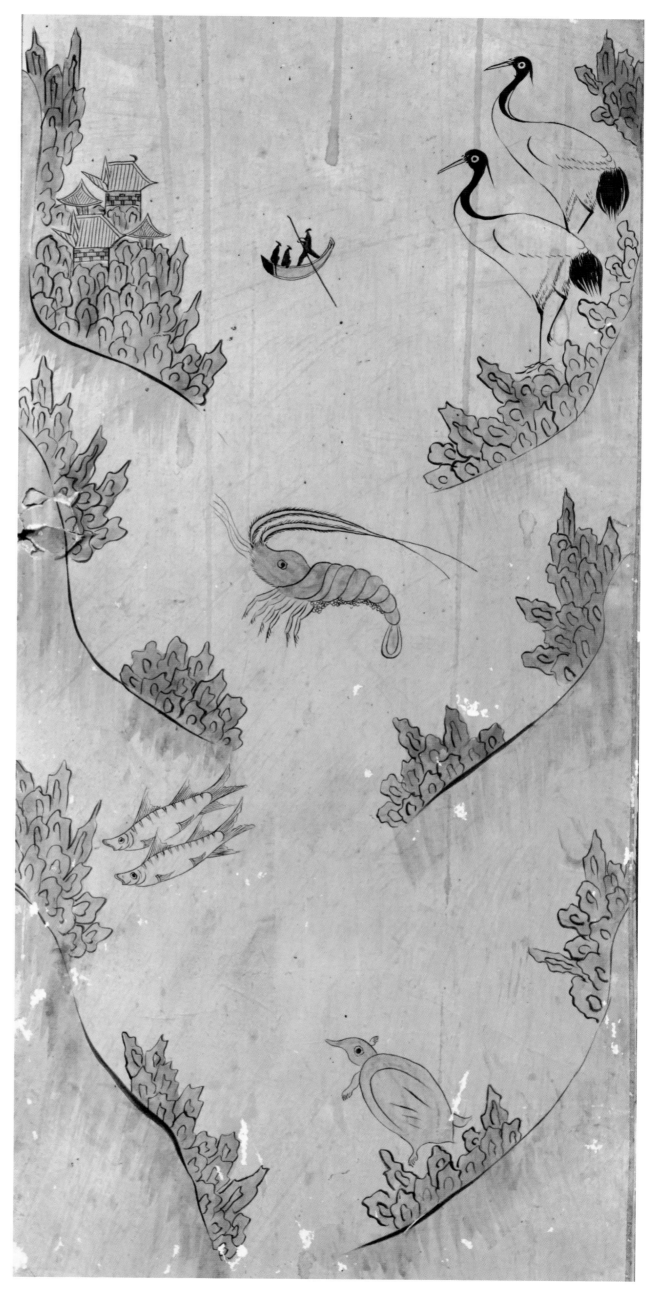

圖288・어해도・魚蟹圖
37×87・지본

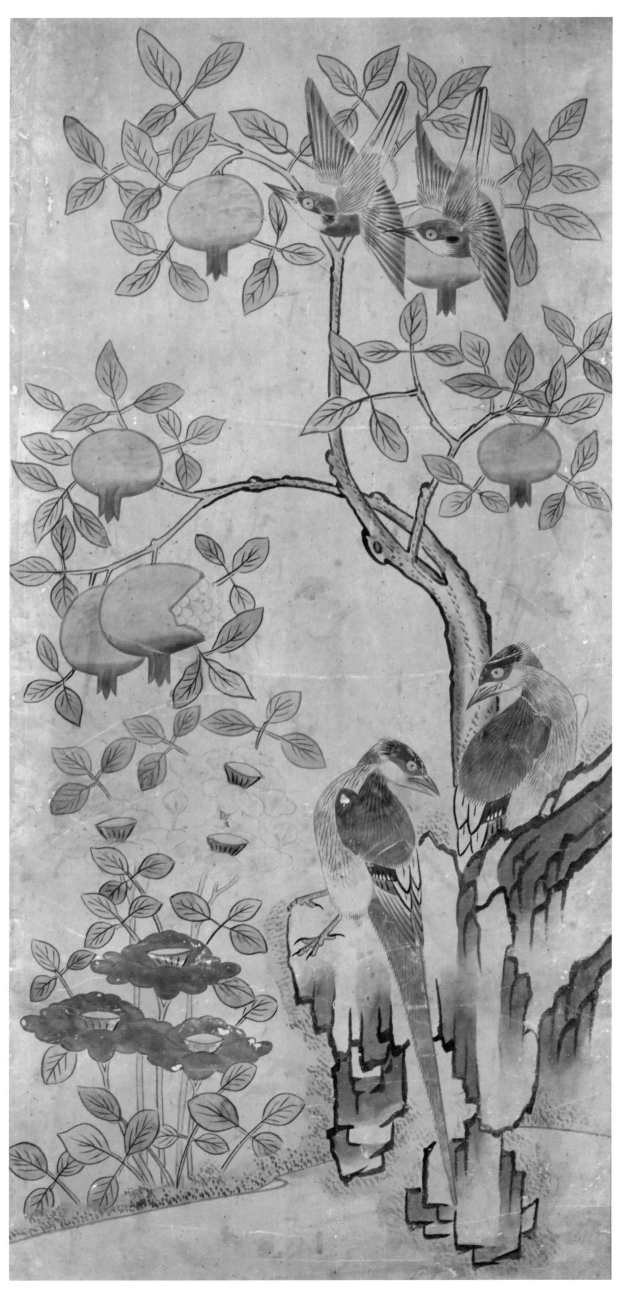

圖289 · 화조도 · 花鳥圖
38×90 · 지본

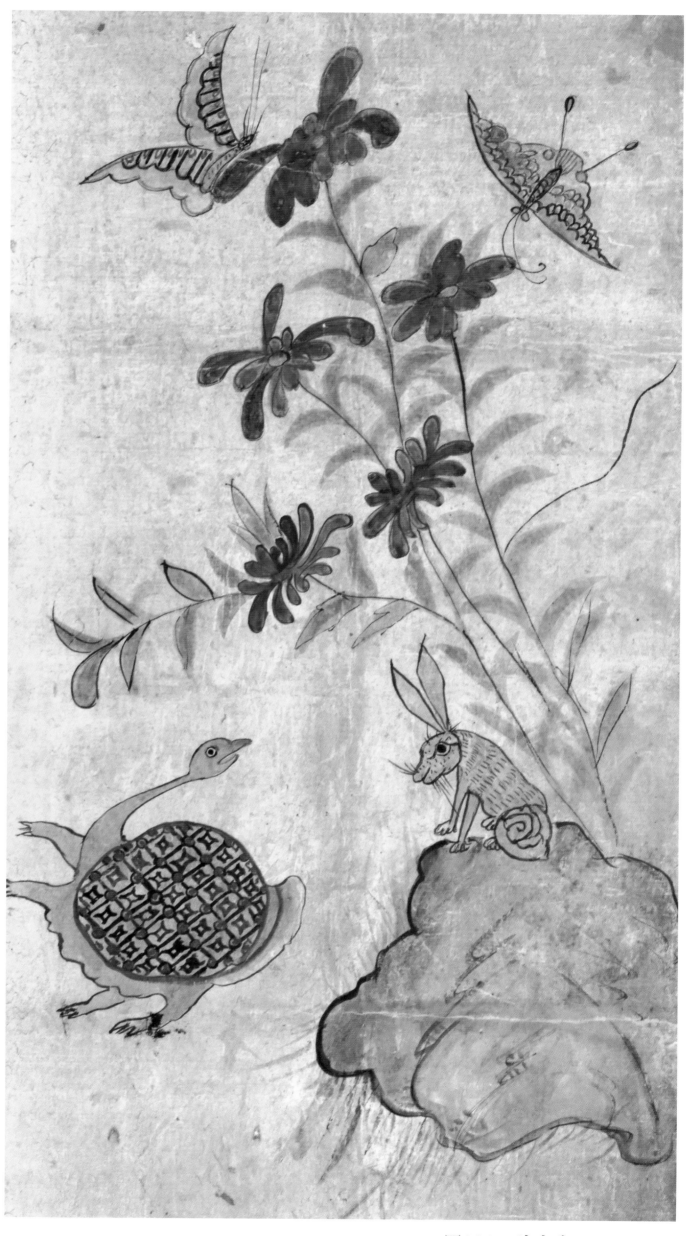

圖290 · 십장생도 · 十長生圖
32×80 · 지본

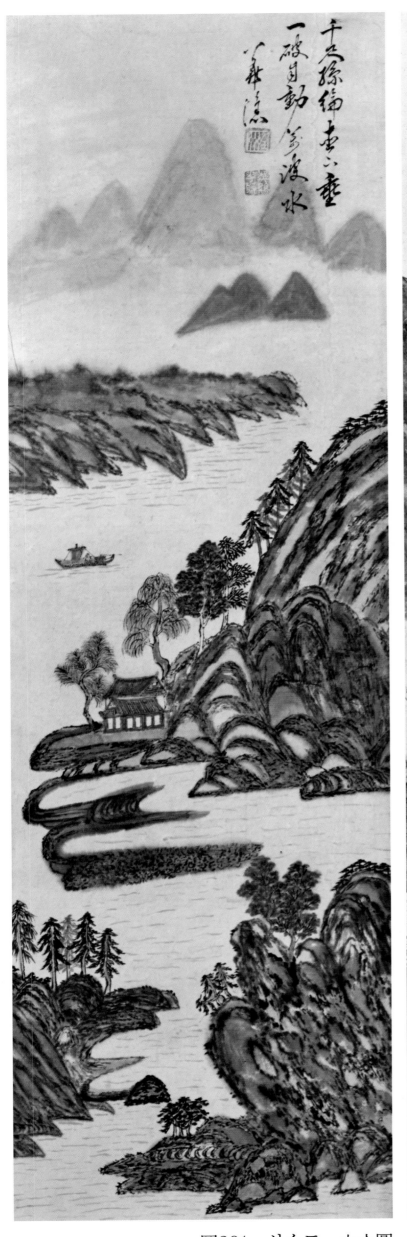

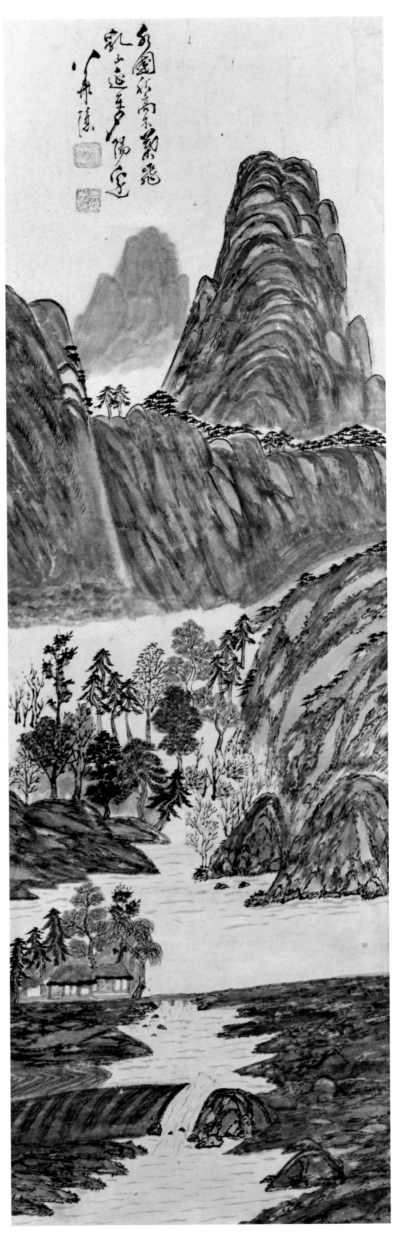

圖291 · 산수도 · 山水圖
26×88 · 지본

圖292 · 산수도 · 山水圖
26×88 · 지본

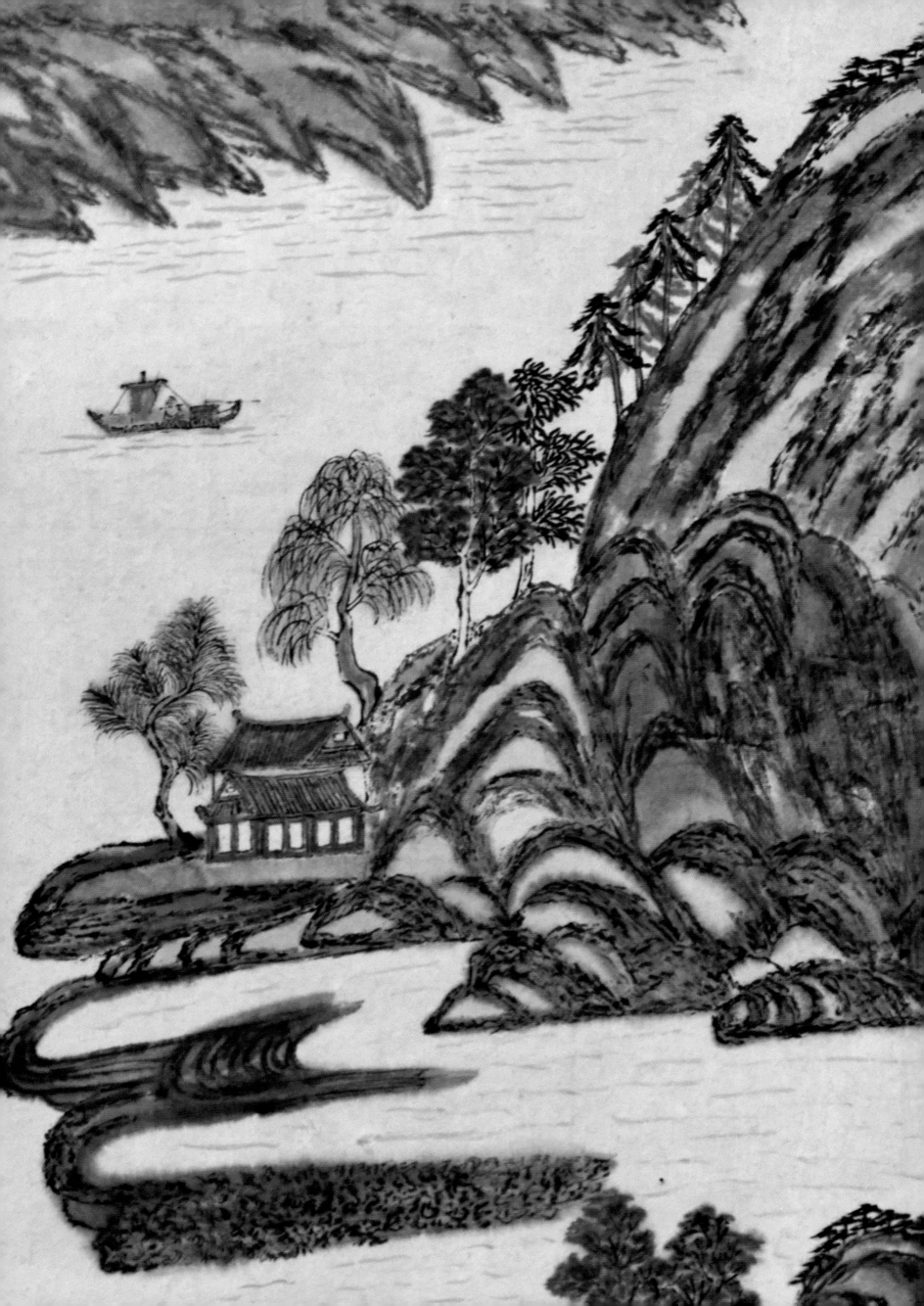

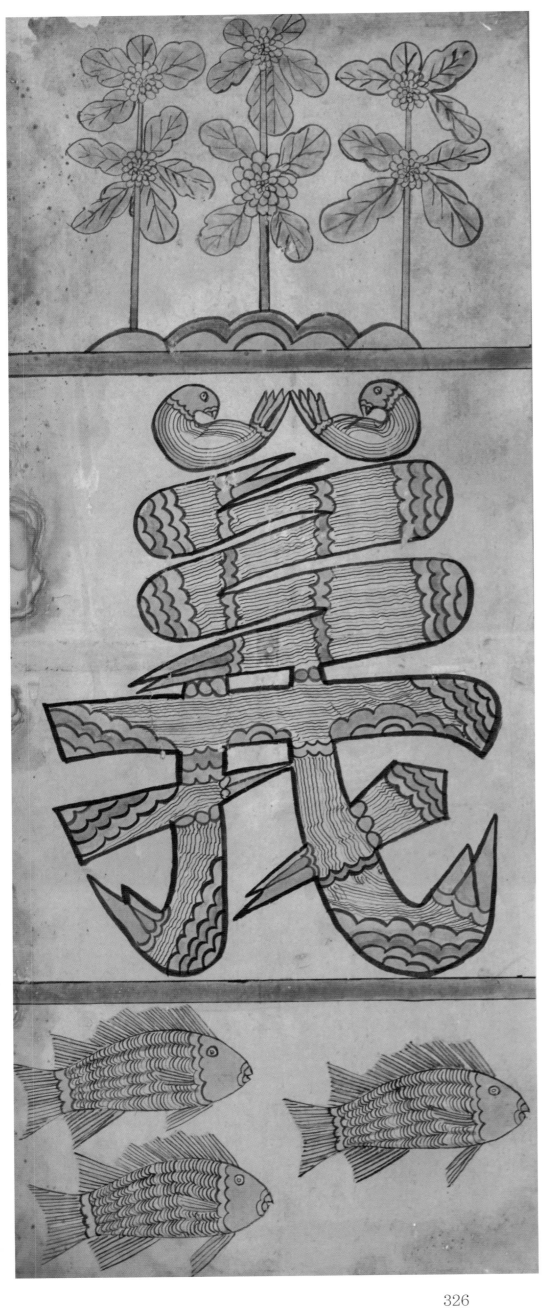

圖293 · 문자도 · 文字圖
37×92 · 지본

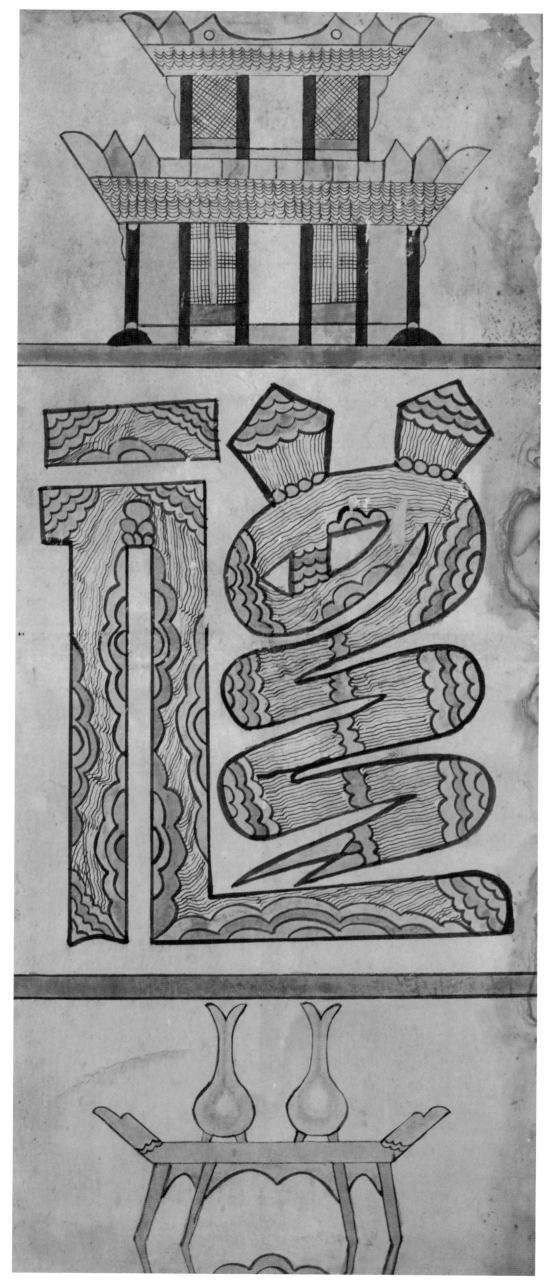

圖294・문자도・文字圖
37×92・지본

327

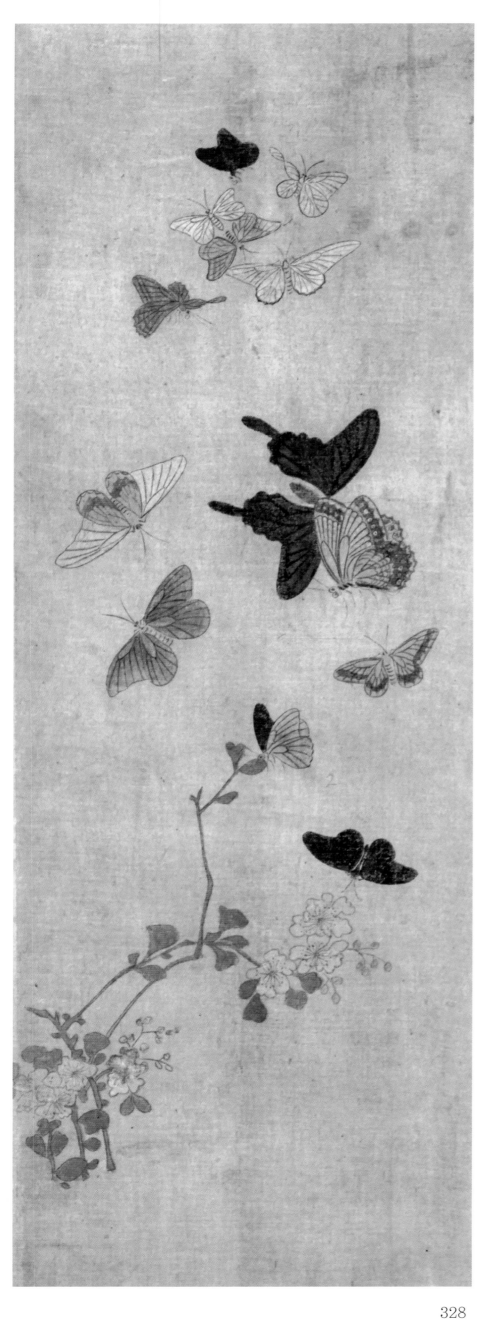

한 떨기에 꽃나무에 나비들이 날아들고 있다. 각 폭마다 다른 종류의 꽃나무를 그렸으며 꽃나무의 구조를 보면 밑동과 원줄기는 생략하고 일부 가지만 표현한 것이 절지도의 형태와 유사하다

圖295 · 화접도 · 花蝶圖

29×93 · 비단

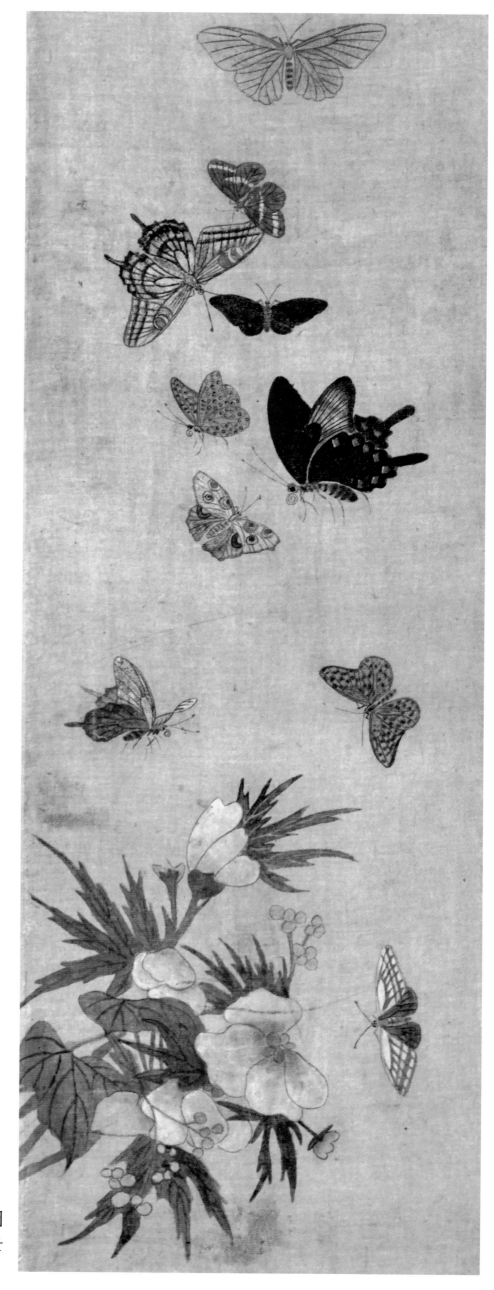

圖296 · 화접도 · 花蝶圖
29×93 · 비단

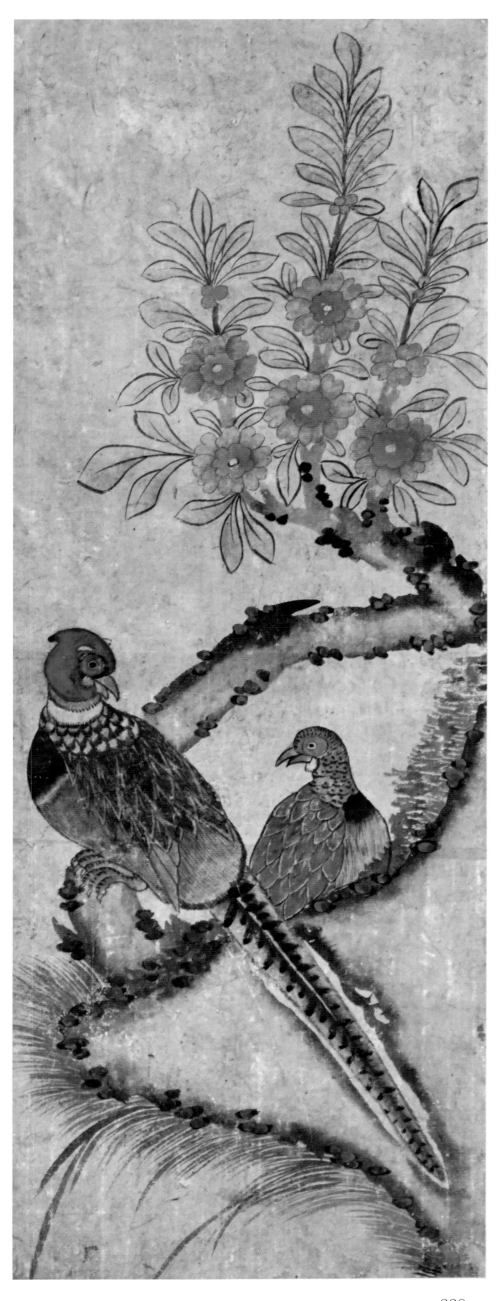

圖297 · 화조도 · 花鳥圖
25×73 · 지본

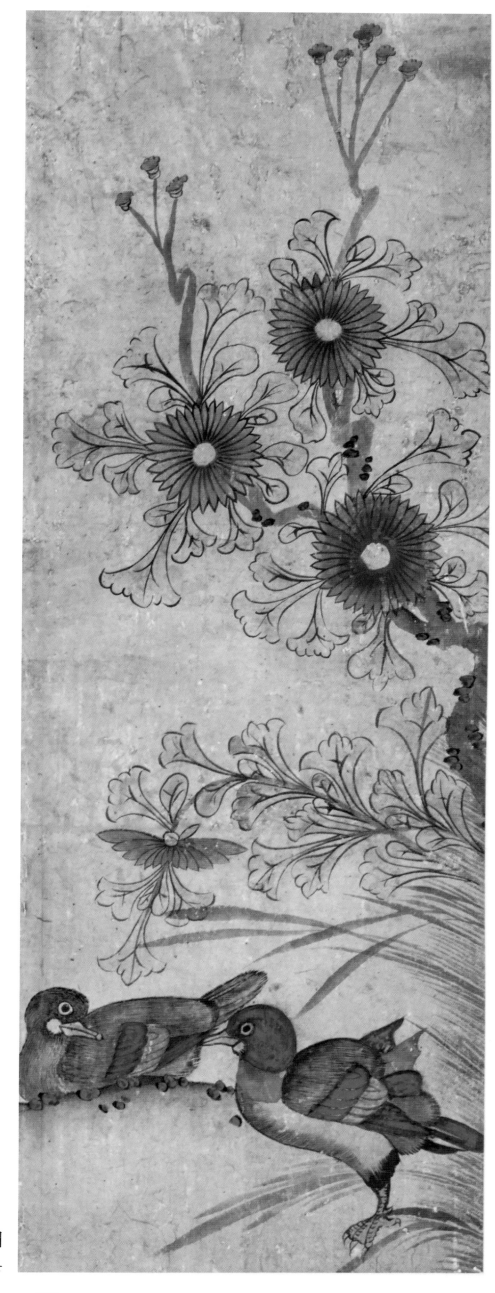

圖298·화조도·花鳥圖
25×73·지본

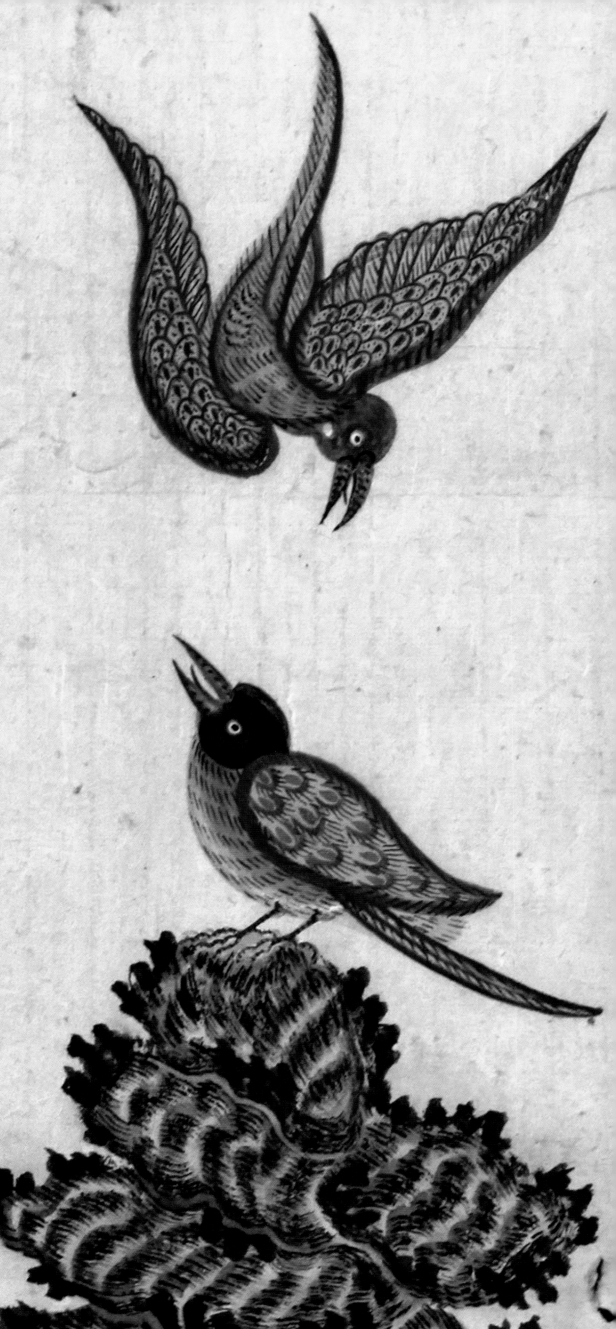

真操幹花心看素
遂令不作舞香宿
海山

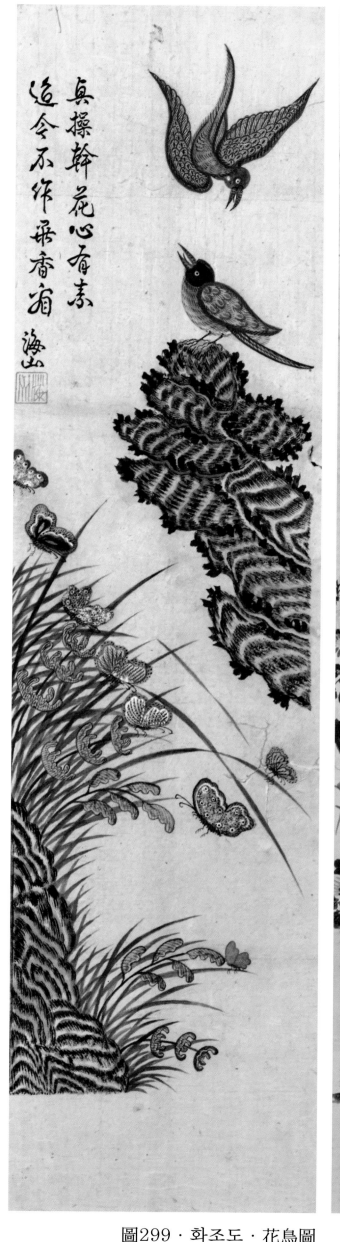

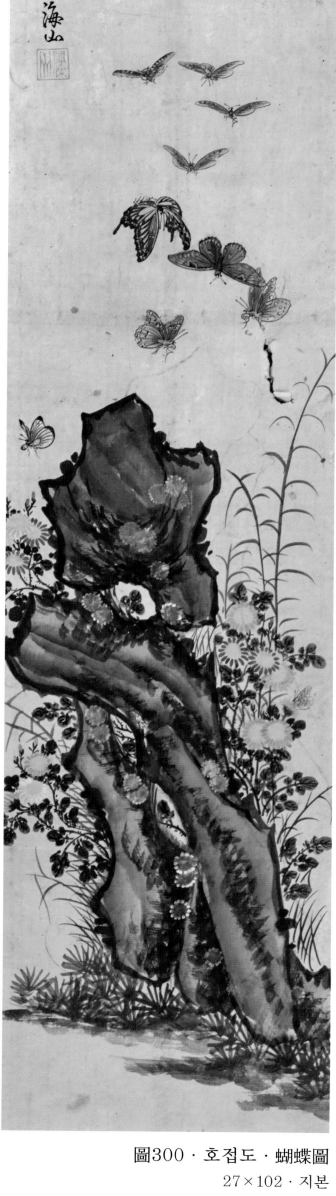

圖299 · 화조도 · 花鳥圖

27×102 · 지본

圖300 · 호접도 · 蝴蝶圖

27×102 · 지본

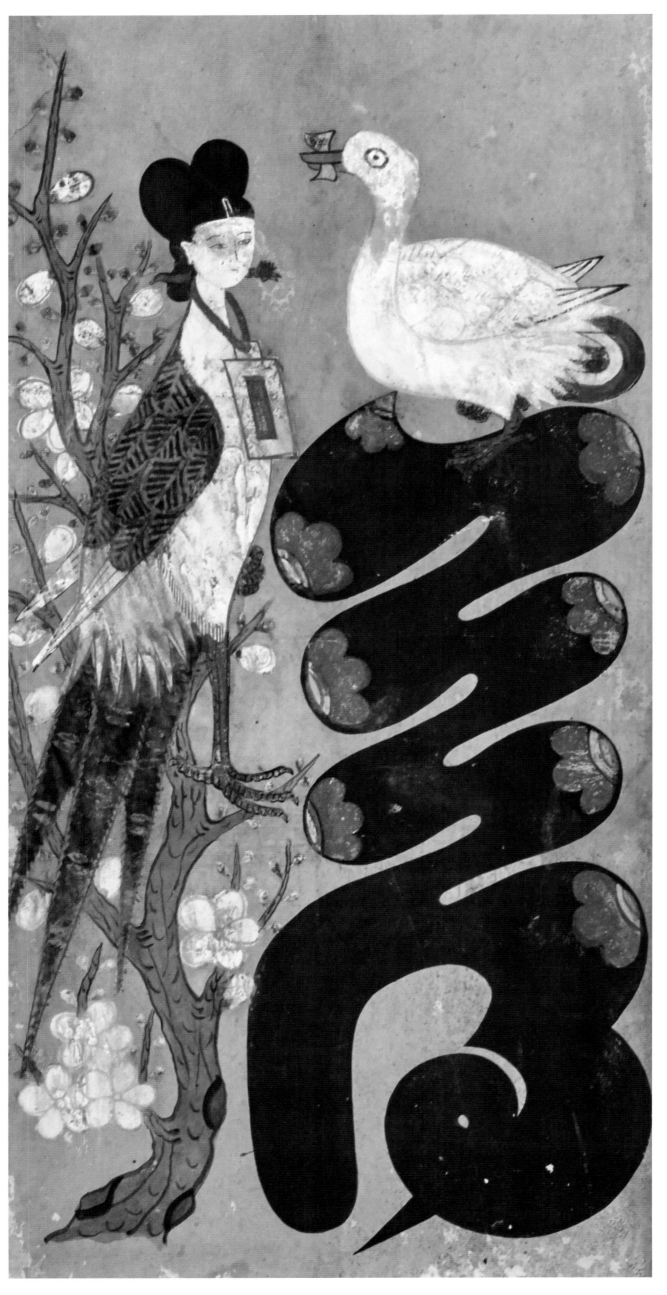

圖301 · 문자도 · 文字圖
23×70 · 지본

334

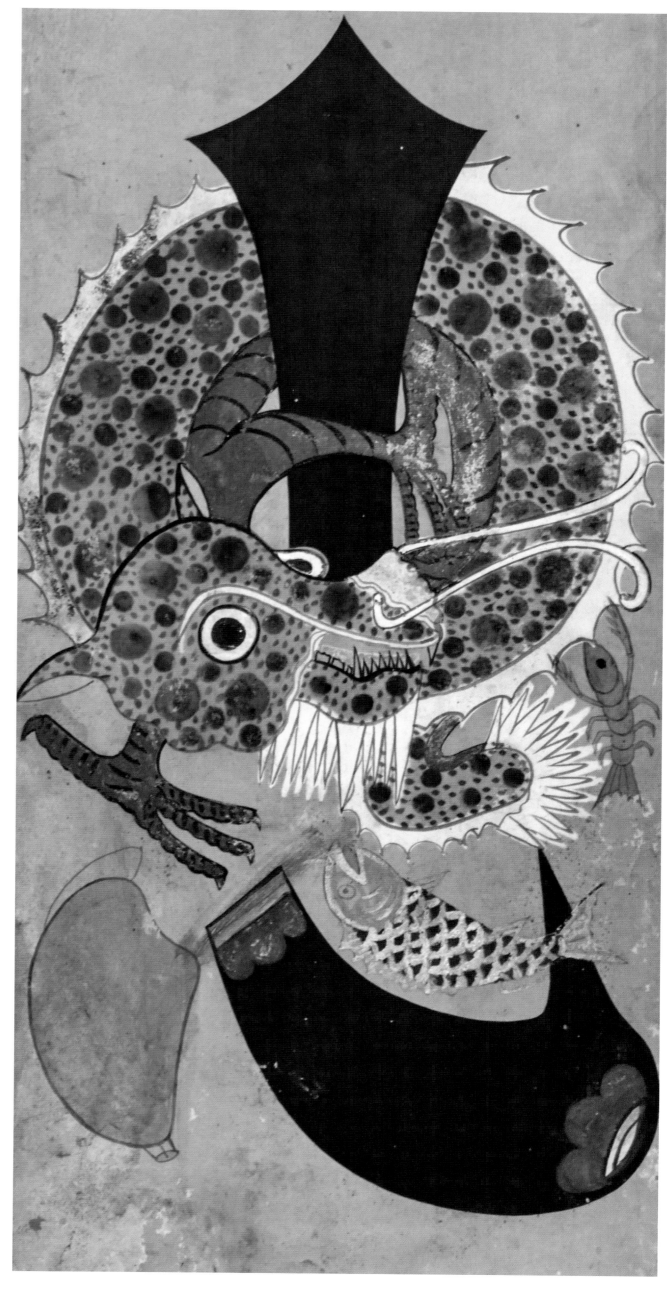

圖302・문자도・文字圖
23×70・지본

335

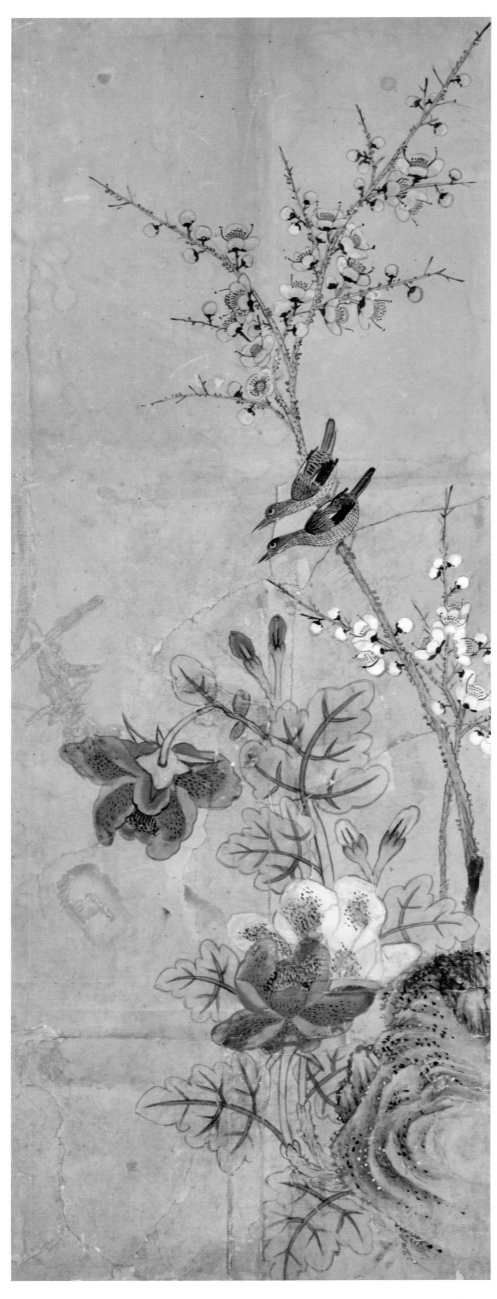

圖303・화조도・花鳥圖

34×91・지본

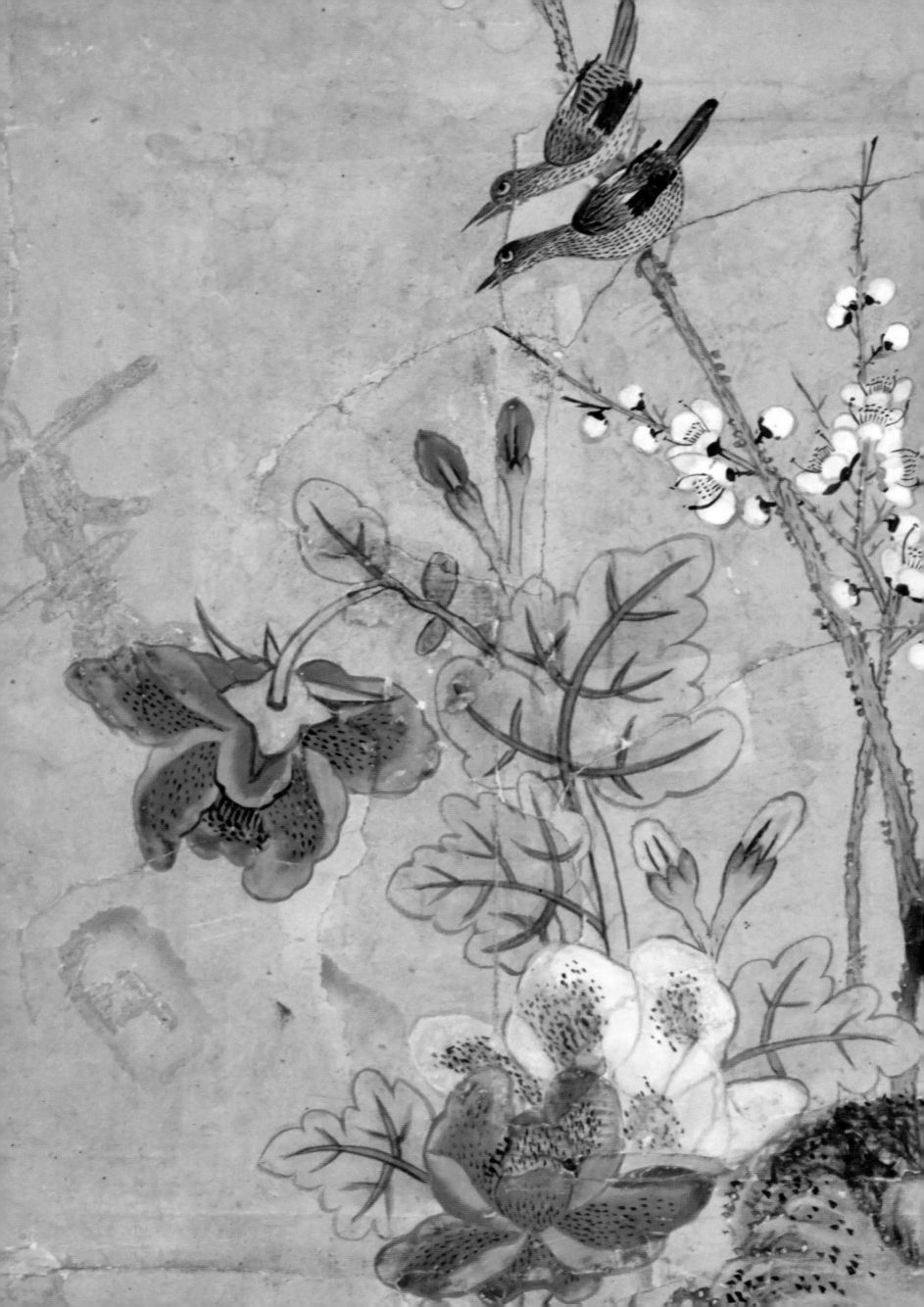

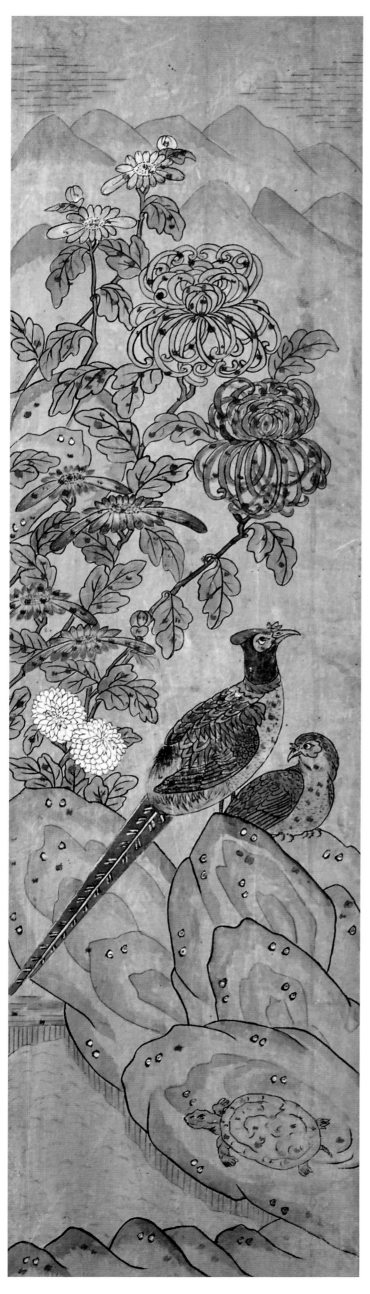

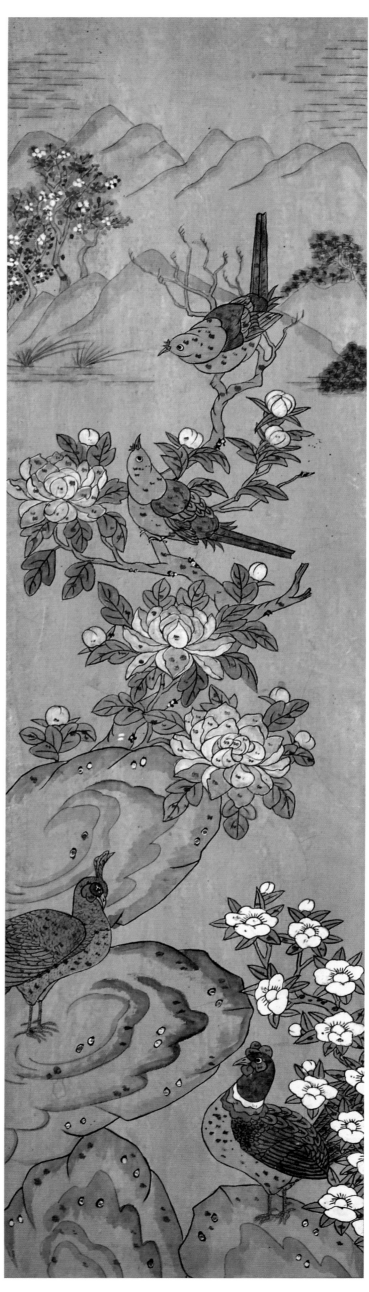

圖304
화조도・花鳥圖
26×98・지본

圖305
화조도・花鳥圖
26×98・지본

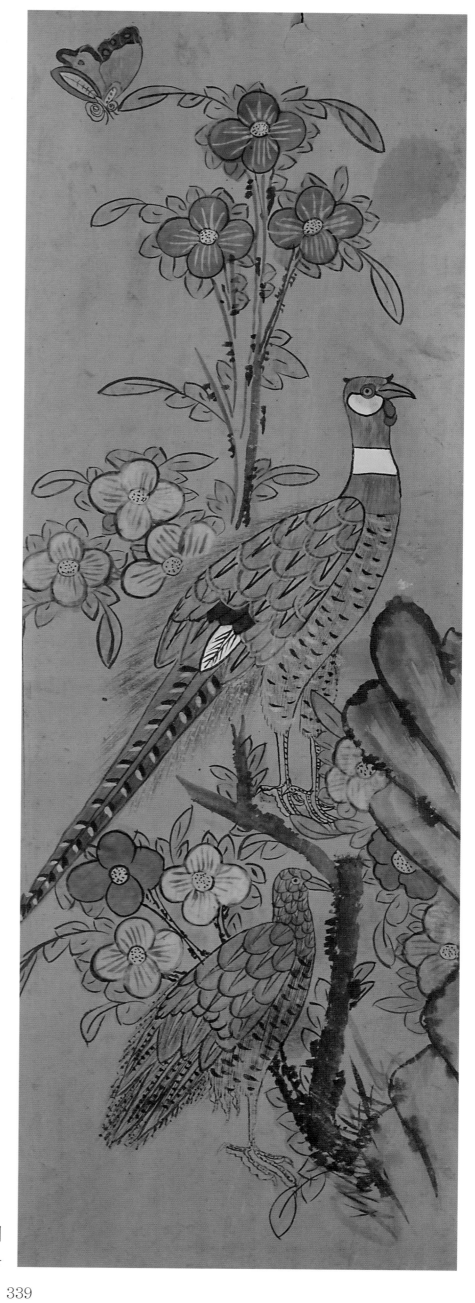

圖306 · 화조도 · 花鳥圖

32×120 · 지본

339

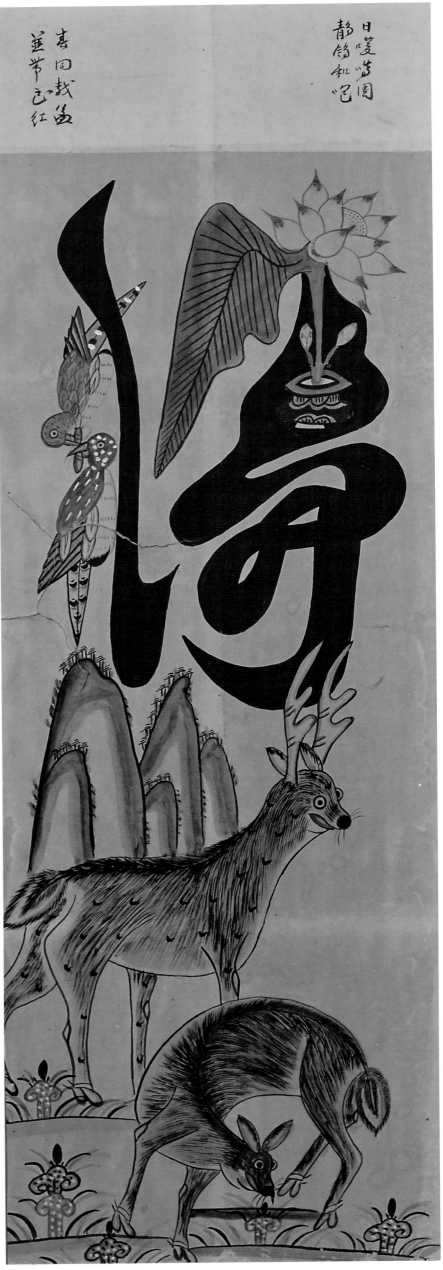

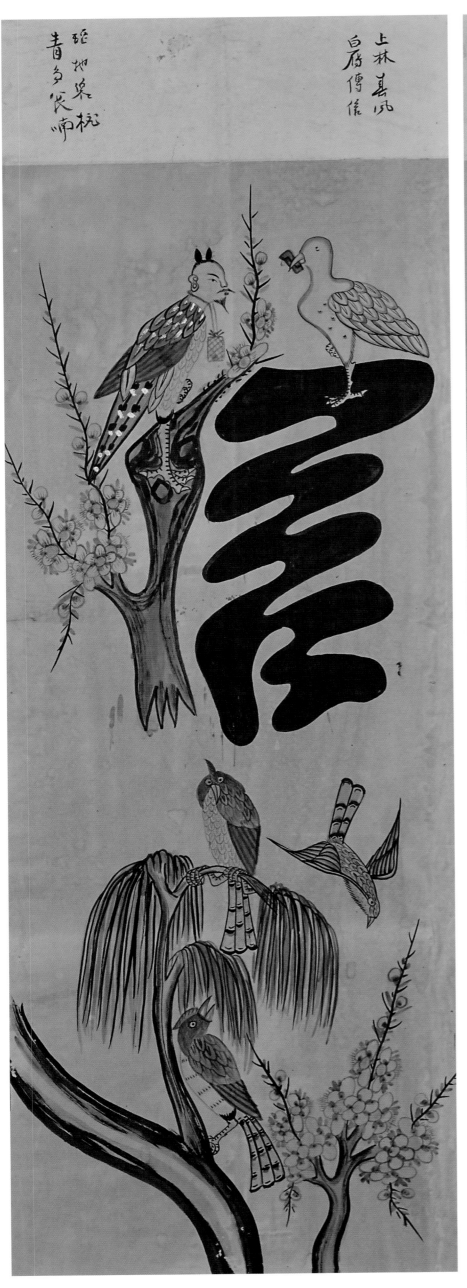

西宗竹蜀
芝香梅廚

大扇彈琴
玉祥鯉魚

유교 윤리의 효,제,충,신,예,의,염,치 여덟 글자를 도식화한
그림이다. 한 폭에 한 글자씩 모두 8폭으로 이루어졌고, 글자
마다 뜻에 어울리게 그림이 더해졌다.

◀ 圖307 · 문자도 · 文字圖
30×92 · 지본

◀ 圖308 · 문자도 · 文字圖
30×92 · 지본

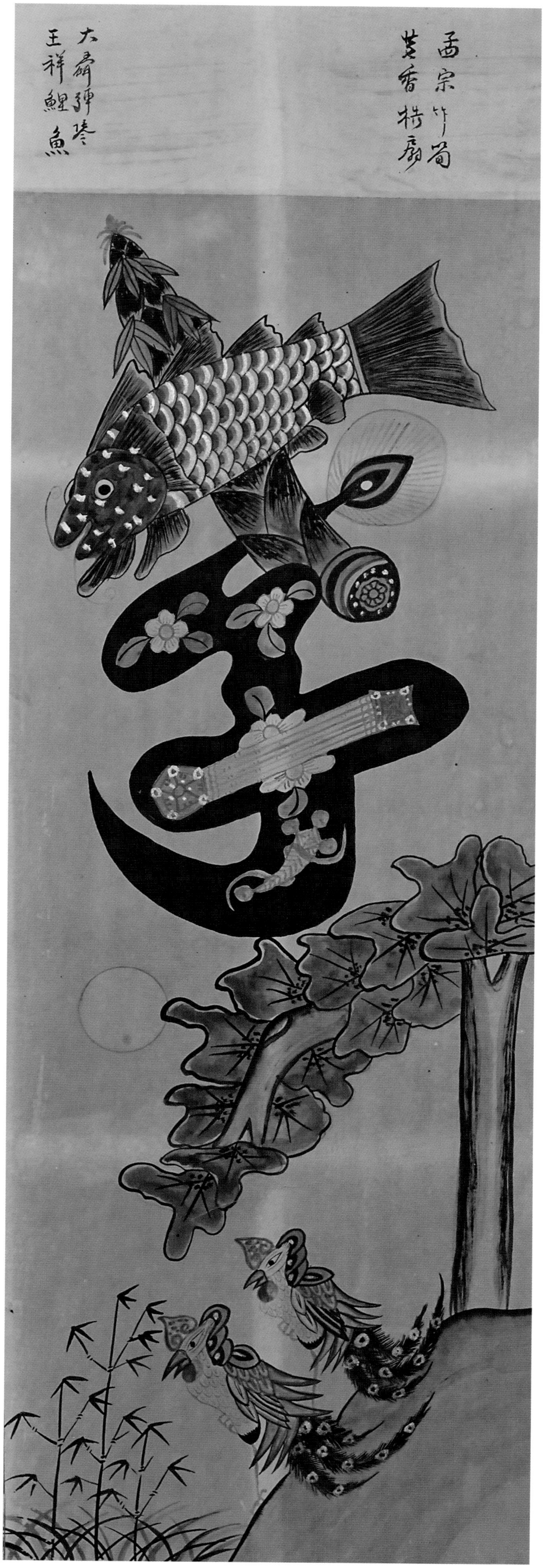

圖309 · 문자도 · 文字圖 ▶
30×92 · 지본

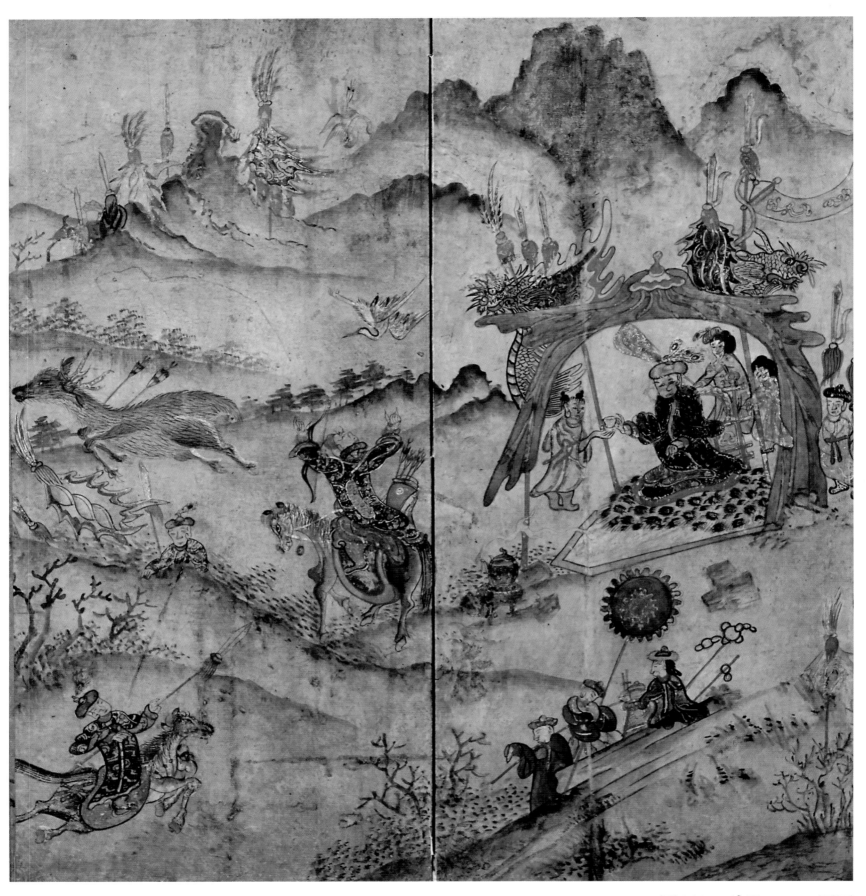

圖310 · 삼국도 · 三國圖

31×66 · 지본

중국 명나라때 지은 역사소설인 삼국지의 내용을 축약하여 그린 그림이다.
삼국시대 배경으로 전쟁하는 모습을 주로 담고 있다.

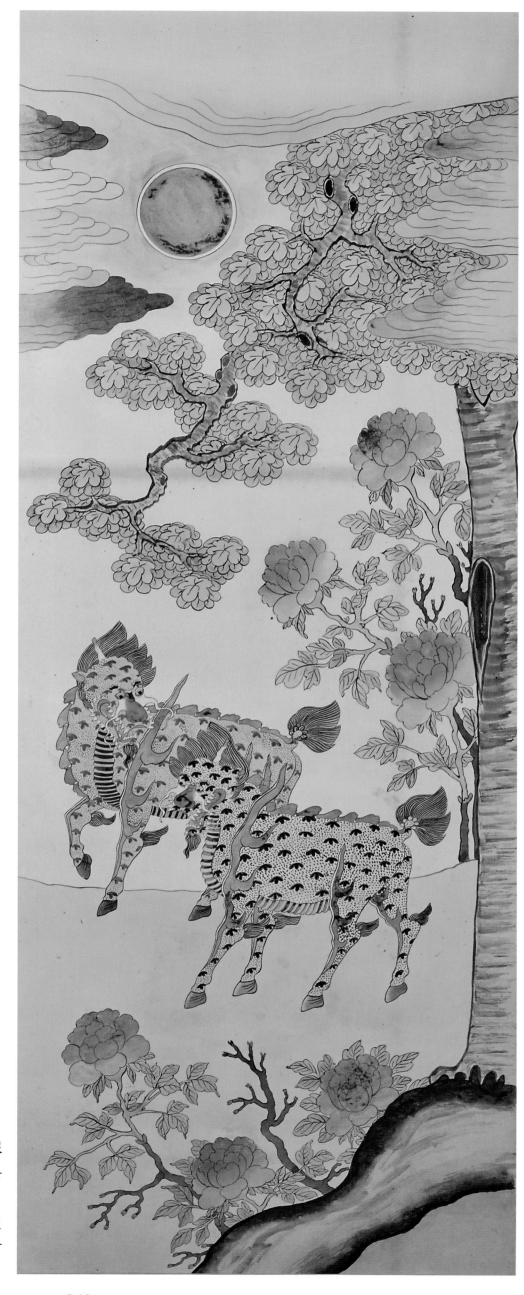

圖311・사불상・四不像

57×149・지본

태평성대를 기원하는 그림이다. 상상의 동물로 성인
이 출현하면 나타난다고 한다. 따라서 기린도 실존하
는 동물과는 다른 개념의 짐승이다.

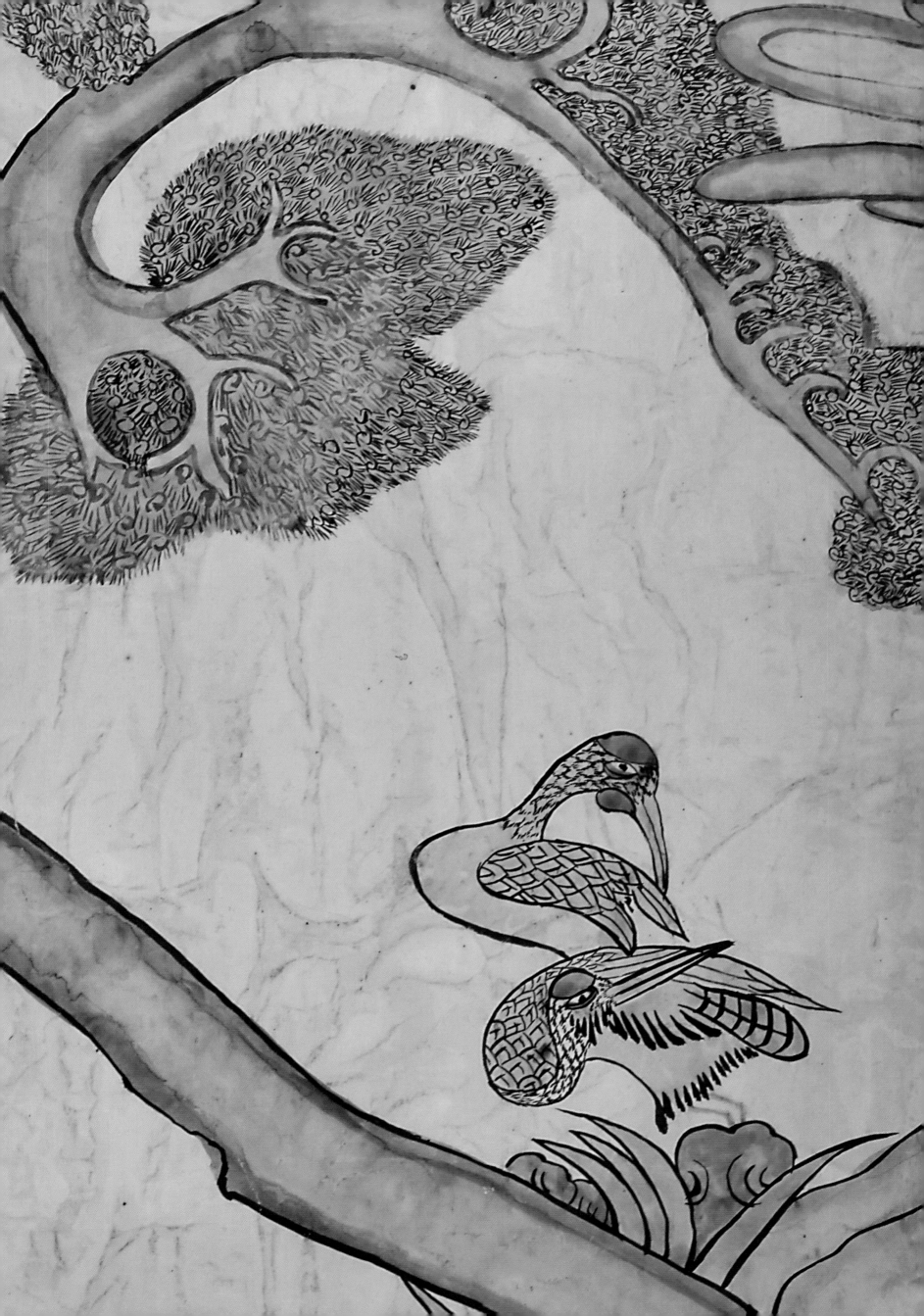

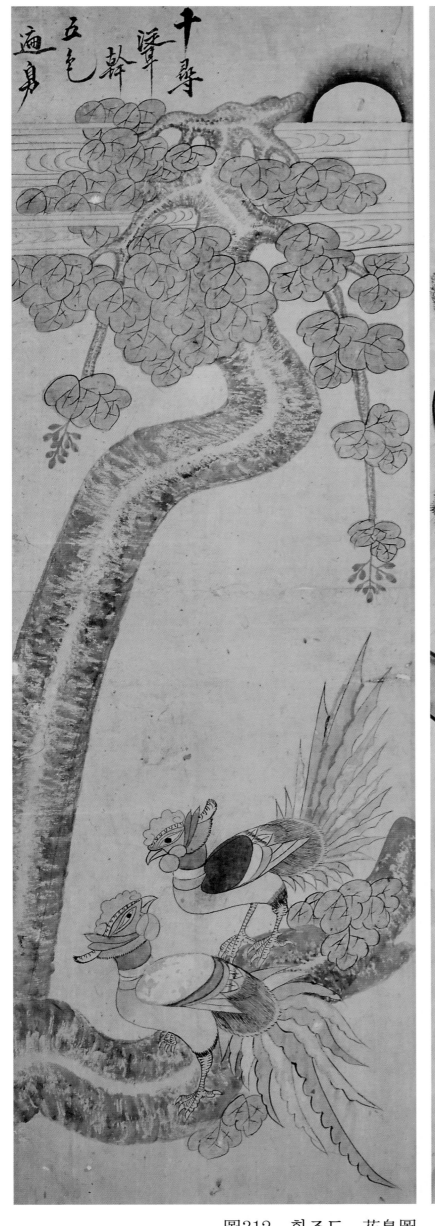

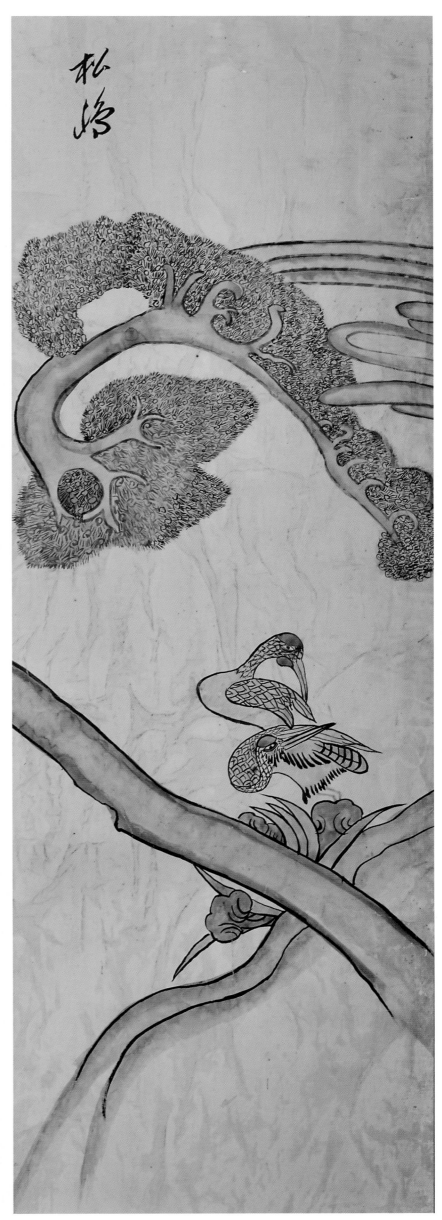

圖312 · 화조도 · 花鳥圖

33×103 · 지본

圖313 · 화조도 · 花鳥圖

33×101 · 지본

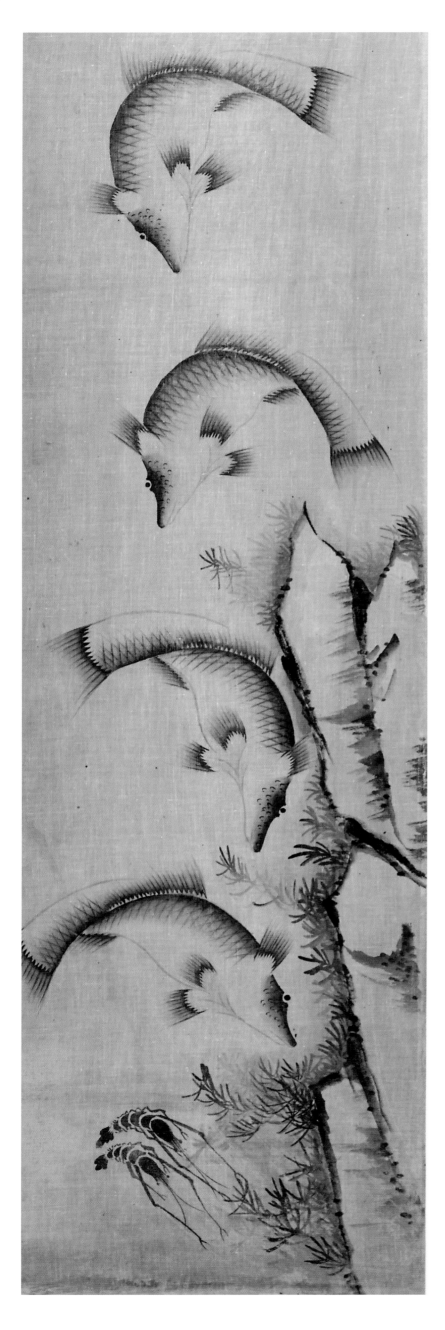

圖314 · 어해도 · 魚蟹圖

30×107 · 지본

물고기 때들이 헤엄치며 노는 모습을 그렸다. 이러한 물고기의
그림을 옛 선비들은 즐겨 감상했다고 한다. 선비에게 물고기는
안빈락도 정신과 상통하고 민간에서는 잡귀를 물리치고 풍요다
산을 뜻한다고한다.

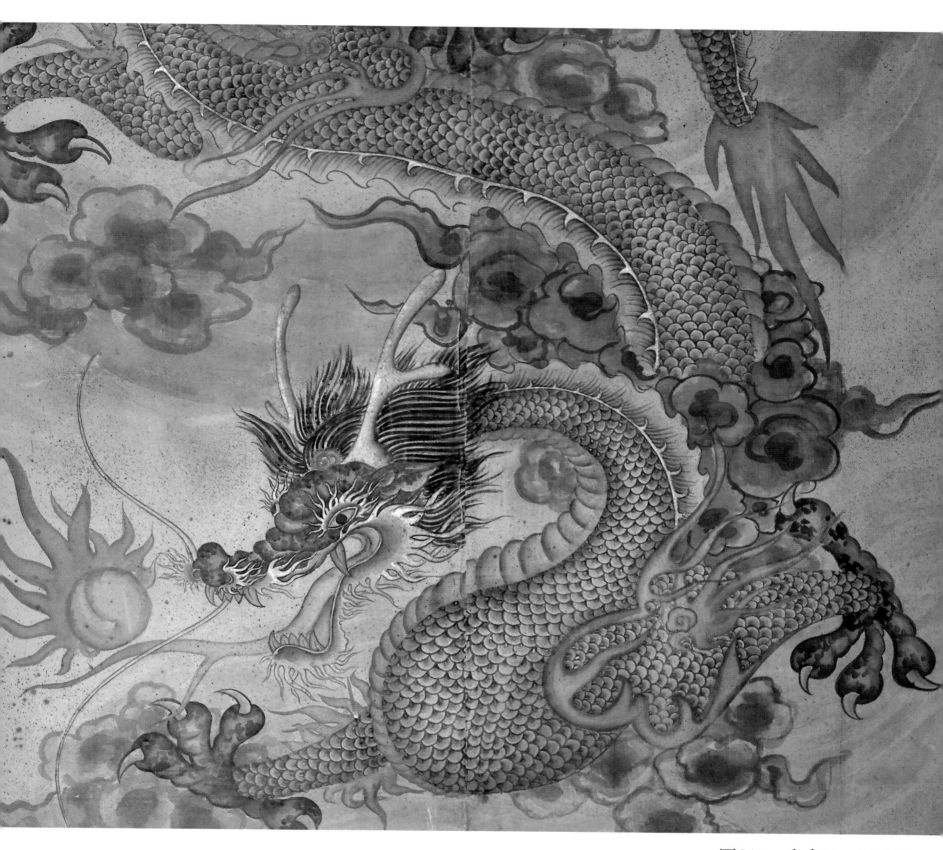

圖315 · 운용도 · 雲龍圖
110×91 · 지본

구름속에서 선명하게 자취를 보이고 있는 여의주를 낚아채려고 하는 용의 모습이다.
용의 기운이 생동하는 면모와 여의주를 삼키려는 순간적은 모습은
아주 역동적으로 묘사되고 있고 사대의궤에 표현된 질서는 어긋나지 않는다.

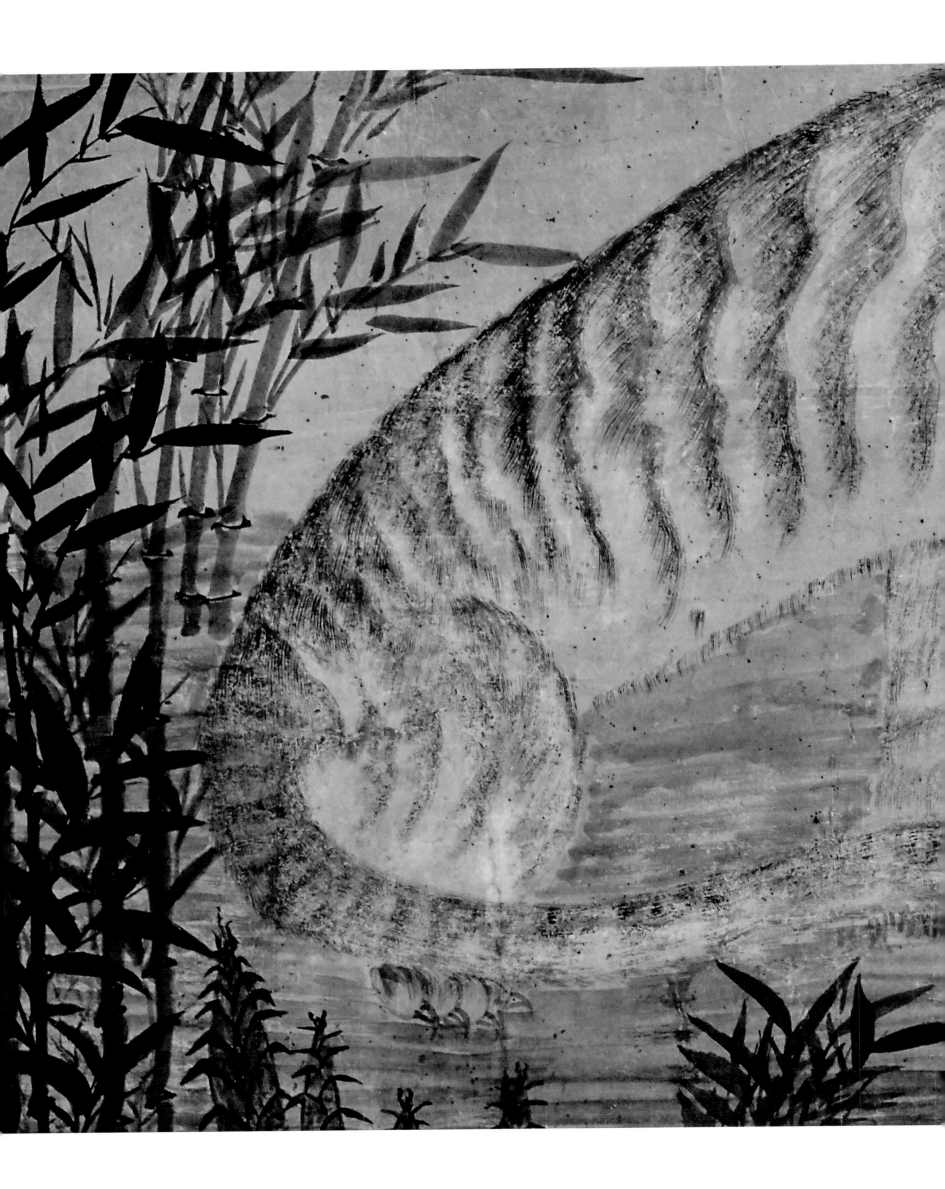

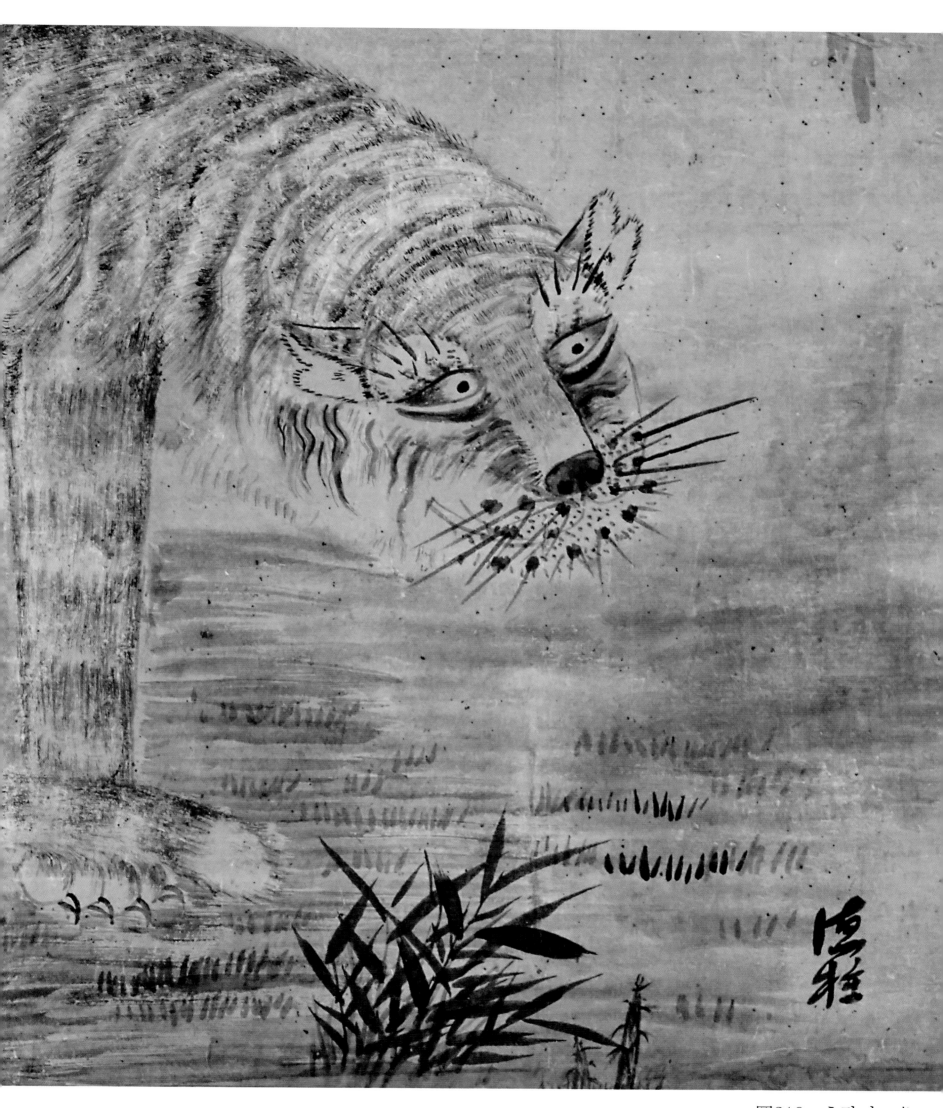

圖316 · 호랑이 · 虎
90×50 · 지본

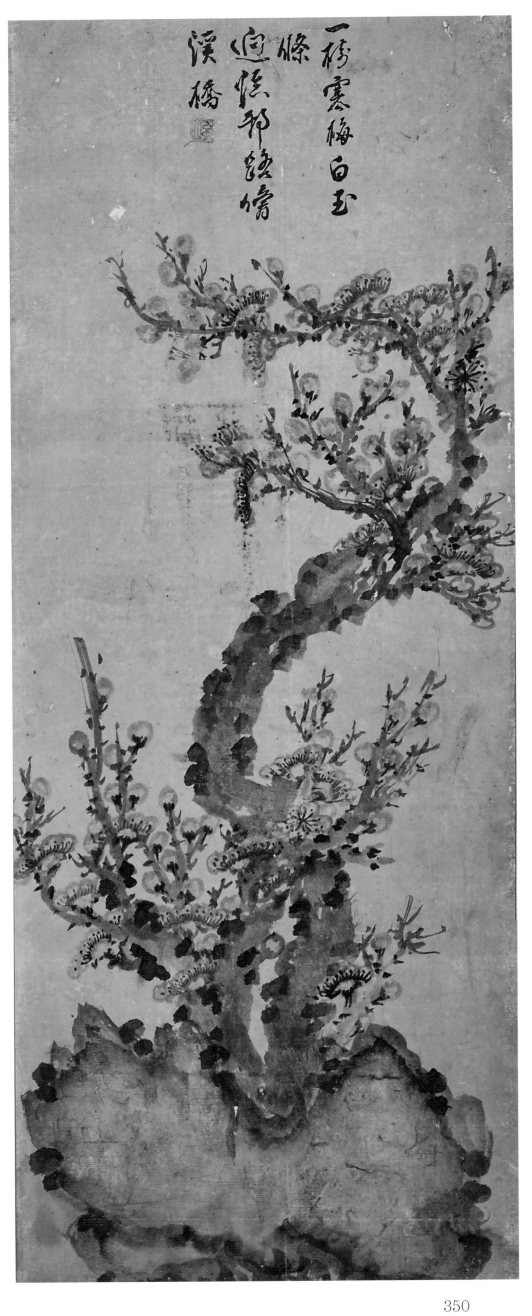

圖317・화조도・花鳥圖
37×100・지본

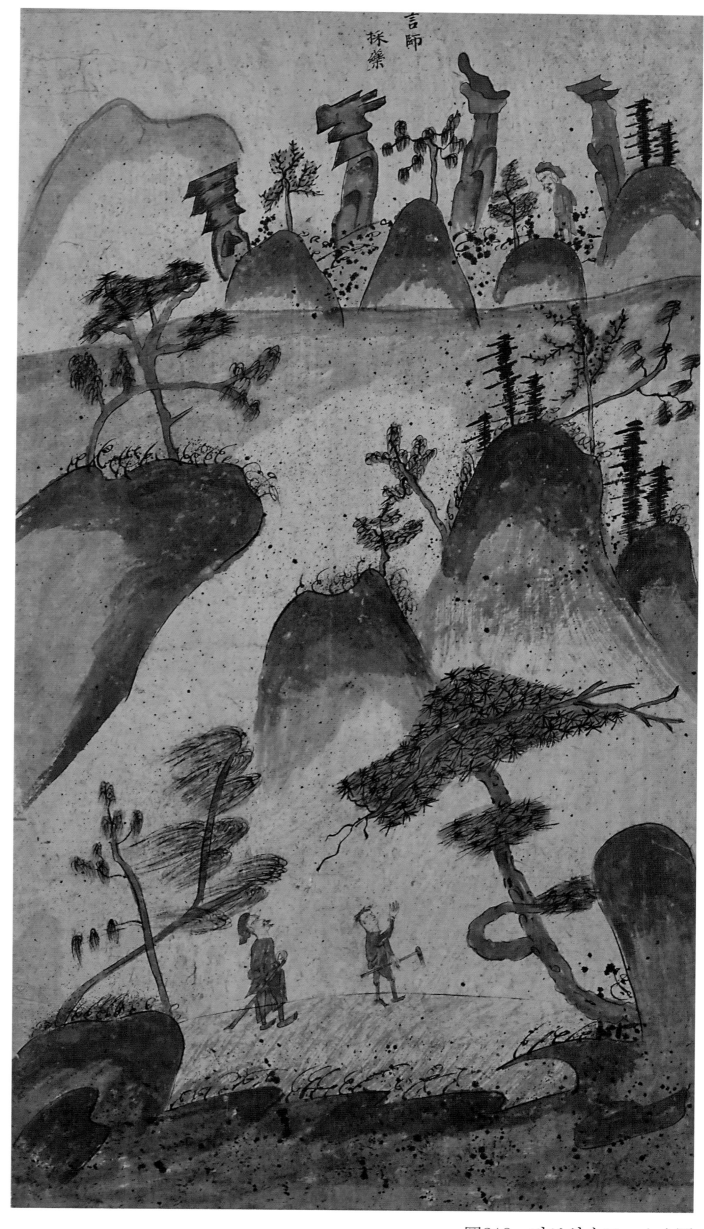

圖318・바보산수도・山水圖

38×70・지본

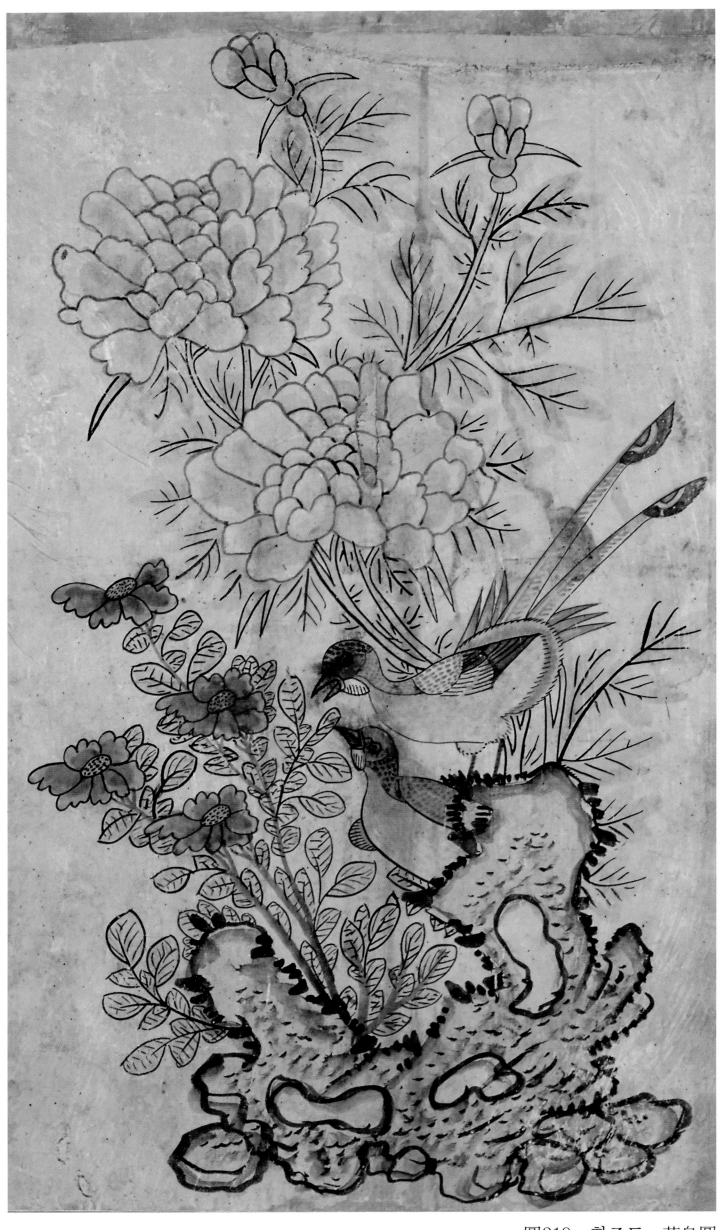

圖319 · 화조도 · 花鳥圖

42×78 · 지본

352

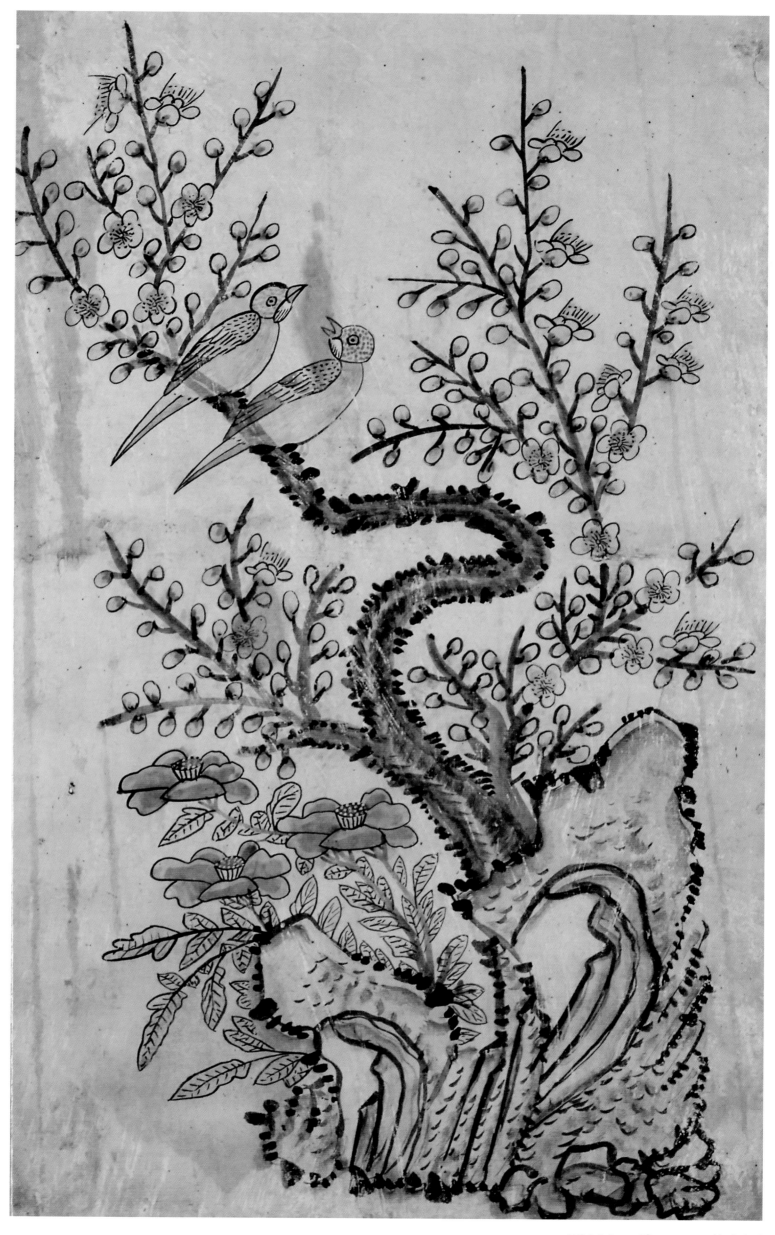

圖320・화조도・花鳥圖
42×78・지본

353

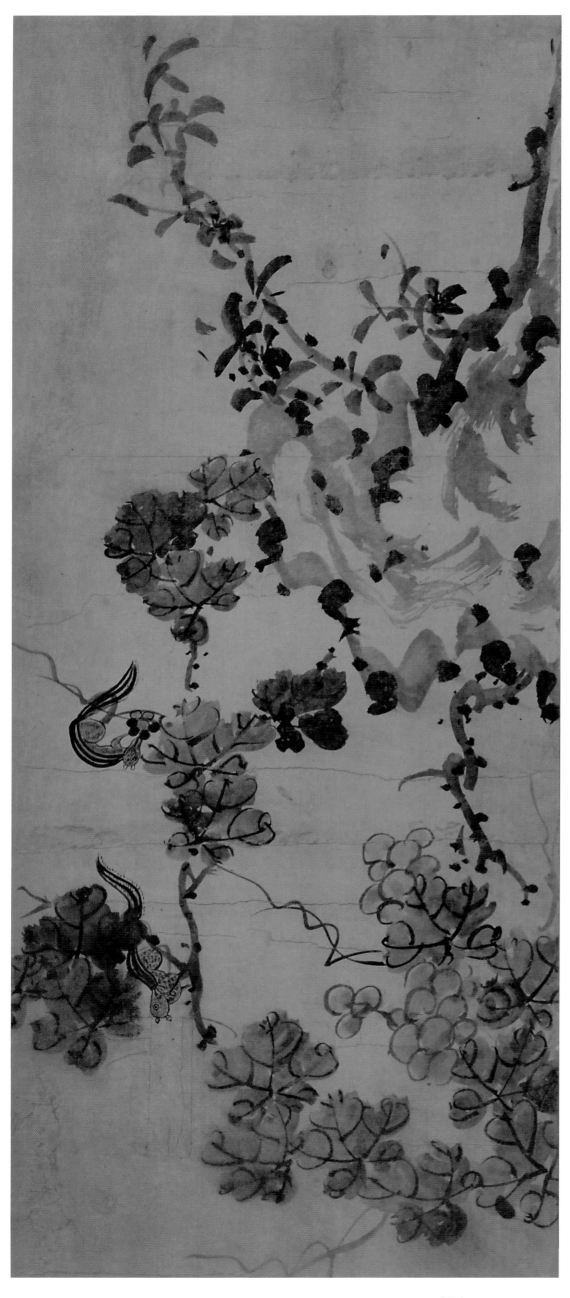

圖321 · 연화도 · 蓮花圖
29×87 · 지본

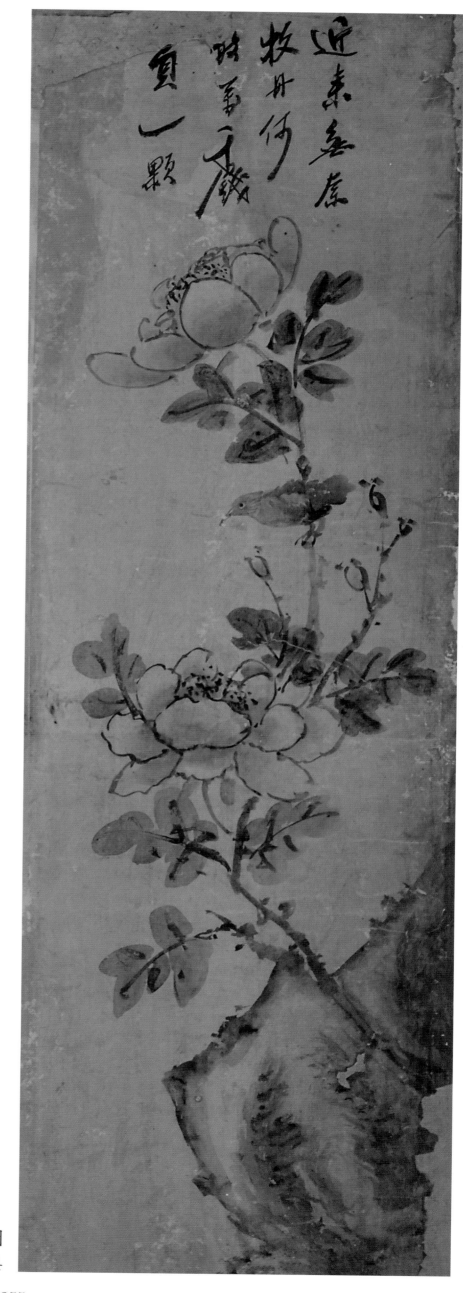

圖322 · 연화도 · 蓮花圖
29×87 · 지본

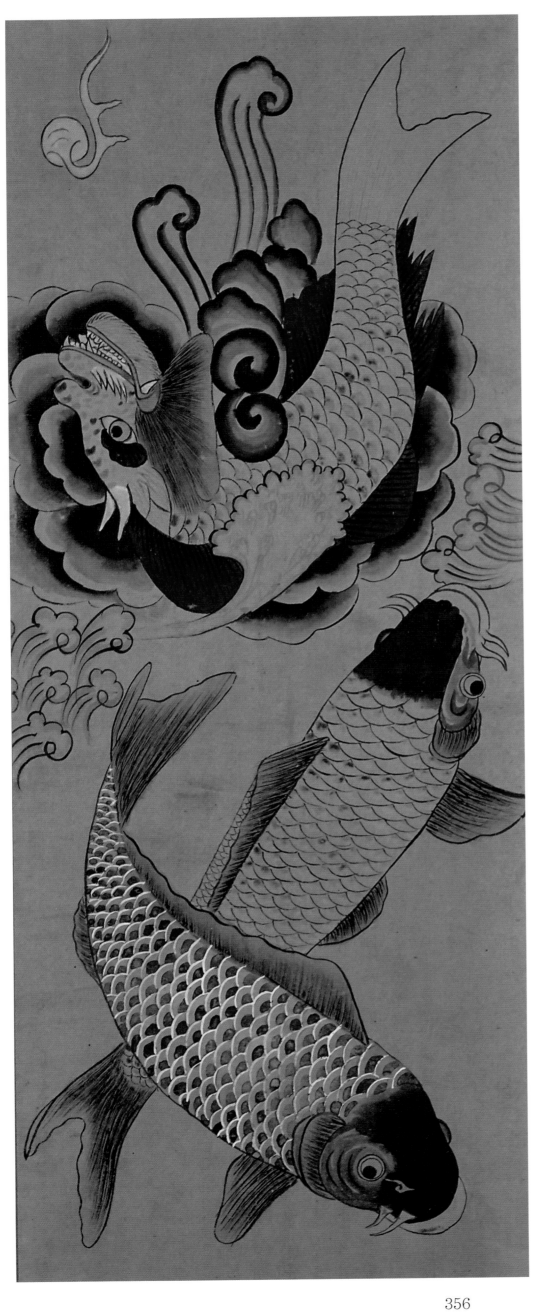

圖323・어해도・魚蟹圖
30×90・지본

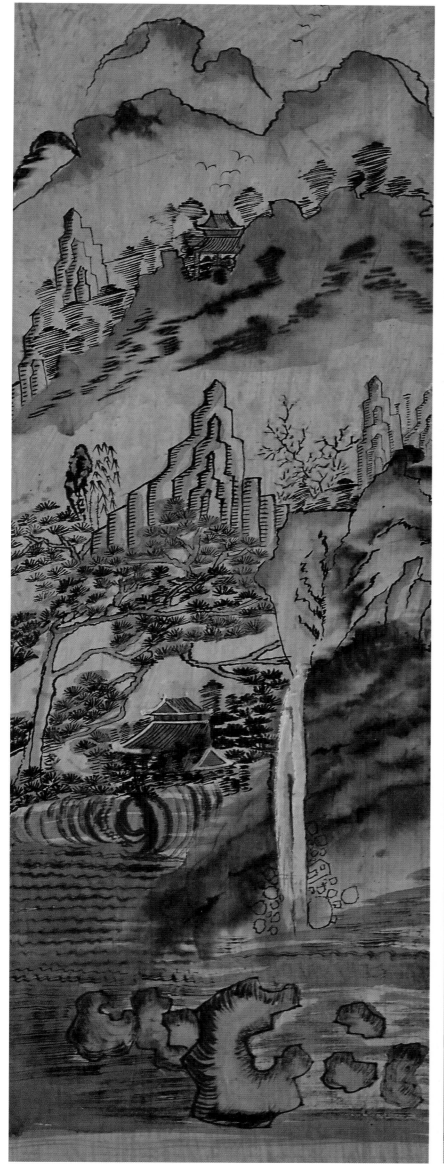

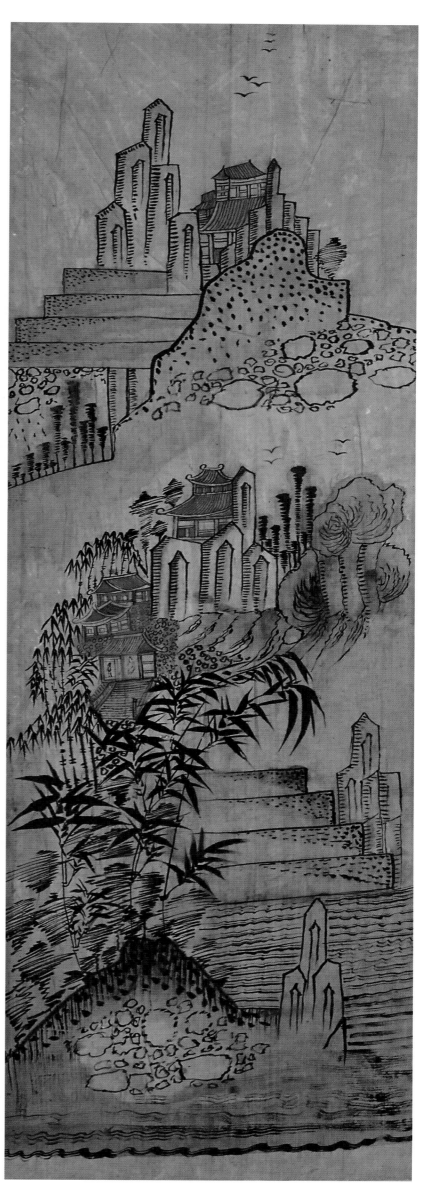

圖324・산수도・山水圖
30×91・비단

圖325・산수도・山水圖
30×91・비단

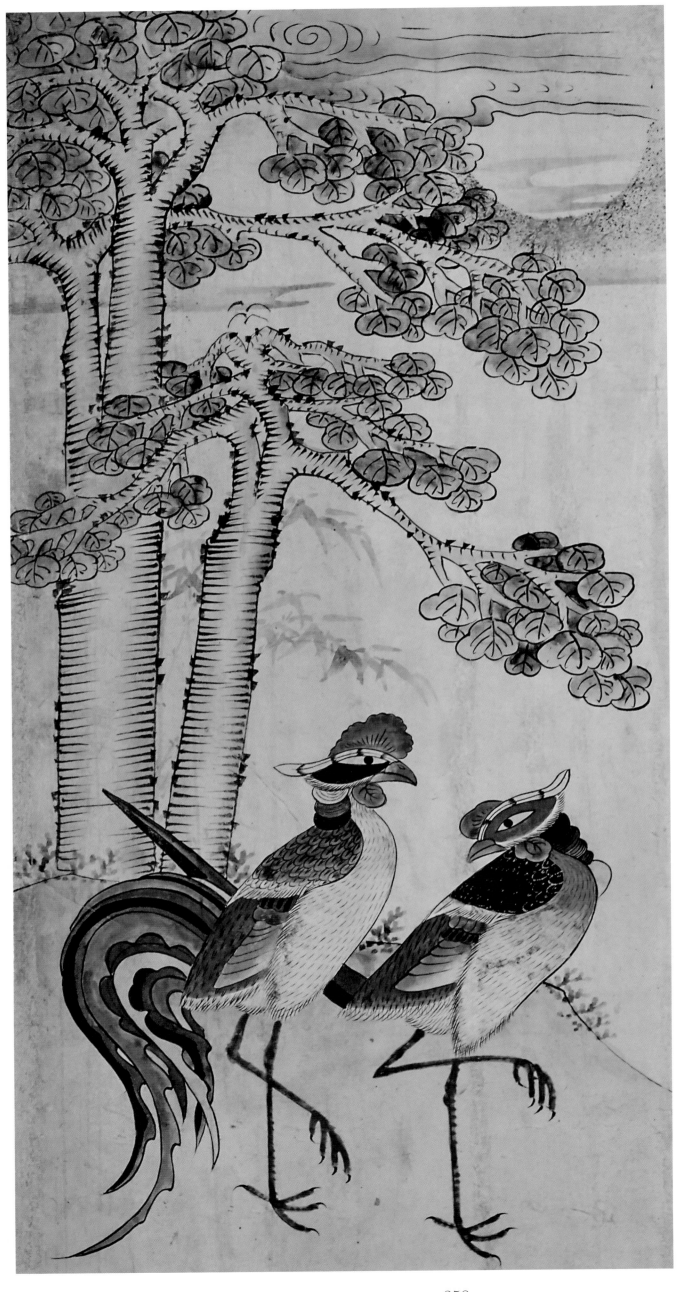

圖326 · 화조도 · 花鳥圖
35×72 · 지본

358

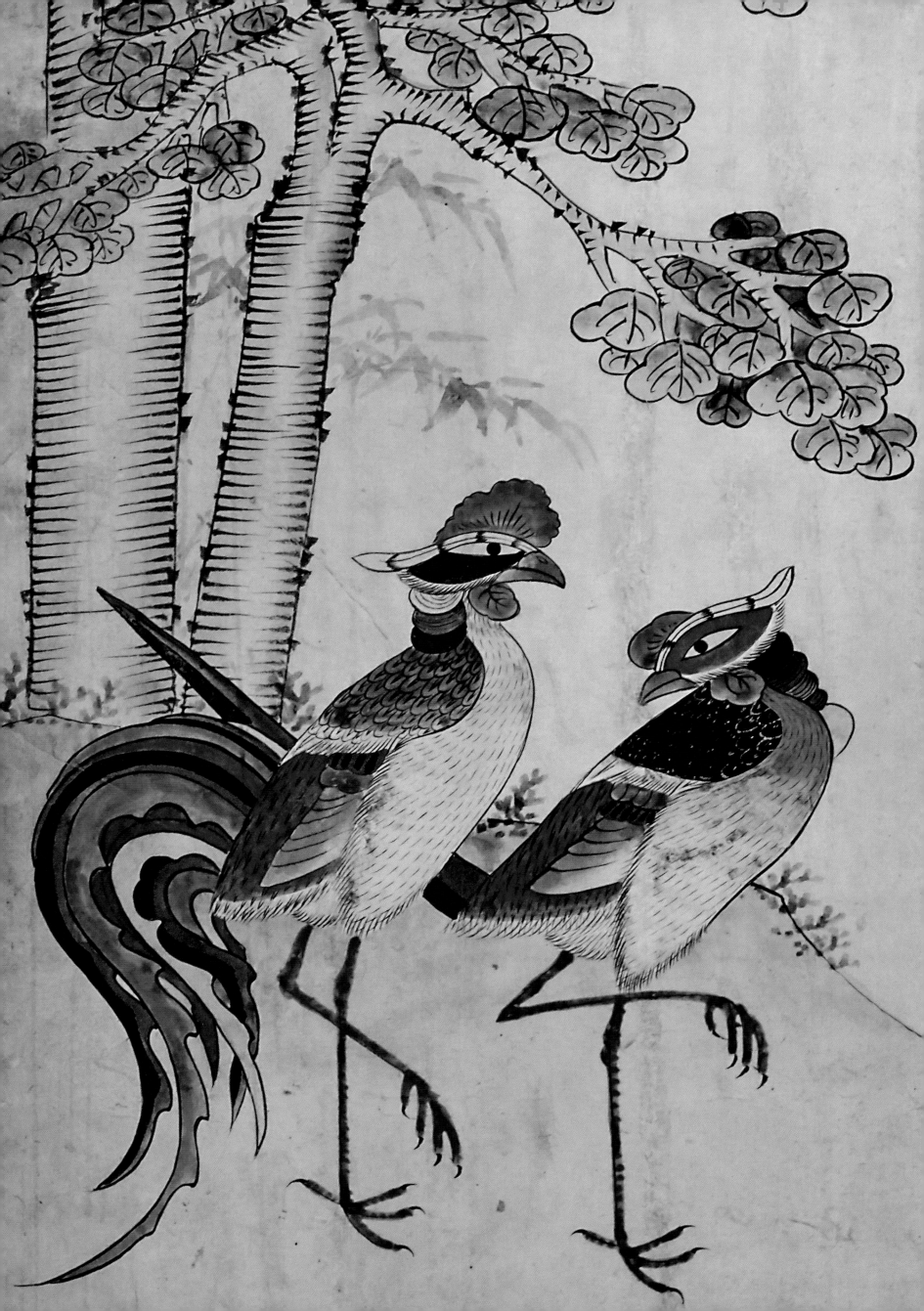

圖版番號	도판번호	작 품 명	作 品 名	w o r k s	재 질	材 質	texture	크기(단위cm)
圖1	도1	호접도	蝴蝶圖	Butterflys	지본	紙本	Paper	27×74
圖2	도2	화조도	花鳥圖	Flowers And Birds	지본	紙本	Paper	47×77
圖3	도3	산신도	山神圖	God of a Mountain	천바닥	絹本	Fabric	53×95
圖4	도4	산신도	山神圖	God of a Mountain	지본	紙本	Paper	73×114
圖5	도5	호랑이	虎	Tiger	지본	紙本	Paper	29×18
圖6	도6	능행도	陵行圖	Parade	지본	紙本	Paper	35×38
圖7	도7	문자도	文字圖	Characters	지본	紙本	Paper	24×87
圖8	도8	문자도	文字圖	Characters	지본	紙本	Paper	24×87
圖9	도9	모란도	牡丹圖	Peonies	지본	紙本	Paper	35×75
圖10	도10	모란도	牡丹圖	Peonies	지본	紙本	Paper	35×75
圖11	도11	파초그림	芭蕉圖	Banana Plant	지본	紙本	Paper	32×112
圖12	도12	까치 호랑이	虎鵲圖	Magpie,Tiger	지본	紙本	Paper	32×112
圖13	도13	산수도	山水圖	Landscape	비단	緋緞	Silk	29×112
圖14	도14	산수도	山水圖	Landscape	비단	緋緞	Silk	29×112
圖15	도15	문자도	文字圖	Characters	지본	紙本	Paper	26×80
圖16	도16	어해도	魚蟹圖	Fishes	지본	紙本	Paper	32×59
圖17	도17	어해도	魚蟹圖	Fishes	지본	紙本	Paper	31×98
圖18	도18	산수도	山水圖	Landscape	지본	紙本	Paper	31×98
圖19	도19	모란도	牡丹圖	Peonies	지본	紙本	Paper	40×73
圖20	도20	모란도	牡丹圖	Peonies	지본	紙本	Paper	40×73
圖21	도21	바보산수	山水圖	Landscape	지본	紙本	Paper	32×120
圖22	도22	바보산수	山水圖	Landscape	지본	紙本	Paper	32×120
圖23	도23	산수도	山水圖	Landscape	지본	紙本	Paper	27×109
圖24	도24	산수도	山水圖	Landscape	지본	紙本	Paper	27×109
圖25	도25	화조도	花鳥圖	Flowers And Birds	지본	紙本	Paper	36×61
圖26	도26	연화도	蓮花圖	Lotus Flowers	지본	紙本	Paper	29×87
圖27	도27	화조도	花鳥圖	Flowers And Birds	지본	紙本	Paper	36×53
圖28	도28	나비그림	蝶圖	Butterflys	지본	紙本	Paper	66×44
圖29	도29	화조도	花鳥圖	Flowers And Birds	지본	紙本	Paper	25×106
圖30	도30	화조도	花鳥圖	Flowers And Birds	지본	紙本	Paper	25×106
圖31	도31	산수도	山水圖	Landscape	지본	紙本	Paper	43×83
圖32	도32	연화도	蓮花圖	Lotus Flowers	지본	紙本	Paper	31.5×81.5
圖33	도33	공작도	孔雀圖	Peacock	지본	紙本	Paper	17×104
圖34	도34	학그림	鶴圖	Crane	지본	紙本	Paper	36×106
圖35	도35	책가도	冊架圖	Booksshelves	지본	紙本	Paper	31.5×112
圖36	도36	화조도	花鳥圖	Flowers And Birds	지본	紙本	Paper	33×120
圖37	도37	화조도	花鳥圖	Flowers And Birds	지본	紙本	Paper	33×120
圖38	도38	화조도	花鳥圖	Flowers And Birds	지본	紙本	Paper	33.5×62
圖39	도39	화조도	花鳥圖	Flowers And Birds	지본	紙本	Paper	33.5×77.5
圖40	도40	책가도	冊架圖	Booksshelves	지본	紙本	Paper	27×103
圖41	도41	책가도	冊架圖	Booksshelves	지본	紙本	Paper	27×103
圖42	도42	책가도	冊架圖	Booksshelves	지본	紙本	Paper	35×84
圖43	도43	책가도	冊架圖	Booksshelves	지본	紙本	Paper	35×84
圖44	도44	화조도	花鳥圖	Flowers And Birds	지본	紙本	Paper	45×121
圖45	도45	화조도	花鳥圖	Flowers And Birds	지본	紙本	Paper	45×121
圖46	도46	바보산수	山水圖	Landscape	지본	紙本	Paper	30×106
圖47	도47	바보산수	山水圖	Landscape	지본	紙本	Paper	30×106
圖48	도48	문자도	文字圖	Characters	지본	紙本	Paper	34×85.5
圖49	도49	화조도	花鳥圖	Flowers And Birds	지본	紙本	Paper	32×119
圖50	도50	책가도	冊架圖	Booksshelves	지본	紙本	Paper	31×54
圖51	도51	책가도	冊架圖	Booksshelves	지본	紙本	Paper	31×54

圖版番號	도판번호	작품명	作品名	works	재질	材質	texture	크기(단위㎝)
圖52	도52	호접도	蝴蝶圖	Butterflys	지본	紙本	Paper	27×74
圖53	도53	화조도	花鳥圖	Flowers And Birds	지본	紙本	Paper	47×77
圖54	도54	산신도	山神圖	God of a Mountain	천바닥	絹本	Fabric	53×95
圖55	도55	산신도	山神圖	God of a Mountain	지본	紙本	Paper	73×114
圖56	도56	호랑이	虎	Tiger	지본	紙本	Paper	29×18
圖57	도57	능행도	陵行圖	Parade	지본	紙本	Paper	35×38
圖58	도58	문자도	文字圖	Characters	지본	紙本	Paper	24×87
圖59	도59	문자도	文字圖	Characters	지본	紙本	Paper	24×87
圖60	도60	모란도	牡丹圖	Peonies	지본	紙本	Paper	35×75
圖61	도61	모란도	牡丹圖	Peonies	지본	紙本	Paper	35×75
圖62	도62	파초그림	芭蕉圖	Banana Plant	지본	紙本	Paper	32×112
圖63	도63	까치 호랑이	虎鵲圖	Magpie, Tiger	지본	紙本	Paper	32×112
圖64	도64	산수도	山水圖	Landscape	비단	緋緞	Silk	29×112
圖65	도65	산수도	山水圖	Landscape	비단	緋緞	Silk	29×112
圖66	도66	문자도	文字圖	Characters	지본	紙本	Paper	26×80
圖67	도67	어해도	魚蟹圖	Fishes	지본	紙本	Paper	32×59
圖68	도68	어해도	魚蟹圖	Fishes	지본	紙本	Paper	31×98
圖69	도69	산수도	山水圖	Landscape	지본	紙本	Paper	31×98
圖70	도70	모란도	牡丹圖	Peonies	지본	紙本	Paper	40×73
圖71	도71	모란도	牡丹圖	Peonies	지본	紙本	Paper	40×73
圖72	도72	바보산수	山水圖	Landscape	지본	紙本	Paper	32×120
圖73	도73	바보산수	山水圖	Landscape	지본	紙本	Paper	32×120
圖74	도74	산수도	山水圖	Landscape	지본	紙本	Paper	27×109
圖75	도75	산수도	山水圖	Landscape	지본	紙本	Paper	27×109
圖76	도76	화조도	花鳥圖	Flowers And Birds	지본	紙本	Paper	36×61
圖77	도77	연화도	蓮花圖	Lotus Flowers	지본	紙本	Paper	29×87
圖78	도78	화조도	花鳥圖	Flowers And Birds	지본	紙本	Paper	36×53
圖79	도79	나비그림	蝶圖	Butterflys	지본	紙本	Paper	66×44
圖80	도80	화조도	花鳥圖	Flowers And Birds	지본	紙本	Paper	25×106
圖81	도81	화조도	花鳥圖	Flowers And Birds	지본	紙本	Paper	25×106
圖82	도82	산수도	山水圖	Landscape	지본	紙本	Paper	43×83
圖83	도83	연화도	蓮花圖	Lotus Flowers	지본	紙本	Paper	31.5×81.5
圖84	도84	공작도	孔雀圖	Peacock	지본	紙本	Paper	17×104
圖85	도85	학그림	鶴圖	Crane	지본	紙本	Paper	36×106
圖86	도86	책가도	册架圖	Booksshelves	지본	紙本	Paper	31.5×112
圖87	도87	화조도	花鳥圖	Flowers And Birds	지본	紙本	Paper	33×120
圖88	도88	화조도	花鳥圖	Flowers And Birds	지본	紙本	Paper	33×120
圖89	도89	화조도	花鳥圖	Flowers And Birds	지본	紙本	Paper	33.5×62
圖90	도90	화조도	花鳥圖	Flowers And Birds	지본	紙本	Paper	33.5×77.5
圖91	도91	책가도	册架圖	Booksshelves	지본	紙本	Paper	27×103
圖92	도92	책가도	册架圖	Booksshelves	지본	紙本	Paper	27×103
圖93	도93	화조도	花鳥圖	Flowers And Birds	지본	紙本	Paper	35×84
圖94	도94	화조도	花鳥圖	Flowers And Birds	지본	紙本	Paper	35×84
圖95	도95	화조도	花鳥圖	Flowers And Birds	지본	紙本	Paper	45×121
圖96	도96	화조도	花鳥圖	Flowers And Birds	지본	紙本	Paper	45×121
圖97	도97	바보산수	山水圖	Landscape	지본	紙本	Paper	30×106
圖98	도98	바보산수	山水圖	Landscape	지본	紙本	Paper	30×106
圖99	도99	문자도	文字圖	Characters	지본	紙本	Paper	34×85.5
圖100	도100	화조도	花鳥圖	Flowers And Birds	지본	紙本	Paper	32×119
圖101	도101	책가도	册架圖	Booksshelves	지본	紙本	Paper	31×54
圖102	도102	책가도	册架圖	Booksshelves	지본	紙本	Paper	31×54

圖版番號	도판번호	작품명	作品名	works	재질	材質	texture	크기(단위cm)
圖103	도103	오동나무	梧桐	Royal foxglove tree	지본	紙本	Paper	34×102
圖104	도104	화조도	花鳥圖	Flowers And Birds	지본	紙本	Paper	35×102
圖105	도105	화조도	花鳥圖	Flowers And Birds	지본	紙本	Paper	35×102
圖106	도106	화조도	花鳥圖	Flowers And Birds	지본	紙本	Paper	28×105
圖107	도107	화조도	花鳥圖	Flowers And Birds	지본	紙本	Paper	28×105
圖108	도108	호랑이	虎	Tiger	지본	紙本	Paper	103×61
圖109	도109	호접도	蝴蝶圖	Butterflys	지본	紙本	Paper	29×73
圖110	도110	바보산수도	山水圖	Landscape	지본	紙本	Paper	34×110
圖111	도111	바보산수도	山水圖	Landscape	지본	紙本	Paper	34×110
圖112	도112	바보산수도	山水圖	Landscape	지본	紙本	Paper	34×108
圖113	도113	바보산수도	山水圖	Landscape	지본	紙本	Paper	34×108
圖114	도114	산수도	山水圖	Landscape	지본	紙本	Paper	34.5×141
圖115	도115	산수도	山水圖	Landscape	지본	紙本	Paper	34.5×141
圖116	도116	화조도	花鳥圖	Flowers And Birds	지본	紙本	Paper	33×120
圖117	도117	화조도	花鳥圖	Flowers And Birds	지본	紙本	Paper	33×120
圖118	도118	화조도	花鳥圖	Flowers And Birds	지본	紙本	Paper	34×78
圖119	도119	화조도	花鳥圖	Flowers And Birds	지본	紙本	Paper	34×78
圖120	도120	화조도	花鳥圖	Flowers And Birds	지본	紙本	Paper	34×120
圖121	도121	화조도	花鳥圖	Flowers And Birds	지본	紙本	Paper	34×120
圖122	도122	산수도	山水圖	Landscape	지본	紙本	Paper	32×114
圖123	도123	산수도	山水圖	Landscape	지본	紙本	Paper	32×114
圖124	도124	화조도	花鳥圖	Flowers And Birds	지본	紙本	Paper	35×79
圖125	도125	화조도	花鳥圖	Flowers And Birds	지본	紙本	Paper	35×79
圖126	도126	화조도	花鳥圖	Flowers And Birds	지본	紙本	Paper	35×79
圖127	도127	화조도	花鳥圖	Flowers And Birds	지본	紙本	Paper	35×79
圖128	도128	산수도	山水圖	Landscape	지본	紙本	Paper	47×110
圖129	도129	산수도	山水圖	Landscape	지본	紙本	Paper	47×110
圖130	도130	문자도	文字圖	Characters	지본	紙本	Paper	30×66
圖131	도131	문자도	文字圖	Characters	지본	紙本	Paper	30×66
圖132	도132	산수도	山水圖	Landscape	지본	紙本	Paper	32×59
圖133	도133	연화도	蓮花圖	Lotus Flowers	지본	紙本	Paper	32×59
圖134	도134	송학도	松鶴圖	Pine Tree And Pair of Cranes	지본	紙本	Paper	29×93
圖135	도135	화조도	花鳥圖	Flowers And Birds	지본	紙本	Paper	29×93
圖136	도136	화조도	花鳥圖	Flowers And Birds	지본	紙本	Paper	31×55
圖137	도137	화조도	花鳥圖	Flowers And Birds	지본	紙本	Paper	31×55
圖138	도138	대나무	竹	Bamboo	지본	紙本	Paper	33×73
圖139	도139	연화도	蓮花圖	Lotus Flowers	지본	紙本	Paper	33×73
圖140	도140	삼국도	三國圖	Stories frome the Chinese Three Kingdoms	지본	紙本	Paper	35.5×105
圖141	도141	삼국도	三國圖	Stories frome the Chinese Three Kingdoms	지본	紙本	Paper	35.5×105
圖142	도142	화조도	花鳥圖	Flowers And Birds	지본	紙本	Paper	31×116
圖143	도143	화조도	花鳥圖	Flowers And Birds	지본	紙本	Paper	31×116
圖144	도144	화접도	花蝶圖	Flower And Butterflys	지본	紙本	Paper	31.5×93
圖145	도145	화조도	花鳥圖	Flowers And Birds	지본	紙本	Paper	32×110
圖146	도146	십장생도	十長生圖	Ten Longevity	지본	紙本	Paper	30.5×86
圖147	도147	화조도	花鳥圖	Flowers And Birds	지본	紙本	Paper	30.5×86
圖148	도148	연화도	蓮花圖	Lotus Flowers	지본	紙本	Paper	40×99
圖149	도149	연화도	蓮花圖	Lotus Flowers	지본	紙本	Paper	35×99
圖150	도150	산수도	山水圖	Landscape	지본	紙本	Paper	32×79

圖版番號	도판번호	작품명	作品名	works	재질	材質	texture	크기(단위cm)
圖150	도150	산수도	山水圖	Landscape	지본	紙本	Paper	32×79
圖151	도151	산수도	山水圖	Landscape	지본	紙本	Paper	32×79
圖152	도152	산수도	山水圖	Landscape	지본	紙本	Paper	30.5×80
圖153	도153	산수도	山水圖	Landscape	지본	紙本	Paper	30.5×80
圖154	도154	화조도	花鳥圖	Flowers And Birds	지본	紙本	Paper	31×95
圖155	도155	화조도	花鳥圖	Flowers And Birds	지본	紙本	Paper	31×95
圖156	도156	모란도	牡丹圖	Peonies	비단	緋緞	Silk	27×85
圖157	도157	연화도	蓮花圖	Lotus Flowers	비단	緋緞	Silk	27×85
圖158	도158	화조도	花鳥圖	Flowers And Birds	지본	紙本	Paper	34.5×151
圖159	도159	화조도	花鳥圖	Flowers And Birds	지본	紙本	Paper	34.5×151
圖160	도160	사불상	四不像	Chinese deer	지본	紙本	Paper	30×41
圖161	도161	화조도	花鳥圖	Flowers And Birds	지본	紙本	Paper	27.5×79
圖162	도162	문자도	文字圖	Characters	지본	紙本	Paper	33×107
圖163	도163	문자도	文字圖	Characters	지본	紙本	Paper	33×107
圖164	도164	산수도	山水圖	Landscape	지본	紙本	Paper	35×107
圖165	도165	산수도	山水圖	Landscape	지본	紙本	Paper	35×107
圖166	도166	화조도	花鳥圖	Flowers And Birds	지본	紙本	Paper	31×97
圖167	도167	연화도	蓮花圖	Lotus Flowers	지본	紙本	Paper	31×97
圖168	도168	십장생도	十長生圖	Ten Longevity	지본	紙本	Paper	30×110
圖169	도169	화조도	花鳥圖	Flowers And Birds	지본	紙本	Paper	30×110
圖170	도170	책가도	册架圖	Bookssshelves	비단	緋緞	Silk	35×99
圖171	도171	책가도	册架圖	Bookssshelves	비단	緋緞	Silk	35×99
圖172	도172	문자도	文字圖	Characters	지본	紙本	Paper	28×50
圖173	도173	문자도	文字圖	Characters	지본	紙本	Paper	28×50
圖174	도174	산수도	山水圖	Landscape	지본	紙本	Paper	46×103
圖175	도175	산수도	山水圖	Landscape	지본	紙本	Paper	46×103
圖176	도176	화조도	花鳥圖	Flowers And Birds	지본	紙本	Paper	31×108
圖177	도177	연화도	蓮花圖	Lotus Flowers	지본	紙本	Paper	31×108
圖178	도178	화조도	花鳥圖	Flowers And Birds	지본	紙本	Paper	26×96
圖179	도179	연화도	蓮花圖	Lotus Flowers	지본	紙本	Paper	26×96
圖180	도180	화조도	花鳥圖	Flowers And Birds	지본	紙本	Paper	34×101
圖181	도181	화조도	花鳥圖	Flowers And Birds	지본	紙本	Paper	34×101
圖182	도182	산수도	山水圖	Landscape	지본	紙本	Paper	34×80
圖183	도183	산수도	花鳥圖	Landscape	지본	紙本	Paper	34×80
圖184	도184	화조도	花鳥圖	Flowers And Birds	지본	紙本	Paper	33×92
圖185	도185	화조도	花鳥圖	Flowers And Birds	지본	紙本	Paper	33×92
圖186	도186	송학도	松鶴圖	Pine Tree And Pair of Cranes	지본	紙本	Paper	33×102
圖187	도187	화조도	花鳥圖	Flowers And Birds	지본	紙本	Paper	33×102
圖188	도188	문자도	文字圖	Characters	지본	紙本	Paper	35×71
圖189	도189	문자도	文字圖	Characters	지본	紙本	Paper	35×71
圖190	도190	화조도	花鳥圖	Flowers And Birds	지본	紙本	Paper	28×95
圖191	도191	화조도	花鳥圖	Flowers And Birds	지본	紙本	Paper	28×95
圖192	도192	화조도	花鳥圖	Flowers And Birds	지본	紙本	Paper	28×95
圖193	도193	호랑이	虎	Tiger	지본	紙本	Paper	28×95
圖194	도194	십장생도	十長生圖	Ten Longevity	지본	紙本	Paper	29×92
圖195	도195	화조도	花鳥圖	Flowers And Birds	지본	紙本	Texure	29×92
圖196	도196	산수도	山水圖	Landscape	지본	紙本	Paper	32×90
圖197	도197	산수도	山水圖	Landscape	지본	紙本	Paper	32×90
圖198	도198	산수도	山水圖	Landscape	지본	紙本	Paper	26×77
圖199	도199	산수도	山水圖	Landscape	지본	紙本	Paper	26×77
圖200	도200	문자도	文字圖	Characters	지본	紙本	Paper	32×108

圖版番號	도판번호	작품명	作品名	works	재질	材質	texture	크기(단위cm)
圖201	도201	문자도	文字圖	Characters	지본	紙本	Paper	32×108
圖202	도202	책가도	冊架圖	Booksshelves	지본	紙本	Paper	35×76
圖203	도203	책가도	冊架圖	Booksshelves	지본	紙本	Paper	35×76
圖204	도204	화조도	花鳥圖	Flowers And Birds	지본	紙本	Paper	25×74
圖205	도205	연화도	蓮花圖	Lotus Flowers	지본	紙本	Paper	25×74
圖206	도206	호랑이	虎	Tiger	지본	紙本	Paper	50×110
圖207	도207	무속도	巫俗圖	shamanism Painting	지본	紙本	Paper	78×98
圖208	도208	까치호랑이	虎鵲圖	Magpie,Tiger	지본	紙本	Paper	47×76
圖209	도209	대나무	竹	Bamboo	지본	紙本	Paper	47×76
圖210	도210	어해도	魚蟹圖	Fishes	지본	紙本	Paper	33×90
圖211	도211	연화도	蓮花圖	Lotus Flowers	지본	紙本	Paper	33×134
圖212	도212	십장생도	十長生圖	Ten Longevity	지본	紙本	Paper	31×85
圖213	도213	닭그림	鷄圖	Fowls	지본	紙本	Paper	41×80
圖214	도214	봉황도	鳳凰圖	Chiness phoenixs	지본	紙本	Silk	42×84
圖215	도215	송학도	松鶴圖	Pine Tree And Pair of Cranes	비단	緋緞	Silk	30×81
圖216	도216	까치호랑이	虎鵲圖	Magpie,Tiger	지본	紙本	Paper	40×52
圖217	도217	모란도	牡丹圖	Peonies	지본	紙本	Paper	23×33
圖218	도218	화조도	花鳥圖	Flowers And Birds	지본	紙本	Paper	29×81
圖219	도219	불화	佛畵	Buddhism Painting	지본	紙本	Paper	53×97
圖220	도220	책가도	冊架圖	Booksshelves	지본	紙本	Paper	30×84
圖221	도221	책가도	冊架圖	Booksshelves	지본	紙本	Paper	30×84
圖222	도222	모란도	牡丹圖	Peonies	지본	紙本	Paper	38×106
圖223	도223	장생도	長生圖	Longevity	지본	紙本	Paper	28×104
圖224	도224	화조도	花鳥圖	Flowers And Birds	지본	紙本	Paper	28×104
圖225	도225	십장생도	十長生圖	Ten Longevity	지본	紙本	Paper	31×75
圖226	도226	십장생도	十長生圖	Ten Longevity	지본	紙本	Paper	31×75
圖227	도227	산수도	山水圖	Landscape	지본	紙本	Paper	27×68
圖228	도228	산수도	山水圖	Landscape	지본	紙本	Paper	27×68
圖229	도229	호렵도	胡獵圖	Hunting	비단	緋緞	Silk	38×128
圖230	도230	호렵도	胡獵圖	Hunting	비단	緋緞	Silk	38×128
圖231	도231	호렵도	胡獵圖	Hunting	비단	緋緞	Silk	38×128
圖232	도232	문자도	文字圖	Characters	지본	紙本	Paper	31×98
圖233	도233	문자도	文字圖	Characters	지본	紙本	Paper	31×98
圖234	도234	삼국도	三國圖	Stories frome the Chinese Three Kingdoms	지본	紙本	Paper	32×85
圖235	도235	호렵도	胡獵圖	Hunting	지본	紙本	Paper	32×85
圖236	도236	화조도	花鳥圖	Flowers And Birds	지본	紙本	Paper	32×86
圖237	도237	화조도	花鳥圖	Flowers And Birds	지본	紙本	Paper	32×86
圖238	도238	화조도	花鳥圖	Flowers And Birds	비단	緋緞	Silk	31×87
圖239	도239	화조도	花鳥圖	Flowers And Birds	비단	緋緞	Silk	31×87
圖240	도240	화조도	花鳥圖	Flowers And Birds	비단	緋緞	Silk	31×87
圖241	도241	화조도	花鳥圖	Flowers And Birds	비단	緋緞	Silk	31×87
圖242	도242	화조도	花鳥圖	Flowers And Birds	지본	紙本	Paper	34×110
圖243	도243	화조도	花鳥圖	Flowers And Birds	지본	紙本	Paper	38×108
圖244	도244	화조도	花鳥圖	Flowers And Birds	지본	紙本	Paper	38×108
圖245	도245	화조도	花鳥圖	Flowers And Birds	지본	紙本	texture	30×92
圖246	도246	십장생도	十長生圖	Ten Longevity	지본	紙本	Paper	32×89
圖247	도247	화조도	花鳥圖	Flowers And Birds	지본	紙本	Paper	32×89
圖248	도248	연화도	蓮花圖	Lotus Flowers	비단	緋緞	Silk	29×105
圖249	도249	연화도	蓮花圖	Lotus Flowers	비단	緋緞	Silk	29×105
圖250	도250	책가도	冊架圖	Booksshelves	지본	紙本	Paper	30×92

圖版番號	도판번호	작품명	作品名	works	재질	材質	texture	크기(단위cm)
圖251	도251	책가도	册架圖	Booksshelves	지본	紙本	Paper	30×92
圖252	도252	책가도	册架圖	Booksshelves	지본	紙本	Paper	31×102
圖253	도253	책가도	册架圖	Booksshelves	지본	紙本	Paper	31×102
圖254	도254	산수도	山水圖	Landscape	지본	紙本	Paper	35×90
圖255	도255	산수도	山水圖	Landscape	지본	紙本	Paper	35×90
圖256	도256	삼국도	三國圖	Stories frome the Chinese Three Kingdoms	지본	紙本	Paper	35×104
圖257	도257	삼국도	三國圖	Stories frome the Chinese Three Kingdoms	지본	紙本	Paper	35×104
圖258	도258	삼국도	三國圖	Stories frome the Chinese Three Kingdoms	지본	紙本	Paper	35×104
圖259	도259	문자도	文字圖	Characters	지본	紙本	Paper	31×80
圖260	도260	문자도	文字圖	Characters	지본	紙本	Paper	31×80
圖261	도261	산수도	山水圖	Landscape	지본	紙本	Paper	30×65
圖262	도262	산수도	山水圖	Landscape	지본	紙本	Paper	34×77
圖263	도263	산수도	山水圖	Landscape	지본	紙本	Paper	34×77
圖264	도264	산수도	山水圖	Landscape	지본	紙本	Paper	40×142
圖265	도265	산수도	山水圖	Landscape	지본	紙本	Paper	40×142
圖266	도266	십장생도	十長生圖	Ten Longevity	지본	紙本	Paper	37×102
圖267	도267	화조도	花鳥圖	Flowers And Birds	지본	紙本	Paper	37×102
圖268	도268	산수도	山水圖	Landscape	지본	紙本	Paper	26×46
圖269	도269	산수도	山水圖	Landscape	지본	紙本	Paper	26×46
圖270	도270	설화도	設話圖	Tales Painting	지본	紙本	Paper	38×51
圖271	도271	어해도	魚蟹圖	Fishes	지본	紙本	Paper	23×75
圖272	도272	어해도	魚蟹圖	Fishes	지본	紙本	Paper	23×75
圖273	도273	호랑이	虎	Tiger	지본	紙本	Paper	48×138
圖274	도274	호랑이	虎	Tiger	지본	紙本	Paper	48×138
圖275	도275	호랑이	虎	Tiger	지본	紙本	Paper	48×138
圖276	도276	화조도	花鳥圖	Flowers And Birds	지본	紙本	Paper	32×61
圖277	도277	모란도	牡丹圖	Peonies	지본	紙本	Paper	32×61
圖278	도278	설화도	設話圖	Tales Painting	비단	緋緞	Silk	29×83
圖279	도279	설화도	設話圖	Tales Painting	비단	緋緞	Silk	29×83
圖280	도280	산수도	山水圖	Landscape	지본	紙本	Paper	30×66
圖281	도281	산수도	山水圖	Landscape	지본	紙本	Paper	30×66
圖282	도282	화조도	花鳥圖	Flowers And Birds	지본	紙本	Paper	27×83
圖283	도283	화조도	花鳥圖	Flowers And Birds	지본	紙本	Paper	27×83
圖284	도284	호렵도	胡獵圖	Hunting	비단	緋緞	Silk	38×87
圖285	도285	모란도	牡丹圖	Peonies	지본	紙本	Paper	38×85
圖286	도286	모란도	牡丹圖	Peonies	지본	紙本	Paper	38×85
圖287	도287	어해도	魚蟹圖	Fishes	지본	紙本	Paper	37×87
圖288	도288	어해도	魚蟹圖	Fishes	지본	紙本	Paper	37×87
圖289	도289	화조도	花鳥圖	Flowers And Birds	지본	紙本	Paper	38×90
圖290	도290	십장생도	十長生圖	Ten Longevity	지본	紙本	Paper	32×80
圖291	도291	산수도	山水圖	Landscape	지본	紙本	Paper	26×88
圖292	도292	산수도	山水圖	Landscape	지본	紙本	Paper	26×88
圖293	도293	문자도	文字圖	Characters	지본	紙本	Paper	37×92
圖294	도294	문자도	文字圖	Characters	지본	紙本	Paper	37×92
圖295	도295	화접도	花蝶圖	Flower And Butterflys	비단	緋緞	Silk	29×93
圖296	도296	화접도	花蝶圖	Flower And Butterflys	비단	緋緞	Silk	29×93
圖297	도297	화조도	花鳥圖	Flowers And Birds	지본	紙本	Paper	25×73

圖版番號	도판번호	작품명	作品名	works	재질	材質	texture	크기(단위cm)
圖298	도298	화조도	花鳥圖	Flowers And Birds	지본	紙本	Paper	25×73
圖299	도299	화조도	花鳥圖	Flowers And Birds	지본	紙本	Paper	27×102
圖300	도300	호접도	蝴蝶圖	Butterflys	지본	紙本	Paper	27×102
圖301	도301	문자도	文字圖	Characters	지본	紙本	Paper	23×70
圖302	도302	문자도	文字圖	Characters	지본	紙本	Paper	23×70
圖303	도303	화조도	花鳥圖	Flowers And Birds	지본	紙本	Paper	34×91
圖304	도304	화조도	花鳥圖	Flowers And Birds	지본	紙本	Paper	26×98
圖305	도305	화조도	花鳥圖	Flowers And Birds	지본	紙本	Paper	26×98
圖306	도306	화조도	花鳥圖	Flowers And Birds	지본	紙本	Paper	32×120
圖307	도307	문자도	文字圖	Characters	지본	紙本	Paper	30×92
圖308	도308	문자도	文字圖	Characters	지본	紙本	Paper	30×92
圖309	도309	문자도	文字圖	Characters	지본	紙本	Paper	30×92
圖310	도310	삼국도	三國圖	Stories frome the Chinese Three Kingdoms	지본	紙本	Paper	31×66
圖311	도311	사불상	四不像	Chinese deer	지본	紙本	Paper	57×149
圖312	도312	화조도	花鳥圖	Flowers And Birds	지본	紙本	Paper	33×103
圖313	도313	화조도	花鳥圖	Flowers And Birds	지본	紙本	Paper	33×101
圖314	도314	어해도	魚蟹圖	Fishes	지본	紙本	Paper	30×107
圖315	도315	운용도	雲龍圖	Dragon,Cloud	지본	紙本	Paper	110×91
圖316	도316	호랑이	虎	Tiger	지본	紙本	Paper	90×50
圖317	도317	화조도	花鳥圖	Flowers And Birds	지본	紙本	Paper	37×100
圖318	도318	바보산수도	山水圖	Landscape	지본	紙本	Paper	38×70
圖319	도319	화조도	花鳥圖	Flowers And Birds	지본	紙本	Paper	42×78
圖320	도320	화조도	花鳥圖	Flowers And Birds	지본	紙本	Paper	42×78
圖321	도321	연화도	蓮花圖	Lotus Flowers	지본	紙本	Paper	32×88
圖322	도322	연화도	蓮花圖	Lotus Flowers	지본	紙本	Paper	29×87
圖323	도323	어해도	魚蟹圖	Fishes	지본	紙本	Paper	30×90
圖324	도324	산수도	山水圖	Landscape	비단	緋緞	Silk	30×91
圖325	도325	산수도	山水圖	Landscape	비단	緋緞	Silk	30×91
圖326	도326	화조도	花鳥圖	Flowers And Birds	지본	紙本	Paper	35×72

韓國民畵全集 ③
한 국 민 화 전 집

문화센터 민화강좌안내

(가나다순)

롯데백화점 문화센터	신세계백화점 문화센터	현대백화점 문화센터	이마트 문화센터
강남점 정명숙	강남점 송줄기	대구점 권삼현	과천점 박정민
건대스타시티점 박은라	강남점 이소영	대구점 김명삼	광교점 구진명
광복점 박정미	경기점 김경원	대구점 안을순	광명소하점 백정희
광주점 이명연	고양점 진리바	디큐브시티 조윤희	부천점 강한여울
구리점 정오경	광주점 설재춘	목동점 강한여울	분당점 박정민
김포공항점 김영애	광주점 이경자	목동점 정희정	사천점 곽경희
대구점 윤숙희	광주점 전재숙	무역센터점 박영희	성수점 김정일
대전점 유향준	김해점 조남선	미아점 이경주	수지점 박정민
대전점 정지이	대구점 김미령	부산점 천미정	여수점 배수정
대전점 조우련	본점 송줄기	부산점 천미정,박정은	연수점 박정민
동래점 박정은	본점 조효숙	신촌점 정오경	옥산점 나누리
마산점 이지선	센텀시티 조남선	압구정본점 이지현	은평점 엄미금
본점 정오경	영등포점 서혜경	압구정본점 홍경희	중동점 박정민
부산본점 유은주	의정부점 정금옥	울산동구점 윤경옥	천안점 정희도
부평점 박다애	인천점 이기순	울산점 김언영	킨텍스 이지연
분당점 김민성	인천점 정금옥	울산점 윤경옥	포천점 강미자
분당점 김정아	충청점 정희도	중동점 신미경	
상인점 김부경	하남점 김주령	중동점 조윤희	
상인점 김은미		충청점 이순예	
센텀시티점 박정미		충청점 한정미	
수원점 김경희		킨텍스점 김옥순	
수원점 최명수		판교점 권은희	
안양점 이영덕		판교점 김지혜	
영등포점 이명희			
영등포점 이영덕			
울산점 엄유조			
인천점 박다애			
인천점 임진영			
일산점 남윤희			
일산점 이소영			
잠실점 정명숙			
중동점 김영애			
창원점 김경애			
청량리점 홍한이			
평촌점 권선경			
평촌점 김경희			서초문화재단 박소은

전국대학교민화강좌안내

(가나다순)

대학교명	교수진	주소	연락처
가톨릭대학교(성심교정) 평생교육원	오영순, 이문성	경기 부천시 원미구 지봉로 43	02-2164-6586~9
가톨릭대학교(성의회관) 평생교육원	박은아	서울특별시 서초구 반포대로 222	02-2258-7738~9
강원대학교(삼척캠퍼스) 평생교육원	오혜선	강원 삼척시 중앙로 346	033-570-6733
강원대학교(춘천캠퍼스) 평생교육원	권매화, 김부화	강원 춘천시 강원대학길1	033-250-7189
강원도립대학교 평생교육원	한희정	강원 강릉시 주문진읍 연주로 270	033-660-8141
강을원주대학교(강릉캠퍼스) 평생교육원	오혜선, 김희정	강원 강릉시 죽헌길 7	033-640-2089
건국대학교(글로컬캠퍼스)평생교육원	박선진	충북 충주시 충원대로 268	043-840-3242
경인교육대학교평생교육원	김희순	인천광역시 계양구 계산로 62	032-540-1153
경주대학교 평생교육원	서지연	경북 경주시 태종로 188	054-770-5309
경희대학교(국제캠퍼스) 평생교육원	정하정, 손유영	경기 용인시 기흥구 덕영대로 1732	031-201-3377
경희대학교(서울캠퍼스) 교육대학원	이문성	서울특별시 동대문구 경희대로 26	02-961-0135~6
경희대학교(서울캠퍼스) 사회교육원	김정임	서울특별시 동대문구 경희대로 26	02-961-0870
계명대학교 평생교육원	권정순, 김혜경, 전지윤	대구광역시 남구 명덕로 104	053-620-2293
광주교육대학교 평생교육원	손지선	광주 북구 팔문대로 55	062-520-4241
국립금오공과대학교 평생교육원	권정순, 박명호	경북 구미시 구미대로 350-27	054-478-7226
군산대학교 평생교육원	김현미	전북 군산시 대학로 558	063-469-4915~7
나사렛대학교 평생교육원	권순주, 김미연	충남 천안시 서북구 월봉로 48	041-570-7753
단국대학교(용인캠퍼스) 평생교육원	오경숙	경기 용인시 수지구 죽전로 152	031-8005-2631
단국대학교(천안캠퍼스)평생교육원	이한례	충남 천안시 동남구 단대로 119	041-550-1762
대진대학교 문화예술개발원	윤인수	경기 포천시 호국로 1007	02-730-4846
대진대학교 평생교육원	강미자	경기 포천시 호국로 1007	031-539-1245
동국대학교(경주캠퍼스) 평생교육원	장종교	경북 경주시 동대로 123	054-770-2643
동국대학교(바이오메디캠퍼스) 평생교육원	이순임	경기 고양시 일산동구 동국로 32	031-961-5323
동국대학교(서울캠퍼스) 평생교육원	최덕례, 이순임, 엄미금	서울특별시 중구 필동로 1길30	02-2260-3728
동서대학교 사회교육원	문명화	부산광역시 진구 중앙대로 992	051-949-8891~2
동원과학기술대학교 평생교육원	손지영	경남 양산시 명곡로 321	055-370-8221~2
명지대학교 사회교육원	전소빈, 유정서, 이현자	서울특별시 서대문구 거북골로 34	02-330-1806
목원대학교 평생교육원 미래창의교육원	김길환	대전광역시 서구 도안북로 88	042-829-7291~3
목포대학교 평생교육원	김생수, 서양희	전남 무안군 상향읍 남악리 2540-1	061-270-1613
부경대학교 평생교육원	김자영	부산광역시 남구 용소로 45	051-629-6791
부산대학교 (양산캠퍼스) 평생교육원	신지현	경남 양산시 물금읍 부산대학교 49	055-382-8370
부산대학교 평생교육원	김재춘	부산광역시 금정구 부산대학로63번길 2	051-510-1234
부천대학교 평생교육원	유용희	경기 부천시 신흥로 56번길 25	032-610-0159
삼육대학교 평생교육원	정금옥	서울특별시 노원구 화랑로 815	02-3399-1202

전국대학교민화강좌안내

(가나다순)

대학교명	교수진	주소	연락처
상명대(천안캠퍼스)평생교육원	김미연	충남 천안시 동남구 상명대길 31	041-550-5451
서원대학교 평생교육원	이선구, 이순예, 허용옥	충북 청주시 서원구 무심서로 377-3	043-229-8210~2
성신여자대학교 평생교육원	서민자	서울특별시 성북구 보문로 30길 50	02-920-7411,7766
송곡대학교 평생직업교육대학	김선자	강원춘천시 남산면 송곡대학길 34	033-260-3641~2
수성대학교 평생교육원	김동란	대구광역시 수성구 달구벌대로528길 15	053-749-7000
순천향대학교 평생교육원	김미연	충남 아산시 번영로 111	041-534-3974
숭실대학교 평생교육원	금광복	서울특별시 동작구 상도로 369	02-828-7101~3
신한대학교 평생교육원	차선미	경기의정부시 호암로 95	031-870-3152~6
아주대학교 평생교육원	김혜란	경기 수원시 영통구 월드컵로 206	031-219-1564
안동대학교 평생교육원	장혜녕	경북 안동시 경동로 1375	054-820-7311
영남대학교 사회교육원	백미자	대구광역시 남구 현충로 170	053-810-4965
우석대학교(진천캠퍼스) 평생교육원	김혜식	충북 진천군 진천읍 대학로 66 온	043-531-2951
울산과학대학교 평생교육원	김소향	울산광역시 동구 봉수로 101	052-230-0822
울산대학교 평생교육원	이영덕, 천태자	울산광역시 남구 대학로 93	052-529-2020
이화여자대학교 색채디자인연구소	강은명, 고광준, 김여진	서울특별시 서대문구 이화여대길 52	02-3277-3719
인천가톨릭대학교 문화예술교육원	강효진	인천광역시 연수구 해송로 12	032-830-7004
전남대학교 평생교육원	이성임	광주광역시 북구 용봉로 77	062-530-3873
전북대학교 박물관	유안순	전북 전주시 덕진구 백제대로 567	063-270-0488
전북대학교(전주캠퍼스) 평생교육원	김옥금, 문금송, 유향준	전북 전주시 완산구 현무2길 13	063-288-0022
전주대학교 평생교육원	김옥금, 전진희	전북 전주시 완산구 후곡길 12	063-220-2642
제주대학교 평생교육원	오미정	제주 특별자치도 제주시 제주대학로 102	064-754-2704
조선이공대학교 평생교육원	성혜숙	광주광역시 동구 팔문대로 309-1	062-230-8121
중부대학교 평생교육원	김정호	경기 고양시 덕양구 동헌로305	031-8075-1185
진주교육대학교 평생교육원	곽경희	경남 진주시 진양호로 369번길 3	055-740-1410
청주대학교 평생교육원	민옥화, 이경숙	충북 청주시 청원구 대성로 298	043-299-8778
추계예술대학교 평생교육원	오순경	서울특별시 서대문구 북아현로 11가길 7	02-3147-1131
충남대학교 평생교육원	신한금	대전광역시 유성구 대학로 99	042-821-5276~7
충북대학교 평생교육원	윤인수, 신영숙	충북 청주시 흥덕구 내수동로 52	043-261-2075~6
한경대학교 평생교육원	김현수	경기 안성시 중앙로 327	031-680-5544
한림대학교 평생교육원	강선주	강원 춘천시 한림대학길 1	033-248-3011~2
한밭대학교 평생교육원	안현선	대전광역시 유성구 동서대로125	042-821-1602
한서대학교 평생교육원	김혜란	충남 서산시 해미면 한서1로 46	041-660-1440
홍익대학교 문화예술평생교육원	송규태, 조미영, 송창수, 강미선, 남정예	서울특별시 마포구 와우산로 94	02-320-1414
U1(유원)대학교 평생교육원	우은경	충남 아산시 음봉면 연암산로 52-70	041-536-5817

한국민화전집 ③
韓國民畵全集 ③

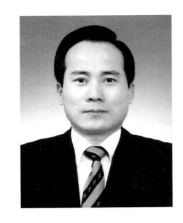

저자 이영수 _ 著者 李寧秀

· 홍익대학교 미술대학 동양화과 졸업
· 연세대학교 경영 대학원 수료
· 러시아 하바로스코프 국립 사범대학 명예 예술학 박사
· 경남대학교, 국립부산대학교, 육군사관학교, 세종대학교,
  강남대학교, 홍익대학교 교수 및 강사 역임
· 단국대학교 예술대학장, 산업디자인 대학원장 역임

저서
· 한국민화전집 2권 (도서출판 아트벤트_월간아트)
· 조선시대 민화 6권 (도서출판 예원)
· 이영수와 그의 예술화집 1권 (미술공론사)
· 제24회 서울올림픽대회 우표집 1권 3만부 발행 (대한민국 체신부)
  현대채색화 대전 3권 (예림)
· 미술해부도 2권 (예림)
· 현대한국화 실기대전 7권 (예림)
· 묵 그리고 선 2권 이영수 누드 화집 (NUDE DRAWINGS) (예림)
· 세계 문양대전 2권 (예림)
· 사군자 5권 (예림)

현재
· 단국대학교 예술대학 종신명예교수, (사)한국역술인협회,한국역리학회 상임고문

초판인쇄 2018년 8월 10일 **초판발행** 2018년 8월 20일
저자 이영수
기획 · 자문 이광현 예술인회관 내 (주)로운아뜨리움 회장 [010-8986-4000]
　　　　　　서울특별시 양천구 목동 서로. 225
편집 · 자문 김관후 (주)재 제주 전라북도 도민회 회장 [010-8365-3773]
편집인 권영일 월간아트 발행인 [010-5231-3386] **이미혜** 월간아트 편집장
출판등록 제 312-1999-074호
발행인 윤영수
발행처 한국학자료원 　**주소** 서울시 서대문구 홍제3동 285-18
문의전화 02-3159-8050 　**팩스** 02-3159-8051
휴대전화 010-4799-9729
사진촬영 폴앤잭스튜디오
　　　　　서울시 강남구 논현동 247번지 지하 1층 (02-544-2416)
　　　　　정원영 [실장 ｜ 010-5301-1625]
　　　　　김명섭 [팀장 ｜ 010-7224-1598]
　　　　　정요셉 [010-9956-6390] 조희재 [010-3304-3992]
　　　　　김명준 [010-5055-9375]

값 **200,000원** (3,4권 세트)

14650

9 788993 025651

ISBN (1권) 978-89-9302-565-1

공급처 한국서적유통 **문의전화** 02-3159-8050 **팩스** 02-3159-8051

THE FOLK PAINTINGS OF KOREA